절대 무역 창업하지 마!

이 책 읽기 전까진

절대 무역 창업하지 마!

펴 낸 날 2025년 03월 18일

지 은 이 장재환
펴 낸 이 이기성
기획편집 서해주, 이지희, 김정훈
표지디자인 서해주
책임마케팅 강보현, 이수영
펴 낸 곳 도서출판 생각나눔
출판등록 제 2018-000288호
주 소 경기도 고양시 덕양구 청초로 66, 덕은리버워크 B동 1708호, 1709호
전 화 02-325-5100
팩 스 02-325-5101
홈페이지 www.생각나눔.kr
이 메 일 bookmain@think-book.com

• 책값은 표지 뒷면에 표기되어 있습니다.
ISBN 979-11-7048-857-6 (03320)

꼭 알아야 할 예비 무역 창업자를 위한 모든 것

절대 무역 창업하지 마!

trade start-up

이 책 읽기 전까진

장재환 지음

'실전' 무역 전문가 장재환 대표가 알려주는
무역 창업의 바이블!

"무역 이론, 무역 실무보다 중요한 것은 매출이다"

생각나눔

무역 창업에 관해서 생각해 본 적 있는가?

무역 창업은 다른 창업과는 다른 매력적인 특징이 있다. 우선, 종류가 다양하다. 수출 대행, 수입(소싱) 대행, 무역 에이전트 그리고 무역회사 창업까지! 진입 장벽이 낮다고 할 수 있다! 누구나 생각하고 바로 실행해서 수익을 낼 수 있다! 남녀노소 누구나 할 수 있고, 1인 창업이 가능하며, 초기 비용과 설비가 필요 없다! 즉, 누구나 가볍게 시작할 수 있을 정도로 진입 장벽이 낮은 반면 실패에 대한 부담감은 다른 여타 창업보다 상대적으로 적다. 마음만 먹으면 지금 당신이 가진 자원으로도 충분하고 내일이라도 당장 실행할 수 있으며, 무역 초보라도 쉽게 시작할 수 있다. 그러나 안타깝게도 배울 곳도 알려주는 곳도 마땅치 않다.

접근성이 뛰어난 무역 창업, 내가 원하는 아이템과 소자본으로 가능하다는 것은 익히 알려졌지만, 정작 어떻게 시작해야 하고 무엇부터 알아야 하는지에 대한 궁금증을 해소하지 못하는 게 현실이다. 전반적인 과정에 대한 강의와 책은 당연히 없고, 온라인상에서도 알 방법이 없다. 어렵게 찾아도 주먹구구식 경험담 또는 먼 나라 이야기 같은 성공담이 주류를 이루고, 운이 따라야 하는 사례들을 누구나 할 수 있는 보편적인 사례로 홍보하여 예비 창업자들의 혼란만 가중시킨다. 부러워서 따라가다 밑천도 날리고 포기하는 사례들 말이다.

필자의 경험을 비춰 보면 너무 특수적이거나 주관적인 것을 일반화하는 것은 단순 자기 자랑일 뿐 무역 예비 창업자들에게는 절대 도움이 되지 않는다. 오히려 헛된 꿈과 희망만 심어줄 뿐, 그 이상도 그 이하도 아니다. 오히려 '희망 고문'이라고 필자는 말하고 싶다. '보고 싶은 것만 보고 싶은가? 현실을 직시하고 싶은가?'

그렇다면 우린 궁금해진다. 제대로 된 무역 창업 책은 왜 없을까? 단순히 수요가 없어서? 출판사가 판단했을 때 이익이 없을 것 같아서? 아니다! 전문가가 없다. 무역 전문가는 많다. 그러나 '실전 무역 창업 전문가'는 없다.

무역 창업은 무역에서도 매우 광범위하고 전문적인 영역이다. 효율 극대화를 통한 혼자서 업무를 처리한다고 가정하면, 더욱 한 부분만 알아서도 안 된다. 전반적인 큰 틀에서 직접 진행할 부분과 외부의 도움을 받아야 하는 부분도 정확히 알고 있어야 한다. 업무 효율을 높여야 한다.

여기에는 경험적 요소가 상당히 중요한 역할을 한다. 만약 당신이 무역 창업에 관한 책이나 강사를 찾고 싶다면 가장 먼저 무역 창업의 생태계에 대해서 잘 알고 이해해야 한다. 무역 창업 강의를 하는 강사는 선입견과 편견을 없앤 객관적인 방법을 제시해야 한다. 그 위에 주관적이고 실전적인 경험을 공유해야 한다.

그러기 위해 아래와 같은 조건은 필수이다.

① 다양한 아이템, 수출 및 수입한 경험

② 다양한 해외 지역의 제품, 수출 및 수입한 경험

③ 회사 경력에서 수출과 수입 담당자 및 총괄 경험

④ 대기업과 중소기업의 회사 시스템 경험

⑤ 무역 창업을 직접 해본 경험(가장 중요)

⑥ 내 제품과 남의 제품을 수출한 경험

⑦ 수입을 통한 국내 오픈 마켓 및 쇼핑몰 판매 경험

⑧ 수출을 통한 글로벌 오픈 마켓 판매 경험

⑨ 국내 수출 상담회 및 해외 전시회 경험

⑩ 무역 에이전트와 무역 회사 설립 경험

⑪ 시장 조사를 통한 다양한 아이템 소싱 경험

⑫ 위 경험들을 토대로 다수 강의와 멘토링한 경험

⑬ 정부 또는 지자체에서 검증된 강사(멘토)

이런 조건을 만족해야 무역 창업에 대해서 제대로 언급할 수 있다.

이런 전문가를 주변에서 본 적이 있는가? 흔치 않기 때문에 '제대로 된 무역 창업 책과 강의가 없다.'라고 하는 것이다.

예비 무역 창업자들, '무역 창업'에 대한 말은 안 하더라도 해외에서 물건을 구입해서 국내에 판매하고 싶고 국내외에서 제품을 구입해서 해외로 팔고 싶은 이들의 희망 의지를 꺾는 또 다른 이유가 있다. 대부분 동의하는 부분일 것이다.

'무역 실무를 잘 알아야 하는 것 아닌가?'

'무역 영어를 잘해야 하는 것 아닌가?'

'무역 자격증을 가지고 있어야 하는 것 아닌가?'

'무역 경험이 풍부해야 하는 것 아닌가?'

이런 선입견과 편견 때문에 좋은 아이디어가 있어도 실현할 꿈도 못 꾼다. 처음 조금 생각하다 그냥 포기한다. 무역 창업이 다른 업종 및 업태의 창업에 비해 훨씬 좋은 조건인데도 말이다. 여기서 반문하고 싶다.

'무역 실무와 무역 영어를 잘하는 사람만 창업을 하는 것인가?'

'무역 경험이 있고 자격증이 있어야 하는 것인가?'

필자의 대답은 'NO'다. 그 이유는 그렇지 않아도 창업하고 매출과 성과를 낼 수 있기 때문이다.

즉, 무역 창업의 핵심을 모르는 사람만이 무역 실무와 무역 영어와 같은 수단을 강조한다. 무역 창업의 핵심은 단순 창업만 하는 게 아니라 매출을 올린다는 것이다.

당신은 '무역 창업' 자체를 원하는가? 돈 벌기를 원하는가? 무역 창업하는 기본 세팅은 누구나 알려 줄 수 있다. 책에도 있고, 강좌에도 있으며 유튜브, 카페 및 블로그에도 찾아보면 정보는 있다. 그게 끝이다. 무역 이론은 누구나 알려주고 가르쳐 줄 수 있지만 실전 무역을 가르쳐 줄 수 없는 것처럼 무역 창업도 이론만 나열할 뿐이다. 실전 무역 창업이 아니다.

실전 무역 창업의 교육 목표는 경험과 사례를 바탕으로 예비 창업자들이 향후 몇 수를 내다보고 무역 창업을 시작하고 미리 준비해서, 사전에 위험 요소를 줄이고 빠르고 안전하게 성과를 내게 하는 최적화된 운영법을 제시하는 것이다.

이런 책과 교육 강의를 보거나 들은 적이 있는가? '강사도 무역 창업을 해본 적이 없는데 누구에게 알려 주겠는가?'

여기 『무역 창업 절대 하지 마! 이 책 읽기 전까지』에는 위에 언급한 모든 질문에 대한 답이 있다. 무역 창업에 있어 대한민국에서 전문가라고 자부하는 필자가 운영하는 공식 유튜브(1분 무역 창고), 블로그(1분 무역 창고), 그리고 인스타그램에서 발췌한 콘텐츠로만 구성하여 누구나 알고 싶고 추천하고 싶은 내용만 담고 있다.

무역 창업은 다른 창업에 비해 개인의 경험이 천차만별이다. 즉, 정형화된 것이 없기 때문에 같은 이슈(Issue)라도 상황에 따라 결과도 달라진다.

이 책은 본인의 직접 경험과 무역이라는 한 우물을 판 덕에 생긴 주변의 간접 경험이 녹아서 독자가 스스로 판단할 수 있게끔 구성되었다.

무역 창업에서 무엇이 가장 중요하다고 생각하는가?

무역은 경험이다! 경험이 곧 실력이다! 그 실력이 돈이 된다!

무역 창업에서 꼭 알아야 하는 지식, 알아도 되고 몰라도 되는 지식, 몰라도 되는 지식 중 꼭 알아야 시작할 수 있고 성과를 낼 수 있는 부분만 추려서 정리했다.

'무역 창업을 아직도 주저하고 있는가?' 해보지 않고 무슨 일이 일어날지는 그 아무도 알 수 없다. 무역 창업에서 가장 중요한 것은 '하고자 하는 의지'다. 그 의지만 있다면 성공을 위한 방법을 찾지만, 그 의지가 없다면 그 선택을 합리화하기 위한 핑계를 찾기 마련이다.

지금까지 두려움으로 쉽게 접근하지 못했던 무역 창업, 그 도전을 이 책이 함께할 것이다.

CONTENTS

Chapter 02 수출형(수출 대행) 창업! 성공 비법

아이템을 먼저 잡고 창업하자!

Chapter 06

클레임과 사기, 가짜 바이어와 진짜 바이어, 그리고 무역 대금

방심하면 한방에 회사 문 닫는다?

Chapter 07

실패를 줄이고 성공 확률을 높이는 무역 창업 사례 분석

타 무역 창업자들은 어떤 고민과 경험을 할까?

부 록

실전에 필요한 무역 영어 표현 모음

INTRO

무역 창업 시작하기

1. 어떤 오피스(사무실)를 골라야 할까?

실질적으로 무역 창업 시 선택할 수 있는 오피스는 인큐, 소호(공동), 쉐어(Share), 단독 오피스 정도다. 사무실이 먼저 계약되어야 사업자등록증이 나오는 만큼 가장 먼저 고민할 부분이다(참고로, 에이전트 창업은 사무실이 꼭 필요하진 않다). '사무실 비용'의 기본적인 개념은 책상 및 사무실 집기를 비롯한 모든 것이 세팅되어 있다면 그만큼 사무실 임대료는 높아진다는 것이다. 반대로 처음부터 세팅해야 한다면 임대료는 낮아진다. 같은 조건이라도 입지 조건(역세권)에 따라, 건물의 노후화에 따라 임대료가 달라지는 만큼 자신에게 맞는 사무실을 찾아 효율을 높이는 것이 관건이 된다.

비즈니스 미팅이 많다면 교통이 편리한 곳 그리고 랜드마크(Landmark)가 있어 누구나 쉽게 찾아올 수 있는 곳이 좋고 사무실 내부는 당연히 그 미팅에 최적화되어야 한다. 만약 사업 성격이 미팅보다는 창고 개념이 더 강하다면 간단한 샘플 적재와 수작업 공간이 확보되어야 하고 엘리베이터 유무를 꼭 체크해야 한다. 사무실마다 특화된 용도 또는 전문성이 있는 경우도 있는 만큼 나의 비즈니스 모델을 진지하게 먼저 고민할 필요가 있다.

1) 인큐 오피스

인큐 오피스는 정부 기관 또는 지자체에서 (예비) 창업자를 대상으로 저렴하게 사무실을 제공하는 사업이다. 기관에서 운영하는 소호(공동) 오피스라고 보면 된다. 오픈 공간, 1인실, 2인실, 3인실처럼 다양한 옵션이 있고, 수시로 뽑거나 정시로 뽑는 만큼 항상 관심을 갖고 사업 공고를 주의 깊게 봐야 놓치지 않는다. 장점으로는 사무실 비용이 아주 저렴하다는 것이다. 세무사, 법무사, 변리사, 관세사 상담처럼 창업에 있어 꼭 필요한 컨설팅도 연계 사업으로 지원하는 경우가 있기 때문에 원스톱 서비스가 가능하다. 그러나 혜택이 많은 만큼 경쟁이 치열하고 주관 기관마다 지원 조건이 상이할 수 있어 미리미리 준비해야 한다.

2) 소호(공동) 오피스

소호 오피스는 평수에 따라 개방형, 1인실, 2인실, 3인실 등이 있어 선택의 폭이 넓다. 프린터, 인터넷, 냉장고, 회의실, 휴게소를 무료로 제공(공유)하기 때문에 사무실 풀옵션 개념으로 보면 되고, 초기 세팅비가 거의 들지 않는다는 장점이 있다. 오피스의 성격에 따라 주요 역세권에 위치한 경우도 있고, 오픈 마켓과 쇼핑몰에 특화되어 공동 촬영실과 공동 택배 서비스가 제공되는 곳도 있으며, 유튜브를 위한 동영상 스튜디오도 구비된 곳도 있다. 만약 무역 에이전트와 디자인 외주처럼 혼자서 노트북만 있어도 작업하기 충분하고, 외근이 많다거나 공간 제약 없이 어디서나 작업이 가능한 창업자에게는 사무실 공간은 제공하지 않지만(비상주), 우편물과 세금계산서, 사업자등록증을 위한 주소만 제공하는 서비스도 있다.

소호 오피스는 입주하면서 따로 초기 세팅비가 없는 만큼 임대료가 비싸고, 위치, 시설, 노후화에 따라 월세 비용도 달라지는 만큼 예산과 나의 업무에 대한 진지한 검토 후 결정해야 한다.

3) 쉐어(Share) 오피스

쉐어 오피스는 혼자서 비용을 내기에는 부담스러울 때, 보통 2~3명이 한 공간을 쓰면서 사무실 집기와 관리비를 분담하는 형태다. 예를 들면, 무역 창업자들끼리 같이 있으면서 정보도 공유하고 혼자서는 못 하는 육체노동 부담과 정신적 스트레스를 의지하며 풀 수 있다는 장점이 있다. 하지만, 사무실 운영에 대한 갈등이 발생할 때 정상화하는 것은 정말 어렵다. 다양한 사람이 한곳에 모인 만큼 의견 차와 서로 다른 생활 패턴은 존재하기 때문이다.

단독 오피스처럼 임대료 외에도 인테리어, 책상, 인터넷, 냉장고와 같은 초기 세팅 비용이 발생하기 때문에 처음부터 뜻을 같이하는 멤버들이 십시일반으로 의기투합하여 오피스를 같이 구하는 모양새를 갖추지만 한 명이라도 탈퇴하면 새로운 멤버를 구하기 어렵고 사무실 유지 비용이 증가한다는 단점이 있다.

4) 단독 오피스

단독 오피스는 말 그대로 '혼자서 쓰는 사무실'이다. 업무가 되었든 취향이 되었든 혼자만의 사무실이 필요할 때 단독 오피스를 택한다. 최근에는 작은 크기의 사무실 공간도 많고 1인 사무용품도 많기 때문에 선택의 폭은 그만큼 넓다. 처음부터 사무실 집기, 냉장고, 에어컨 등을 모두 설치해야 하기 때문에 다른 오피스를 선택하는 것보다 초기 비용이 많이 들어가고, 이사하고자 할 때 또는 폐업할 때도 의외로 스트레스를 많이 받는다. 혼자서 사무실을 사용하는 만큼 사무실 유지 관리를 혼자서 다 처리해야 하고 1인 기업이라면 외로움에도 익숙해질 필요가 있다. 업무 성격상 물류 이동이 빈번한 경우에는 엘리베이터 활용 여부가 중요하고, 상하차 공간이 확보되어야 한다. 샘플 작업이 필요한 경우에는 어느 정도 공간 확보가 필수이고, 업체 상담이 빈번한 경우에는 역세권 또는 랜드마크(Land mark)로 입지를 옮길 필요가 있다.

2. 세무사, 관세사, 변리사, 법무사의 역할은?

세무사, 관세사, 변리사, 법무사는 제조업, 무역업, 요식업 등 어떤 형태의 창업이든 그 창업을 도와주는 전문가들이다. 창업의 종류에 따라 역할의 비중은 당연히 다른 만큼 각각의 업무를 잘 인지하고 있어야 적재적소에 조언을 구할 수 있다.

1) 세무사

국세청, 즉 부가세 신고와 같은 세금과 관련된 다양한 조언과 업무를 대행해 준다. 금액이 크지 않으면 직접 관리하고 신고를 하기도 하지만 세무 관련 업무는 절세에 필요한 조언을 수시로 받는 일이 중요하기 때문에 파트너 세무사 한 곳은 일반적으로 선정해 두는 편이다. 초기 업체 선정 시에는 지인의 소개를 받거나 비용 비교도 하게 되지만, 무엇보다도 내가 하는 무역 비즈니스 형태에 충분한 경험이 있는 세무사를 찾는 것이 향후 조언받는 데 도움이 된다.

2) 관세사

수출입 통관을 전문으로 하는 전문가다.

무역 창업에서 수출형 창업보다는 국내 수입형 무역 창업하는 경우 관세사는 특히 중요한 역할을 한다. '수출'은 나라에 이익을 주기 때문에 어떤 나라라도 수출 통관은 문제시되진 않지만, '수입'은 세금과 밀접하게 관련되어 있기에 관세사의 역할은 크다. 수출을 하는 경우에는 관세사가 수출 신고 대행 정도만 처리해 주기 때문에 포워더(운송사)를 선정할 때 '통관 업무도 같이해 주세요.'라고 요청해서 진행하는 경우도 많은 만큼, 따로 관세사를 두지 않기도 한다. 그러나 수입의 경우에는 통관을 포함해 세금 관계가 다양하게 얽혀 있어서 따로 두는 경우가 많다.

컨택은 지인에게 소개받는 경우, 상담 후 만족스러운 곳과 하는 경우, 포워더를 통하는 경우 등이 있지만 가장 좋은 것은 나의 제품을 충분히 다뤄본 경험이 풍부한 곳과 일하는 것이다.

3) 변리사

특허와 관련된 지적재산권을 다루는 전문가로, 제조업 창업하는 사람들에게 특히 중요하다. 특허는 그 제품에 대한 권한이 있는 제조사(공장)가 진행하기 때문에 무역 창업자는 아이템 소싱할 때 특허 여부 체크 정도만 하면 된다. 그 지역, 그 나라, 그 아이템을 수출했을 때 Copy에 대한 방어는 항상 고민해야 하기 때문이다. 최근에는 워낙 카피(Copy) 제품과 지적재산권 침해 사례가 잦아 새로운 제품이 출시될 때 변리사에게 상담받는 경우가 많다. 그러나 특허 비용이 만만치 않은 만큼 신중을 기해야 한다. 아이템이 다양하다면 선택과 집중할 필요도 있다. 실용신안, 특허, 디자인권, 상표권 등 모든 제품에 특허를

다 하기에는 현실적으로 부담이 크고, 거기에 수출을 위한 해외 특허까지 생각하면 포기하고 싶어질 정도이기 때문이다. 한 가지 팁(Tip)으로, 정부 기관 및 지자체 내에 무료 상담과 다양한 지원 사업이 많은 만큼 평소 관심을 가지고 신청하면 혜택을 받을 수 있다.

4) 법무사

어떤 종류의 창업이든 창업을 하면 법적인 소송에 휘말리는 경우가 있다. 당연히 무역 창업도 예외는 아니다. 제조사(소싱처, 공장)와 문제가 발생할 수 있고, 해외 업체와도 갈등이 있을 수도 있다. 물론, 해외 업체와 문제가 발생하면 쉽게 해결되진 않는다. 유리한 입장이라도 법적 행위를 할 때 배보다 배꼽이 더 커서 그 받을 금액을 포기하는 경우도 있기 때문이다.

그러나 국내 업체와의 갈등에는 법원으로 가는 경우가 심심치 않게 생긴다. 일이 커지면 법무사에서 변호사로 바뀌기도 한다. 누구나 예상하듯 소규모 창업자가 법정으로 갈 때는 이기든 지든 여러 이유로 손실이 막대하기 때문에 최대한 예방하려는 노력이 선행되어야 한다.

정리해 보면 이렇다.

– 창업을 하면 가장 자주 보는 세무사!

– 수출입 건수가 있을 때 보는 관세사!

– 특허 및 실용신안 건수가 생길 때 만나 상담하는 변리사!

– 안 보면 더욱 좋은 법무사!

3. 심사 위원의 이목을 끄는 사업 계획서 작성 7가지 Tip

사업 계획서는 회사 내부 검토용, 소개용, 투자용, 사업 지원용처럼 목적에 따라 내용이 조금씩 달라진다. 사업 계획서의 기본 구성은 대부분 비슷하기 때문에 심사 과정에서 타 경쟁 업체보다 돋보이기 위해 차별성에만 초점을 맞추는 경향도 있지만, 같은 내용이라도 구성과 작성을 어떻게 하는가에 따라 돌아오는 결과도 달라진다. 아무리 좋은 계획서라도 평가는 각각의 심사 위원이 하는 만큼, 제출 전에 심사 위원 입장에서 다시 한 번 아래와 같이 검토하면 큰 도움이 된다.

1) 제목과 서두로 이목을 끌어라

우리는 구어체든 문어체든 두괄식 문장보다는 미괄식 문장에 익숙하고 마지막에 결론을 도출하려는 경향이 있다. 그러나, 짧은 시간에 많은 것을 평가해야 하는 심사 위원들은 제목을 포함한 앞부분(첫 장)을 매우 중요하게 본다. 즉, 제목과 서두를 보고 본문의 내용을 예측 판단하기 때문에 쉽고 흥미 있는 주제로 먼저 이목을 끌지 못하면 좋은 결과를 기대할 수 없다. 즉, 평가 위원의 인내심이 그렇게 길지 않다는 것이다.

2) 첫 페이지에 모든 걸 담아라

제목과 첫 페이지가 중요한 이유는 심사 위원들이 한정된 시간에 많은 자료를 검토해야 하기 때문이다. 심사를 하다 보면 시간에 쫓기는 경우도 많은 만큼 첫 페이지가 눈에 띄지 않는다면 다음 페이지로 넘어가지 않고 끝까지 볼 가능성도 그만큼 적어진다.

3) 쉽게, 아주 쉽게 써라

길게 쓰고 전문 용어를 자주 쓰면 뭔가 특출날 것이라고 생각하는가? 절대 아니다. 꼭 필요한 경우 아니면 안 쓰는 것만 못하다. 심사위원이 모두 해당 분야 출신도 아니고 짧은 시간에 핵심을 찾으려 하는 경향이 강하기 때문에 아는 척하기 위한 은어, 약어, 전문용어는 오히려 그들에게 불편함을 가중시킬 수 있다.

4) 막연하고 근거 없는 목표는 오히려 마이너스다

'기존 대기업과 중견기업을 이길 수 있다.'라고 자신하는 등 처음부터 너무 큰 목표와 폭넓은 시장을 언급하는 것은 좋지 않다. 현실감도 없고 막연하다. 오히려 현재 타깃으로 삼을 만한 목표 시장과 금액을 정확하고 구체적으로 제시하는 것이 훨씬 좋다. 처음부터 애매한 목표는 애매한 결과, 그 이상을 가져오지 않는다고 그들은 믿기 때문이다.

5) 맨땅 위 시작이라는 느낌은 지양하라

심사 위원 입장에서는 아무리 사업 내용이 좋더라도 현실성을 가장 중요하게 본다. 아무것도 없는 시작 전보다는 어느 정도의 단계에 올라섰는데 지원만 조금 받쳐주면 성공할 수 있다는 느낌을 준다면 좋은 인상을 줄 수 있다.

6) 경제적 파생 효과를 강조하라

이번 사업으로 나만 먹고살 수 있는 게 아니라 타인에게도 경제적 혜택과 파생 효과가 있음을 강조함으로써 공공의 사업으로 인식시키는 것이 중요하다.

7) 이미지, 그래프, 데이터를 적극적으로 활용하라

필자가 심사하다 보면 '글보다는 이미지, 이미지보다는 영상' 순으로 내용이 눈에 들어온다. 이건 다른 심사 위원들도 마찬가지일 것이다. 사업 계획서에는 영상을 담을 수는 없기 때문에 도표와 이미지를 최대한 활용하고 가독성이 높은 폰트를 쓰거나 강조가 필요한 부분은 따로 표시하면 빠르게 핵심을 짚으려는 심사 위원들의 이목을 끄는 데 도움이 된다.

4. 무역(수출) 세무 걱정 Zero! 3가지만 제대로 알자

무역 창업(수출 대행)을 하고 바이어와 제조사(공장) 사이의 중간자 입장에서 계약 조율을 한다면, 무역 세무에 대해 막연히 걱정하는 경우가 있다. 생소하기 때문이다. 에이전트 방식으로 창업한다면 자금 흐름에 골치 아플 것은 없다. 공장이 바이어에게 직접 돈을 받고 약속된 수수료를 에이전트에게 지급하면 끝이기 때문이다. 그러나 매입 수출 방식의 무역 회사 창업은 다르다. 막연히 무역 세무는 뭔가 복잡하고 전문가한테 자문을 구해야 하는 부분인 것 같아 답답해하기도 한다. 그러나 실전 무역의 관점에서는 크게 걱정할 것은 없다. 세무사 사무실에 그냥 넘겨주면 된다. 단, 세금계산서(일반, 영세율), 구매 확인서, 부가세 환급에 대한 부분은 반드시 알고 있어야 한다.

국내 거래는 10% 부가세 붙여서 세금계산서 거래를 한다. 그래서 우리는 가격을 물어볼 때 이렇게 물어본다. "세금 포함인가요? 불포함인가요?"

국내 거래에서는 세금계산서 발행 부분은 그렇게 복잡하지도 않고 선택할 것도 없다. 그러나 수출을 할 때는, 무역 창업자로서 내가 제조사

(공장)에서 다음과 같은 2가지 방식으로 세금계산서를 선택할 수 있다.

① 일반 세금계산서 방식으로 10% 부가세 포함하는 방식

② 영세율로 하는 방식

첫 번째 방식으로 한다면, 내가 최종 수출자라도 10% 부가세 붙여서 공장에 지급하고 세금계산서를 받는다. 국내 거래 방식과 똑같다. 단지, 부가세 신고 기간에 부가세 환급을 받는다는 차이가 있다. 이것이 우리가 흔히 말하는 수출자를 위한 혜택이라고 하는 '부가세 환급'이다.

두 번째 방식으로 한다면 최종 수출자가 이 제품이 수출했다고 입증(ex. 수출신고필증)하며 유트레이드허브(www.utradehub.or.kr) 사이트에서 신청해서 '구매 확인서'를 발급받는 경우다. 그 구매 확인서를 공장에 전달하면 그 공장은 부가세 신고 때 그 구매 확인서를 제출하면서 그 해당 제품은 수출 제품으로서 인정되어 '영세율' 처리된다. 최종 수출자 입장에서는 거래 금액이 큰 경우 그 10%도 아쉬울 수 있기 때문에 그 순간의 '영세율' 진행은 자금 흐름에 큰 도움이 된다. 첫 번째를 택하든 두 번째를 택하든 강제성은 없다. 제조사(공장)와 협의를 통해 진행하면 그만이다.

정리하자면, 수출 대행으로 무역 창업하고 싶다면, 위에 언급한 대로 무역 세무는 3가지만 알아도 충분하다.

① 일반/영세율 세금계산서

② 구매 확인서

③ 부가세 환급

Chapter 01

절대 무역 창업하지 마!

무역 초보자들을 위한 무역 창업

무역 창업자들을 위한 최소한의 창업 지식

1. 무역 실무! 이 정도만 알아도 충분

C/I(Commercial invoice / 상업 송장)

- 수출자에게는 대금 청구서 역할, 수입자에게는 매입 명세서 역할
- 수출자에게는 수출 실적, 수입자에게는 수입 실적
- 수입 통관 시 관세 증빙 자료

⇢ 수입자는 언더 밸류(Under value) 고민 가능

⇢ C/I는 수출자가 작성

P/I(Proforma invoice /견적 송장)

- 약식 계약서 역할
- P/I를 근거로 L/C 오픈, P/I를 근거로 T/T 발송!

⇢ P/I는 수출자가 작성

⇢ P/O는 바이어(수입자)가 작성

- 일반적으로 P/I를 우선 작성하지만, P/O를 먼저 작성하기도 함
- 하단에 양측(수출자, 수입자)의 사인이 있어야 효력 발생

L/C(Letter of credit) vs T/T(Telegraphic transfer)

- T/T의 장점은 L/C의 단점, L/C의 장점은 T/T의 단점
  → T/T는 선급금이라는 장점이 있지만, 잔금에서 자주 문제 발생
- 일반적 기준인 30%:70%에서 수출자가 우위면 협상에 따라 30% 이상 받음
- 선급금과 잔금의 기준은 선적일(On board)
  → L/C는 선급금이 없지만 선적과 동시에 현금화 가능
- L/C at sight는 즉시 현금화, L/C usance는 명시된 기간 후 현금화(Shipper's usance와 Banker's usance로 나누어짐)
- 혼합형인 '선수금(T/T) + 잔금(L/C)' 조합으로도 무역 대금 진행하기도 함

샘플 인보이스(Sample invoice)

- 해외 출장 시, 핸드 캐리(Hand carry) 짐으로 가지고 갈 때 사용
- 해외로 샘플 보낼 때 사용
  - 필수 문구는 "No commercial value.", "Free of charge."
  - 샘플 인보이스의 핵심은 판매용이 아니라는 것을 강조!
  → 통관 시, 문제가 발생하지 않도록 전문가와 상의하거나 바이어 컨펌 받고 진행하는 것을 추천함

핵심 무역 서류: Invoice(인보이스), Packing list(패킹리스트), B/L(Bill of lading)

- 수출 핵심 서류로 선적 때와 은행 네고 때 필수!
  → 인보이스(수출자 작성): 돈
  → 패킹리스트(수출자 작성): 화물
  → B/L(포워더 or 선사 작성): 소유권

가장 자주 쓰는 인코텀즈 3대장: Ex-work, FOB, CIF

- Ex-work 가격: 공장 출고가
  → 바이어(수입자)가 여러 업체 제품을 한 컨테이너에 혼적할 때 사용
- FOB 가격: 공장 출고가 + 트럭킹 비용 + 수출제 비용 + 통관 비용
  → FOB는 B/L 상에 'Freight collect(착불)' 표기
- CIF 가격: 공장 출고가 + 트럭킹 비용 + 해상 운송비 + 보험료 + 수출제 비용 + 통관 비용
  → CIF는 B/L 상에 'Freight prepaid(선불)' 표기
- 이 중 FOB가 가장 빈도수가 높은 이유?
  ① 수출자 입장에서는 어떤 나라의 바이어를 만나도 바로 오퍼 가능, 오퍼 가격 측면에서도 견적 시, 일반적으로 다른 인코텀즈보다 저렴
  ② 바이어 입장에서는 파트너 포워더와 관세사를 보유하고 있기 때문에 수출자가 오퍼하는 CIF를 굳이 할 이유가 없음.

결론: '더 저렴, 더 안전, 더 신속한 프로세스'는 FOB임

※ FOB는 각종 온·오프라인 바이어 상담에서 무역 가격 기준이 됨

FOB 출고 vs CIF 출고 프로세스

공통점	차이점
제품이 준비되면 바이어에게 선적 정보(Shipping info)를 받음 ※ Shipping info: Consignee, Notify, Remark 등	FOB는 해상 운송을 포함하지 않기 때문에 바이어에게 선사(포워더) 정보를 추가로 받지만, CIF는 받지 않음

영세율 & 구매확인서

수출 제품에 한하여 부가세가 '0'이라는 뜻!

※ 공장이 무역 업체를 통해서 간접 수출했다면?

최종 무역 업체가 유트레이드허브 사이트(www.utradehub.or.kr)에서 구매확인서를 발급받음 → 제조사(공장)에 전달 → 제조사(공장)는 부가세 신고 때, 영세율 세금계산서와 구매확인서 제출 → 끝

무역의 3대 클레임과 대응: 납기, 수량, 품질 클레임

현실적 해결 방법은 물질적 배상 또는 금전 배상, 무조건 아니라고 떼쓰는 것은 금기사항

- 물질적 보상으로 한다면?

  완제품 또는 부품의 불량률, 수량 부족을 고려하여 사전에 주문 수량보다 더 선적시키는 RMA(Return material authorization)로 대응 → 빠른 대응 및 특송비 절감 효과

- 금전적 보상으로 한다면?

  Credit note, Debit note를 통하여 추후 오더에서 공제

※ 손해배상으로 인한 은행을 통한 송금은 매우 희소!

CY vs CFS, LCL vs FCL

- FCL: 한 컨테이너 꽉 채운 것, CY: 컨테이너 야적장
- FCL은 CY에 있고 FCL은 국내 CY에서 해외 CY로, 또는 해외 CY에서 국내 CY로 이동
- LCL: 한 컨테이너 다 못 채운 수량
- CFS: LCL들을 모아 CFS에서 혼적, 적재, 적하 작업(By 포워더)
- 국내 CFS에서 해외 CFS로 또는 해외 CFS에서 국내 CFS로 이동

CIF vs CIP

- CIF + 항구명, CIP + 도시명
- CIF는 해상 운송에 사용
- CIP는 해상 운송을 제외한 항공과 복합 운송(가차+선박)에 사용
- 일반적으로 CIF는 선박 운송일 때, CIP는 항공 운송일 때 주로 사용
- 위험 분기점은 CIF는 선적전, CIP는 수출자가 수출 지역에서 운송 회사에 인계하는 시점

수출 가격! 어떤 인코텀즈가 유리?

- Ex-work은 수출자가 편함 / CIF는 수입자가 편함
- FOB는 수출자와 수입자가 서로 win-win 가능(ex. 가격, 무역 프로세스)
- 수출자 입장은 일단 가격 산출해 놓으면 세계 각국 바이어에게 재 산출 없이 언제 어디서나 즉시 오퍼 가능
- 수입자 입장은 포워더와 관세사로 이어지는 수입 시스템을 가지고 있기 때문에 굳이 CIF를 하려 하지 않음
  - ⋯→ FOB는 다른 인코텀즈보다 수출자나 수입자 입장에서 최적의 가격 제공
  - ⋯→ FOB는 온라인&오프라인을 비롯한 무역의 기본 가격이 됨(전시회, 수출 상담회 및 이메일 문의에서 무역 가격은 FOB로 준비함)

L/C at sight vs L/C usance, L/C banker's usance vs L/C shipper's usance

- At sight: 네고 즉시, 무역 대금 입금
- Usance: 명시된 기간 지난 후, 무역 대금 입금
- Usance L/C는 Shipper's와 Banker's로 나누어짐
  - ⋯→ 수출자가 그 기간만큼 이자를 부담하고 네고하면 Shipper's usance
  - ⋯→ 수입자가 그 기간만큼 이자를 부담하고 네고하면 Banker's usance

Telex release란?

- Telex release B/L = Surrender(서랜더) B/L
- 해외 B/L에서 자주 보임. 국내에서는 서랜더란 표현을 더 자주 씀
  - ⋯→ 지리적으로 수출항과 수입항이 가까울 때 또는 수출자가 오리지널 수

령 후 DHL로 보내기 전에 배가 이미 도착했을 때 사용

⋯→ Telex release는 서랜더와 절차는 같음

⋯→ 한 번 진행되면 끝이 때문에 무역 대금(특히, T/T일 경우라면 잔금 체크 필수) 확인 후 진행 필요

마스터 B/L vs 하우스 B/L

- B/L(선하 증권)은 선사에서 또는 포워더에서 작성
- 선사가 발행하면, 마스터 B/L
- 포워더가 발행하면, 하우스 B/L
- 실무에서는 통칭 B/L이라고 부름
- 선사는 FCL만 취급, 포워더는 FCL, LCL 모두 취급

언더 밸류(Under value) vs 오버 밸류(Over value)

- 수입 통관 시, 세금을 줄이는 방법 2가지

  ① HS 코드 잘 설정하기

  ② 언더 밸류 하기

  일반적으로 샘플 인보이스 작성 시에는 언더 밸류 적용함

  바이어의 요청으로 수출자가 해외 현지 통관용으로 커머셜 인보이스(언더 밸류)를 따로 만들기도 함

  최종 수출자는 인보이스 2개 작성(수출 통관용과 현지 수입 통관용) 가능

  - 언더 밸류는 다운(Down) 계약서 정도로 이해하면 됨
  - 오버 밸류는 업(Up) 계약서 정도로 이해하면 됨

언더 밸류를 하든, 오버 밸류를 하든 금액이 너무 낮거나 높으면 안 됨

⇢ 적정선 필요. 현지 바이어와 상의 필수

2. 계약을 위한 바이어 마음 사로잡기

좋은 제품에 가격도 베스트인데, 바이어에게 별 반응이 없다면?

⇢ 당신을 못 믿기 때문

※ 바이어의 속마음(걱정)은 무엇일까?

① T/T를 보내줬는데 수출자가 출고를 안 할 가능성

② 제품이 약속한 스펙과 다르다거나 수량에 문제가 일어날 가능성

③ 애써 현지 영업과 마케팅을 다 했는데 중간에 망칠 가능성

④ 수출 회사가 폐업하거나 제품의 이른 단종 가능성

⑤ 가격의 갑작스러운 상승 또는 차기 제품의 부재 가능성

⑥ 제품의 운영 관리 능력의 부재 가능성

바이어 찾기? 홈페이지가 꼭 필요한 이유

- 홈페이지는 바이어 입장에서 수출 회사에 대해 알 수 있는 가장 현실적인 방법임
- 홈페이지의 콘텐츠는 바이어가 궁금해할 내용을 다 포함해 상시 업데이트 필요

※ 바이어의 아이템 검토 순서: 제품 상세 페이지(가격&스펙) → 회사

소개서(정보) → 홈페이지 체크 → 구글 검색(온라인 체크), 전시회 방문(오프라인 체크)

가장 현실적이고 효과적인 '바이어 찾기'- 9가지 방법

① 전시회(박람회)
② 각종 상담회(ex. 바이어 초청 상담회)
③ 해외 현지 온라인 판매자 메일링(ex. 라쿠텐)
④ 해외 전시회 주최 측 보유 업체 메일링
⑤ 국내 B2B 플랫폼 업로드(ex. 트레이드코리아, 고비즈코리아)
⑥ 지자체 경제 진흥원(ex. SBA, GBSA) 활용
⑦ 국내 수출 지원 기관(ex. 코트라) 활용
⑧ 지인을 통한 업체 소개
⑨ 해외 타깃 국가 정부 또는 협회에 등록된 업체 리스트 메일링

계약만이 전부가 아니다? 전시회(박람회)로 얻는 7가지 효과

① 마케팅&홍보: 짧은 기간에 높은 홍보 효과
② 바이어 발굴: 같은 목적의 바이어들이 한자리에 모임
③ 시장 조사: 통계나 이론이 아닌 오감으로 느끼는 현장
④ 자사 제품 평가: 방문객의 객관적 평가 기대 가능
⑤ 자사 제품의 다양한 홍보: 유튜브를 포함한 각종 매체가 모임
⑥ 트렌드 및 경쟁사 학습: 시장 트렌드와 신제품 정보 교환 가능
⑦ 회사의 신뢰도 상승: Face to Face로 신뢰감 생성

전시회 마케팅 들어 보셨나요?

① 사전 마케팅

- 초청 메일은 필수, 최대한 많은 홍보 메일 배포가 핵심
- 바이어가 메일 확인 후 홈페이지에 방문하면 성공!
- 바이어가 체크용으로 방문하는 것이므로 홈페이지 업데이트는 필수!

② 현장 마케팅

- 현장 이벤트는 필수, 사람이 모여야 더 많은 사람이 관심을 보임
- 불특정 다수를 잡기 위한 다양한 이벤트 필수
- 운영 요원들 교육을 통한 직원과 알바의 역할 분담, 동선 세팅 중요
- 전시 공간 작업 필수, 신제품, 베스트셀러, 스테디셀러 제품 배치
- 인테리어 소품의 적절한 배치도 중요

③ 사후 마케팅

- 방문객 리스트 정리 및 명함과 상담 리스트 업데이트는 필수
- 감사 메일을 시작으로 지속적인 관리 시작
- 보편적인 샘플 진행은 샘플 값은 공장 몫, 운송비는 바이어 몫
- 독점권 언급 시 정말 신중 필요

계약을 부르는 '수출 상담회' 준비! 어떻게?

목표: 우리는 믿을 수 있는 회사로서, 현재의 모습과 미래의 모습을 보여줘야 한다!

※ 비즈니스 상담회 준비

- 제품 상세(인증서, 가격, 수상 내역)와 샘플
- 회사 소개(인증서, 수상 내역)
- 기존 판매 업체 현황(누구나 알 만한 대기업이면 더욱 좋음)과 향후 비전
- 현 소비자 반응
- 기타 바이어 입장에서 궁금해할 것들

바이어가 제품 선택 시, 꼭 확인하는 베스트 항목 4가지는?

① 해외 진출 사항

- 해당 제품에 대한 회사의 해외 총판권 보유 여부
- 해당 제품으로 해외 지역 수출 경험 여부 및 독점 여부(또는 오퍼해서는 안 되는 지역 확인)
- 해당 제품으로 한국 특허 또는 인증서 보유 여부

② 생산 및 패킹 사항

- MOQ(Minimum order quantity, 최소 주문 수량) 와 소량 샘플 오더 가능 여부
- MOQ 발주 시 납기 확인
- 제품 불량률 및 대응 확인(ex. RMA(Return material authorization 등)
- 제품 사진 및 패키지 사진 부착
- 가능 컬러 확인
- 패키지(Package) 사이즈와 카톤(Carton) 사이즈 확인

③ 가격&결제 사항

- 결제 조건 확인
- FOB 가격

- 현 시중 소비자 가격 및 온라인 사이트 링크(ex. G마켓, 11번가 등)

④ 기타 사항

- 원산지: 중국, 한국, 또는 중국 OEM인지 확인
- 제품 출시 시기 확인
- 수출용 카탈로그, 매뉴얼, 박스 보유 여부
- 현 제품 소개서 외 동영상, 또는 제품을 이해하기 쉬운 자료 보유 여부
- 웹사이트(홈페이지)
- 제품의 장점(비교 우위)

바이어 상담 시, 꼭 알아야 하는 2가지 협상 원칙

① Give and Take

- 하나를 주면 반드시 상응하는 대가를 받는다
- 양보는 미덕이 아니다
- 명분 없는 양보는 제품과 회사의 품격을 저해하므로, 양보의 대체물이 합당해야 한다

② Don't rush

- 한 번에 계약을 바라는 것은 욕심이다
- 바이어의 요구 이면을 봐야 한다
- 협상은 급한 쪽이 을이 된다
- 신뢰 구축을 위해 처음부터 알아가는 과정을 거쳐야 한다
- 내가 서두르면 상대는 살짝 물러선다
- 상대가 서두르면 약점을 간파해야 한다

HS코드와 해외 인증 서류는 왜 중요할까?

- HS코드는 무역 상품을 숫자 코드로 통일한 것, 이에 따라 관세율과 통관 요건들이 달라짐. 입·통관 시 세금의 기준이 되므로 수출자보다는 수입자에게 민감
- 수출 타깃 국가가 있다면 그 국가에 맞는 인증 준비는 필수!
- 그러나 획득 비용과 유지비가 발생하고 전문 컨설팅 의뢰 비용이 발생함

※ 미리 준비하지 않으면?

→ 수출을 포기하거나 수출 시기를 놓치는 경우도 발생

3. 무역 용어! 이 정도만 알아도 충분

무역 용어

- Freight collect: 착불
- Freight prepaid: 선불
- For account & risk of messers: 수입자(바이어)
- Consignee: 수입자(바이어)
- POL: Port of loading(선적항)
- POD: Port of discharge(도착항)
- LCL: 한 컨테이너 못 채운 화물
- CFS: 소량 화물을 모아서 한 컨테이너 짜거나 한 컨테이너를 여

러 화주로 쪼개는 곳

- FCL: 한 컨테이너 꽉 채운 화물
- T/Time: Transit Time(운항 일수)
- THC: Terminal Handling charge(컨테이너 반입 후 발생하는 비용)
- DOC: Document fee(문서 작성료)
- Wharfage: 부두 사용료
- Trucking charge: 내륙 운송비
- Customs Clearance: 통관
- ETD: 출발 예정
- ETA: 도착 예정일
- VSL: Vessel 선박
- O/F: Ocean freight(해상 운임)
- Sur charge: 추가 비용
- Storage charge: 창고료
- 1CBM: 가로 1m×세로 1m×높이 1m
- Gross weight: 포장 포함 무게
- Net weight: 순중량
- MOQ: 최소 오더 수량
- C/O: 원산지 증명서

무역 약어

- ASAP = As soon as possible(가능한 빨리)
- ATTN = Attention(~귀하, ~에게)
- BTW= By the way(그런데)

- CC = Carbon copy(참조)
- BCC = Blind carbon copy(숨은 참조)
- Dept = Department(부서)
- EA= Each(각각)
- PCS = Piece(개수)
- FYI = For your information(참고하세요)
- FW/FWD = Forward(전달)
- MSG = Message(메시지)
- N/A = Not applicated(해당 사항 없음)
- PLS = Please
- QC = Quality control(품질 관리)
- 1Q = 1Quarter(1분기)
- Re = Regarding(제목)
- Qty = Quantity(수량)
- Approx = Approximately(대략)

4. 사업 시작 전 필수 체크 리스트

사업자등록증 체크(업태, 업종)

사업자등록증은 업태 업종을 추후에 추가할 수 있으나 일단은 지금 하고자 하는 방향을 정확히 기입할 필요가 있다. 회사 이름에 따라 홈페이지용 도메인과 이메일이 정해지는 만큼 특히 회사 이름은 신중을 기해야 한다.

사무실 또는 창고 체크

무역 에이전트로서 사무실 없이 창업하는 경우도 있는 만큼 비즈니스 방향을 정확히 설정해야 추후 혼선과 비용 낭비를 방지할 수 있다. 단독 또는 공동 사무실, 소호 사무실, 정부 지원 인큐 오피스, 비상주 오피스 등을 고민해야 하고 샘플과 제품의 이동이 있는 경우에는 공간 확보와 엘리베이터 여부도 확인해야 한다. 또한, 사무실이 역세권에 위치하거나 교통편이 편하다면 그만큼 사무실 가격의 차이가 있기 때문에 사무실 용도을 정확히 인지해서 가성비를 극대화할 필요가 있다.

통관 고유 부호 개설

수출과 수입을 위해서는 필요하다. 첫 오더(주문) 때 해도 늦지는 않다.

세무사와 포워더 선정

'세무 업무를 맡길 것인가? 내가 직접 할 것인가?'

어떤 것이 더 좋을지 판단해야 한다. 만약 세무 대행을 선택한다면 하고자 하는 비즈니스 방향과 목적에 부합되는 경험이 많은 세무사(사무소)를 선택하는 게 좋다. 포워더 또한 단순 가격 비교로 선택하는 것이 아닌, 목표로 하는 그 수출 국가 또는 수입 국가에 대한 많은 거래 경험을 갖고 있는 업체를 선택하는 게 좋다. 가장 큰 이유는 통관과 안전 그리고 비용 대비 서비스 범위가 다르기 때문이다.

특송 업체 선정

특송은 Door to door 서비스로, 비용적인 부분과 안전성을 고려해서 주로 샘플과 서류를 보낼 때 사용된다(물론, 급할 때는 메인 오더로도 쓰임).

특송은 '글로벌 전문과 지역 전문 서비스'로 크게 나누어서 볼 수 있다.

DHL, FEDex. UPS 같은 글로벌 업체들은 서비스가 좋은 대신 가격이 비싸기 때문에 특별히 빨리 그리고 안전을 포함한 특별 서비스가 중요시되지 않는 한, 가성비를 따져서 EMS를 비롯한 다른 특송 업체를 찾는 것이 더 좋을 수 있다.

지역 전문 특송 업체들은 일본, 중국, 베트남같이 한국 업체들이 많이 진출한 국가들, 즉, 수출입 물량이 많은 국가(지역)를 대상으로 서비스하는 전문 업체들이다. 그 지역에 특화되어 있기 때문에 경쟁력 있는 맞춤형 서비스를 제공하는 만큼 폭넓게 알아볼 필요가 있다.

외환 통장, 홈페이지, 이메일 개설

사업자등록증을 만들기 위해서는 회사 이름을 먼저 정해야 한다. 회사 이름은 사업의 첫 단추로 보면 될 정도로 중요하기 때문에 심사숙고해야 하고, 그 후, 통장과 홈페이지 그리고 이메일을 만들어야 한다. 비용 부분으로 인해서 무역 창업자들은 홈페이지와 이메일 그리고 도메인 비용을 아까워하는 경향이 있다. 그래서 많이들 주저한다. 지금 당장 필요하지 않을 것 같기도 하고 없어도 될 것도 같다는 생각도 한다. 과연 그럴까?

위에서도 잠시 이야기한 홈페이지(이메일, 도메인)의 필요성에 대해서 알아보자.

무역은 수출과 수입으로 나누어진다. 수출의 핵심은 '바이어 찾기'다. 수입의 핵심은 '아이템 찾기'다. 목표는 다를지라도 해외 업체와 거래를 하게 되는 구조이고 그 핵심은 무역 대금(T/T, L/C)에 있다.

무역 대금이 이루어지려면 신뢰와 믿음이 있어야 하는데, 그 전에 해외 업체가 당신의 회사를 알 수 있게끔 해야 한다.

'홈페이지와 전시회' 2가지 방법 외에는 해외 업체에 노출해서 신뢰를 얻을 방법이 없다. 기껏해야 구글을 통한 검색 정도다. 그 구글도 홈페이지가 없으면 신뢰적인 정보를 제공할 수 없다. 해외 업체들은 전시회를 통해 홈페이지를 검토하기도 하고, 반대로, 홈페이지를 통해 전시회에 방문하는 것을 검토하기도 한다. 서로 상호 보완 관계를 갖는 두 축이다. 홈페이지와 전시회를 통해서 해외 영업과 마케팅을 하고 신뢰를 쌓아서 T/T와 L/C 거래를 유리하게 유도해야 한다. 전시회는 일회성 노출을 통한 홍보 효과라면 홈페이지는 지속적이고 항구적인 홍보 효과다.

홈페이지가 없다면 해외 업체가 당신의 회사를 알 방법이 있을까?

제품 상세 페이지 준비

수출을 하려면 상세 페이지가 있어야 한다. 일종의 제품 소개서로서 간단명료하게 준비해야 하며, 최근에는 동영상 링크(QR코드)도 많이 준비하는 만큼 유튜브 계정을 생성하여 적극적으로 활용하는 것도 좋은 방법이다. 제품 상세 페이지의 핵심은 제품을 이해시키는 것이다. 기존의 글과 사진으로 정보를 제공하는 부분은 한정적이고 현 소비자들의 눈높이에 맞지도 않다. 사용기, 리뷰, 제품 설명 등을 영상으로 제작하여 홍보하는 방법은 바이어가 직관적으로 제품을 이해하는 데 도움이 된다.

회사 소개서 준비

회사 소개서는 따로 준비하기도 하지만 대부분 홈페이지 또는 회사를 알려주는 사이트를 공유함으로써 대신하기도 한다. 해외 오퍼 할 때는 FOB로 준비된 가격표, 제품 상세 페이지, 회사 소개서를 기본적인 한 세트로 구성하지만 가격표를 제외한 대부분의 정보는 사이트 링크를 통해서 알려주는 경우도 많다.

MOQ를 기본으로 하는 수량별 FOB 가격 리스트 준비

수출을 하든 수입을 하든 일단 FOB 가격이 기본이다. 무역에서 CIF를 쓰는 경우보다는 FOB를 더 많이 쓴다. FOB로 일단 오퍼를 하고 바이어의 요청으로 CIF로 가격을 다시 준비하는 식이다. 물론, 수입을 하는 경우도 일단 해외 업체에서 FOB로 가격을 받게 된다. MOQ는 말 그대로 최소 오더 수이다. '이 정도는 오더를 해야 제조사(공장)가 오더를 진행하겠다.'라는 뜻이지만 협상을 통해서 그 MOQ 이하의 수량도 진행하기도 한다. 'MOQ 이상이냐 이하냐'에 따라 그리고 수량에 가격 변동이 있을 수 있다는 점은 명심해야 한다.

무역 창업자들을 위한 최소한의 실전 무역 실무

1. Ex-work, FOB, CIF 가격 산출법

무역 서류 3대장에 인보이스, 패킹리스트, B/L이 있다면, 인코텀즈 3대장은 FOB, CIF, Ex-work다. 누구나 한 번쯤은 들어 봤을 정도로 흔하지만, 막상 바이어에게 수출 가격(오퍼 가격) 문의가 들어오면 당황하는 경우가 의외로 많다.

해외 오퍼 가격 산출의 기본은 수출 가격 문의가 들어오면 포워더에게 먼저 견적 문의를 하고, 그 견적을 근거로 수출 가격을 정하는 것이다. 가격 외에도 선사와 다르게 포워더는 트럭킹(내륙 운송)과 통관(관세사) 업무도 대행해 주고 많은 조언을 해주는 만큼, 업체 선정에 신중을 기해야 한다.

1) Ex-work는 공장 출고가다

'Ex-work 일산'이면 일산 공장 또는 창고에서의 출고가라는 뜻이다.

수출자가 트럭킹할 필요도 없다. 그냥 공장 또는 창고 앞에 놓으면 된다는 뜻이다. 그렇다면 언제 Ex-work를 사용할까? 바이어가 컨테이너를 짤 때 한 컨테이너에 여러 제품을 섞어서 싣는 경우가 있다. 예를 들면, 한 바이어가 40ft FCL로 진행하면서, 여러 공장을 돌면서 신는 경우다.

2) FOB는 공장 출고가 + 트럭킹 비용(내륙 운송료) + 통관 + 수출제비용을 더한 가격이다

수출제비용이라는 포워더 비용은 그리 크지 않기 때문에 일반적으로 큰 신경을 쓰지는 않는 편이다. 책임 범위인 물품의 파손, 손실의 위험에 대해서는 배가 떠나기 전까지만 책임을 진다는 것이지만, 막상 물품 파손에 따른 클레임이 발생하면 정확한 책임 소재를 찾기 어려운 것이 현실이다. 배가 떠나기 전 생긴 파손인지 떠난 후의 파손인지 포워더의 실수인지 현실적으로 규명하기 어렵기 때문이다.

앞서 말했듯, FOB는 무역에서 빈도수가 가장 높은 인코텀즈다.

수출자 입장에서 보면 전 세계 임의의 바이어에게 언제든지 최적의 수출 가격을 오퍼할 수 있다는 장점이 있다. 바이어 입장에서도 다른 인코텀즈에 비해 최적의 가격을 받을 수 있고 파트너 포워더와 관세사를 통한 수입 프로세스로 빠르고 안전하게 수입을 한다는 장점이 있다.

3) CIF는 공장 출고가 + 트럭킹 비용(내륙 운송료) + 통관 + 해상 운송비 + 보험료 + 수출제비용을 더한 가격이다

CIF와 CNF의 차이점은 보험 포함 여부 정도다. 그렇다면 보험료가 비쌀까? 딱히 그렇지는 않다. 여기서 우린 궁금해진다. '수출자 입장에서 어떤 조건이 편하고 좋을까?'

Ex-work는 공장 출고가 개념이기 때문에 수출자 입장에서는 다른 부대 비용을 고려하지 않아도 되니 가장 편하고 빠르다. FOB는 공장 출고가에 트럭킹 비용과 통관 그리고 수출제비용을 더한 개념이다. 즉, 수출자 입장에서는 포워더에게 견적 문의해야 하기 때문에 Ex-work보다는 시간이 좀 걸린다. CIF는 해상 운송비와 보험료를 산출해야 하기 때문에 포워더에게 견적 문의하면 FOB 조건보다는 시간이 더 걸리는 경향이 있다. 결국, 수출자 입장에서는 빠르고 대응하기에는 Ex-work이 가장 좋지만 바이어한테는 정반대다.

그렇다면, 해외 문의(인쿼리), 각종 상담회 및 전시회와 같은 비즈니스 상담에서 통용되는 수출입 가격은 어떤 조건을 가장 많이 택할까? 말했듯 FOB 조건이다. 수출자 입장에서나 바이어(수입자) 입장에서나 FOB 조건은 가격적인 면, 편리성과 안전성으로 인해 국제적으로 가장 많이 통용된다.

2. FOB 조건에서의 출고와 선적 그리고 B/L

앞에서 언급했듯이, 인코텀즈에서 가장 많이 쓰이는 것은 FOB와 CIF다. 아무리 무역 초보라도 이 두 가지만 제대로 알면 웬만한 오더는 쳐낼 수 있다. 물론, 단순히 알고 있는 것으로 만족해서는 안 된다. 단순히 알고 있는 것과 사용할 줄 아는 것은 실전 무역에서는 '하늘과 땅 차이'이기 때문이다.

우선, FOB 조건일 때 기본적인 출고 프로세스를 알아보자. FOB 출고의 핵심은 '포워더(선사)는 바이어가 지정한다.'라는 것이다. FOB 가격 자체가 선적 전까지의 가격이기 때문에 선적 관련 정보는 바이어가 준다. 예를 들면, FOB 부산이면 부산까지 물건을 가져다 놓으면 바이어가 가지고 간다는 뜻이다. 그렇다면 '포워더(선사)가 발행하는 B/L(Bill of lading, 선하 증권)은 바이어가 갖는 것일까?' 하는 의구심이 들 수 있다. 그건 절대 아니다.

FOB 출고는 제품이 준비되었거나 예정 스케줄이 나오면 바이어에게 통보를 하고 바이어는 검품(Inspection) 여부를 결정한 후, 바이어와 계약된 현지 포워더에게 연락한다(바이어는 수입자이므로 기본적으로 계약된 포워더가 있다.). 그 포워더는 한국에 있는 '파트너 포워더'에게 연락을 하고 그 바이어는 그 파트너 포워더에 대한 정보를 수출자에게 제공한다. 의외로 간단하다.

수출자는 당연히 한국에 있는 포워더(파트너 포워더)에게 연락하면 되고 선적 스케줄에 따라 ETD(출항 예정일)와 ETA(도착 예정일)를 확인하여 바이어에게 통보 후 출고한다. 포워더는 수출 통관에 필요한 관세사 및 내륙 운송을 책임질 트럭킹 업체와 파트너십을 맺고 있기 때문에 수출자는 편의상 포워더에게 통관과 트럭킹을 한꺼번에 일임하는 경우가 많다. 가장 큰 이유는 비용 차이가 크지 않고, 직접 따로따로 챙기는 것보다는 업무 효율이 높기 때문이다.

배 선적 후 '수출제비용'이라고 하는 THC, CFS, Document fee 등의 비용을 포워더에게 지불하면 포워더가 선적 화물의 주인이라는 뜻으로 수출자에게 B/L(Bill of lading, 선하 증권)을 발행한다. 수출자는 기본적으로 오리지널 B/L를 수령하게 되지만 만약 서랜더 B/L이 필요할 때는 사전에 포워더에 요청하면 된다.

3. CIF 조건으로의 출고와 선적 그리고 B/L

CIF 조건일 때 출고는 어떤 식으로 이루어질까?

CIF의 경우 바이어가 지정한 해외 항구까지 물건을 보내 주는 게 핵심이다. 앞에서 언급했듯이, CIF 가격은 '공장 출고가 + 트럭킹 비용(내륙 운송료) + 통관 + 해상 운송비 + 보험료 + 수출제비용'으로 구성되어 있다. FOB와는 다르게 수출자의 포워더를 이용하기 때문에 출고 시 포워더 정보를 바이어부터 따로 받지는 않지만, 화물이 준비되면, 다음과 같은 이유로 수출 서류와 출고 날짜에 관해 먼저 바이어와 상의하고 컨펌 받아야 한다.

- 인보이스와 패킹리스트에 들어갈 Consignee, Notify party, Remark 같은 정보 확인
- 있을지 모를 언더 밸류(Under value) 또는 오버 밸류(Over value) 체크
- 바이어의 재고 및 무역 대금(T/T)에 따른 출고 시점 조율
- 검품 및 추가 무역 서류 여부 체크

이때, B/L에 대한 소유권은 당연히 수출자가 갖는다. B/L 양도 시점은 반드시 무역 대금을 고려해 진행해야 하는데, 그 이유는 오리지널 B/L이든 서랜더 B/L이든 한 번 발행하면 되돌릴 수 없기 때문이다.

출고 프로세스를 보면, 수출자는 물건이 준비되었거나 예정 스케줄이 나오면 바이어에게 통보하게 되는데, 그때 바이어는 검품 리포트를 요구하거나 선적 샘플을 요구하기도 한다. 바이어가 제공한 선적 정보(Shipping info)를 바탕으로 수출자에 의해 선적 서류(인보이스, 패킹리스트)가 작성되고 바이어 컨펌 후 출고가 진행된다. 포워더는 선사와는 다르게 수출 통관에 필요한 관세사, 내륙 운송을 책임질 트럭킹 업체와 파트너십을 맺고 원스톱 서비스를 제공하는 만큼 수출자는 대개 포워더에게 통관과 트럭킹을 한꺼번에 일임하는 경향이 있다.

이 경우, 수출제비용(포워더의 청구서)에 통관 비용과 트럭킹 비용이 포함되어서 발행된다. 선적 후 THC, Document fee 같은 수출제비용을

지불하면 포워더는 수출자에게 B/L을 발행한다. 오리지널 B/L을 선택하면 DHL, FEDEX와 같은 특송을 사용해 바이어에게 보내 주게 되고, 서랜더 B/L을 선택하면 바이어는 오리지널 B/L이 없어도 화물을 찾을 수 있게 된다. 단, 무역 대금이 T/T가 아닌 L/C라면 은행 네고를 위해 B/L은 반드시 오리지널 B/L이어야 한다.

서랜더 B/L은 보통 일본, 중국, 동남아처럼 가까운 거리일 때, 배가 도착하는 속도가 오리지널 B/L을 보내는 속도보다 빠른 경우에 자주 사용되지만, 일부 위험 국가에서는 바이어의 요청으로 오리지널 B/L을 선호하는 경향도 있다. 오리지널 B/L로 진행할지, 서랜더 B/L로 진행할지는 바이어의 요청으로 진행하면 되지만 수출자는 무역 대금과 연동하여 가부를 결정해야 한다.

4. 오리지널 B/L vs 서랜더 B/L

포워더 또는 선사가 발행하는 B/L에는 두 종류가 있다.

'오리지널 B/L과 서랜더 B/L'

B/L은 패킹리스트를 근거로 포워더 또는 선사에 의해서 선적(On board) 후에 만들어지며, 오리지널로 할 경우에는 원본을 DHL, FEDEX와 같은 특송을 통해 수출자가 바이어에게 보내는 것이고, 서랜더는 수출자가 포워더(선사)에게 서랜더 요청를 하면 원본 없이도 바이어가 물건을 찾을 수 있게 하는 시스템이다. 일본, 중국, 동남아처럼 지리적으로 가까운 거리일 때는 배가 도착하는 속도가 오리지널 B/L이 발행되어 특송으로 보내지는 속도보다 빠른 경우가 많기 때문에 오리지널보다는 서랜더를 더 선호하는 편이다. 하지만 바이어의 요청

이나 도착 국가의 특수성으로 인해 오리지널로 진행하는 경우도 많다. 즉, 바이어의 요청에 따라 오리지널로 할지 서랜더로 할지가 정해진다. 하지만 서랜더 B/L도 오리지널 B/L처럼 한번 바이어에게 전달되면 취소가 불가능하기 때문에 무역 대금 스케줄을 고려해서 진행할 필요가 있다.

5. FOB, CIF 조건으로 출고한다면? 공통점, 차이점, 주의점

무역 계약과 가격 오퍼 시, 가장 흔히 쓰는 인코텀즈는 FOB와 CIF다. 가장 보편적으로 자주 쓰이는 만큼 제대로 안다면 초보자라도 일단 무역을 시작할 수 있다. 여기서는 각각의 가격 산출 개념보다는 출고 개념을 비교해서 다음과 같이 정리해 보았다.

FOB와 CIF로 출고 시 기본적인 출고 프로세스
생산 완료 예정 통보 → 검품 여부 체크 → 선적 정보(shipping info) 요청 → 인보이스와 패킹리스트 문서 작업 → 바이어 컨펌 → 포워더 컨택 → ETD&ETA 체크 후 출고 진행

상황에 따라, 회사 업무 프로세스에 따라 조금은 차이가 있지만 대부분 이런 절차를 밟는다.

수출 담당자는 인코텀즈와 상관없이 예상 생산 완료 시점에서 바이어에게 선적 정보(Shipping info)를 요청하는데, 인보이스와 패킹리스트에 들어갈 주요 정보인 'Consignee(수하인)와 Notify party(통지 대상)'에 대한 정보를 여기서 얻는다. 바이어의 추가 기입 사항이 있을 때 자주 사용하는 'Remark' 난에는 해당 오더 진행이 FOB면 FOB 문구를, CIF면 CIF 문구를 넣기도 하고, 원산지에 대한 정보를 넣기도 한다.

가격 부분에서도 바이어가 언더 밸류(Under value: 실제 오더 금액보다 낮게 기입)를 요청하기도 하는 만큼 원활한 커뮤니케이션과 꼼꼼한 서류 작업은 필수다. 이런 선적 정보는 선적 때마다 달라질 수 있다. 그만큼 매번 확인하고 체크해야 하지만, 반복되는 오더일 경우 이전 서류를 그대로 복사해서 쓰는 경우도 많다. 마지막으로 선적 정보를 통해 인보이스와 패킹리스트가 작성되면 바이어와 한 번 더 크로스체크해 오타와 빠진 부분을 확인해야 한다.

인보이스와 패킹리스트 같은 서류 작업이 끝나면 포워더(선사)와 컨택해야 한다. FOB 조건은 해상 운송과는 상관없기 때문에 당연히 바이어가 포워더를 선정해 포워더 정보를 제공해 주지만, CIF 조건처럼 해상 운송이 포함된 경우에는 수출자가 가격 오퍼 시 견적 냈던 포워더로 정해서 진행한다(물론, 상황에 따라 포워더를 바꾸기도 한다.). 주의해야 할 점은 같은 포워더라도 초기에 받았던 견적과 출고 시점 견적과는 차이가 있을 수 있다는 점이다.

출고가 끝나면 B/L을 오리지널로 할지 서랜더로 할지를 포워더에 알려줘야 한다. 무역 대금이 L/C면 오리지널 B/L로 진행하고, T/T라면 오리지널 B/L과 서랜더 B/L 중 하나를 선택할 수 있다. 여기서 주의할 점은 오리지널 B/L이든 서랜더 B/L이든 한 번 발행하면 끝이기 때문에 무역 대금이 100% 완납되지 않았다면 B/L 발행은 신중히 해야 한다.

6. 무역 초보라면 일단 이 조합부터: 'FOB와 T/T 조합'

실전 무역에서 보면, 아무리 무역 초보라도 FOB와 T/T 조합만 제대로 이해하고 활용할 줄 알면 무역 거래가 그렇게 어렵진 않다. FOB는

Ex-work, CIF, DDP를 비롯한 타 조건보다 가격적인 면이나 편의성 부분으로 인해 수출자에게도 바이어에게도 보편적인 인코텀즈다. 다시 말하자면, 수출자 입장에서는 FOB 가격을 한번 세팅하면 어떤 바이어를 만나도 추가로 계산할 필요 없이 즉석으로 최적의 가격을 오퍼할 수 있고 바이어 입장에서도, 운송 및 통관에 있어 유리한 부분이 있기 때문에 전 세계적으로 FOB를 선호한다. 이런 이유로 전시회 및 무역 상담회 그리고 이메일 상담에서 수출 가격과 수입 가격은 대체로 FOB 가격이 된다.

무역 대금에서 T/T(Telegraphic transfer) 방식의 특징이자 장점은 단연코 선급금이다. 수출자 입장에서는 자금 회전이라는 장점이 있고, 바이어 입장에서는 L/C와 비교 시 유리한 측면이 있기 때문에 T/T 또한 FOB처럼 널리 쓰인다.

T/T로 할 때 양측의 가장 큰 고민은 다음과 같다.

- 바이어 입장: 출고 전 선급금을 줬는데 출고가 안 된다면?
- 수출자 입장: 출고 후 잔금을 못 받는다면?

수출자는 선급금을 받고 물건을 만들어서 출고하는 시점에서는 T/T 진행 상황을 꼭 체크해야 한다. 만약, '선급금-중도금-잔금' 식으로 합의 또는 계약했다면 대부분 이때쯤 중도금이 설정되어 있기 때문에 꼭 결제 상황을 확인할 필요가 있다. 리스크(Risk) 관리는 공장 출고 전이 제일 좋고, 그다음이 선적 전, 제일 어려운 때가 배가 떠난 다음이기 때문에 계약 날짜와 금액 지급이 제때 이루어지지 않는다면 '출고 정지'와 같은 결정을 내릴 필요도 있다.

특히 선적 후 B/L이 발행될 때 오리지널 B/L 또는 서랜더 B/L을 선택하는 시점에서는 T/T 잔금을 꼭 체크해야 한다. 왜냐하면, 배 도착 전 또는 B/L과 맞바꾸는 조건으로 P/I(Proforma invoice, 견적 송장)를 쓰는 경우가 많기 때문에 이때부터 바이어에게 잔금 완납을 지속적으로 요청할 필요가 있다.

여기서 우리는 궁금해진다.

'배가 항구에 도착했는데도 잔금을 안 주면 어떻게 해야 하나?'

이런 일이 발생할 수 있는 이유는 바이어가 선급금을 줄 때는 '수출자가 출고를 안 할 경우를 걱정하는 을'의 입장이었다면, 선적 후에는 '갑'의 입장으로 바뀌기 때문이다. 반드시 무역 대금 완납을 확인하고 B/L을 넘겨주는 것이 수출자의 원칙이지만, 만약 끝까지 안 준다면 고민을 안 할 수 없다.

잔금 안 받고 B/L을 넘겨주는 것 외에는 다음과 같이 3가지 방법을 생각할 수 있다.

① 바이어를 믿겠다! 일단 B/L 먼저 주고 돈을 나중에 받는 경우

② 못 믿겠다! Ship back하는 경우

③ 법대로 가자! 법으로 가는 경우

각각의 경우가 다 100% 좋고 권장하는 방법은 아니다. 손실이 크고 회사가 부도가 날 수 있을 정도의 위험 요소를 갖고 있다. 그러므로 FOB와 T/T를 한 세트로 계약할 때는, P/I를 작성할 때부터 이런 리스크를 감안해 생산 일정과 출고 프로세스를 맞춰야 하고, 거기에 무역 대금 지급 시기와 금액이 정해져야 한다.

7. 무역 용어는 실전 사례와 함께

무역 창업을 하려면 무역 용어를 아는 것은 기본이자 필수다. 무역 영어를 조금 못하더라도 무역 용어만 제대로 안다면 무역이 가능할 정

도로 무역 용어의 비중은 무역에서 상당히 높다. 단, 그 용어의 쓰임새를 정확하게 알고 있어야 한다. 그렇지 않으면 실전에서 당황하거나 실수하는 경우가 빈번하기 때문이다.

실전 무역을 함에 있어 가장 중요하고 빈도수가 높은 용어를 사례와 함께 다음과 같이 정리해 보았다.

1) T/T(Telegraphic transfer)

수입자(바이어)가 무역 대금을 수출자의 외화 통장 계좌로 보내 주는 방식이다. 필수 정보로는 은행명, 은행 주소, 계좌번호, 회사 이름, 은행식별번호, swift code가 있다. 실전 무역에서 T/T는 선수금과 잔금으로 나누어지고 그 기점은 선적일(On board)이다. 전 세계적으로 가장 보편적인 비율은 30:70이고 '수출자가 우위에 있느냐, 수입자가 우위에 있느냐'에 따라서 비율과 집행 시기가 달라진다.

2) ETA(Estimated time of arrival)

도착 예정일. 이 날짜를 알아야 바이어가 후속(ex. T/T 잔금 준비 및 현지 영업과 마케팅) 프로세스를 준비하기 때문에 매우 중요하다. ETD와는 상반된 개념이다. 일반적으로는 ETD와 ETA를 동시에 바이어에게 통보해 주거나 ETD만 통보한다.

3) ETD(Estimated time of departure)

출항 예정일. 바이어가 이 날짜를 알아야 현지 마케팅과 영업 계획을 세우고, T/T인 경우 자금 스케줄도 이에 맞춰 진행한다. 납기 클레임이 일어날 여지가 있고 상황에 따라서 ETD와 실제 On board는 차이가 있을 수 있다.

4) Consignee(수하인)

화물 인수자. 선적 서류에서 자주 쓰이는 용어다. B/L에서는 'Consignee', 인보이스와 패킹리스트에서는 'For Account & Risk of Messers'를 바이어(Buyer)라는 말 대신에 사용한다. B/L은 선사(Shipping company)와 포워더에서 작성하기 때문에 정형화된 양식이 있으나 인보이스와 패킹리스트는 수출자가 작성하기 때문에 회사마다 양식의 차이는 있지만 구성은 비슷하다.

5) DDP 조건

Door to door 서비스처럼 현지 통관과 관세까지 다 부담하는 조건이다. UPS, FEDex. EMS처럼 소량 샘플 일 때 자주 쓰인다. 여기서 핵심은 수출자의 현지 통관 능력의 여부다. 실제로 보면, 수출자의 해외 현지 통관 컨트롤은 쉽지가 않다. 만약 문제가 발생하면 대응하기도 어렵기 때문에 샘플 정도로만 사용할 뿐 메인 오더에는 잘 쓰이지 않는다. 통관을 비롯한 절차 외에도 DDP 조건은 FOB 조건보다 비싸기 때문에 수출자가 샘플 발송용에 한해서 사용하는 편이다.

6) LCL cargo(Less than container load)

한 컨테이너를 다 채우지 못하는 소량 화물이다. 여러 화주의 화물(LCL)을 모아 한 컨테이너를 짜기 때문에 소호 무역을 포함한 소규모 수출입에서 자주 사용된다. 한 컨테이너를 꽉 채워서 출하하는 FCL(Full container load)과는 반대되는 개념이다. LCL cargo는 포워더만 취급하고, 선사(Shipping company)는 취급하지 않으며 국내 CFS에서 해외 CFS로 또는 해외 CFS에서 국내 CFS로 이동한다. 즉, 혼적 및 분류 작업은 CFS에서 이루어지고 혼선을 막기 위해, 쉽핑 마크

(Shipping mark)는 FCL보다 더 신경을 쓰는 편이다. FCL에는 없는 CFS charge가 발생한다.

7) Consolidation

컨테이너 한 대를 채우지 못하는 LCL(Less than container load) 화물을 모아 한 개의 컨테이너로 만드는 작업. 당연히 FCL에서는 사용되지 않는 용어다.

8) CY(Container yard)

컨테이너 야적장. 한 컨테이너를 다 채운 FCL은 국내 CY에서 해외 CY로, 다 채우지 못하는 LCL은 국내 CFS(Container freight station)에서 해외 CFS로 이동한다. LCL은 CFS에서 컨테이너를 짜기 때문에 CFS charge가 발생한다. 선사는 오직 FCL만 취급하고 포워더는 FCL과 LCL 둘 다 취급한다. 포워더에서 발행하는 B/L이나 선사에서 발행하는 B/L은 같은 효력을 가진다.

9) CBM(Cubic meter)

가로, 세로, 높이가 각 1m인 부피를 환산하는 단위이다. 1CBM은 가로, 세로, 높이가 각 1m임을 말한다. 제품과 관련 있는 만큼 운송 관련 서류인 패킹리스트와 B/L에 자주 등장한다. 특히 항공 운송인 경우에는 부피 무게와 실제 무게를 비교해 더 무거운 쪽으로 운송사는 청구한다.

10) Gross weight

물품이 포장 박스에 들어 있는 상태로 계량한 중량. Net weight와 상반된 개념이다. Net weight는 순 중량으로 물품 자체의 무게다.

11) I/C(Inspection certificate)

품질 검품. 바이어가 품질을 확인하고 싶을 경우, 직접 검품원을 파견하기도 하고, 검품 전문 업체에 의뢰하기도 한다. 까다롭게 보일 수 있으나, 수출자 입장에서는 출고 전에 검품을 받는 게 더 나을 수도 있다. 대부분의 클레임이 품질에서 나오기 때문에 오히려 출고 전에 바이어가 지적하면 수정 보완이 쉽기 때문이기도 하고 검품 후 출고한 물품에 대해서는 향후 품질 클레임의 발생 여지가 줄기 때문이기도 하다.

12) C/I(Commercial invoice, 상업 송장)

수출자에게는 수출 신고를 통한 수출 실적으로 잡히고 무역 대금 청구서 역할을 한다. 수입자에게는 수입 신고를 통한 수입 실적으로 잡히고 매입 명세서 역할을 한다. 인보이스 금액은 수출자보다는 수입자에게 더 민감하기 때문에 상황에 따라 언더 밸류하거나 오버 밸류하기도 한다. C/I는 패킹리스트(Packing list), 선하 증권(B/L)과 함께 무역 서류 3대장으로서 C/I는 금액 정보를, 패킹리스트는 선적 정보를, B/L은 소유권를 지닌다.

13) Counter offer

반대 오퍼(Offer) 또는 이의 오퍼이다. 수출자의 오퍼에 대해 수입자가 가격 조건, 수량 조건, 선적 조건을 비롯한 다양한 조건에 이의가 있을 경우, 기존 오퍼 내용을 일부 변경하거나 추가하여 제시하는 오퍼다.

14) Freight charge

해상 운송에서의 운송비. 바이어가 지불하면 'Freight collect(착불)',

수출자가 지불하면 'Freight prepaid(선불)'이다. B/L 상에 표기되며, 흔히 쓰는 FOB는 당연히 'Freight collect'다. 가끔 CIF 조건에서 가격을 오퍼할 때, 운송비를 깜빡하는 경우가 있어 유의해야 한다.

Freight collect
운임 후불. FOB 조건일 때, 화물이 목적지에 도착하여 수입자가 화물을 인수하려면 운임을 지불해야 한다. 착불 택배로 이해하면 쉽다.
Freight prepaid
운임 선불. Freight collect와 반대되는 개념이다. CIF 조건에서 화물 선적이 완료돼 B/L이 발행될 때 수출자가 지불해야 한다. 선불 택배로 이해하면 쉽다.

15) AWB(Air way bill)

항공 운송장. 배로 가는 것이 B/L이라면, 항공으로 가는 것이 AWB다. 업체마다 약간의 양식 차이는 있어도 기본 구성은 같다.

16) Clean B/L

하자도 없고 사고도 없는 B/L이라는 뜻이다. 화물이 선박에 안전하게 실린 경우 B/L에 아무것도 기재되지 않는데 상반된 의미로는 'Dirty B/L'이 있다. L/C 계약 건으로 은행 네고가 있을 때는 'Clean B/L'이 필수다.

17) C/O(Certificate of origin, 원산지 증명서)

제품의 생산지를 증명하는 서류. FTA를 비롯한 각종 무역 협약에 있어 관세 혜택을 받을 때 꼭 필요한 서류다.

18) Exclusive contract(독점 계약)

어떤 품목의 독점적 판매 권한이다. 중요한 것은 양날의 칼이 될 수 있다는 것이다. 잘되면 서로 좋지만 잘 안 되면 서로 힘들어진다. 독점으로 인해 제품이 신제품에서 구제품이 되는 만큼 제조사는 신중히 결정할 필요가 있다.

19) Demurrage charge

무료 기간(Free day)을 초과하여 화물이 컨테이너 안에 계속 있는 상태에서 반출되지 않고 발생하는 초과 비용이다. 일종의 페널티 개념으로, 수입자와 수출자 사이에 분쟁이 있을 때 종종 발생한다. 예를 들면, 수입자가 무역 대금을 약속대로 수출자에게 지불하지 않아서 수출자에게 오리지널 B/L 또는 서랜더 B/L을 받지 못했을 때 같은 경우다. 배가 도착했는데 수출자와 수입자 간 약속이 불이행되었거나 어떤 이슈(Issue)로 인해 화물을 수입자가 가져가지 않는 경우에 발생한다.

20) At sight

일람 출금. L/C 네고 때 자주 사용된다. 은행에 L/C 원본을 포함한 서류를 제출하면 바로 현금화가 이루어진다. 여기서 중요한 점은 제출 서류라고 하는 네고 서류는 L/C에 적혀 있는 만큼 잘 체크해서 빠짐없이 준비해야 한다는 것이다.

21) Claim(클레임)

무역 계약 불이행에 따른, 수입자가 금전적 또는 물질적 손해를 수출자에게 청구하는 행위이다. 클레임의 종류는 많으나 가장 대표적인 3가지는 '납기 클레임, 품질 클레임, 수량 클레임'이다. 납기 클레임은

B/L 상에 표기된 선적 날짜(On board)를 기준으로 하기 때문에 명확한 반면, 품질 클레임과 수량 클레임은 애매한 경우가 많기 때문에 상황에 따라 협의를 잘해야 한다.

8. C/I(Commercial invoice) vs P/I(Proforma invoice)

수출을 하든 수입을 하든, 무역에서의 핵심은 물류이기 때문에 거기에 따르는 서류는 매우 중요하다. 무역의 시작과 끝이 서류라고 할 만큼 무역은 문서로 움직인다. 즉, 간단한 물건 하나라도 해외로 발송하려면 인보이스와 같은 서류는 필수가 된다.

C/I는 '상업 송장'이라고 하고, P/I는 '견적 송장'이라고 부른다. 똑같은 인보이스처럼 보이지만 쓰임이 다른 만큼 절대로 헷갈리면 안 된다. C/I는 이미 설명했듯이 수출 물품에 대한 대금 청구서 역할을 하고, 수입 통관 시 관세 증빙 자료이기 때문에 수출할 때 바이어의 요청으로 관세를 낮추는 방식으로 '언더 밸류'를 하기도 한다. 여러 번 강조했듯, 패킹리스트, B/L과 더불어 무역 서류 3대장이라 불릴 만큼 매우 중요하고 외환 수금을 할 경우, 은행에 증빙 자료로 쓰이기도 하며, 물품과 함께 동봉되어 발송되기도 한다.

꼭 기억할 것은 다음과 같다.

- 수출자가 만들기 때문에 재발행 가능!
- 출고 진행 전 반드시 바이어에게 'Consignee, Notify party, Remark, Unit price(단가)' 확인 필수!

P/I는 C/I와 달리 계약서 역할을 한다. 수출자에 의해서 만들어지고, 제품, 수량, 모델, 스펙, 단가 외에도 외환 계좌, 선적 조건, 결제 조건, 납기 등 무역의 주요 조건을 포함하고 있기 때문에 수입자는 신중히 검토 후 사인하게 된다.

프로세스를 보면, 수출자가 P/I를 만들어서 보내 주면 수입자가 P/I를 확인함과 동시에 P/O(Purchase order)를 만들지만, 실전에서는 상황에 따라 P/O를 먼저 만들기도 한다. P/I는 계약서 역할을 하는 만큼 수입자(바이어)는 P/I를 근거로 T/T 결제를 진행하기도 하고 L/C를 열기도 하며, 무역 대금 관련해서 분쟁이 있을 시 중요한 역할을 하기도 한다.

9. 샘플 인보이스(Sample invoice) vs 커머셜 인보이스(Commercial invoice)

샘플 인보이스와 앞서 살펴본 C/I(Commercial inovice, 상업 송장)를 비교해 보면, 공통점은 돈과 관련된 해외 발송용 서류라는 것이고 차이점은 샘플을 보낼 때는 샘플 인보이스, 메인 오더를 선적할 때는 C/I를 쓴다는 것이다.

C/I는 수출입 통관 시 신고 금액의 근거가 되기 때문에 실제 오더 가격보다 낮게 하기도 하고(언더 밸류, Under value), 실제 오더 가격보다 높게 하기도 하며(오버 밸류, Over value), 계약 금액 그대로 하기도 한다. 반면에 샘플 인보이스는 말 그대로 샘플이고 상업용 판매 목적이 아니기 때문에 '언더 밸류'로 보통 진행한다(샘플 단가는 아이템과 상관없이 보통 1~10불 사이로 정하는 편이다.).

C/I는 수출자에게는 대금 청구서 역할을, 수입자에게는 매입 명세서로서 수입 신고 시 과세 증빙의 자료가 된다. 외환 수금이 될 경우 은행에 증빙 자료로 제출되기도 하고, 수입 통관에서는 세금과 직결되기 때문에 수입자는 최대한 융통성을 발휘하려 한다는 것이 핵심이다.

샘플 인보이스는 해외 출장 시에 바이어에게 보여줄 샘플을 가지고 갈 때 그 제품이 샘플임을 증빙하는 서류이다. 또한 해외로 DHL, FEDex, EMS 등을 사용하여 샘플을 보낼 때도 C/I가 아닌 샘플 인보이스를 작성한다. 판매용이 아니기 때문에 금액은 임의로 최소 금액을 적고, 'No commercial value', 'Free of charge'의 문구를 넣는다. 만약 추가적인 문구가 더 필요한 경우에는 바이어의 지시를 따르는 게 좋다. 현지 통관에 대해 가장 많이 아는 사람은 현지 바이어이기 때문에 큰 무리가 없다면 따르는 게 가장 안전하다.

10. 실전 무역에서 인보이스, 패킹리스트, B/L 사용법

무역 서류 또는 선적 서류라고도 하는 이 서류들(인보이스, 패킹리스트, B/L)은 워낙 중요해서 무역한다고 하면 가장 자주 듣는 용어이다. 그만큼 단순 이론이 아닌 실제로 어떻게 쓰이는지 그 쓰임새를 잘 알고 인지하여야 실수가 없다.

1) C/I(Commercial invoice, 상업 송장)

항상 무역하면 떠오르는 서류다. 무역 대금과 관련되어 있고, 누가 누구에게 어떤 것을 얼마에 준다는 뜻으로 반드시 총금액이 표시되어 있어야 한다. P/I(Proforma invoice)와는 상관없이 바이어의 요청으로 통관을 위한 언더 밸류(Under value) 또는 오버 밸류(Over value)하기도 한다. 양식은 샘플 인보이스와 비슷하다. 무역에서 C/I와 패킹리스트는 세트로 다닌다. 패킹리스트와 더불어 작성은 수출자가 한다(B/L은 포워더가 패킹리스트를 근거로 작성함).

2) 패킹리스트(Packing list)

인보이스와 한 세트로 다닌다. 수출자가 패킹리스트를 만들어 포워더에게 주면 포워더는 이를 근거로 B/L 작업을 한다. 인보이스는 돈에 대한 정보이고 패킹리스트는 화물에 대한 정보다. 그렇기 때문에 단가 및 총 금액이 아닌 어떤 물건이 어떤 박스에 얼마의 중량으로 몇 개가 있는지를 정확히 표기해야 한다. 즉, 인보이스에는 금액이 적혀 있다면 패킹리스트에는 수량, 무게, CBM에 대한 정보가 들어 있다.

3) B/L(Bill of lading, 선하 증권)

인보이스와 패킹리스트는 수출자가 작성하지만, B/L은 포워더 또는 선사가 작성한다. 수출자의 패킹리스트를 근거로 만들어지고 화물에 대한 정보 및 소유권과 관련이 있다. B/L을 소유한 사람만이 해당 화물을 수령할 수 있다는 것이 핵심이다. 바이어의 요청으로 수출자는 오리지널 B/L 또는 서랜더 B/L을 선택할 수 있고, 둘 다 재발행은 안 되기 때문에 분실에 주의해야 하며 전달(오리지널 B/L), 그리고 발행(서랜더 B/L) 전에 세심한 검토가 필요하다.

보편적으로 서랜더 B/L은 지리적으로 가까운 일본, 중국, 동남아 국가에서 보통 사용되고, 오리지널 B/L은 거리가 먼 남미 및 유럽 등에서 사용되지만 바이어의 요청에 따라 그때그때 달라지기 때문에 출고 시 바이어에게 선적 정보(Shipping info)를 받을 때 꼭 확인해야 한다.

11. ETD(Estimated time of departure)와 ETA(Estimated time of arrival)가 중요한 이유

ETD는 출발 예정일이고, ETA는 도착 예정일이다. 수출자는 포워더(선사)와 컨택 후 출고 시 바이어에게 꼭 통보해야 하는 정보다. 특별한 경우가 아니라면 선적 스케줄이 거의 정확하기 때문에, ETD와 ETA는 바이어가 후속 업무를 진행하는 기준이 된다. 그렇다면 그 후속 업무는 무엇이고 ETD와 ETA는 어떤 관련성이 있을까?

1) 자금 스케줄

L/C일 때는 수출자가 언제쯤 네고할지 예측되기 때문에 수입자는 자금 스케줄을 계획할 수 있고, T/T일 때는 수출자에게 지급할 무역 대금 계획을 세우기도 한다. T/T일 때는 선급금과 잔금 지급의 경계선을 선적 날짜를 기준으로 하는 경우가 많기 때문에 수출자는 ETD와 ETA를 바이어에게 통보함과 동시에 잔금을 요청한다.

2) 현지 마케팅과 영업 스케줄

수입자(바이어) 입장에서 보면, 제품이 언제 창고에 입고되는지 알아야 적절한 마케팅과 영업을 본격화할 수 있다. 즉, 수입자는 T/T든 L/C든 무역 대금이 집행되었거나 집행될 것이기 때문에 빠른 영업을 통해 매출을 일으키고 싶어 한다. 만약 늦어지거나 지연된다면 보이지 않는 손실로도 이어져서 납기 클레임을 수입자는 걸 수도 있다. 이런 납기 클레임은 계약된 날짜와 실제 선적일(On board)을 비교하여 명확하게 제기되는 만큼 다른 수량 또는 품질 클레임과는 다르게 변명의 여지도 없다. 그러므로 여건상 정확한 선적일을 명시하기 어렵다면 수출자는 정확한 날짜는 가급적 언급하지 않는 것도 납기 클레임을 피하는 하나의 방법이 될 수 있다.

3) 신뢰 측면

무역 계약을 하면, 수출자와 바이어 각자는 의무가 생긴다. 수출자는 약속된 품질과 수량을 약속된 날짜에 보내는 것이고 바이어는 약속된 날짜에 자금을 집행하는 것이다. 그러므로 약속된 날짜의 ETD와 ETA는 앞으로 있을 비즈니스에 대한 신뢰 징표라고 할 수 있다.

12. CY(Container yard) vs CFS(Container freight station)

무역을 이루는 3요소는 수출자와 수입자 그리고 물류다. 물류에 대해 잘 이해하고 있어야 안전한 운송을 통한 '운송 클레임'을 방지할 수 있고 비교 견적을 통해 운송비도 절약할 수 있다. 특히 CY, FCL, CFS, LCL은 빈번하게 쓰이는 용어인 만큼 사례를 통한 정확한 이해가 필요하다.

선사(Shipping company)가 FCL만 취급한다면 포워더는 선사의 컨테이너를 받아 여러 수출자의 화물을 한 컨테이너에 혼적하는 LCL을 주로 취급한다(당연히 FCL도 취급함). 비교 견적 시, 수출 화물의 양이 컨테이너 하나를 사용할 수량보다 적더라도 컨테이너로 진행하는 것이 LCL보다 저렴한 경우도 있는 만큼 잘 살펴봐야 한다.

1) CY(FCL) → CY(FCL)

CY는 컨테이너를 쌓아 놓는 곳이고 FCL는 한 컨테이너를 꽉 채운 것이다. FCL은 당연히 CY에 있고, CY에서 출발해서 CY로 간다. 말했듯, 선박 회사(선사)는 FCL만 취급하고, 포워더는 FCL, LCL 모두 취급한다.

2) CFS(LCL) → CFS(LCL)

CFS는 화물을 적입하거나 적출할 때 분류 작업하는 장소다. LCL은 한 컨테이너를 다 채우지 못하는 소량 운송이다. 이때, CFS에서 혼적을 하게 되고, 견적서(포워더 청구서)에 CFS 비용(CFS charge)이 명시된다. 당연히 국내 CFS에서 해외 CFS로 가고 선사가 아닌 포워더에서만 취급한다. 혼적 과정에서 분실의 위험이 있기 때문에 위험 지역이나 국가, 개발도상국에 보낼 때는 특히 조심해야 하고, 만약 하게 될 때는 그 지역의 전문 업체와 먼저 상의하는 것이 좋다.

포워더는 선사와 다르게 해상 운송 외에 관세 업무(통관)와 내륙 운송 업무(트럭킹)도 서비스 차원에서 대행해 준다. 또한, 수출입에 있어서 가격과 통관 그리고 물류와 관련된 다양한 정보를 제공해 주기도 한다. 즉, 포워더 하나 잘 선택하면 실전에서 상당히 편하다. 포워더를 선정할 때는 그 지역 수출입 경험이 풍부한 업체인지, 어디까지 서비스해 주는지를 체크해야 가성비와 안전성을 극대화할 수 있다.

13. Freight collect vs Freight prepaid

'Freight collect'와 'Freight prepaid'는 B/L에서 흔히 보는 용어로, '운송비를 누가 부담할 것인가?'이다.

- Fright collect: 착불(FOB조건에서 사용)
- Fright prepaid: 선불(CIF 조건에서 사용)

택배에서의 선불, 착불 개념으로 보면 된다. 무역 계약 시 인코텀즈에 따라 오퍼(Offer) 가격이 정해지고, B/L 상에 누가 운임비를 내는지를 나타내기 위한 목적으로 표기된다. FOB 가격은 수출자가 선적 전까지의 가격을 부담하므로 해상 운송비는 당연히 Freight collect(착불)가 되고 CIF는 해상 운송비를 포함한 가격이므로 Freight prepaid(선불)가 된다. CIF 조건에서 P/I를 쓸 때는 오퍼 가격과 운송비를 따로 분리해서 작성하기도 하고, 오퍼 가격에 운송비를 녹여서 작성하기도 한다. 당연히 어디에 얼마의 마진을 붙일지를 수출자는 고민해야 한다.

일반적인 무역(수출입) 오퍼 가격은 FOB다. 다른 인코텀즈보다 무역에서 가장 빈번하게 사용된다. 바이어가 CIF를 요청하는 경우에는 '바이어가 정말 생초보'이든가, '귀찮든가', '자신이 낸 운송 견적과 비교하는 경우'인 만큼 수출 담당자는 비즈니스 상황을 잘 파악해서 오퍼할 필요가 있다. FOB로 출고 진행할 경우에는 제품이 준비되면 바이어에게 선적 정보(Shipping info)를 받는 것과 동시에 포워더 정보를 따로 받는다(CIF는 포워더 정보를 따로 받지 않음). 다시 말하면, 수출자는 출고 시 임의의 포워더에게 먼저 연락하는 것이 아니라 바이어가 포워더를 지정하고 포워더 정보를 수출자에게 전달하면 수출자는 그 포워더와 선적 스케줄을 잡고 출고하면 된다.

14. HS 코드(HS code)를 절대 간과해서는 안 되는 이유

HS 코드는 상품의 명칭이 나라마다 다르기 때문에, 무역 상품을 숫자 코드로 통일시킨 것이다. 우리나라는 HSK라고 해서 10단위까지 사용하고 있고, 중국이나 일본은 각각 8단위와 9단위를 사용한다. 앞에서 이미 언급했듯이, 수입할 때 세금을 낮추고자 인보이스 언더 밸류를 고려하는 경우가 있다. 절세를 통한 안전하고 깔끔한 통관은 전 세계 모든 수입자의 고민이기 때문이다.

여기에 HS 코드도 빼놓을 수 없다. 제품을 기획하고 제조하는 과정에서 HS 코드를 쉽게 생각하면 세금 폭탄을 맞을 수도 있고 통관에 어려움을 겪을 수도 있다. 특히 비슷한 HS 코드라도 관세율, 통관 요건, 관세 감면 등의 내용이 달라질 수 있는 만큼 HS 코드를 정확히 표기하는 것은 수출입에서 중요하다. 그러나 품목 분류는 보는 사람의 관점에 따라 달라지는 주관적인 요소가 크기 때문에 사람마다 국가마다 동일한 물품에 대해 서로 다른 HS 코드를 사용하기도 한다. 간혹, 수출할 때의 HS 코드와 수입자의 HS 코드가 다른 경우도 있다. 기본적으로 수출국 입장에서는 수입국에 내는 관세를 줄이기 위해 관세율이 낮은 HS 코드를 선호하는 반면 수입국 입장에서는 관세율이 높은 HS 코드를 선호한다. 결국, 신제품을 개발해서 수출하거나 새로운 제품을 수입해서 HS 코드를 정할 때는 신중하게 판단해서 유리한 코드를 초기부터 부여할 필요가 있다.

15. 크레딧 노트(Credit note) vs 데빗 노트(Debit note)

수출을 하든 수입을 하든 예상치 못한 변수로 인해 상대방에게 돈을 더 받아야 하는 상황도 있고, 더 내야 하는 상황도 생긴다. 무역은 모든 것이 서류로 움직인다. 즉, 말로만 하는 것이 아닌 문서로 진행해야 효력이 발생한다.

받아야 할 금액을 요청하는 것이 '데빗 노트'이고 줄 돈을 적어서 확인시켜 주는 것이 '크레딧 노트'다.

- 데빗 노트(Debit note): 받아야 할 금액을 요청
- 크레딧 노트(Credit note): 줄 돈을 적어 확인시켜 줌

예를 들어 보자. 수출자가 10원짜리 10개를 선적했다. 그중 3개가 불량이 났고, 3개에 해당하는 30원을 바이어가 리펀트(Refund, 환불)해 달라고 한다면 단순히 구두로 '다음에 줄게.'나 '다음에 받을게.'는 안 된다는 것이다. 수출자로서는 줄 돈이 발생했으므로 30원 크레딧 노트를 발행하면서 차기 오더에서 제외하던지, 바이어 입장에서는 30원짜리 데빗 노트를 발행하면서 차기 오더에서 제외해야 한다. 이런 상황에서 수출자 대부분은 해외 송금은 자제하고 차기 오더에서 공제하면서 오더를 지속적으로 유도하는 경우가 많다. 그 외에도 적용되는 예는 예상치 못한 오버된 수량, 급작스러운 단가 인상, 수량 부족과 제품 하자로 인한 반품 등이 있다. 하지만, 크레딧 노트와 데빗 노트로 당장의 수량 부족과 제품 하자를 대비할 수는 없기 때문에, 출고 시 'RMA((Return material authorization, 대체품 교체)'라는 명목으로 여분을 미리 선적해서 바이어의 불편을 최소화하기도 한다. 즉, RMA를 잘만 활용하면 따로 특송을 보낼 필요도 없는 빠른 대응을 기대할 수 있게 된다.

16. 쉬핑 마크(Shipping mark)는 언제 꼭 필요한가?

수출과 수입을 할 때 상자 양쪽 측면 중 한 군데에서 쉬핑마크(Shipping mark)를 쉽게 볼 수 있다. 상자에 인쇄되어 있는 형태도 있고, 프린트해서 붙인 경우도 있다. 다시 말해서, 딱히 정해진 양식은 없고 업체와 오더마다 조금씩 차이가 있을 뿐이다.

다이아몬드 모양 안에 바이어 회사명(영문)이 표기되고 목적지, 오더넘버(P/I or P/O), 제품명, 수량과 포장 번호, 원산지와 같은 정보들이 자유 형식으로 필요에 의해서 골라서 쓰인다. B/L에는 다이아몬드 모양은 빼고 정보를 기입하고 포장 박스에는 아래처럼 약자로 표기한다.

- Case number는 C/No
- Pallet number는 PLT No
- Carton Box는 CT No

여기서 우린 궁금해진다.

'쉬핑 마크는 왜 필요할까?', '꼭 필요한가?'

제조 과정에서 포장 작업을 하다 보면 여간 귀찮은 게 아니기 때문에 이런 궁금증을 자아낸다. 또한, 바이어마다 다른 양식을 요구하기 때문에 상자에 인쇄해서 (재고) 관리하기도 쉽지 않고 다른 오더와 공유하기도 어렵다.

쉬핑 마크의 주요 목적은 바이어나 포워더 입장에서 화물을 쉽게 구분하기 위해서다. FCL 같은 경우는 20ft, 40ft처럼 수출자가 수입자에게 통째로 컨테이너 하나를 보내기 때문에 화물이 섞이거나 분실로 인한 혼란을 주는 경우는 드물다. 이런 경우에는 쉬핑 마크에 오더 넘버, 모델명, 컬러, 수량을 간략하게 적음으로써 바이어의 창고에서 하차 작업 시 재고 관리 및 분류가 용이하게 하는 정도로만 쓰인다. 그러나 LCL의 경우는 좀 다르다. 한 컨테이너에 여러 회사의 제품이 섞이기 때문에 쉬핑 마크가 필요하다. 없다면 CFS에서 작업할 때 혼선을 야기할 수도 있다. 즉, 혼적해서 적재 적하 작업을 할 때 여러 회사의 화물이 섞여서 분실의 위험도가 그만큼 높아진다.

쉬핑 마크는 FCL보다는 LCL이나 항공(Air) 운송에 자주 사용되고, 편의성을 위한 작업이지 필수 작업은 아니다. 그러나 포장된 화물의 숫자가 많다거나 포장된 화물의 규격이 작다거나 쉬핑 마크를 꼭 원하는 국가일 경우 바이어와 상의 후 작업 여부를 결정해야 한다.

쉬핑 마크 작업 시 주의할 점은 인보이스, 패킹리스트, B/L 같은 선적 서류와 쉬핑 마크의 정보는 일치해야 한다는 것이다.

17. 데모리지 차지(Demurrage charge) vs 디텐션 차지(Detention charge)

데모리지 차지(Demurrage charge)와 디텐션 차지(Detention charge)는 앞서 나온 무역 용어들과는 달리 무역 담당자라도 자주 접하지 않는 생소한 용어다. 특히 수출자와 수입자와의 갈등이 있을 때 발생하고 이로 인해 예기치 않는 비용을 지불해야 하는 만큼 그 상황을 잘 이해하고 대응해야 한다. 이 두 용어는 선사가 허용한 보관 일수(Free time)를 초과하면 선사가 그 일수만큼 청구하는 개념으로, FCL, CY에서 발생한다. 선사의 수익 구조에는 해상 운임뿐만 아니라 컨테이너 대여비도 있기 때문에 회전율에 따라 비용이 추가로 발생하는 것이다. 물론, 일정 기간 'Free time'이 있어 대부분은 신경 안 쓰고 넘어가기는 하지만, 무역 분쟁, 무역 대금, 통관과 관련된 사건 및 사고로 인해 지체료가 발생할 수 있는 만큼 꼭 주의해야 한다.

우리가 일반적으로 Demurrage charge를 경험하는 경우는, 수출 시 출항 날짜에 비해 컨테이너가 너무 빨리 들어가는 경우와 수입 시 배는 도착했는데 컨테이너를 너무 늦게 찾아가는 경우가 있다. 컨테이너에 'Free time'이라고 하는 보관 기간이 있으므로, Demurrage charge는 이보다 너무 빠르거나 늦을 때 발생한다고 보면 된다. 수출에서는 Demurrage charge가 잘 발생하지는 않는다. 연장하는 방법도 있고 공장 입장에서도 생산이 완료되면 바로 출고해야 다음 생산 일정과 출고 스케줄이 잡히는 탓에 컨테이너 부킹(Booking, 예약)을 최대한 맞춰서 진행하기 때문이다. 그러나 수입에서는 조금 다르다. 도착하자마자 바로 컨테이너를 빼는 것이 가장 좋지만, T/T 잔금을 못 치러 B/L을 못 받아서 수입자가 컨테이너를 Free time 내에 못 빼고 항구에 두는 경우와 수입자의 수입 상황이 여의치 않아 갑자기 보류되는 경우가 대표적이다. 다시 말해서, T/T 문제가 해결되지 않는 경우, 수출자가 B/L을 수입자에게 넘겨주지 않고 Ship back 결정까지도 하기 때문에 Demurrage charge가 발생한다. 또한, 수입자의 수입 창고에 문제가 발생하거나 통관상의 이유로 지연돼 발생하는 Demurrage charge도 항상 염두에 둬야 한다.

Detention charge는 수출 시 수출자가 컨테이너 부킹(Booking, 예약) 후에 CY에서 컨테이너를 가지고 가서 자기 창고에 오래 보유하는 경우 또는 수입할 때 CY에서 컨테이너를 빼 가서 다시 반납하지 않는 경우에 발생한다. 한마디로 컨테이너를 가져가서 돌려주지 않는 경우 발생하는 비용이다. 수출할 때는 연장 개념이 가능해 큰 문제가 없으나 수입할 때는 종종 발생한다.

18. 무역 서류마다 달리 표현되는 '수출자'와 '수입자' 명칭 변화

가장 흔하게 접하는 무역 서류 3대장인 인보이스, 패킹리스트, B/L 외에 자주 접하는 서류로는 무역 계약서, 신용장(L/C), 환어음(Draft)이 있다. 서류마다 수출자와 수입자는 같은 뜻이지만 다음과 같이 다르게 표기된다.

수출자(Exporter)는 무역 계약서에서는 'Seller', 신용장에서는 'Beneficiary', B/L에서는 'Shipper', 환어음에서는 'Drawer'라고 표기한다.

수입자(Importer)는 무역 계약서에서는 'Buyer', 신용장에서는 'Applicant', B/L에서는 'Consignee', 환어음에서는 'Drawee'라고 불린다.

정리하면 다음과 같다.

- 일반적 호칭으로는 Exporter vs importer
- 무역 계약서에서는 Seller vs Buyer
- 신용장에서는 Beneficiary vs Applicant
- B/L에서는 Shipper vs Consignee
- 환어음에서는 Drawer vs Drawee

특히 무역에서 매우 중요한 인보이스와 패킹리스트에서는 수입자를 'Buyer'라고 쓰지 않고 'For account & Risk of messers'라고 기입한다.

19. T/T vs L/C, 어떤 것을 선택해야 유리할까?

무역에서는 두 가지 결제 방식을 가장 많이 사용한다.

- 선급금과 잔금으로 이루어진 T/T
- 선적 후 은행을 통해 한 번에 받는 L/C

L/C는 선급금이 없지만 출고하면 바로 은행 네고를 통해 현금화가 된다. 은행을 통해 한 방으로 끝나지만 100% 안전한 것도 아니다. 또한, At sight와 Usance에 따라 현금화 시기도 차이가 있다.

'T/T와 L/C 중 어떤 것이 더 좋을까?' 무역 계약을 할 때는 P/I(Proforma invoice)와 P/O(Purchase order)를 가장 많이 사용한다. 무역 창업을 비롯한 소규모면 더욱 P/I의 빈도가 높다. P/I를 근거로 바이어가 T/T를 발송하기도 하고, L/C를 열기도 한다. P/I의 핵심은 당연히 결제 조건이 된다. 혹자는 '안전하기로는 L/C 아닙니까?'라고 말하기도 하지만, 무역 거래는 사람이 하는 거래이기 때문에 항상 위험에 노출되어 있다. 업계에서는 오죽하면 "걸어 다니면서 돈을 줍는 것처럼 보이지만, 등에는 항상 위험성을 메고 다닌다."라고 말하겠는가? 결국, L/C가 되었든 T/T가 되었든 중요한 것은 신뢰다. 그래서 L/C와 T/T를 선택하기 전에, 이 업체를 어디까지 믿을 수 있는가에 대한 다각적인 조사와 검토가 선행되어야 한다. 여기서 궁금증이 생긴다.

T/T든 L/C든 둘 다 100% 안전할 수는 없으나 대부분 T/T를 선호하는 편이다. 왜 그럴까?

- 수입자(바이어) 측면: L/C보다 T/T가 자금 운영 유리
- 수출자 측면: 선급금을 통한 자금 융통 가능

대기업이 아닌 이상, 대부분의 기업은 항상 자금에 쫓긴다. 수출자는 잔금에 대한 리스크(위험 요소, Risk)는 존재하지만, 선수금에 대한 유

혹은 떨칠 수가 없다. 선급금을 받아 자금 융통을 돕는 T/T를 선호하는 편이고, T/T를 중심으로 잔금에 대한 리스크를 최소화하려고 노력한다. 예를 들면, 출고 전에 최대한 많이 받거나 선수금은 T/T로 하지만 잔금은 L/C로 하는 것처럼 말이다.

20. T/T 100% 선수금 가능하기 위해서는?

단연코, 수출자 입장에서는 100% 계약 시 받는 게 가장 좋다. 계약하면서 돈 받고 시작하기 때문에 T/T에서 가장 걱정하는 잔금에 대한 리스크(위험 요소, Risk)는 없다. 자금 융통에도 당연히 도움이 되기 때문에 수출 기업들은 가장 이상적인 목표로 삼는다. 그러나, 여기서 알아야 할 핵심이 있다.

'바이어가 뭘 믿고 100% 주겠는가?'

'당신이 바이어이면 100% 먼저 주겠는가?'

절대 불가능한 옵션임에는 틀림없다.

무역을 하는 이유는 당연히 돈을 버는 것이다. B2C가 아닌 B2B 거래를 하는 이유 역시 한 방에 많은 돈을 벌려는 것이다. L/C가 아닌 T/T를 택했다면, 중요한 포인트는 '몇 퍼센트를 어느 시점에 받느냐?'이다.

당신은 언제 선급금을 받고 싶은가?

① 계약 시 받는다

② 출고 전에 받는다

③ 출고 시에 받는다

당연히 첫 번째를 선호하지만 바이어는 아니다. 대부분 계약 시 선급금의 100%를 다 받고 싶겠지만 바이어는 더 싫어한다. 그래서 단순히 'T/T in advance'라고 막연하게 말할지라도, 상세히 들어가면 정확한 날짜를 기반으로 하는 세밀한 협상이 필요하다. 신뢰가 생기기 전 일어나는 첫 거래라면 내 입장에 맞추는 것은 더욱 쉽지 않다. 무역 대금 조건에서 L/C가 아닌 T/T를 택한다면 협상을 잘해야 한다. T/T 선수금을 가급적 빨리 그리고 많이 받고 싶다면 그 협상에서 우위를 점해야 한다. 그 중심에는 '믿음(신뢰)'이 있다.

- 회사에 대한 믿음: 납기, 품질, 수량의 안정성
- 제품에 대한 믿음: 제품의 꾸준한 업그레이드를 통한 지속 후속 모델 출시

T/T 선수금으로 100% 받는다는 생각 전에 이 '믿음'을 어떻게 줄 것인가에 관한 고민을 해야 할 때다.

21. T/T 가급적 많이 그리고 빨리 받고 싶다면?

일반적으로 T/T 결제의 기준은 다음과 같다.

- 배 뜨기(On board) 전이 선급금!
- 배 뜬 후가 잔금!

선급금의 기능은 바이어가 해당 오더를 취소하지 못하게 하는 것도 있지만, 원자재 확보를 위한 자금을 충당한다는 현실적인 부분도 있어 수출자는 가급적 빠른 시기에 많이 받으려고 한다. 국제적으로 통용되는 묵시적이고 보편적인 비율은 다음과 같다.

'출고 전(선급금) 30% 도착 전 70%'

여기서 조율을 시작한다. 그런데, '출고 전 30%'도 다음처럼 다양한 경우로 나누어진다.

① 10%는 계약 시, 20%는 공장 출고 전에 지급받는 경우

② 30%를 계약 시 지급받는 경우

③ 30%를 P/I를 쓰고 1주일 또는 2주일 안에 지급받는 경우

④ 30%를 공장 출고 후와 출항 전에 지급받는 경우

기타 다양한 경우의 수가 존재한다.

'도착 전 70%'를 받는 경우는 일반적으로 다음의 두 경우다.

① 배 도착 전 잔금 70%를 받는다(B/L과 맞바꿈)

② 배 선적 후 즉시 받는다(B/L과 맞바꿈)

이렇게 선수금과 잔금을 받을 때 다양한 경우의 수가 존재한다. 여기서 중요한 것은 '수출자는 무역 대금 100%를 다 받지 못하면 물건을 양도하지 말아야 한다는 것'이다. 그러나 이렇게 정했다고 모든 게 순조로운 것은 아니다. 약속을 안 지키는 경우 또한 존재하기 때문이다. 예를 들면, 배가 도착했는데 바이어가 잔금을 치르지 않는 경우도 빈번하다.

바이어 입장에서 보면, 바이어가 선급금을 줄 때는 수출자가 출고를 지연하거나 '먹튀'할까봐 조바심을 내겠지만, 선적 후에는 상황이 정반대가 된다. 그때부터는 수출자는 잔금에 관한 걱정을 하게 되고, '을'의 입장이 되어 '잔금과 B/L 양도' 사이에서 고민하게 된다. 그런 걱정을 막고자 바이어와 신뢰가 쌓이기 전까지는 배를 띄우지 않고 100% 다 받는 조건을 성사시키려고 노력하지만 쉽지 않은 게 현실이다. 물론, 바이어가 여유가 있을 때는 선심 쓰듯이 대금을 일찍 주는 경우도 있고 수출자가 여유가 있고 향후 오더를 생각해 선심을 쓰는 경우도 있다. 또, 누구나 탐내는 아이템을 보유한 수출자라면 절대적인 갑의 입

장으로 협상에 임해서 바이어에게 계약 시 50%, 60%처럼 30% 이상을 요구하는 경우도 있다.

그렇다면, 계약 시 바이어가 선급금 30%라도 바로 지급하게 하려면 어떻게 해야 할까?

바이어가 불안해하는 부분을 해소하는 것이 우선되어야 한다. 즉, 약속된 날짜와 품질을 정확히 이행하겠다는 신뢰를 심어주는 것이 중요하다. 협상에서 MOQ, 단가, 납기로 설득하는 것보다는 출고와 품질에 대한 확신을 어떻게 심어줄 것인가에 대한 고민과 회사 신뢰도 상승에 관한 연구가 절실하다. 특히 바이어는 비즈니스 상담에서 제품에 대한 신뢰만 보는 것이 아닌 그 제품을 지속적으로 양산하고 업그레이드할 수 있는 회사인지 다각도에서 수출자를 검증하려 하기 때문에 이에 대비할 필요가 있다.

22. L/C(신용장) 주요 체크 포인트는?

앞서 말했듯이, 무역에서는 신뢰가 중요하다. 신뢰가 없으면 T/T의 선수금과 잔금이 불안정해질 수밖에 없고 그 무역 계약도 미궁에 빠질 가능성이 크다. 이런 이유로 첫 거래에서는 T/T보다는 L/C를 선호하는 경향이 있다. 그러나 L/C 거래도 신뢰를 근간으로 하기 때문에, 신뢰가 없다면 L/C라도 100% 안심할 수 없다. 무역에서 L/C 거래의 흐름을 보자.

계약이 이루어지면 이를 근거로 바이어가 은행에 가서 L/C를 오픈함 → L/C의 개설과 중요 내용을 수출자에게 전달 → 수출자는 무역 대금에 대한 확신을 갖고 물건을 준비함

누가 봐도 아주 간단하고 깔끔한 방식처럼 보이지만, L/C 수령 후에는 다음과 같은 부분을 꼼꼼히 살펴봐야 한다.

신용장 진위 여부 확인

신용장이 가짜인지 진짜인지 확인한다. 면밀히 살펴서 나쁠 것은 없다.

취소 불능 신용장인지 확인

바이어가 바보가 아니라면 이 정도는 누구나 아는 것이기 때문에 장난을 치진 않는다. 그래도 확인해야 한다.

내용 확인

계약 금액, 유효 날짜, 선적 날짜, 분할 선적 여부 등을 확인한다. 실수인지 의도인지는 모르지만, 사전에 약속된 것과 다른 내용이 있는 경우도 발생하기 때문에 즉시 수정(Amend)을 요청해야 한다. 출고 준비 시점에서의 수정 요청은 바이어가 받아주지 않을 수 있기 때문에 초기에(L/C를 받자마자) 하는 것이 좋다.

추가 서류 및 구비 서류 확인

선적 후 은행에서 네고할 때 필요한 구비 서류는 중요하다. 서류가 완벽히 준비되지 않으면 '하자 네고'가 된다. L/C에 기입된 기본 서류는 인보이스, 패킹리스트, B/L이고, 요청에 따라 원산지 증명서, 검품 확인서 등 바이어의 요구 서류가 추가로 기입된다. 그런데 여기서 장난을 많이 친다. 아주 까다롭고 정교하게 꼬아서 준비하기 어렵게 만드는 것이다. 이런 경우도 생산 전에 즉시 수정(Amend) 요청을 해야 한다. 한마디로, 합의된 사항이 아니면 무조건 수정 요청을 해야 한다고 보면 된다. 말이 애매하거나 합의된 사항이 아니거나 받아주기 어려운 무리한 조건과 요구가 있다면 즉시 바이어에게 요청해 다시 협의해야 하고 이런 협의는 L/C 오픈 시기에 진행되어야 한다.

23. D/P(Documents against payment) vs D/A(Documents against acceptance)

L/C와 T/T에 가려져서 잘 쓰이지는 않지만, D/P와 D/A에 대해서도 알아 두면 계약 시 협상에 도움이 된다. 두 거래의 공통점은 은행을 통하지만 은행은 절대 책임을 지지 않는다는 것이다. 또한, 선급금이 없는 외상 거래라서 선적 후 수입자가 돈을 안 주면 딱히 받을 방법도 없다는 것이다. 이런 악조건으로 인해 사전에 바이어(수입자)에 대한 신용 조사를 하기도 하고 수출 보험을 드는 등 여러 방지책을 준비하기도 하지만 웬만하면 추천하지 않는 무역 대금 방식이다.

D/P는 수입자가 선적 서류를 받고 물건을 찾고 싶으면 즉시 은행에 무역 대금을 지급하면 된다. 프로세스는 선적 후 수출자가 은행에 선적 서류와 함께 환어음 추심을 의뢰하게 되고, 수출자의 거래은행과 수입자의 거래 은행을 통해 수입자에게 통보를 한다. 수입자가 물건을 찾고 싶으면 은행에 대금을 지급하고, 그 대금이 결국 수출자에게 전달되는 프로세스다. 수입자가 돈을 안 주면 물건을 못 찾기 때문에 수

출자는 안전하다고 생각할 수도 있으나 실제로 수입자가 돈도 안 주고 통관도 안 시키고 시간을 끌면 딱히 답도 없다.

D/A는 수입자가 선적 서류를 먼저 받고 현지 통관 후, 무역 대금은 만기일에 지급하는 개념이다. 기본 프로세스는 D/P와 같지만, D/P처럼 수입자가 바로 결제하지 않아도 물건을 먼저 찾을 수 있다는 점이 큰 차이이다. 우선 선적 서류를 통해 화물을 찾은 다음, 향후 만기일에 무역 대금을 지급하는 형식이기 때문에 수입자 입장에서는 상당히 좋은 조건인 반면 수출자에게는 최악의 방식이다. 그렇기 때문에 실제로는 본사와 지사 간의 거래처럼 확실한 거래에서만 쓰인다고 보면 된다.

24. COD(Cash on delivery) vs CAD(Cash against documents)

COD와 CAD는 수출자가 물건을 먼저 선적하고 물품 대금은 선적 후에 받는 방식이기 때문에 수출자에게는 불리한 결제 조건이고, 수출국 또는 수입국에 대리인(또는 지사)이 있어야 가능한 결제 방식이다.

COD는 도착지에서 물건을 확인한 후 물건을 인수 인도함과 동시에 대금 결제가 이루어지고, CAD는 선적지에서 선적을 마친 후 해당 서류를 인수 인도함과 동시에 대금 결제가 이루어지는 프로세스다.

COD는 수출자가 물품을 선적하고, 선적 서류는 화물 인수자(Consignee)를 수출자의 대리인으로 지정하거나, 'To order of~'의 형식으로 진행된다. 물건이 도착하면 수출자의 대리인과 수입자가 검품을 하고, 문제가 없다면 물품 인도와 동시에 무역 대금 지급이 이루어진다. 보석과 같은 귀금속이나 고가의 반도체처럼 직접 물품을 검사하기 전에는 품질 등을 정확히 파악하기 어려운 경우에 사용된다.

CAD는 수출자가 물품을 선적한 후, 수출국에 주재하는 수입자의 대리인(또는 지사)에게 선적 서류를 인도함과 동시에 물품 대금을 지급받는 결제 방식이다. 수입자의 대리인(또는 지사)이 상황에 따라 수출국의 물품 제조 과정을 점검하고 검품을 진행하는 역할을 하기도 한다.

25. 이 조합만 알아도 초보도 무역 가능? FOB+B/L+L/C(T/T) 사용법

수출과 수입하는 과정에서 빈도수가 가장 높은 조합이다. 그러므로 정확한 사용법과 활용법을 제대로 알면 무역업이 처음이라도 누구나 일단 시작할 수 있다.

1) 가격은 일단 'FOB'

FOB는 공장 출고가 + 트럭킹 비용(내륙 운송료) + 통관 + 수출제비용까지 산출한 가격으로, 출고할 때는 바이어에게 포워더 정보를 따로 받는다.

'수출 가격은 FOB'라는 말이 나올 정도로 빈도수가 높은 이유는 다음과 같다.

수출자 입장에서는 한번 가격을 세팅하면 해외 어떤 국가라도 즉시 베스트 가격으로 오퍼가 가능하다는 것이고, 바이어 입장에서는 수입에 최적화된 포워더와 관세사(통관)를 파트너로서 이미 구축해 놓고 있기 때문에 CIF는 큰 의미가 없다는 것이다. 즉, FOB 조건의 무역 거래는 누구 한쪽에 유리하고 편한 방식이 아닌 양측에 최적화된 '인코텀즈'라고 말할 수 있다.

2) 무역 대금은 'T/T' 또는 'L/C'

앞서 살펴봤듯이 T/T는 선급금이 있다는 장점이 있지만, 잔금을 못 받을 가능성이 존재해 무역의 사건 사고는 여기서 자주 발생한다. 무역 대금을 T/T로 진행하기로 결정했다면 당연히 '언제 얼마나 받느냐?'가 협상의 핵심이 된다.

일반적으로, 계약 시 30%, B/L을 맞바꾸는 조건으로 70% 비율로 진행하지만, 수출자가 갑이면 당연히 더 유리한 조건으로 진행되고 을이면 불리한 조건으로 진행된다. 단가, 수량, 스펙 및 인코텀즈를 무난히 합의했다 하더라도 T/T로 인해 오더가 깨지는 경우도 빈번한 만큼, 바이어 상담 전에 T/T 범위에 대한 내부적인 가이드라인을 마련해 두는 것이 좋다.

L/C(신용장)로 진행하기로 결정한다면 대부분 T/T의 잔금 리스크를 피하고자 선택하는 경우가 많다. 당연히 신뢰가 생기기 전인 초기 단계에서는 T/T 잔금 리스크(위험 요소, Risk)는 부담이 클 수밖에 없다. 일단 L/C로 시작해서 믿음이 생길 때 T/T로 바꾸는 경우도 많은데, 그만큼 T/T 선수금은 무역에서 매력적인 결제 조건임엔 틀림없다. L/C의 종류에는 at sight와 usance가 있고 usance는 다시 shipper's usance와 banker's usance로 나누어진다. at sight는 네고 시 바로 현금화되고 usance는 표기된 기간 후에 현금화된다.

다시 정리하면, 무역 대금을 나누어서 받는 것은 T/T이고, 한 방에 받는 것은 L/C가 된다.

3) 물건 양도 및 양수는 'B/L'

B/L(선하 증권)은 인코텀즈가 FOB든 CIF든 상관없이 수출자가 갖는다. 수출자가 수출제비용까지 지급하면, 포워더(선사)는 B/L을 발행하

고, FOB 조건일 경우에는 'Freight collect'라는 문구가, CIF 조건일 경우에는 'Freight prepaid'라는 문구가 표기된다.

B/L은 오리지널 B/L이 기본이다. 서랜더 B/L이 필요할 때는 수출자가 포워더(선사)에게 요청하면 된다. 서랜더는 지리적으로 가까운 국가에 보낼 때, 수출자가 포워더(선사)에게 오리지널 B/L을 수령 후 특송으로 보내는 것보다 선박이 빨리 도착하는 경우에 많이 사용된다(ex. 일본, 중국). 이외에 무역 대금이 완납되고 바이어의 편의를 위해 서랜더가 진행되기도 한다. 이는 바이어가 물건을 빨리 찾을 수 있게 돕는 절차로 보면 되지만 한 번 발행하면 회수가 불가능하다는 점은 명심해야 한다.

26. 꼭 L/C at sight로 해야 하나? L/C usance로 하면 안 될까?

앞서 말한 대로, T/T 선수금이 아무리 매력적이라고 해도 첫 바이어, 첫 거래에 T/T를 선뜻 하기가 쉽진 않다. 잔금 못 받을까 봐 주저하게 되고, 무역 거래에서 뭔가 예기치 못한 문제가 발생할까 봐 겁나는 것도 사실이다. 이런 이유로 T/T 잔금 리스크에 대한 대안으로 선수금을 포기하는 대신 L/C(신용장)를 택한다면, at sight와 usance에 대한 정확한 이해가 선행되어야 한다.

L/C는 크게 at sight와 usance로 나누어지고, usance는 banker's usance와 shipper's usance로 나누어진다. 은행 네고를 할 때 at sight는 통장에 바로 돈이 들어오고, usance는 '30days usance'처럼 명시된 기간을 기다려야 돈을 받는 것이 기본 개념이다. 그렇기 때문에 대부분 무역 대금은 at sight로 받아야 한다고 생각하고, 협상 시

꼭 at sight로만 고집하는 경우가 많다. 그러나 실전 무역에서 L/C at sight 조건과 L/C banker's usance는 수출자 입장에서는 같은 조건이므로, banker's usance를 받았다고 해서 크게 걱정할 필요는 없다.

왜 그럴까? 만약 usance인데 at sight처럼 바로 현금화하고 싶다면, 그동안의 이자를 지불하면 가능하다. 그때, 그 이자를 수출자가 낸다면 'shipper's usance', 수입자가 낸다면 'banker's usance'가 된다. 결국, at sight와 banker's usance가 수출자에게는 같은 개념인 반면, 수입자에게는 banker's usance의 그 기간만큼 자금에 여유가 있기 때문에 수입자 입장에서는 at sight보다 훨씬 더 유리한 측면이 있다.

27. 제대로 이해해야 쓸 수 있다? L/C at sight vs L/C usance

T/T의 단점을 털어내고자 L/C를 택한다면, L/C의 2종류인 at sight와 usance 개념을 정확히 알 필요가 있다.

1) L/C at sight

수출자가 네고 서류를 제출하면, 은행이 수입자 은행 쪽으로 서류를 보내고 바이어가 확인한 후 대금 결제를 하는 프로세스다. 그 돈이 다시 수입자 쪽 은행에서 수출자 쪽 은행으로 송금되어 수출자에게 대금이 결제되는 프로세스다. 즉, at sight라고 해도 서류 제출부터 무역대금이 입금되기까지는 일정 기간이 소요된다. 이렇게 수출자가 서류를 제출한 후 결제가 될 때까지 기다려서 받는 것을 '추심', 기다림 없이 통장에 바로 돈이 들어오게 하는 것을 '네고'라고 한다. 일반적으로 수출자는 통장에 돈이 지체 없이 꽂히기를 원하기 때문에 네고를 하는데, 네고를 하면 기다림이 없는 대신 며칠 간의 이자액을 내야 한다. 이를 '환가료'라고 한다. 다시 말하면 'at sight'라고 해도 그 안에서는 '추심'이라고 해서 서류가 가고 무역 대금이 들어오는 며칠을 기다릴 것인가, 아니면 '네고'를 해서 그 기간의 환가료를 떼고 바로 돈을 입금받을 것인가, 두 경우 중 수출자가 결정해야 하는데, 환가료가 많지 않은 만큼 대부분 '네고'를 선택하고 선호한다. at sight는 선급금은 없지만 출고 후 바로 현금화되기 때문에 첫 거래일 때 많이 사용되고, 바이어 입장에서도 T/T 선급금에 대한 부담을 덜 수 있어서 선호하는 편이다.

2) L/C usance(Banker's usance, shipper's usance)

usance L/C는 명시된 기간 후에 물품 대금을 받는 것으로서, 그 기간을 기다리던지(추심) 아니면 바로 통장에 돈이 입금되게 할지를(네고) 결정해야 한다. '네고' 즉시 돈을 꽂히게 하려면, 다음과 같이 그 기간만큼의 이자를 내면 된다.

- 수출자가 이자를 내면 Shipper's usance
- 수입자가 이자를 내면 Banker's usance

일반적으로 usance L/C를 할 때는 banker's usance로 하게 되고 만약 Shipper's usance로 하게 될 경우에는 수출 단가 변화가 있을 수 있다. 그러므로 수출자는 L/C를 받자마자 banker's인지 shipper's인지를 꼭 확인해야 한다.

banker's usance로 진행할 경우에는 수출자, 은행 그리고 수입자 입장은 다음과 같다.

수출자 입장에서는 at sight와 banker's usance가 같은 개념이기 때문에 큰 차이가 없다. 은행 입장에서는 은행이 먼저 수출자에게 돈을 주고 usance 기간 후에 수입자에게 결제를 요청하기 때문에 추후 수입자에게 기간 이자를 포함한 무역 대금을 받는다. 만약을 대비해서 수입자의 파산이나 폐업에 대비한 담보를 설정해서 리스크(위험 요소, Risk) 관리를 한다. 수입자(바이어) 입장에서 보면 usance 기간만큼 영업 활동에 쓸 시간을 벌기 때문에 자금 운영에 그만큼 여유가 생긴다.

28. 무역 서류의 기본! 인보이스(Invoice)와 패킹리스트(Packing list)

인보이스와 패킹리스트 그리고 B/L의 대표적 차이점을 보면, 인보이스와 패킹리스트는 수출자가 직접 만들기 때문에 바이어의 요청에 의해서나 통관상의 이유로 재발행이 가능하지만, B/L은 패킹리스트를 근거로 포워더(또는 선사)가 만들기 때문에 재발행이 불가능하다는 것이다. 인보이스 금액에 따라 수출 실적과 수입 실적이 잡히고, 패킹리스트는 어떤 박스에 어떤 물건이 있는지를 정확히 기입되어야 한다. B/L은 오리지널 B/L을 기본으로, 서랜더 B/L을 따로 요청할 수는 있으나 한번 바이어에게 양도하면 되돌릴 수 없는 만큼 무역 대금과 연관 지어 진행시켜야 한다.

1) 인보이스(Invoice)

• 커머셜 인보이스(C/I)

수출 물품에 대해 바이어에게 대금 청구서 역할을 하고, 수입 통관 시 관세 증빙 자료가 되기 때문에 관세를 낮추고자 언더 밸류하기도 한다. 수출 시, 인보이스는 통관용(by 관세사), 패킹리스트는 B/L 작성용(by 포워더 또는 선사)으로 쓰인다. 포워더는 통관도 대행해 주는 만큼 편의상 포워더에게 일임하는 경우가 많다.

• 샘플 인보이스

해외 출장 시 샘플을 가지고 갈 경우나 해외에 샘플을 보낼 때(by EMS, DHL) 사용된다. 단가는 최소 금액으로 하고 'No commercial value', 'Free of charge' 같은 문구를 넣는다. 나라마다 통관 시스템이 다른 만큼 샘플을 보내기 전 단계에서 바이어에게 'Consignee, Notify party, Remark, Unit price'를 컨펌 받는 것이 좋다. 통관에 대해서는 바이어가 가장 잘 알고 실전 경험이 풍부하기 때문인데 만약 여의치 않다면 경험이 많은 특송 대행 업체에 문의하는 것도 좋은 방법이 될 수 있다.

2) 패킹리스트

패킹리스트와 인보이스의 공통점은 'Consignee, Notify party, Remark'는 동일한 정보가 기입된다는 것이다. 차이점은 패킹리스트 개념이 화물 정보이기 때문에 금액 대신에 '수량, 무게, CBM, 컨테이너 정보' 가 들어간다.

어떤 컨테이너, 어떤 상자에 어떤 물건이 얼마나 들어가 있는지를 정확히 기입하는 것이 핵심이고 B/L은 패킹리스트를 기준으로 만들어진다.

29. 마스터 B/L과 하우스 B/L, 오리지널 B/L과 서랜더 B/L 그리고 Telex release

우리가 흔히 보는 무역 B/L로는 '마스터 B/L, 하우스 B/L, 오리지널 B/L, 서랜더 B/L, Telex release'가 있다.

- 마스터 B/L: 선사가 발행
- 하우스 B/L: 포워더가 발행

선사가 발행하든 포워더가 발행하든 효력은 같다. 그 효력의 의미는 'B/L이 없으면 수입자는 물건을 찾을 수 없다'는 것이다. 선적 후 오리지널 B/L은 기본적으로 발행되고, 수출자는 출고(선적) 후에 오리지널과 서랜더 중 하나를 택할 수 있다. 말했듯, 오리지널로 진행할 경우에는 선사(포워더)에게 받아서 DHL과 같은 특송을 통해 보내는 게 일반적이지만 그만큼 시간이 걸리기 때문에 중국, 일본, 동남아처럼 지리적으로 가까운 곳에 보낼 때 또는 바이어의 요청이 따로 있을 때는 서랜더로 진행하는 편이다.

오리지널(Original) B/L

일반적으로 'B/L'이라고 하면 오리지널 B/L을 말한다. 기본 개념은 '화물 주인(화주)이 선박 회사에 물건을 의뢰하고 선박 회사가 운송물을 받았음을 확인하고 그 화물을 지정된 목적지까지 운송하겠다.'라는 약속 증권이라고 보면 된다. 원칙적으로는 이 증권을 가진 사람에게만 물건을 건네줘야 하기 때문에 절대로 잃어버려서는 안 된다. 오리지널 B/L은 T/T 거래일 때는 바이어의 요청에 따라 서랜더로 바꿔서 진행되기도 하지만, L/C 네고 때는 꼭 필요한 서류다.

서랜더(Surrender) B/L

화물 소유에 대한 권리를 포기한다는 뜻으로, 중국, 일본, 홍콩, 대만처럼 지리적으로 가까운 나라와의 무역에서 자주 사용된다(거리와 상관없이 바이어가 따로 요청하기도 함). 거리가 가까워 배가 선적 후 도착하는 시간보다 원본 B/L을 보내는 시간이 오히려 길 경우에 '수입자가 원본 없이 화물을 바로 수령하게 하는 시스템'이다. B/L 상에 'Surrender'라는 도장을 찍음으로써 수출자는 화물의 소유권을 포기하고, 수입자는 화물을 찾을 수 있다. 서랜더는 수출자가 포워더(선사)에 의뢰해서 진행되며 절차는 간단하다. L/C 거래인 경우에는 L/C 네고가 있는 만큼 서랜더로 진행하진 않고 오리지널 B/L로 진행되는 반면, T/T 거래인 경우에는 오리지널 B/L과 서랜더 B/L 둘 다 가능하다. 즉, 서랜더는 지리적으로 가까운 곳과의 T/T 거래일 때 주로 사용된다.

'Telex release'라는 문구는 '서랜더(Surrender)'와 같은 뜻이다. 주로 국내보다는 해외 포워더(선사)와 업무 진행 시 주로 사용된다.

정리하면, B/L에서 꼭 알아 둬야 하는 부분은 다음과 같다.

- FOB 조건일 때, B/L 상에 'freight collect'라고 표시된다는 점
- 포워더(선사)가 패킹리스트를 근거로 만들며 바이어에게 한 번 발행하거나 양도하면 되돌릴 수 없다는 점
- 인코텀즈에 상관없이 B/L 소유는 수출자가 갖는다는 점

30. 무역에서 돈과 관련된 핵심 서류 3대장: C/I(Commercial invoice), P/I(Proforma invoice), P/O(Purchase order)

앞서 말했듯 인보이스에는 샘플 인보이스와 커머셜 인보이스가 있다. 샘플 인보이스는 실제 오더(판매)가 아니기 때문에 주로 언더 밸류를 하고 그 단가는 일반적으로 1~10달러 범위 내에서 정하는 편이다. 주로, 출장 시, 핸드 캐리 할 때 또는 샘플 발송할 때 샘플 인보이스가 사용

되며 그 형식은 C/I와 비슷하다.

C/I(커머셜 인보이스)는 상업 송장으로 수출과 수입 신고에 쓰인다. 이 금액을 바탕으로 수출 실적이 잡히고 수입할 때는 세금을 내기 때문에 바이어의 요청으로 언더 밸류(Under value)하기도 하지만 통상적으로 P/I를 근거로 작성된다. C/I는 패킹리스트, B/L과 한 세트로 같이 다니고 각각의 핵심 내용은 다음과 같다.

- C/I(Commercial invoice)는 금액 정보
- P/L(Packing list)은 화물 정보
- B/L(Bill of Lading)은 선적 정보 및 소유권

C/I는 수출자가 작성하기 때문에 B/L과는 다르게 재발행이 되고 출고 전 반드시 바이어에게 선적 정보(Consignee, Notify party, Remark, etc)를 받아야 한다.

P/I(Proforma invoice)는 단가, 수량, 외환 계좌, 선적, 납기, 결제 정보를 포함한다. 계약서 역할을 하기 때문에 수출자와 수입자(바이어)는 협상을 통해서 쟁점이 되는 '단가, 수량, 납기, 무역 대금'을 합의하게 되는데, 여기서 가장 중요한 것은 무역 대금, 즉 T/T와 L/C 이슈다. P/I가 작성되면 바이어는 P/I를 근거로 L/C를 오픈하거나 T/T를 발송한다. 수출자가 P/I를 만들어서 바이어에게 컨펌 요청을 하면 바이어가 확인 후 P/O를 발행한다.

P/O(Purchase order)는 P/I와 내용이 일치하는 바이어(수입자)의 '구매 주문서'다.

이미 합의를 완료했거나 P/I를 근거로 작성되기 때문에 복잡하거나 큰 문제는 발생하진 않는다. P/I를 먼저 만들고 바이어에게 전달하면 검토 후 바이어는 P/O를 발행하는 순이지만 실전에서는 P/O를 먼저 만들기도 한다. P/I와 P/O 검토 후 사인을 하기 전에는 반드시 합의된

부분들이 일치하는지 꼼꼼히 확인해야 하고, 일치하지 않을 때는 즉각 수정해야 한다.

31. P/I의 주요 협상 항목: 오퍼 가격, 납기, 무역 대금

'오퍼 가격'은 기본적으로 FOB 가격으로 정한다. 오더 수량과 맞물려서 협의하기 때문에 MOQ가 협상 카드로 종종 사용되곤 한다. 비록 수출자 입장에서 MOQ는 큰 의미가 없더라도 일단 정해 놓고 시작하는 것이 여러모로 협상에 유리하다. 판매가 될 만한 적정 오퍼 가격 산출을 위해서는 현지에 판매되고 있는 유사 제품의 가격대(ex. 현지 온라인 판매 가격)를 먼저 조사해서 협상 전 가격 네고 범위를 정할 필요가 있다.

'납기'는 다른 클레임보다 납기 클레임이 잦은 만큼 선적 날짜는 협상 시 신중하게 언급되어야 한다. 납기 클레임이 발생하는 가장 큰 이유는 납기 날짜에 따라 바이어가 무역 대금 스케줄을 잡고 현지 마케팅과 영업 스케줄을 확정하기 때문이다. 즉, 납기를 어기면 바이어 또한 손해를 보게 되는 구조이기 때문에 다른 어떤 클레임 보다도 강도가 높은 편이다. 선적 날짜(On board)를 기준으로 하기 때문에 빠져나갈 방법도 없다. 그러므로 무역 계약 시, 수출자는 날짜를 정확히 명시하지 않고 '3weeks after P/I'처럼 애매하게 설정하려 하는 경우도 있다.

'무역 대금'은 P/I 작성 시 가장 큰 이슈다. T/T와 L/C 중 하나를 선택해야 하는데, T/T는 선급금이 있는 대신 잔금에 대한 리스크가 있고, L/C는 선급금은 없지만 출고 후 은행 네고를 통해 한 방에 현금화가 가능하다는 점을 기억하고 우리 회사에 맞는 무역 대금 방식을 선택해서 협상에 임해야 한다.

32. 무역 세무의 핵심! 영세율과 구매확인서

영세율은 말 그대로 '부가세가 0%'라는 뜻이다. 국내 거래에서 세금계산서를 발행하면 10% 부가세가 붙지만, 수출 제품에 한해서는 영세율이 적용된다. 수입 물품에 대해서는 당연히 해당 사항이 없다. 즉, 영세율 제도는 수출을 장려하기 위한 혜택이고, 수출하기 위해 필요한 원자재나 완제품 구입 시 적용된다.

- 원자재를 구입해 완제품으로 만들어서 출고
- 완제품을 구매해 그대로 출고

여기에 수출에 필요한 원자재나 완제품 납품 업체도 수출 실적을 인정받음으로써 무역 금융을 비롯한 다양한 혜택을 받을 기회가 생긴다. 절차는 최종 수출자가 이 제품을 수출했다는 증거 자료(ex. 수출 신고 필증)를 가지고 유트레이드허브(https://www.utradehub.or.kr/)에서 신청해서 구매확인서를 받고, 이를 제조사(공장)에 전달하면 제조사는 세무 신고 때 영세율 세금계산서와 구매확인서를 제출하면 끝난다.

실전 무역에서 보면, 영세율 제도는 기업의 자금 회전에 큰 도움이 된다. 예를 들면, 국내 거래일 경우 1억 원을 제조사(공장)에 결제하려면 부가세 포함 1억 1천만 원을 지급해야 하지만, 수출일 경우에는 1억 원만으로도 진행 가능하기 때문이다.

여기서 알아야 할 점은 영세율은 의무 사항은 아니고 선택 사항이라는 점이다. 즉, 제조사(공장)가 영세율을 원하지 않는다면 일반 계산서로 진행해도 무방하다.

33. 오더(계약) 확정 후, 계약부터 선적까지의 수출 프로세스

수출의 반대는 수입이다. 수출 프로세스를 정확히 이해한다면 수입 프로세스는 따로 배울 필요가 없다. 큰 흐름의 프로세스를 제대로 알면 상세 항목별 내용도 이해하기 쉬운 것이 '무역'이기 때문에 전반전인 프로세스를 우선 알아야 한다. 큰 틀의 프로세스 안에서 주요 체크 포인트를 사례별로 챙기다 보면 더욱 쉽고 빠르게 실전 무역을 익힐 수 있다.

전시회 및 수출 상담회 등을 통해 업체를 발굴하고 주요 계약 부분을 잠정적으로 합의한 후에 일어나는, 계약부터 선적까지의 수출 프로세스는 다음과 같다.

오더 확정 후, 수출 프로세스
P/I(P/O) → 생산 발주 → 검품 및 출고 대기 → 선적 정보(shipping info) 요청 및 선적 서류 작성 → 포워더 컨택 → 출고 및 선적 → 무역 대금 정산→ 오리지널 B/L 또는 서랜더 B/L 발행

1) P/I(Proforma invoice) & P/O(Purchase order)

영업과 마케팅을 통해 바이어를 찾고, 주요 항목을 바이어가 컨펌(Confirm) 하면 P/I와 P/O가 작성된다. P/I와 P/O는 일종의 계약서로서 메일 또는 유선상 합의한 내용을 정리하여 법적 효력을 발휘하게 한다. 오퍼 가격은 보통 FOB로 산정하지만 바이어의 요청에 의해 Ex-work, CIF 조건 등 다른 인코텀즈 가격으로 재오퍼하기도 한다. 수출자가 P/I를 만들어서 바이어에게 전달하면, 바이어가 P/O를 만들어서 수출자에게 전달하는 순서지만 순서가 바뀌는 경우도 있다. 여기서 주의해야 할 부분은 하단에 양측의 사인이 있어야 하고 기존에 합의한 내용을 바탕으로 P/I와 P/O의 일치 여부를 확인하는 것이다.

2) 생산 발주

P/I와 P/O가 완료되면 공장(제조사)에 상품 발주서를 넣는다. 제품 모델, 스펙, 수량, 납기와 단가 등을 기입하여 정식으로 생산을 요청하게 된다. 추후, 딴말할 수 있는 것을 방지하고자 유무선상으로 발주하지 않고 정확한 양식을 통해 발주해야 한다. 주의해야 할 부분은 '발주서의 제품 가격을 정확히 잘 써야 한다는 것'이다. 공장에 발주하는 가격이 아닌 바이어(해외)에게 오퍼한 가격을 적는 경우도 비일비재하기 때문이다. 특히, 무역 창업일 경우에 이런 사례가 빈번한 만큼 주의해야 한다.

3) 검품

검품은 생산 라인에서 랜덤으로 하는 경우도 있고, 생산을 완료한 후나 출고 전에 일괄적으로 하는 경우도 있다. 바이어의 요청에 의해 검품 전문 기관이 진행하는 경우도 있고, 대리인이 방문하는 경우도 있으며, 수출자의 검품 리포트로 대체하는 경우도 있다. 다양한 경우가 있는 만큼 검품이 필요하다면 검품 스케줄을 잡고 바이어가 원하는 방식으로 진행하면 된다. 간혹, 사전 검품에 대해서 수출자가 거부 반응을 보이는 경우가 있다. 실전 무역에서 보면, 추후에 생길지 모를 '품질 클레임'에 대한 사전 점검이라고 보면 되기 때문에 꼭 불편해할 필요만은 없다.

4) 선적 서류 작성 및 포워더(선사) 컨택

바이어가 출고(검품)를 컨펌(Confirm)하면, 인코텀즈 조건에 따라 포워더(선사)를 직접 컨택할 수도 있고(ex. CIF 조건), 바이어에게 포워더(선사) 정보를 받는 경우도 있다(ex. FOB 조건). 동시에, Consignee, Notify

Party, Remark와 같은 선적 정보(Shipping info)를 바이어에게 받는다. 이 정보를 기반으로 선적 서류인 인보이스와 패킹리스트가 작성되는데, 포워더(선사)에게 인보이스와 패킹리스트가 전달되기 전에 바이어에게 최종 컨펌을 받아야 한다. 그 이유는 언더 밸류나 오버 밸류와 같은 바이어의 추가 요청 사항 및 통관에 필요한 추가 문구가 있을 수 있기 때문이다.

바이어에게 컨펌된 인보이스와 패킹리스트를 준비해 포워더(선사)에게 전달하면 선적 후 포워더(선사)는 정식 오리지널 B/L 발행 전 체크 B/L를 먼저 보내준다. 이때 대충 보는 경우도 있는데, 꼼꼼히 살펴보고 의심되는 것은 꼭 확인해서 오타와 실수를 수정해야 한다. 내가 작성한 선적 서류에 오타가 있는 경우도 있고, 포워더 담당자의 실수가 있을 수도 있기 때문이다.

5) 출고 및 선적

포워더(선사)에게 선적 스케줄을 받아 생산 완료와 검품 시점을 맞춘다.

바이어가 다음과 같은 후속 조치가 이어질 수 있도록 ETD & ETA를 바이어(수입자)에게 통보해야 한다.

① 현지 창고(재고) 상황

② T/T 잔금 준비

③ 현지 마케팅 및 판매

6) L/C 또는 T/T 무역 대금 정산

L/C는 선적 후 바로 은행 네고를 하면 끝이지만 T/T 조건이라면 잔금은 B/L과 맞바꾸는 조건이 대부분이기 때문에 B/L를 양도하기 전에 반드시 무역 대금 완납을 체크해야 한다. T/T에서 사고가 나는 대

부분의 경우는 선수금에서 생기진 않는다. 배가 도착할 때쯤 바이어가 여러 이유를 들어서 처음 계약 시 약속한 '도착 전 잔금' 또는 '잔금과 B/L 맞바꾸기'를 번복하는 경우다. 즉 B/L을 먼저 양도하기를 원하는 경우도 있는 만큼 대비책도 염두해 둬야 한다.

7) 오리지널 B/L 또는 서랜더 B/L 발송

선적이 끝나면 포워더(선사)에서 수출제비용(포워더 청구서)을 요청한다. FOB든 CIF든 상관없이 지불해야 한다. 그러면 포워더(선사)에게 오리지널 B/L이 정식으로 발행된다. 여기서 수출자는 '오리지널 B/L로 할 것인지, 서랜더 B/L로 할 것인지' 결정해야 한다. 무역 대금이 완납되었거나 완납이 확실하다는 전제하에 바이어가 원하는 대로 해주면 되지만 대부분 서랜더 B/L은 지리적으로 가까울 때 또는 바이어의 요청으로 진행된다. 주의해야 할 것은 B/L은 한번 발행하면 끝이라는 것이다.

34. 제안서에서 메인 오더(수출)까지 어떤 프로세스로 진행되나?

다양한 영업 활동과 마케팅 활동을 통해 바이어에게 긍정적인 답변을 받았을 경우 아래와 같은 순서로 수출이 진행된다. 각각의 주요 포인트를 살펴보자.

① 제안서(Offer) → ② 샘플 → ③ 샘플 오더 → ④ 메인 오더

1) 제안서(Offer)

과거에는 오직 글(Text)로만 제품을 소개하던 시절도 있었다. 하지만 이제는 사진은 필수로 인식되어 '제품 컷'뿐 아니라 '활용 사례 컷'은 기본이고 유튜브의 발달로 동영상을 다양하게 활용하는 경우도 생겼다. 바이어(수입자)가 제품을 좀 더 객관적으로 상세하게 활용 사례를 검토하는 데 동영상만 한 것도 없기 때문이다. 동영상을 링크로 걸거나 QR로 하는 경우도 있지만 가장 중요한 것은 그 제안서의 내용, 즉 타 제품과의 '차별성'을 두각 시키는 콘텐츠의 구성이다. 여기에 객관성과 신뢰성을 녹여내면 훌륭한 제안서가 된다. 예를 들면 정부 및 기관의 평가, 시험 성적서 그리고 협력 업체 리스트와 독자의 상품평은 바이어가 그 제품을 객관적으로 검토하는 데 도움을 준다.

2) 샘플

샘플은 용도에 따라 품질 체크 샘플, 승인 샘플, 선적 샘플 등으로 나누어진다.

처음에는 가볍게 샘플을 요청하게 되고 마음에 들면 본격적으로 품질 체크를 하게 되는데, 컬러와 스펙 조정이 합의를 통해 완료되면 승인용 샘플이 만들어진다. 승인용 샘플이 완성되면 서로 하나씩 증빙으로 가지고 보관하게 되는데, 여기서 명심할 것은 향후 품질 클레임의 척도가 되기 때문에 승인 샘플은 수출자가 컨트롤이 가능한 범위 내에서 만들어져야 하며, 자칫 오더가 아쉬워서 무리한 승인 샘플을 만들어서 진행할 경우에는 메인 오더 시 클레임에 노출될 수 있다는 점을 명심해야 한다. 선적 샘플은 메인 오더를 양산할 때 랜덤으로 하나 뽑아서 바이어에게 보냄으로써 선적 컨펌(Confirm)을 받는 것이다. 바이어는 당연히 앞서 말한 승인 샘플과 대조해서 확인하게 된다. 이런 절차가 수출자 입장에서는 불편할 수 있으나, 선적 샘플은 일종의 검품 성격을 가지고 있기 때문에 바이어가 선적 샘플을 받고 선적을 컨펌한 경우에는 향후 품질 클레임에 대해 어느 정도 자유로울 수 있다는 장점이 있다(선적 샘플 대신 바이어가 출고전 사전 검품을 요구하기도 함). 승인 샘플이 확정되면 바이어는 테스트 샘플을 주문하게 된다. 수량이 많을 수도 있고 적을 수도 있는데, 그 용도는 말 그대로 대내외 테스트로 보면 된다. 여기서 통과되면 샘플 오더를 통해서 바이어는 시장성을 검증하려 한다.

3) 샘플 오더

테스트가 완성되어 최종 승인이 되면 샘플 오더가 진행된다. 테스트 샘플은 말 그대로 내부 검토에 따른 품질 테스트에 초점을 맞추고 있다면 샘플 오더는 외부 테스트, 즉 시장성이 있는지 확인하는 차원이다. 시장 반응용 오더로 볼 수도 있다. 그렇기 때문에 수량은 테스트 샘플보다 늘어나는 게 보편적이다. 샘플 오더의 경우, 수량이 어느 정도 되는 만큼 가격이 중요하다. 샘플 오더에 한하여 특별 가격으로 오퍼하는 경우도 있고, 메인 오더에 준하는 가격으로 오퍼하는 경우도 있지만 변하지 말아야 할 것은 품질과 납기다.

4) 메인 오더

샘플 오더가 통과되면 메인 오더가 진행된다. MOQ에 맞추어 현지 바이어의 마케팅 및 홍보가 동시에 진행된다. 품질과 수량이 정확해야 하고, 문제가 발생했을 시에는 즉시 바이어에게 통보하고 조정해서 향후 클레임을 방지해야 한다. 특히 무역 대금 조건이 T/T라면 선급금 시기와 출고 시기, 잔금 시기 등을 고려해 생산 스케줄을 잡아야 한다.

35. 샘플의 종류와 의미, 그리고 각각의 용도

이미 언급했듯이 샘플은 크게 3가지 종류로 나뉜다.

① 체크용 샘플

② 승인용 샘플

③ 선적용 샘플

일반적인 프로세스에서 보는 '체크용 샘플'은 제품 상세 페이지를 통해 얻은 정보를 기준으로 제품을 검증하는 첫 단계라 볼 수 있다. '승인 샘플'은 모든 오더의 기준이 되는 만큼 조금의 오차라도 있으면 메인 오더 진행 시 클레임이 제기될 여지가 있기 때문에 양측의 협상과 조율로 진행된다. '선적 샘플'은 출고 전 바이어의 검품 용도로서, 바이어의 컨펌이 있어야 선적된다(선적 샘플 대신, 바이어의 출고 전 '사전 검품'으로 대체하기도 함).

샘플 각각의 용도에 대해서 좀더 살펴보면 다음과 같다.

1) 체크용 샘플

바이어의 샘플 의뢰가 있을 때 진행되는 최초의 샘플이다. 바이어가 이메일 및 유선상 대화, 제품 상세 및 증빙 자료를 기반으로 실물과 비교하면서 체크하는 용도다. 스펙 과 가격 변경은 여기서 이루어지고 합의를 통해 샘플이 만들어지면 이것이 승인용 샘플이 된다.

2) 승인용 샘플

체크용 샘플은 말 그대로 확인용이다. 이 샘플로 바이어는 스펙, 가격 등 다각적인 검토를 진행한다. 만약 바이어의 요구로 인해서 스펙 변경이 필요할 때는 수출자는 가능한 범위 내에서 수정해야 하고 거기에 따르는 가격과 추가 사항은 합의를 통해서 결정되어야 한다. 즉, 최종본 샘플로써 향후 검품 및 클레임의 척도가 된다. 증빙으로 수출자와 바이어는 각각 한 개씩 보유하게 되는데 명심해야 할 것은 수출 오더 욕심에 반영이 불가능한 부분을 수출자는 수용해서는 절대로 안 된다는 것이다.

3) 선적용 샘플

말 그대로 선적 전, 바이어에게 확인 및 컨펌받는 샘플이다. 수출자가 생산된 수량에서 선적용 샘플을 랜덤으로 뽑아 미리 바이어에게 발송하면, 바이어는 승인 샘플과 대조해서 문제가 없을 시 컨펌하고 출고 지시한다. 필요에 따라 사진 또는 리포트로 대체하기도 하고, 직접 또는 대행 업체를 통한 검품으로 대신하기도 한다.

36. 가짜 바이어가 샘플을 대하는 대표적 자세 2가지

1) 카피(Copy) 가능성

바이어인 척하면서 샘플을 요청하고 그대로 카피하는 경우다. 아무리 주의한다고 해도 실제로 영업을 하다 보면 상대가 진짜 바이어인지 가짜 바이어인지를 판단하기는 정말 어렵다. 알바를 고용해서 직접 상담하게 하고 샘플을 얻어 카피하는 경우도 있기 때문이다. 누구나 방심하면 당할 수 있지만, 진짜 바이어인지를 분간할 현실적인 방법이 없다는 게 수출 업체의 고민이다. 결국, 직감으로, 경험으로 그리고 이미 알려진 검증 방법으로 체크해서 가짜인지 진짜인지 스스로 판단해야 한다.

2) 무상 샘플 요구

무상 샘플과 무상 운송을 처음부터 또는 쉽게 요구하면 가짜 바이어일 확률이 높다. 대부분 샘플값조차 아깝게 여기기 때문이다. 반대로, 수출자가 바이어에게 "모든 샘플값과 운송비는 유상이다."라고 딱 잘라 말하면 바이어들은 싫어한다.

그렇다면, 어떤 좋은 방법이 있을까? 서로 기분 좋게 샘플을 진행하기 위한 중간 합의점 또는 보편적 기준은 없을까?

샘플값은 수출자(제조사)가, 운송비는 수입자(바이어)가 부담하거나 그 반대인 경우처럼 양측이 서로 일정 부분 부담하는 경우가 가장 보편적이다. 이 기준점에서 수출자와 수입자 중 누가 우위에 있느냐에 따라 누가 부담이 더하느냐 덜하느냐 차이는 분명히 있다. 여기서 중요한 것은 어느 한쪽의 일방적인 부담은 꺼린다는 것이다.

37. 샘플 발송 시, 꼭 알아야 하는 3가지 체크 포인트

1) 언더 밸류(Under value)와 단가(Unit price)

일반적으로 아이템에 따라 특송 업체 선정도 달라진다. 고가이거나 특수 지역 또는 급송이 필요할 때는 DHL, FEDEX 같은 글로벌 전문 업체에게 맡기지만 보통 EMS 또는 그 지역 전문 국제 택배사를 통해 샘플을 보낸다.

샘플 인보이스로 진행하고 유상 샘플이든 무상 샘플이든 통관을 위해 단가는 언더 밸류한다. 그렇다면 제품 단가는 얼마로 해야 할까?

메인 오더가 아니기 때문에 공식적으로는 무상 샘플이다. 그렇다고 단가를 '0'으로 적으면 안 된다. 제품마다 다르지만 보통 한 자릿수 금액(달러)을 적는데, 더 안전하게 진행하기 위해서는 그 바이어에게 묻거나 그 지역 전문 운송 업체에게 조언을 구할 필요가 있다.

2) 운송(EMS또는 그 지역 전문 업체)

꼭, 샘플을 EMS, DHL, FEDEX 등으로 보내야 할까?

중국, 일본, 미국과 같이 한국과 거래가 많은 국가에는 그 지역 전문 소규모 포워더와 물류 회사(택배)들이 다양한 서비스와 단가를 제공하며 경쟁한다. 그만큼 수출자 입장에서는 선택의 폭이 넓다. 다시 한번 말하지만, 물류 회사를 선택할 때는 꼭 비교 견적을 해야 할 필요가 있다. 외형상 큰 업체보다 작은 업체가 훨씬 더 나에게 맞는 최적화된 조건을 제시하는 사례도 적지 않기 때문이다.

3) 현지 통관

자주는 아니지만 샘플이 통관에 걸리거나 압수당하는 경우가 있는 만큼 통관을 항상 염두해 두어야 한다. 나라마다 통관 시스템이 다르기 때문에 확실히 하기 위해서는 발송 전 바이어나 경험이 풍부한 운송 업체에게 문의할 필요가 있다.

38. 인보이스 항목별 작성 포인트

인보이스, 패킹리스트, B/L은 선적 서류지만 대표적 무역 서류다. 그만큼 무역 전반에 걸쳐 빈도수가 가장 높은 서류다. 항목별로 제대로 이해하고 작성해야 실수를 줄이고 불필요한 손실을 사전에 막을 수 있다.

1) Consignee(수하인) 부분

회사 주소, 담당자, 전화번호처럼 기존에 알던 바이어 정보를 넣는다. 정확한 무역 서류를 위해서는 출고 때마다 바이어에게 선적 정보(Shipping info)를 받아 확인할 필요가 있다(반복 오더라고 해도 Consignee는 달라질 수 있음). 즉, 출고가 준비되면 바이어에게 선적 정보(Consignee, Notify party, Remark, 기타 등)를 요청하고 그 정보를 토대로 작성하면 된다.

2) Notify party(통지 대상) 부분

바이어에게 받은 선적 정보를 그대로 기입하면 된다. Consignee처럼 출고 때마다 다른 경우도 많기 때문에 확인 없이 이전 출고 서류를 바탕으로 그대로 복사해서 쓰면 안 된다. Consignee는 그 출고(선적) 건에 대한 수입자를 말하고, Notify party는 그 수입자가 될 수도 있고 수입 대리인이 될 수도 있기 때문에 Consignee와 Notify party는 같을 수도 있고 다를 수도 있다.

3) 선박 정보와 출항 날짜 부분

실전 무역에서는 처음에는 빈칸으로 두고 포워더(선박회사)에게 선적 서류(인보이스, 패킹리스트)를 전달하는 경우가 많다. 그 이유는 비록 선적 스케줄이 나와 있다 하더라도 변동성이 있기 때문에 매번 수출자가 확인해서 바꾼다는 것이 불편하고 혼선이 있을 수 있기 때문이다. 서류 작성 초기에는 빈칸을 두고 진행하는 경우가 많다.

4) 개별 단가와 총금액 부분

엑셀 수식으로 입력하는 경우가 많은 만큼 금액에 오타가 생기는 경우도 있고 숫자가 깨지는 경우도 빈번하다. 인보이스는 무역 대금을 청구하는 서류이고 개별 단가와 총금액은 인보이스의 핵심이 되기 때문에 신중한 작성이 필요하다.

5) Remark 부분

빈칸으로 놔둘지, 원산지 표기를 할지, 어떤 문구를 넣을지, 바이어의 요청을 꼭 확인해야 한다. 예를 들면, 인코텀즈 관련 정보를 넣는 경우도 있고, Payment(무역 대금)에 관한 부분을 넣는 경우도 있기 때문이다. 이 부분 또한 Consignee, Notify Party와 더불어 선적 정보(Shipping info)로서 출고 시 바이어에게 정보를 받아야 하고 임의로 판단해서 작성해서는 안 된다.

39. 패킹리스트 항목별 작성 포인트

Shipper, Consignee, Notify party와 같은 정보는 인보이스와 동일하기 때문에 그대로 쓰지만, 제품 상세 부분에서는 금액 대신 '수량, 중량, 컨테이너 넘버, 씰(Seal) 넘버' 등을 적는다. 엑셀 파일로 만들다 보니 프린트했을 때 숫자가 잘 안 보이거나, 컨테이너 넘버와 씰 넘버를 바꾸거나, 순 중량(Net weight)과 포장된 중량(Gross weight)을 바꿔서 표기하는 경우가 종종 있다. 또한 kg을 g으로 표시하거나, set와 carton 표기를 섞어서 쓰는 경우도 빈번한 만큼 주의해야 한다.

B/L은 패킹리스트를 기준으로 포워더(또는 선사)가 만들기 때문에, 수출자는 믿고 내용 체크를 소홀히 하는 경향이 있다. 오리지널 B/L(서랜더 B/L) 발행 전, 'Check B/L'을 꼼꼼히 확인하는 습관을 가져야 한다. 만약 오타 또는 오류를 찾을 때는 수출자가 직접 작성한 패킹리스트에

기인한 건지, 단순 포워더의 실수인지를 더블 체크할 필요가 있다.

40. 무역 계약! P/I(Proforma invoice)의 기능과 역할

해외 영업과 마케팅의 결과로써 바이어를 찾게 되면 계약서를 써야 한다. 우리는 무역 계약서라고 하면, 대부분 분량이 방대하고, 복잡하며, 아무나 쓸 수 없는 전문 지식이 꼭 필요하다는 선입견을 갖는다. 아니다. 그런 걱정을 할 필요가 없다. 무역에서, 무역 계약에서, P/I로도 충분하기 때문이다.

개인이 시장에서 물건을 구매할 때는 계약서가 따로 필요 없다. 물건과 돈을 현장에서 맞바꾸는 것으로서 충분하기 때문이다. 그러나 개인이 아닌 B2B로 거래한다면, 국내에서도 해외에서도, 계약서는 필요하다. 그 계약서가 게임처럼 라이선스, 장기간 유지보수, 보안등과 같은 민감한 항목을 포함하는 경우에는 전문 변호사의 조언 및 검토가 필요하다. 무역 계약에서도 계약 당사자 간에 걸어 놓을 사항이 많을 경우에는 항목별 검토를 위해 국제 변호사에게 자문을 구하기도 한다. 그러나 간단명료한 계약 조건을 담을 때는 P/I만으로 충분하다.

1) 계약서 역할

P/I는 Proforma invoice의 약자로서, 결제, 제품, 수량, 가격, 은행정보 등 무역 거래에서 필요한 모든 내용과 중요 정보를 포함하고 있고 합의와 약속의 의미인 수출자와 수입자의 사인을 통해 계약서와 같은 효력을 지닌다. P/I는 수출자가 만들고 P/O는 바이어(수입자)가 만들며, 일반적인 순서는 P/I가 먼저지만 P/O를 먼저 만들기도 한다.

2) 은행 거래 역할

P/I를 근거로 은행에서 L/C를 오픈하기도 하고 T/T를 송금하기도 한다.

3) 분쟁 시 중요한 증빙 자료

만약, 해외 업체가 결제 대금 지불을 지연하거나 '나 몰라'식 버티기 작전을 할 때 어떻게 하겠는가?

대부분 다음과 같은 3가지 옵션을 놓고 고민한다.

① Ship back

② 협상(바이어의 요구 조건 수용)

③ 법적 대응

여기서 법적 대응을 생각한다면 그 시작은 P/I가 된다. 그러나 법적 절차가 '만능 해결사'가 될 수 없는 이유는 배보다 배꼽이 더 크기 때문이라는 것을 누구나 다 안다. 다시 말해서, 많은 시간과 돈 그리고 정신적인 스트레스 외에도 받을 돈보다 더 많은 비용이 실제로 투입되어야 하기 때문이다. 예를 들면, 받을 돈이 7만 불인데 법적 자문비 또는 대행비(ex. 국제 변호사)가 1억이 넘는 경우처럼 말이다.

41. 무역 계약! P/I(Proforma invoice)의 핵심 쟁점- 수출 가격

수출 기업에게는 P/I 작성만큼 희소식이 없다. 어떤 영업을 하든, 어떤 마케팅을 하든, 이메일로 진행하든, 유선으로 진행하든 오더 확정의 마무리가 P/I이기 때문이다. 이런 P/I를 만드는 과정에서 가장 민감하고 협상에 꼭 필요하며 치열하게 싸우는 항목 중 그 정점에 '수출 가격'이 있다.

여러 샘플을 통해서 스펙과 컬러가 결정되면 최종 단가 협상에 이르게 된다. 단가는 수량과 맞물리기 때문에 MOQ가 자주 협상 카드로 사용되곤 한다. 여기서 알아야 할 것은 '가격 협상 시, 아무 준비 없이 해서는 안 된다.'이다. 반드시 해외 타깃 국가의 현지 시장 가격을 조사하고 판매 상황을 알고 협상에 임해야 한다.

- 적을 알고 나를 알면 백번을 싸워도 위태롭지 않다(知彼知己 百戰不殆 지피지기 백전불태)
- 적을 모르고 나만 알면 한 번 이기고 한 번 진다(不知彼而知己 一勝一負 부지피이지기 일승일부)
- 적도 모르고 나도 모르면 싸울 때마다 진다(不知彼 不知己 每戰必敗 부지피 부지기 매전필패)

말이 쉽지 실제로 해외 현지 유통망 가격을 일일이 알아내서 판매가를 역으로 계산하는 것은 정말 어렵다. 수출 초보 기업이나 지금 막 창업한 무역 창업자에게는 먼 나라 이야기임엔 틀림없다. 이런 이유로 수출 가격(오퍼 가격)을 정할 때 국내 판매 가격을 바탕으로 본인이 받고 싶은 가격을 산출하거나 원가 대비 몇 프로를 계산해서 '이 정도는 받아야 한다.'라고 생각하고 오퍼 하곤 한다. 그러나 그 가격은 안타깝게도 현실성이 1도 없다. 판매를 위한 가격이 아닌 나만의 가격이기 때문에 바이어가 받아들일 거라고 기대할 수는 더욱 없다. 그렇다면 수출 가격(오퍼 가격)을 정할 때, 좀 더 참고할 만한 것은 없을까? 어떻게 해야 할까?

현실적인 대안은 타깃 국가의 온라인 사이트에 판매되고 있는 유사 제품의 가격을 찾아 역으로 계산하는 것이다(ex. 아마존, 이베이, 그 국가의 지역 쇼핑몰). 바이어가 판매하고자 하는 시장이 온라인인지 오프라인인지, B2B인지 B2C인지 미리 파악해 협상에 제시할 가격을 정하고, 만약, 전시회 또는 수출 상담회 참가 경험이 있다면 거기서 바이어 또는 소비자들에게 얻은 정보를 정리해서 가격에 반영해야 한다.

여기서 명심해야 할 것이 있다.

'나만의 가격이 아닌, 팔리는 가격으로 정해야 한다.'

42. 무역 계약! P/I(Proforma invoice)의 핵심 쟁점– 납기, T/T와 L/C

납기는 무역 계약을 위한 협상에서 그렇게 큰 쟁점이 되지는 않지만 자사 공장을 보유하고 있지 않은 수출 업체 또는 무역 창업자 입장에서는 '날짜 확정'은 신중히 해야 한다. 무역에서 납기 클레임은 선적 날짜를 근거로 하기 때문에 명확하다. 어떤 핑계로도 피할 수 없기 때문에 ETD, ETA를 언급할 때는 조심해야 한다. 특히, 내 공장이 아닌 남의 공장에서 자사 제품을 생산하는 OEM 방식을 취하거나 남의 제품으로 수출하는 수출 대행 방식을 취한다면 납기 컨트롤(관리)은 쉽지 않다는 것을 명심하고 바이어에게 제시해야 한다.

그렇다면, 납기는 왜 바이어에게 중요할까? 납기 날짜에 따라 바이어는 무역 대금 스케줄, 현지 영업과 마케팅 스케줄을 잡기 때문에 그 클레임의 무게가 다른 품질 또는 수량 클레임보다 클 수밖에 없다. 이런 클레임을 방지하고자 정확한 날짜를 피하고 막연하게 언급하는 경우도 실전 무역에서 자주 볼 수 있다.

P/I에서 Payment(무역 대금) 조건은 간단히 말해서, 'T/T로 할 것인

가? L/C로 할 것인가?'다. 누누이 말하지만, T/T는 선급금이 있어서 자금 회전에 큰 도움이 되지만 잔금을 못 받을 가능성이 존재한다. 반면, L/C는 선급금이 없고 선적한 뒤 은행에서 네고를 통해 한 방에 현금화 가능하다.

T/T의 관건은 '언제 얼마나 받느냐?'다.

L/C의 관건은 'At sight로 할 것인가? Usance로 할 것인가?'이다.

최근에는 L/C보다 T/T를 선호하는 경향이 있다. 보통 선적 전 30%와 도착 전 70%를 기준으로 삼는데, 여기서 30%를 오더 계약 시점으로 할 것인지, 70%는 B/L과 맞바꾸는 조건으로 할 것인지 아니면 선적 전 100%로 채울 것인지 등 비율과 금액 조율이 P/I를 쓸 때 가장 치열한 항목이 된다. 단가와 수량을 묶어서 조율하는 경우도 있고, 합리적이고 객관적인 증빙 자료를 통해서 설득할 수도 있으며 감정적으로 호소하기도 한다. 그만큼 나만의 협상 카드가 무엇인지 그리고 어떻게 사용할지를 사전에 고민할 필요가 있다.

43. P/I(Proforma invoice)와 P/O(Purchase order) 작성법과 항목별 체크 포인트

P/I는 수출자가 만들고, P/O는 수입자(바이어)가 만든다. 순서상으로는 P/I를 먼저 작성하지만, P/O를 먼저 작성하기도 한다.

표제

표제에는 수출자 회사 로고와 주소지가 들어간다.

No(Number)

P/I의 Number를 적는 부분인데, 일반적으로 회사 내부에서 정한 임의의 숫자다.

To / From

P/I는 수출자가 만들기 때문에, 'To'에는 P/I를 받는 수입자(바이어)의 회사명을 적고, 'From'에는 수출하는 회사명, 주소 그리고 담당자 정보를 적는다.

Shipped by / Shipped to

출항 국가 및 항구 그리고 도착항을 적는다.

Item/Description/Q'nty(수량)/Unit price/Amount/Total

구두로 약속된 오더 내용이 정확히 적히는 부분이다. 컬러와 스펙을 포함한 아이템, 수량, 단가 그리고 총금액 등을 적는다. 컬러만 보더라도, 내가 아는 핑크색과 바이어가 아는 핑크색에 차이가 있을 수 있기 때문에 고해상도 사진을 넣는 경우도 있고 합의된 문구를 넣어 주기도 한다(메인 오더 전에 승인 샘플이 결정되므로 대부분 여기에 따른다.). 만약 할인율 또는 금전적 보상 등을 언급할 필요가 있다면 '추가 사항'으로 여기에 적는 경우도 있지만, Remark란을 만들어 따로 적기도 한다.

Total amount를 쓸 때는 엑셀 수식을 통한 오타를 조심해야 한다. 과거에는 계산기로 여러 번 'Unit price x Q'nty = Total amount'로 계산해서 확인했다면 지금은 엑셀로 수식을 넣거나 과거 양식에서 그대로 복사 붙여넣기로 계산하는 경우가 빈번하기 때문이다.

Remark

P/I와 P/O는 계약서와 같은 역할을 하기 때문에 함축해서 추가하고자 하는 문구, 특히, 금전적인 부분을 'Remark'에 주로 넣는다. 예를 들면, 클레임에 따른 손실 보상 금액이나 할인(Discount) 금액, 마케팅 지원비 같은 지원 금액 또는 생색내기 문구 등이 대표적이다. 여기서 중요한 것은 모두 합의된 내용을 기반으로 해야 한다는 점이고 은근슬쩍 내용을 끼워 넣는 것은 절대 금물이다.

Remark는 필수 기입 조건이 아니기 때문에 생략해도 무방하다.

Freight condition

Ex-work, FOB, CIF 같은 인코텀즈와 관련된 문구를 적는 곳으로, 합의된 부분을 그대로 쓰면 된다.

Date of shipment

선적 날짜다. 날짜를 정확히 정할 수 있으면 좋겠지만, 공장(제조)을 직간접적으로 운영해 본 경험자들은 다 알 듯이 계약 시 정확히 정한다는 것이 쉽진 않다. 반면 바이어 입장에서는 정확한 선적 날짜는 상당히 중요하고 필요하다. 날짜에 맞춰 자금 스케줄(ex. T/T, L/C)을 관리하고 현지 마케팅 및 영업 시점을 정하며 창고 재고 관리도 해야 하기 때문이다.

실전 무역 시각에서 보면, 무역을 진행하는 데 가장 말도 많고 탈도 많은 항목이라서 리스크(Risk, 위험 요소) 관리 차원으로 '납기 클레임'을 피하고자 의도적으로 날짜를 확정하지 않고 애매하게 정하는 경우도 있다(ex. 4 Weeks after P/I).

요약하자면, P/I(P/O) 시점과 출고 시점의 시간차는 분명히 존재한다.

최소 며칠에서 최대 몇 달이 걸리기도 하기 때문에 계약 시 정확히 정한다는 것은 쉽지 않다. 조금만 납기가 지연되어도 '납기 클레임'에 노출될 수 있다는 점은 직접 제조를 안 하더라도 수출자(무역 창업자) 입장에서는 상당히 부담스러울 수밖에 없다.

Payment

L/C at sight, T/T in advance와 같이 쌍방이 합의한 무역 대금 조건을 기입한다.

'돈이 먼저인가? vs 물건이 먼저인가?'

무역 대금은 무역 협상에서 가장 중요하고 민감한 부분이다. 그만큼 실전 무역의 시각에서 보면, 무역 계약 협상을 하는 데 단가 또는 스펙 조정으로 오더가 깨지는 경우보다 결제 조건으로 인해서 오더가 깨지는 경우를 더 자주 볼 수 있다. T/T가 되었든 L/C가 되었든 신뢰(회사에 대한 신뢰, 제품에 대한 신뢰)가 있어야 무역 대금 방식이 순조롭게 합의에 도달되지만 한두 번 접촉하는 그 짧은 시간에 신뢰를 쌓는다는 것은 사실상 어렵기 때문에 그만큼 서로 간 알아갈 시간이 필요하다. 만약, 브랜드가 없거나 지금 막 시작한 수출 초보 기업(무역 창업자)이 수출을 생각한다면 이 부분에 대한 진지한 고민이 있어야 한다.

Packing

구두 또는 메일에서 합의된 포장에 대한 항목이다. 포장 부분에서 쉬핑 마크(Shipping mark) 및 바코드를 포함한 바이어의 요구 사항이 특별히 있는 경우도 많은 만큼 꼼꼼한 체크가 필요하다.

Beneficiary & Bank info

수출자의 은행 계좌다. 즉 무역 대금 받을 통장에 대한 정보(은행 정보)를 적으면 된다. 외환 통장이어야 하고 '은행명, Swift code, 계좌번호, 회사명(수취인)' 같은 정보가 있어야 한다.

문서 하단 서명

수출자와 수입자의 사인이 들어가는 곳이다. '사인방'이라고 하는 목도장을 만들어서 사용하는 것이 일반적이지만, 직접 써도 무방하다. 주의할 점은 도장 대신 이미지 파일(ex. 포토샵)로 '사인'을 만들어서 붙이는 경우도 많은 만큼 실수를 조심해야 한다는 점이다. 누가 먼저 하든 하단엔 양방의 사인이 꼭 있어야 한다.

44. 해상 운송(Board) vs 항공 운송(Air)의 장단점

무역 물류는 크게 3가지로 볼 수 있다.

주로 메인 오더에서 쓰는 해상 운송이 있고, 소규모지만 비싸거나 신선을 유지할 필요가 있는 아이템에 자주 쓰는 항공 운송이 있으며 샘플과 무역 서류에 특화된 특송이 있다.

기본적으로 특송을 포함한 항공 운송은 비싸다는 인식이 있기 때문에 무역하면 해상 운송만 생각하는 경우가 있으나, 잘 살펴보면 내 아이템에 항공 운송이 더 최적화될 수 있기 때문에 충분한 검토가 필요하다. 항공 운송으로 발송하는 경우에는 처음부터 바이어와 무역 계약(P/I) 시점에서 결정하는 것이 대부분이지만, 상황에 따라 해상 운송으로 계약했다가 갑자기 변경하는 일도 생기는 만큼 장단점을 알아야 적절히 대응할 수 있다.

1) 항공 운송(By air), AWB

공항에서 공항으로 비행기를 이용하여 보내는 방식이다. 긴급 화물이나 소형 화물에 적합한데, 운송 시간이 절감되고 통관도 빠른 편이라 매우 좋은 수단임에는 틀림없다. 하지만 비싸다는 큰 단점이 있어서 메인 오더(주문)에서는 항공 운송은 자제하는 편이다(단, 보석류처럼 작고 고부가가치 상품은 예외다.)

실전 무역에서 보는 장단점은 다음과 같다.

장점
① 해상 운송보다는 도난이나 파손이 상대적으로 적다
② 운임비가 상대적으로 싼 경우도 있다(견적 비교 필수)
③ 빠른 대응이 가능하므로, 예상외 수량도 대처 가능하다(불량 대응, AS 부품 등등)
④ 변질될 수 있는 제품도 수송 가능하다
단점
① 대량 운송이 불가능하다(가능은 하겠지만, 가격이 많이 비쌈)
② 항공편이 자주 있지 않다(수적으로 공항이 많지 않음)

2) 해상 운송(By boat), B/L

항구에서 항구로, CY에서 CY로, CFS에서 CFS로, 무역의 근간을 이루는 물류 방식이다. 장단점은 다음과 같다.

장점
① 물류 중에서 가장 저렴하다 대량의 물건을 먼 거리로 운송하는 것을 기본으로 하기 때문에 한 번에 많은 양을 실 어 운임비가 저렴하다. 선박 회사가 가격 경쟁력 차원에서 큰 배를 선호하는 이유도 여기에 있다. ② 다양한 화물을 취급할 수 있다 항공 운송에 비해 다양한 물건을 실을 수 있다. 글로벌 운송에서 중요한 부분이다.
단점
① 많이 느리다 거북이걸음도 아니고, 빨라야 시속 30~40km 정도의 속도다. 그러므로 일반적인 오더에서는 해상 운송 기간을 20~30일 정도로 잡고 선적을 한다. ② 파손과 분실에 노출될 수 있다 항공 운송에 비해 파손과 분실에 노출되기 쉽다. 특히 LCL cargo 같은 경우에서 종종 발생한다. ③ 포장 및 하역비가 비싸 상대적으로 비교하면 그렇다. 항공 운송에 비하면 포장된 물건을 컨테이너에 다시 넣어야 하고, 아주 무거운 컨테이너를 하역하는 데 비용이 발생한다.

Chapter 02

절대 무역 창업하지 마!

아이템을 먼저 잡고 창업하자!

(수출형 창업/수출 대행 창업)

수출형(수출 대행) 창업! 성공 비법

1. 수출 대행 창업의 대표적 장단점은?

수출 대행 창업은 업무 방식에 따라, 브로커 역할만 하는 수출 에이전트 창업과 매입해서 수출하는 일반 무역 회사 창업으로 나누어진다. 공장을 우선 정하고 바이어를 찾는다는 공통점은 있지만, 수수료만 받을 것인지, 세금계산서를 통한 매입과 수출 신고필증을 통한 수출을 할 것인지, 그 선택에 따라 초기 매입비를 비롯한 창업 비용이 달라진다.

기본 개념에서 보면, '수출 에이전트 창업'은 수출 여건이 안 되는 제조사(공장)의 수출 업무를 대행해 주는 것으로서 일종의 용병으로 볼 수 있기 때문에 그 제조사의 의뢰를 받고 움직이게 된다. 계약 체결까지 할 것인지, 바이어를 찾아주는 것까지 할 것인지, 초반 에이전트 계약 조건에 따라 업무 영역과 제조사의 지원 그리고 수수료가 달라지기 때문에 계약 시 꼼꼼한 체크는 필수다. 수출 에이전트의 장점은 당연히 비즈니스 자체가 가볍다는 것이고 단점은 간섭(견제)이 심하고 일반 무역 회사 창업에 비해 뒤통수(ex. 직거래) 맞을 확률이 상당히 높다는 것이다. '뒤통수' 부분에 대해 일반 무역 회사는 수출 에이전트보다는 좀 더 자유롭다. 즉, 일반 무역 회사는 해외 독점권 또는 판권에 따른 초반 업무 조율은 있겠지만 독립적으로 움직이기 때문에 내 의지대로 수출 업무를 진행할 수 있다. 제조사의 간섭과 압박에 자유로울 수 있고 수출 에이전트에 비해 제조사와 바이어 정보를 어느 정도 감출 수 있다는 장점으로 초기 무역 창업자들이 '일반 무역 회사' 형태를 많이 취하는 편이다. 단점으로는 매입 가격과 수출가격 차이의 마진으로 움직이기 때문에 매입에 따른 초기 자금과 매출을 위한 마케팅 비용으로 인해 초기에 무거운 창업 형태를 갖는다는 것이다.

정리하면, 수출 에이전트 창업의 장점은 일반 무역 회사의 단점, 일반 무역 회사의 장점은 수출 에이전트의 단점이 된다.

2. 제조사(공장)는 생산, 수출 대행은 판로, 문제없는 조합일까?

정말 환상의 조합일까?

서로의 필요에 의한 의기투합 형태인 이런 비즈니스 모델에서 제조사(공장)와 수출 대행(에이전트, 일반 무역 회사)의 속마음을 살펴보자.

제조사 입장에서는 제품에 대한 모든 정보를 해외 바이어에게 주듯 제공해야 하기 때문에 제품의 카피(Copy), 시장 가격 혼란 등을 비롯해 있을지 모를 문제를 걱정할 수밖에 없고, 독점권과 영업권의 차이는 있지만 오랜 기간 실적이 없으면 제품이 신제품이 아닌 구제품이 되기 때문에 시간이 지날수록 제조사는 초조해질 수밖에 없다.

수출 대행 입장에서는 물심양면으로 진행한 마케팅과 홍보를 통한 결정체가 바로 바이어 발굴(해외 판로)이기 때문에 애써 고생해서 판 깔아 놓으면 다른 사람이 해먹는 일이 있을 가능성에 대해 걱정하게 된다. 즉, 남 좋은 일만 시켜주고 떠나는 것을 경계하는 것이다.

여기서 우린 궁금해진다.

안 좋은 결과 말고 좋은 결과를 가져와서 협조와 수출이 늘어나면 이런 양측의 고민은 없어질까?

절대로 아니다. 욕심과 의심은 끊임없이 들게 되고, 수출이 잘되면 잘되는 대로, 수출이 안 되면 안 되는 대로 제조 공장은 직접 하든지 다른 수출 대행에게 넘기고 싶어 하는 마음은 지속적으로 들 수밖에 없다. 예를 들면, 수출 대행 업체가 처음에는 중간자 역할만 하다가 판매에 자신이 있으면 비슷한 제품을 출시하거나 다른 욕심을 채우는 경우도 있고, 제조사 또한 직접 하든지 다른 대행 업체를 찾는 경우도 있다.

수출 대행은 제조사는 공장의 역할, 수출 대행은 영업과 마케팅의 역할이라는 업무 분장으로 시작되는 비즈니스다. 당연히 시너지 효과는 극대화될 것으로 생각해서 초기에는 의기투합하지만, 신뢰가 없으면 잘되면 잘되는대로 안 되면 안 되는대로 분쟁이 있을 수밖에 없는 구조이기도 하다.

결국, '수출 대행 창업'의 성패는 '신뢰'가 된다.

3. 수출 대행 창업자는 글로벌 오픈 마켓 해도 될까?

아무리 무역 영어를 잘하고, 제품이 좋고, 무역 지식이 풍부해도 수출형 창업이라고 하는 '수출 대행'에서는 바이어를 찾을 수 있는지 여부가 사업의 성패를 결정 낸다.

"어디서 확실한 바이어 리스트를 얻을 수 없을까?"

"지인을 통해서 바이어를 알아볼 수는 없을까?"

"다른 사람들은 바이어를 어떻게 찾지?"

누구나 궁금해하는 공통적인 질문에 정확하고 확실하게 말할 수 있는 전문가는 거의 없다. 단지, 꾸준히 실패와 성공 사례를 통해서 적절한 공부를 통해 나의 비즈니스에 적용하는 노력과 시간이 필요할 뿐이다. 수출 대행 창업자 입장에서 보면, 제품은 어찌 어찌하여 그 제조사(공장)의 해외 지역 또는 국가의 판권(독점)을 확보해서 해외 영업팀 역할처럼 그 제품만 하게 된다면 '바이어 발굴'이라는 압박과 그 시간과 비용에 쫓기게 된다. 무역 경험이 없다면 더욱 답답할 것이고 어디서부터 시작할지 몰라서 진입 장벽이 낮다고 알고 있는 글로벌 오픈 마켓의 유혹에 가장 먼저 쉽게 빠져든다. 즉, 글로벌 오픈 마켓 플랫폼에 제품을 올려놓고 판매하고 싶은 마음이 간절해진다.

놀면 뭐하나? 또 하나의 해외 판매 채널로 인식하고 '창고에 있는 제품 하나씩 판다.'라는 생각으로 가볍게 시작하려 한다. 그러나 이 부분을 절대 쉽게 생각해서는 안 된다.

아마존을 예로 들어 보자. 가격 면에서 보면, 글로벌 오픈 마켓에 올리는 가격은 정말 싸게 경쟁적으로 제시된다. 이 제품에 대해 검토 후 해외 바이어(B2B 바이어)가 컨택하면 그 바이어의 머릿속 가격은 아마존의 소비자 가격이 된다. 그만큼 그 가격 안에 절대로 중간 업자인 바이어 마진이 들어갈 수 있는 구조가 아니다.

Copy 부분도 또 하나의 고민이 될 수 있다. 그 나라에서 판매가 잘 된다고 하면 Copy는 당연히 생긴다. 해외 고정 바이어가 없는 상태라면 대한민국에서 해외의 상표권, 특허권과 같은 지적 재산권을 직접 컨트롤 하기는 여간 어려운 일이 아니다. 그러다 보니 여러 업체가 더욱 저렴한 제조 공장을 찾아 똑같은 제품을 Copy하려 한다. 이런 식의 'Copy'를 전문적으로 하는 업체도 있을 정도다.

정리하자면, 수출 대행으로 창업한다면 반드시 B2B로 해야 한다. 글로벌 오픈 마켓이라는 B2C로 한다면 득보다는 실이 훨씬 많은 비즈니스 형태가 된다.

4. 수출 대행 창업의 핵심인 해외 판로! 어떻게 찾아야 할까?

'어디에 어떻게 팔지?'

말이 쉽지, 해외 판로와 바이어 찾기는 정말 어렵다. 그만큼 어려움과 불확실성이 존재한다. 이런 이유로 제조사(공장)는 자체적으로 '수출팀'을 만들거나 구인할 생각을 꿈도 꾸지 못한다. 물심양면으로 부담스럽기 때문에 수출을 하고 싶다면 혼자서 몇 번 알아보다 포기하거나 외부 전문 대행 업체에 의뢰하는 정도로 끝난다. 그 배경에는 수출은 하고 싶지만 최대한 경제적, 시간적 리스크(Risk, 위험 요소)를 줄이고 싶어 하는 마음이 지배적이다. 그렇다면 수출 대행 창업자들은 이런 어려움을 어떻게 극복해야 할까? 제조사와 계약을 맺은 수출 대행 업체는 어떻게 해외 판로를 열어야 할까?

답은 의외로 간단하다. 처음부터 B2B 비즈니스로 해야 하고, 바이어 상담회 참가, 전시회 부스 참가, 홈페이지 관리, 이메일 발송을 꾸준히 해야 한다. 여기에 해외 현지 국가의 오픈 마켓(쇼핑몰) 판매자에게 꾸준히 오퍼해야 하고 해외 현지 협회 또는 단체가 보유한 업체 리스트 확보 후 컨택해야 한다.

그 외 다른 특별한 방법은 없다. 누구나 다 아는 정보다. 그러나 여기서 알아야 할 점은 누구나 아는 기본적이지만 제대로 그 방법을 아는 사람이 없기 때문에 지속적으로 공부하고 나의 타깃 국가, 나의 아이템, 나의 역량 등을 종합적으로 접목시켜서 나만의 판로와 바이어를 찾아야 한다는 것이다. 만약 글로벌 오픈 마켓을 통해 바이어를 찾는다면 전략적으로 해야 하고 해외 Copy에 대해서는 너무 두려워서 수출 자체를 포기하는 어리석음을 범해서는 안 된다.

바이어 발굴은 절대 지름길이 없다. 절대로 서둘러서도 안 된다. 주변을 둘러보면 그 조급함으로 사기를 당하는 경우를 종종 볼 수 있다. 오히려 주변에서 '지름길'에 대해 언급하거나 '편법'을 이야기하는 사람들이 있다면 대부분 가짜 또는 사기꾼임을 잊어서는 안 된다. 결국, 수출은 정확한 방향성을 가지고 기다리며 지속적으로 꾸준히 접근하고 공부해야 기회가 생긴다는 점을 명심해야 한다.

5. 수출을 위한 필수 사전 준비 7가지

수출을 하려면 아이템, 바이어, 물류라는 3가지 요소가 갖춰져 있어야 한다.

물류는 수출자 창고에서 수입자 창고까지 모든 프로세스를 포워더가 직간접 또는 대행으로 처리할 수 있기 때문에 무역 창업 초기에 포워더 한 곳만 잘 세팅만 해 놓아도 무역 물류하는 데 큰 어려움은 없다. 이렇게 포워더 역할처럼 남이 대신해 주는 업무가 있는 반면 반드시 수출자가 꼭 해야 하는 것이 있다.

'아이템 선별과 바이어 찾기'

수출을 생각한다면 '바이어 찾기' 비중이 큰 반면, 수입을 생각한다면 '아이템 선별' 능력이 상당히 중요하다. 바이어를 본격적으로 찾아 나서기 위해서는 사전 준비는 필수다.

절대 간과해서는 안 된다. 이런 준비는 시행착오를 줄이고 더욱 빠르게 목표를 달성할 수 있게 해준다.

1) 아이템의 HS 코드와 통관 서류

HS 코드와 통관 서류(인증 서류)는 수출의 첫 단추라고 해도 과언이 아니다.

어느 나라라도 수출은 관대하지만 수입은 엄격하기 때문에 해외 타깃 국가의 통관에 대해 우선 확인할 필요가 있다. HS 코드를 어떻게 정하는가에 따라 통관이 쉬울 수도 있고 어려울 수도 있으며 세금이 올라갈 수도 있다. 특히 식약청과 관련된 음식, 화장품 같은 아이템들은 인증 서류를 받는 데도 시간이 오래 걸릴 수도 있는 만큼 꼼꼼히 살펴야 한다.

2) 영문 소개서와 영문 홈페이지

회사 소개서와 제품 상세 페이지의 기본은 영문이다. 소개서는 1~2페이지가 적당하며, 필요하다면 카피(Copy)할 수 없게 보안 설정도 해야 한다. 최근에는 유튜브를 활용한 동영상이 대중화된 만큼 제품에 맞는 콘텐츠는 바이어 찾는 데 큰 도움이 된다. 영문 홈페이지는 해외 바이어들이 1차 검증으로 보는 부분이기 때문에 업데이트 및 콘텐츠 관리에 만전을 기해야 한다.

3) 견적서

견적서는 MOQ를 기준으로 수량에 따른 FOB 가격으로 준비한다. 비록 MOQ랑 상관없는 경우라도 협상 우위를 위해서 일단 설정하는 것이 좋으며, 유효 기간을 명시함으로써 추후 오퍼 가격 변화에 대비할 필요가 있다.

4) 타깃 국가 선정

수출 국가를 처음부터 정하기 어렵다면 지역(ex. 아시아, 미주)이라도 우선 정해서 지역을 좁혀 나가야 한다. 수출하려는 제품과 유사한 제품의 기존 수출 자료를 검토하고, 코트라, 무역협회, 기타 기관에서 제공하는 시장 보고서, 동향 및 트렌드를 참고하여 타깃 국가를 정한다.

FTA와 해외 인증 또한 고려 대상이 되어야 한다. 내 아이템과 비슷한 카테고리 군을 수출하는 타 업체의 수출 관련 정보도 도움이 되고, 내 사업장 소재지의 수출 진흥원에 문의해서 정보를 얻는 것도 하나의 방법이 된다.

5) 해외 인증

준비하지 않고 있다가 촉박하게 준비하는 경우가 의외로 많은 것이 '해외 인증'이다. 여기서 꼭 알아야 할 것은 해외 인증이 없으면 바이어가 처음부터 계약 대상자로 보지 않는다는 점이다. 비용과 시간으로 인해서 바이어와 먼저 상담 후 계약 시 인증을 받겠다고 생각하는 업체들도 의외로 많지만 바이어는 그렇게 생각하지 않는다는 점을 명심해야 한다. 만약 비용이 부담스러워 주저된다면 정부 또는 기관의 지원사업을 살펴볼 필요가 있다. 나라마다 인증마다 투입되는 시간과 돈이 다른 만큼 가급적 짧은 시간에 쉽게 획득 가능한 국가의 인증서를 먼저 획득하는 것도 하나의 방법이 될 수 있다. 각 지자체 또는 수출 진흥원에서도 인증 사업이 있는 만큼 사전에 문의할 필요가 있다.

6) 통관 부호와 외화 통장

수출입 시 통관 고유 번호가 있어야 하고, 해외 업체에서 수금하기 위한 외화 통장도 필요하다.

7) FTA 원산지 증명서

기관 발급과 자율 발급이 있지만 대부분의 아시아 국가들은 기관 발급을 요구한다. 기관 발급은 자율 발급에 비해 복잡하기 때문에 관세사와 상담해 사전에 준비할 필요가 있다.

6. 제품의 수출 가격 정하기. 팔리는 가격 vs 나만의 가격

수출을 한다고 할 때, 제일 먼저 직면하는 가장 큰 과제는 바로 '수출 가격'이다. 만약, 내 제품이 아닌 남의 제품으로 수출을 시작하는 '수출 대행 창업'을 한다면 매입 비용이 원가가 되는 만큼 해외 현지에서 판매되는 소비자 가격을 감안하여 바이어에게 오퍼(수출 가격)해야 한다. 그 사전 준비로서 바이어에게 오퍼하기 전에 현지 시장 조사는 필수가 된다.

- 얼마로 오퍼 해야 할까?
- 박리다매로 해야 할까?
- 얼마의 마진을 붙여야 할까?

당연히, 수출 가격을 어떻게 정하는가에 따라 제품의 운명이 달라지는 만큼 신중하지 않을 수 없다. 한 번 정한 가격은 바꾸기도 쉽지 않기 때문에 처음에 다양한 조사와 검토가 필요하다.

- 팔릴 것 같은 가격으로 정할 것인가?

• 내가 생각한 가격으로 정할 것인가?

팔릴 것 같은 가격으로 정하면 이익이 적어져 뭔가 억울해질 것 같기도 하고, 내가 생각한 가격으로 정하면 안 팔릴 것 같아 고민이 된다. 때론 이것저것 생각 없이 '원가에 몇 퍼센트', '국내 온라인 가격의 몇 퍼센트', '국내 업체에게 주는 가격의 몇 퍼센트'로 아주 쉽게 생각하는 경우도 있다.

만약, 가격을 내 생각대로 근거 없이 올리면 이런 지적도 나온다.

'살 사람은 생각도 안 하는데 혼자 올려 받으면 뭐 하나?'

예를 들어 보자. 해외 시장에서 유사 제품 가격이 개당 100불 정도인데, 내가 열심히 개발해서 기능을 추가했기 때문에 200불을 받겠다고 생각한다면, 간혹 뜻하는 결과로 이어지기도 하지만 대부분 실패한다. 또한, 유일무이한 제품이고 비교 가격이 없다는 이유로 근거 없이 가격을 높게 책정해서 출시한다면 바로 망할 것이다.

그럼 어떻게 해야 할까? 대부분의 제조사들은 제품을 먼저 만들고 가격을 나중에 책정하는 경향이 있다. 무역 창업자 또한 아이템 소싱 시 제품 자체만 보고 가격은 등한시하는 경우도 있다. 상당히 위험한 발상이다. 가격은 해당 제품의 생사를 결정할 뿐만 아니라 회사의 이익과도 밀접한 연관이 있기 때문에 제조사(공장)는 처음부터 제품 기획 단계부터, 무역 창업자는 제품 소싱 단계부터 정밀하게 분석하고 고민해야 한다. 하지만, 공통으로 아이템에는 많은 시간을 투자하는 반면 가격에 대한 고민은 의외로 적게 한다. 이런 경우, 향후 가격 정책이 실패하여 도리어 제품의 스펙을 조정해서 그 가격에 맞추는 해프닝이 발생하기도 한다.

그럼, 제조사는 기획 단계, 무역 창업자에게는 소싱 단계에서 어떻게 가격을 검토할 수 있을까? 기획 단계에서 가격을 정할 때는 내가 다루려는 아이템이 속해 있는 카테고리에서 그 제품군이 형성하고 있는 해외 타깃 지역의 시장 가격을 검토해야 한다. 온라인 시장과 오프라인 시장 모두 조사하고 선두 업체 아이템의 가격대, 나만의 차별화된 기능의 가치 그리고 최소 마진을 감안하여 종합적으로 판단할 필요가 있다. 기준이 정해지면 MOQ에 따른 수량과 가격, 온라인 소비자 가격, 오프라인 소비자 가격, 특판 가격, 수출 가격, 도매 가격 등으로 분류하여 정한다. 이 정도가 일반적인 가격 책정의 과정이라면 바이어와의 협상이라는 또 하나의 난제가 남는다. 바로 협상의 꽃이라고 말할 수 있는 '가격 네고'다.

전시회를 비롯한 수출 상담회에서 만난 바이어와 '가격 네고'를 하기 전에 확실히 알아야 할 부분은 누구나 납득할 만한 가격이어야 한다는 것이다. 즉, 근거 있는 합리성이다. 그러므로 수출자는 바이어가 타깃으로 삼는 시장에 대해 아는 만큼 협상 우위를 점할 수 있다.

예를 들어, 바이어가 일본 바이어라면 온라인 중심인지 오프라인 중심인지 그리고 그 지역 현지 소비자 가격을 수출자는 알고 있어야 한다. 이를 역 계산하여 적절한 FOB 또는 Ex-work 가격을 책정해야 바이어를 설득할 수 있다. 즉, 협상과 합의가 쉬워진다. 과거에는 단순히 바이어만 상대한 반면 이제는 현지 마케팅과 소비자 가격까지 수출자가 알아야 할 정도로 고려 대상이 많아지고 있다. 그만큼 그 폭이 넓어졌기 때문에 아이템을 기획하거나 소싱할 때는 수출자는 조사하고 학습할 것이 많아졌다.

7. 소싱 공장(제조사)의 수출 경험은 왜 중요할까?

무역 창업의 기본은 내 제품이 아닌 남의 제품으로 수출 또는 수입을 하는 것이다. 예를 들면, 내가 수출형 창업을 한다면, 내 제품이 아닌 남의 제품을 소싱해야 하기 때문에 아이템 찾는 것이 무역 창업의 시작이 된다.

이럴 때 의외로 간과하는 부분이 바로 제조사(공장)의 수출 경험이다. 대부분 아이템만 확인하지 정작 그 아이템을 제작하고 공급하는 그 공장에 대해서는 알려고 하지 않는다. 나비효과처럼 향후 큰 영향을 미칠 수 있는 부분이지만 확인하지 않는다. 딱히 중요하게 보지도 않는다.

'공장은 제조만 똑바로 하면 수출 경험은 없어도 된다! 왜냐하면, 수출은 내가 하니까.' 대부분 이렇게 생각해서 확인을 안 하는 것이다. 그러나 공장의 수출 경험 여부에 따라서 의외의 변수도 많이 생긴다는 점을 알아야 한다.

만약 공장이 수출 경험이 전혀 없다면 첫 거래부터 처음부터 끝까지 일일이 상세하게 가르쳐주는 것만으로 끝나는 것이 아니다. 매번 이해를 시키고 끌고 가야 한다. 말이 쉽지 여간 어려운 게 아니다. 신경 쓸 게 또 생기니 말이다.

예를 들면 다음과 같다.

① 인보이스와 패킹리스트를 모르는 경우 내가 일일이 알려주거나 내가 대신 만들어야 하는 경우

② 공장이 수출 제품을 국내 제품처럼 생각해서 가격 정책에 간섭하는 경우

③ 가격 변동을 예고 통지 없이 갑작스럽게 하는 경우

기타 여러 이유로 인해 어렵게 체결한 계약이 파기되는 경우가 있다. 이 모든 것이 수출 경험의 부족에서 기인한다. 한마디로, 말이 안 통하는 경우가 상당히 많기 때문에 스트레스가 상당하다는 점이다. 수출 경험이 없기 때문에 공감대를 형성하기도 어렵고 아주 사소한 스펙 변경과 컬러 변경 그리고 MOQ 변경도 어려울 수 있다. 사사건건 공장

의 과민 반응에 직면하는 경우도 생긴다.

공동의 목표를 위해 동반자로서 서로 보완하며 비즈니스를 진행한다는 '시너지 효과' 개념보다는 한쪽에서 다른 한쪽을 끌고 가야 하는 개념이 더 강하기 때문에 장기적인 비즈니스가 불가능하다. 피곤하기 때문이다. 처음에는 대동단결의 취지로 모든 것을 극복해도 점차 힘이 빠지는 형국이기 때문에 종국에는 그 비즈니스는 안 좋게 끝맺게 된다.

아이템 소싱을 시작한다면 아이템 선별에 집중하는 것은 당연하다. 그러나 그 공장의 수출 경험도 꼭 체크해야 할 부분임을 잊어서는 안 된다.

8. 해외 수출 가격! 아직도 모든 모델에 일괄적으로 10%, 15% 마진 붙이나요?

실전 무역 창업에서 가장 기초적이지만 가장 어려운 숙제가 '가격 책정'이다.

수출을 한다고 하면 가장 먼저 스펙과 수출 가격에 관해 고민해야 한다. 만약 인증이 필요한 아이템은 현지 통관 부분도 동시에 고민해야 향후 있을지 모를 실수에 미리 대비할 수 있다. 인증 및 통관 절차와 서류는 정형화되어 있기 때문에 그 아이템에 맞는 준비는 그렇게 어렵진 않다. 단지 시간과 자금이 필요할 뿐이다. 그러나 '가격 책정'은 완전히 다른 이야기가 된다. 업체마다 아이템마다 비즈니스 환경에 따라 경우의 수가 너무 많이 존재한다. 정해진 것이 없으니 참고할 수도 없다.

'마진을 어떻게 가져갈까?'

'마진율로 할 것인가? 마진 금액으로 할 것인가?'

10%라도 1만 원의 10%와 100만 원의 10%는 엄연히 다르기 때문이다. 가격 책정의 핵심 고민은 '그 가격이 현지에서 경쟁력을 가지는가?' 여부다. 일례로, 마진을 붙일 때, 현지에서 팔리는 가격을 생각하고 역계산해서 산출하는 경우도 있다. 예를 들면 일본 라쿠텐에서 내 제품이 속해 있는 카테고리의 가격대 그리고 베스트 제품들의 가격 구성을 조사하고 나의 가치를 더해 내 제품의 가격을 정한 다음 역 계산해서 나의 원가와 비교를 하는 방식이다. 여기서, MOQ, 원가, 관리비, 운송비, 스펙 변경 등을 다각도로 검토해서 수출자가 그 원가와 마진을 감내할 수 있는가를 검토하게 된다.

마진을 붙일 때 판매가의 마진을 모든 아이템에 적용하는 경우도 심심치 않게 본다. 예를 들어 모든 모델에 10% 마진을 일괄적으로 붙이는 경우다. 절대로 이런 방식을 써서는 안 된다. 10만 원의 10%와 100만 원의 10%로는 다른 것처럼 모델별 판매가에 따른 마진율은 아이템에 따라 상황에 따라 조정되어야 한다. 그 근본 개념은 마진 10%를 붙이든 20%를 붙이든 팔리는 가격이어야 한다는 것이다. 그래서 중국 시장에 진출한다면 중국 현지 가격 조사를, 대만에 진출한다면 대만의 시장 가격을 우선 조사해야 한다. 즉, 온라인 시장 조사를 하든지, 베스트 제품 가격들을 분석하든지, 그 제품을 다루는 전시회에서 만난 방문객(바이어 포함)에게 물어보든지 해야 한다. 그러나 안타깝게도 대부분 기업들은 수출 가격표 하나 만들어 놓고 일괄적인 가격표만 제시하기 때문에 실패하는 경우가 부지기수다. 아이러니하게도 인도네시아 바이어에게 오퍼하는 가격과 미국 바이어에게 오퍼하는 가격이 같은 경우도 있다.

타깃 국가를 정하고 거기에 맞는 가격표를 만들어 놓고 해외에서 가격 문의가 들어오면 답해야 하지만 대부분 그런 수고를 귀찮아한다. 해외에서 문의 메일이 오면 정형화된 내용의 답변서와 첨부 파일, 그리고 가격표가 그대로 나가는 식이다.

여기서 우린 궁금해진다. 다양한 시장 조사를 분석하여 가격표를 작성해서도 만약 재확인하고 싶다면 어떻게 해야 할까?

'과연 이 가격이 팔리는 적절한 가격일까?' 정말 알고 싶고 확인하고 싶다면 실전에서 유용한 꿀팁은 바이어 상담회, 전시회 상담회, 수출 상담회와 같이 바이어를 직접 만날 일이 있을 때 구체적으로 물어보는 것이다. 가장 정확하다! 그 이유도 알 수 있고 향후 대책 아이디어도 얻을 수 있다. 가격과 스펙의 시장성을 검증하고 수정 보완하는 데 바이어만큼 잘 아는 경우가 없기 때문이다. 만약 그 바이어가 제대로 알지 못한다면, 그 바이어는 가짜라는 방증이기도 하기 때문에 '직접 물어보는 것'은 여러모로 효과적이다.

9. 안될 것 같던 오더(계약)도 가능케 하는 바이어 협상 전략 팁

주변에서 흔하게 듣는 말이 있다.

"내 제품이 해외 시장에 적합하지 않는 것 같다."

"내 제품 가격이 너무 비싼 것 같다."

"무역 실무가 부족한 것 같다."

"무역 영어가 부족한 것 같다."

여기서 특히 가격과 스펙(제품) 경쟁력은 아마존과 같은 글로벌 오픈 마켓(B2C)과 수입을 통한 국내 오픈 마켓(B2C) 및 쇼핑몰에서는 일정 부분 맞기도 하고 중요한 부분임에는 틀림없다. 내가 직접 고객에게 파는 B2C 형태이고 비슷한 제품들이 하나의 검색어에 한 페이지 가득 나오기 때문에 여기서 살아남기 위해서는 이런 요소들은 절대적이기 때문이다.

그렇다면, 수출형(수출 대행) 창업자들이 하는 B2B 수출은 어떨까? 우린 고객을 만나기 전에 먼저 바이어(수입 유통사)를 먼저 설득해야 한다. 바이어를 만나고 협상하고 오더(계약)를 따야 그들을 통해 현지 소비자들에게 내 제품을 선보일 수 있기 때문이다. 그 협상의 정점에는 무역 대금 결제 방식이 있다. 즉, T/T 비율과 시기다. 우린 대부분 협상 조율이라고 하면, 가격과 수량 그리고 납기 조율 정도로 생각하지만, 실제로 보면 무역 계약 'Proforma invoice'를 작성하는 데 가장 큰 쟁점은 T/T 부분이 된다(물론, L/C(신용장)도 무역 대금 방식으로 많이 채택되지만, T/T가 더 빈도수가 높은 편이다.).

수출자는 100% 먼저 받으려고 하고, 수입자는 그 반대라는 것이다. 여기서 조율과 테크닉을 가미하는 게 협상의 포인트다. 다른 모든 항목에서 합의를 보더라도 무역 대금인 T/T 부분에서 조율이 안 되면 그 계약은 깨진다. 그래서 테크닉이 필요하다.

수출의 대표적인 방법인 해외 수출 상담회와 전시회를 예로 들어 보자. 수출 업체들은 해외 수출 상담회 및 전시회에서 제품에 대한 설명과 홍보 그리고 가격만 열심히 언급하다가 오는 경우도 있고, 계약 하나 못하고 오는 경우도 있으며, 전반적인 결과에 실망하며 후회하는 경우도 있다. '수출 상담회는 꽝이고, 해외 전시회는 돈만 낭비하는 것이다!'

여기서 협상 내용과 분위기를 면밀히 살펴볼 필요가 있다. 분위기는 좋더라도 내용을 자세히 보면 대부분 T/T에서 오더가 다 깨진다는 것을 알 수 있다. 그 외 부분들은 정말 미비하다. 제품과 가격 그리고 스펙에 대해서 어느 정도 파악한 상태에서 바이어가 상담에 임하기도 하고 이런 부분들은 조율과 협상 대상이지 절대 양보 불가 부분은 아니기 때문이다.

'무역 계약의 핵심은 협상이고 그 협상의 중심엔 T/T가 있다.'

바이어를 만나기 전에 T/T를 언제 얼마나 받을지에 대한 가이드 라인을 먼저 내부적으로 검토하고 결정해야 혼선을 막는다. 그러나 대부분 수출 업체들은 간과하는 편이다. 즉석에서 결정하는 경우도 다반사다. 여기서 알아야 할 점은 '설득과 떼쓰기'는 분명한 차이가 있다는 것이다. 근거 자료를 제시해야 한다. 근거 없는 협상은 일방적인 요구이기도 하고 '떼쓰기'일 뿐이다. 만약, 전시회와 수출 상담회에 나간다는 계획이 있다면, 반드시 T/T에 대한 내부 검토와 그 근거 자료를 준비해야 한다. 그래야 협상에서 더욱 능동적으로 임할 수 있고 좋은 결과를 기대할 수 있다.

10. 수출형 창업을 결심한 당신! 가장 먼저 알아봐야 할 것은?

수출을 결심했다면 제일 먼저 무엇을 해야 할까? 아이템을 먼저 찾아야 할까?

바이어도 없고 아이템도 없다면 대부분 아이템을 먼저 찾아 나서는 경향이 있다. 내가 좋아하고 관심 있는 아이템을 찾는 경우도 있고 요새 유행하는 아이템에 숟가락 하나 얹고 싶어 하는 경우도 있다. 물론 내가 오랫동안 꼭 하고 싶은 아이템도 있을 것이다.

대부분 다음과 같은 두 가지 선택지에서 결정한다.

① 아이템을 먼저 찾고 바이어를 찾는다.

② 바이어를 먼저 찾고 아이템을 찾는다

틀렸다. 이렇게 해서는 안 된다. 아이템과 바이어를 동시에 확인하면서 찾아야 한다.

베트남 선택을 예로 들어 보자. 제일 먼저 현지 통관 문제를 시급히 해결해야 한다. 통관은 관세사 소관이다. 관세사는 그 나라 수입에 대한 전문가이기 때문에 베트남 현지 관세사에게 문의하는 것이 좋다. 내가 생각하는 잠재적 제품이 인증 및 허가와 상관없다고 판단해도 꼭 확인해야 한다. 제품에 따라 준비하고 인증 및 허가를 받는 시간이 오래 걸리는 경우도 많기 때문에 그 시기를 놓친다면 당연히 수출 타이밍도 놓치게 된다. 순식간에 신제품이 구제품으로 되기도 하고 유행에 뒤처지기도 한다. 여기에, 바이어 및 현지 시장을 분석하면서 통하는 적절한 사업 아이템을 찾아야 한다.

정리하자면, 공장(제조사) 찾기, 경쟁력 있는 아이템 시장 조사, 바이어 찾기가 동시에 움직여야 한다는 것이다. 하나씩 순서대로 하면 그만큼 시간과 돈이 날아갈 수 있기 때문이다.

11. 수출형 창업(에이전트 X, 무역 회사 O) 전 핵심 체크 사항 2가지

수출형 창업은 '수출 대행 창업'이라고도 불리고 에이전트 방식과 무역 회사 방식으로 나누어진다. 에이전트 방식은 중간에서 커미션만 받기 때문에 많은 돈이 필요하진 않다. 반면 무역 회사 방식은 중간에서 공장과 계약해서 물건을 사들이고 바이어와 계약해서 해외로 판매하는 방식을 취하기 때문에 초기 자금력이 어느 정도 필요하다. 즉, 국내 업체에는 100% 선지급해서 물건을 구입하지만 해외 업체에서는 수출이라는 이유로 보편적 거래 비율인 30:70(선적 전:선적 후) 방식으로 수금하게 되면서 자금 운용의 공백이 생길 수 있다. 이 부분이 체크 사항 첫 번째이다.

두 번째는 '바이어를 과연 찾아낼 수 있는가?' 부분이다. 가장 근본적이고 핵심적인 부분인 '어디에 어떻게 팔 것인가?'에 대한 답에 확신을 가져야 한다. B2C로 대표되는 아마존, 쇼피와 같은 '글로벌 오픈 마켓'을, B2B로 대표되는 '바이어 찾기'를 해외 판로로 생각할 수 있다. 여기서 알아야 할 부분은 '영업권과 독점권'이다. B2C는 영업권으로도 충분하다. 그러나 B2B는 최종 목표가 '바이어 찾기'인 만큼 시간과 돈 그리고 영업력과 마케팅력이 동반되어야 하기 때문에 독점권은 반드시 필요하다.

12. '바이어 발굴'을 위해 꼭 거쳐야 하는 2가지

공장과 계약 후 바이어를 찾고자 한다면 꼭 해야 하는 2가지가 있다.

① 해외 전시회 부스 참가

② 수출 상담회 참가

이렇게 보면 '일반 제조사가 수출할 때 바이어 찾는 것과 같다는 뜻인가?'라는 의구심이 들 것이다. 맞다. 똑같다. 그러나 무역 창업자는 2가지를 더 명심해야 한다.

① 내 제품이 아니고 남의 제품으로 수출한다는 점

② 독점권을 확실히 가지고 있어야 한다는 점

전시회와 수출 상담회는 돈이 많이 들어간다. '맨땅에 헤딩'처럼 처음부터 바이어를 찾아야 한다. 영업과 마케팅 비용 그리고 출장비와 운영비가 동반되는 만큼 제조사(공장)과 먼저 협의를 해야 할 부분이 '독점권'이다. 독점권이 없다면 남 좋은 일 시켜주고 떠나야 하는 사례도 빈번한 만큼 꼭 체크해야 한다. 여기에 금전적인 지원도 좋고 사무실과 같은 공간 지원을 요청해도 좋다. 무조건 계약 초기에 이 모든 것을 세팅해야 한다. 초기에는 제조사와 무역 창업자가 의욕이 충만한 만큼 적극적인 협상 의지가 있기 때문에 민감한 부분 또한 타결될 가능성이 크기 때문이다. 만약을 대비하여 제조사(공장)가 직접 바이어와 거래 못 하도록 하는 방지책도 필요하다. 최대한 지원과 방지책을 마련해서 계약해야 한다. 그래도 불미스러운 일은 빈번하게 벌어진다.

전시회와 상담회의 공통점은 오프라인으로 잠재적 바이어들을 만난다는 것이다. 직접 Face to face 형태로 협상하는 만큼 운영 노하우는 상당히 중요하다. 온라인상에서 아무리 대화를 잘하고 협상을 잘해도 모든 계약은 오프라인을 거쳐서 이루어지는 만큼 준비를 철저히 해서 결과를 만들어야 한다.

① 시간과 돈이 많이 들어간다는 공통점!

② 준비가 부족하면 고생은 고생대로 그러나 기대한 결과는 없을 수 있다는 공통점!

③ 계약을 위해서는 꼭 거쳐야 하는 관문이라는 공통점

이런 공통점을 검토하여 최대 효과를 내도록 준비를 해야 한다.

'지금도 그냥 아무 준비 없이, 때가 되니 가는가?'

'아직도 계약 못 하는 것을 남 탓하는가?'

그렇다면 당신은 아직도 정신 못 차리는 거다. 왜냐하면, 전에도 그렇게 해서 계약을 못 했으면 지금도 그렇게 되고 앞으로도 그렇게 될 것이기 때문이다.

13. 바이어에게 무역 대금을 안전하게 그리고 유리하게 받고 싶다면?

무역에서 바이어(수입자) 입장에서나 수출자 입장에서 돈만큼 중요하고 민감한 것은 없다. 그만큼 양측에서 봤을 때, 만족스러운 무역 결제 조건 합의에 도달하는 것은 상당히 까다롭다. 아무리 좋은 스펙과 가격으로 거래를 시도하려 해도 바이어와 수출자가 T/T 또는 L/C 조건에서 대부분 어려움에 봉착하는 이유가 여기에 있다.

앞서 말한 대로, 이런 무역 대금을 유리하게 끌고 가려면 단연코 '갑'의 위치에 있어야 하고 그 '갑'의 위치에 있기 위해서는 절대적인 회사의 신뢰와 제품의 신뢰가 밑바탕에 깔려 있어야 가능하다.

수출형 창업(수출 대행)에서 에이전트 방식은 직접 바이어에게 무역 대금을 받지 않기 때문에 직접적인 리스크(위험 요소, Risk) 대신에 문제가 발생 시 공장(제조사)과의 협업을 통한 의사 결정이 중요한 반면, 매입 수출을 통한 일반 무역 회사는 직접 바이어에게 무역 대금을 받기 때문에 민감한 부분이 아닐 수 없다.

그렇다면, 일반 무역 회사에게 유리한 무역 대금 조건은 무엇일까? 무역 회사는 제조사가 아니다. 매입비가 발생한다. 그 매입비는 대부분 100% 선지급해야 출고가 이루어진다. 즉 100% 먼저 돈을 줘야 비로소 출고하고 운송사(포워더, 선사)를 통해 바이어에게 보낼 수 있다.

여기서 궁금해진다. '바이어에게 100% 미리 받을 수는 없을까?', '공장(제조사)과의 네고를 통해 100%가 아닌 수출 조건처럼 선급금과 잔금으로 조율할 수 있지는 않을까?'

어떤 바이어도 100% 출고 전 또는 선적 전에 주는 경우는 드물다. 아니 절대 없다. 제조사(공장)도 아닌 중간 무역 회사에 100%는 불가능에 가깝다. 즉, 엄청난 신용도를 바탕으로 하는 대기업이 아니고는 어렵다. 실현성 있는 최선은 30~50% 정도이다. 그것도 쉽진 않다. 제조사(공장)에서 매입할 때도 마찬가지다. 거래 신용이 쌓이는 시간이 필요하다. 그래도 해줄지 의문이다.

우리가 흔히 듣는 '무역 창업에 돈이 안 든다'는 말은 에이전트에 한정된 말이거나 다른 창업에 비해서 적게 들고 회전이 빠르다는 정도일 뿐이다.

최대한 안전하게 바이어에게 받기 위해서는 선수금이 없지만 잔금에 대한 리스크가 없는 L/C도 고려해볼 수 있을 것이다. 출고하고 선적하면 바로 현금화가 가능하기 때문에 최대한 공장의 물건 대금을 지급한 시기와의 간격을 좁힐 수도 있기 때문이다. 그러나 선수금이라는 달콤한 부분도 있기 때문에 T/T를 포기하는 것도 쉽지 않다고 현장 무역 담당자들은 입을 모은다.

최근에는 선수금 T/T 와 잔금 L/C를 혼합해서 하는 경우도 있다. 하지만 자세히 살펴보면 수출자가 철저한 갑의 위치일 때뿐이다. 결국, 무역 대금 조건을 유리하게 가려면 어떻게 '갑'의 위치에 설 것인가에 대한 고민이 따라야 한다.

14. 경쟁력 있는 FOB 수출 가격 계산법

수출 대행을 결심하고 제품이 선정되면 가장 먼저 해외 오퍼 가격에 대해 고민해야 한다. 수출 가격은 제안서에서 빠질 수 없는 핵심 요소이기도 하고, 오더(계약) 성사 여부의 기본이기 때문에 타깃 국가 선정 후 그 지역에 형성된 가격에 대한 조사는 당연히 선행되어야 한다. 이런 선행 조사를 통해 현지에서 보이는 소비자 가격을 역으로 계산하여

내 제품의 수출 가격에 경쟁력을 불어 넣어야 하는데, 온라인상으로는 현지 오픈 마켓 상위 50위 제품의 스펙과 가격대를 분석하고 오프라인으로는 전시회 또는 수출 상담회를 통해 직접 바이어 또는 소비자에게서 들음으로써 나의 제품 가격을 합리적으로 계산할 필요가 있다.

수출 가격은 FOB다. 그러나 의외로 FOB 가격을 계산할 줄 모른다. 무역 실무 수업에서 자주 등장하는 '인코텀즈'에 대한 이론은 대부분 알고 있어도 실제로 적용할 줄 모르는 경우가 허다하다. 갑자기 FOB 가격 달라고 해외에서 문의라도 오면 당황하는 경우가 특히 그렇다.

A: FOB 가격 어떻게 내나요?

B: 인코텀즈 알아요?

A: 압니다. 무역 수업에서 배웠거든요.

B: 근데 가장 기본적이고 중요한 FOB 가격 계산을 못 하나요?

A: 내용은 아는데 어떻게 적용하는지 몰라서요.

이런 사례는 특수한 경우가 아니다. 시험 패스(pass) 실력은 되는데 해외에서 메일 또는 전화 문의라도 오면 FOB 가격 계산을 못 한다. 오히려 당황하기도 한다. 왜 그럴까? 가장 큰 이유는 다음과 같은 2가지를 들 수 있다.

① FOB 개념의 실전 적용에 대해 정확히 모른다는 점

② 포워더가 정해져 있지 않다는 점

'갑자기 뜬금없이 '포워더가 정해져야 한다.'는 말은 무슨 말이지?' 이렇게 반문할 수 있다.

무역을 하려고 하면 포워더는 가장 먼저 세팅되어야 한다. 모든 가격 산출의 기본이기 때문이다. 즉, 수출 가격을 내고 싶다면 FOB가 되었든 CIF가 되었든 포워더에게 반드시 그때그때 물어봐야 한다. 포워더는 해상 운송만 하는 것이 아니다. 내륙 운송과 통관 서비스도 대행한다. 또

한, 수출을 위한 다양한 부대 적인 업무도 대행해 주고 수출자가 놓치는 부분도 어느 정도 보완해 주는 조언자 역할도 한다. 어떻게 활용하는가에 따라 그 도움의 폭도 크다. 그중에서 가격 산출은 절대적이다.

이런 궁금증도 생긴다. '수출자가 포워더 따로, 내륙 운송 업체 따로, 관세사 따로, 컨택하면 안 될까?'

가능하다. 포워더가 아닌 선사로 진행할 때는 이렇게 하기 때문이다. 그러나 실무에서 보면, 1인 무역 창업자 입장에서는 개별로 따로 진행한다는 것이 여간 번거로운 것이 아니다. 신경 쓸 것도 많고 얽매이는 시간도 많다. 할 것 많은 무역 창업자에게는 효율적이지 않다. 가뜩이나 할 것이 많은데 말이다. 그래서 포워더에게 대부분 일임하는 편이다(참고로, 선사에서는 이런 부대 서비스는 안 한다.).

다시 주제로 돌아와서, FOB 가격을 내려고 하면 먼저 포워더에게 견적을 물어봐야 한다. 가로*세로*높이 사이즈와 개수 그리고 실제 무게를 알려줌과 동시에 포워더에게 내륙 운송과 통관 업무를 대행해 줄 것을 요청하면 견적을 뽑아준다(물론, 상황에 따라 포워더가 추가적인 정보를 요구한다.).

이를 토대로, 포워더 견적 가격(내륙 운송비+통관비+수출제비용)에 공장 출고가를 더하면 FOB 가격의 원가가 되고 여기에 마진을 붙이면 FOB 수출 가격이 된다.

15. 다른 인코텀즈는 잊어라! FOB 출고 프로세스

실전 무역에서 FOB 조건은 가장 많이 쓰는 '인코텀즈'다. 빈도수가 너무 높아서 무역 초보자들이 다른 것은 몰라도 FOB로 가격 내는 것과 그 범위 그리고 출고하는 것만 제대로 알아도 무역하는 데 어려움이 없다는 말이 나올 정도다.

FOB 출고의 시작은 공장(제조사)의 제품 완료 시점부터 시작된다. 출고가 준비되면 제일 먼저 T/T 조건을 확인해야 한다. 무역 대금을 T/T로 했다면 이 시점에서 선수금이나 중도금 또는 잔금을 받는 경우가 많기 때문이다. 다시 말해서, 무역에서 '출고'는 반드시 무역 대금 특히 T/T 조건과 맞춰서 생각해야 한다는 것이다. 만약 L/C 조건이라면 적절한 은행 제출 서류(네고 서류)를 본격적으로 챙겨야 하는 시점이기도 하다.

무역 대금 조건을 검토 후 바이어에게 포워더(선사) 정보 및 선적 정보(Shipping info)를 요청함과 동시에 출고가 준비되었음을 통보해야 한다. 그 선적 정보는 인보이스, 패킹리스트에 기입해야 하는 Consignee, Notify party, Remark와 같은 정보를 의미한다. 이 시점에서 포워더 정보도 따로 받아야 한다. 여기서 FOB 출고는 CIF 출고와 포워더 컨택에서 분명한 차이를 보인다. FOB 가격에는 해상 운송 가격이 포함되지 않는다. 즉, 내 포워더가 아닌 바이어의 포워더를 써야 한다.

포워더 선정 및 구체적인 출고 프로세스는 다음과 같다

① 출고가 준비되었다고 바이어에게 통보하면 바이어는 바이어의 현지 포워더에게 연락한다.

② 한국 파트너 포워더를 거쳐 수출자인 나에게 연락이 온다(수출자는 바이어에게 포워더 정보를 직접 받기 때문에 먼저 수출자가 그 해외 바이어 포워더의 한국 파트너 포워더에게 먼저 연락하기도 하지만, 그 포워더에게 먼저 연락오기도 한다.).

③ 그 포워더와 출고 스케줄을 협의하고 바이어에게 통보함과 동시에 선적 날짜와 이번 선적 건에 대한 선적 서류(인보이스, 패킹리스트)를 작성한다.

④ 선적 서류가 준비되면 다시 한 번 바이어한테 컨펌받은 후 포워더에게 전달한다. 참고로, 포워더는 통관 대행과 내륙 운송 서비스를 제공하기 때문에 필요시 요청하면 된다.

⑤ 공장 측과 출고 날짜를 공유한다.

참고로, CIF 출고일 경우에는 CIF 조건이 포워더 가격을 포함하기 때문에 수출자인 나의 포워더를 쓰면 되기 때문에 바이어에게 따로 포워더 정보를 받지 않는다는 점이 FOB 출고와 다르다.

여기서 대부분 착각하는 부분이 있다. FOB 출고 시, '포워더가 바이어 쪽이니까 B/L도 바이어가 갖는 것일까?'

그건 절대 아니다. FOB 조건이든, CIF 조건이든 B/L은 수출자가 갖는다. B/L은 그 화물의 '소유권'이라고 생각하면 된다. 단지, 오리지널 B/L로 할지 서랜더 B/L로 할지 수출자는 선적(On board) 시점에서 결정하면 되고 FOB 조건이면 그 B/L에 'Freight collect' 문구가 삽입된다(참고로, CIF 조건이면 'Freight prepaid' 문구가 삽입된다.).

16. 독점권 vs 영업권, 해외 판로가 달라진다?

수출 대행 창업을 결심하고 제조사(공장)에 컨택해서 제품을 소싱함과 동시에 해외 판로를 고민하다 보면 '가격과 스펙'에 집중한 나머지 '독점권과 영업권'에 대해 간과하는 경우가 의외로 많다. 단순히, 좋은 제품을 좋은 가격으로 받아서 해외에 팔 기회만 있다면 이것으로 충분하다고 생각한다.

독점권 vs 영업권

바이어 찾기 위한 해외 판로 방향을 잡을 때, 어떤 권한을 가지고 있느냐가 매우 중요한 만큼 꼭 체크해야 한다.

해외 판로 방향은 다음과 같이 두 가지 틀에서 고민해야 한다.

몇 개의 회사 제품만으로 수출(해외 판로)을 시도하는 경우- 독점권

B2B 수출 방법(해외 판로)으로는 국내외 주요 B2B 전문 사이트, 즉 해외 업체들이 소싱을 위해 자주 방문하는 웹 사이트에 제품을 업로드하거나 SNS 마케팅을 동반한 바이어 찾기, 정부의 마케팅 지원 사업, 바이어 상담회, 국내외 전시회를 통한 바이어 찾기 정도가 대표적이다. 물론, 바이어 리스트 확보를 통한 이메일링, 전시회 주관 업체에 등록된 업체 이메일링 그리고 타깃 국가에서 나의 제품군과 비슷한 제품을 판매하고 있는 업체 이메일링(예를 들면, 일본 라쿠텐에서 판매 샵을 가지고 있는 업체들은 우리에게는 소중한 바이어가 될 수 있다.)도 바이어 찾는 좋은 방법이다. 아무리 날고 기는 수출 전문가, 해외 판로 전문가라고 해도 여기서 크게 벗어나지는 못한다. 차이가 있다면 운영 노하우 정도이다.

무역 창업자 입장에서는 시간과 돈 그리고 성과를 생각하면 전시회를 제외하고는 선택지가 많진 않다. 전시회를 추천하는 이유는 다른 방법에 비해 무역 창업자 상황에서 가장 효율성이 높은 바이어 찾는 방법이기 때문이다. 그 외의 방법들은, 대개 초기에는 바쁘게 자료를 업로드하고, 업체 리스트를 확보해 이메일도 보내며 SNS 마케팅과 광고를 진행하는 정도로서 그때 잠깐 일시적인 호응만 있을 뿐 그 이상도 그 이하도 아니다. 그 과정에서 오히려 제품을 카피(Copy)하려는 업체가 나타나기도 하고 어설픈 중간 브로커와 엮임으로써 예상치 못한 스트레스로 괴로워하기도 한다.

그렇다면 글로벌 오픈 마켓으로 B2C를 하면 어떨까? 내 제품이 한두 개 있는 상태에서 독점권을 가지고 해외에 딱 해당 제품들만 팔겠다고 한다면 글로벌 오픈 마켓은 좋은 방법이 될 수 없다. 오픈 마켓의 성격상 가격 경쟁력은 핵심 중의 핵심이다. 유행에 빠르게 대응해서 제품을 업로드하는 것이 중요하기 때문에 끊임없이 제품(아이템)을 확보할 수 있어야 한다. 그러므로 한 제품의 독점권 또는 한 회사의 독점권이 아닌 다양한 아이템의 영업권을 가진 경우가 적합하다. 만약 독점권자가 빅바이어를 찾기 위한 방법으로 글로벌 오픈 마켓에 진출하려고 한다면 어떤 부분이 가장 큰 독이 될 수 있을까?

가격(Price)과 카피(Copy)

바이어는 이미 진출 된 가격(현지 판매 가격)을 가지고 협상하려 하기 때문에 수출자 입장에서는 바이어의 마진까지 확보해줄 '가격 여력'은 없다. 글로벌 오픈 마켓 특성상 처음부터 최소 마진으로 진입하고 운영하는 경우가 많기 때문이다. 또한, 잠재적 경쟁사인 해외 다른 판매자(공장)에게도 제품이 노출되기 때문에 유사 제품(Copy)에 대해 걱정 안 할 수도 없다. 독점권을 가졌다면 그만큼 책임도 있기 때문에 카피(Copy)에 민감할 수밖에 없다.

다양한 제품의 영업권으로 해외 판로를 여는 경우- 영업권

나 혼자 독점으로 팔 수 있는 제품이 아닌 것이 영업권이다. 누구나 팔 수 있다. 가격 경쟁력을 확보할 수는 없지만 다양한 제품을 빠르게 선보일 수 있다는 장점이 핵심이다. 한마디로, 올렸다, 내렸다, 빠른 손절이 가능하다. 그러나 내 제품이 아니기 때문에 언제나 제조사에게 뒤통수를 맞을 수 있다는 점과 해외 대부분의 바이어들은 특허, 인증, 독점 등의 이유로 제조사를 원한다는 점은 반드시 인지하고 있어야 한다. 이런 이유로, B2B보다는 B2C로 대표되는 글로벌 오픈 마켓이 판로에 적합하다. 그만큼 몸이 가볍기 때문에 상황에 따른 빠른 가격 정책과 다양한 제품의 업로드가 가능하다. 다시 말하면, 각각의 판매 플랫폼에 얼마나 어떻게 잘 적응하고 대응해서 판매하느냐가 관건이 되기 때문에 엄밀히 말하면 무역은 아니다.

정리하면, 해외에서 바이어(해외 판로)를 찾고자 할 때는, 독점권을 가지고 있다면 전시회를 통한 B2B가 최적의 방법이고, 영업권만 가지고 있다면 글로벌 오픈 마켓을 통한 B2C가 최적의 방법이 된다.

17. 해외 판로가 누구(무역 경력자, 무역 초보자)에게나 어려운 이유

해외 판로는 수출형 창업(수출 대행 창업)의 최종 목적지이자 종착지다. 우리가 흔히 중요하다고 알고 있는 무역 실무, 무역 영어는 단지 수단이자 그 목적을 달성하기 위한 도구일 뿐 그 이상도 그 이하도 아니다. 그렇기 때문에 '해외 판로' 여부가 수출형 창업 성공 여부의 열쇠가 된다. 그러나 현실적으로 참 어렵다. 너무 어려워서 몇 번 시도하고 기다리다 떠나는 창업자들이 부지기수다.

'해외 판로가 누구에게나 공통으로 어려운 이유는 무엇일까?' 대표적인 이유는 무역 이론을 비롯한 다른 부분은 혼자 공부를 하든 강의를 듣든 어떤 방식으로도 익힐 수 있는 반면 해외 판로는 절대로 불가능하다는 데 있다.

여기, 무역 창업을 준비하는 무역 초보자와 경력자가 있다고 가정하자. 대부분 무역을 시작한다면, 제일 먼저 무역 아카데미 같은 강의를 찾을 것이다. 초보자는 초보자를 위한 강좌를 찾을 것이고 경력자는 경력자들을 위한 고급 과정을 알아볼 것이다. 그렇게 무역 이론을 배우는 데 모든 시간을 할애한다. 그러나 안타깝게도 실전 무역에서는 앞서 말한 대로 그런 지식이 그렇게 중요한 것은 아니다. 무역 지식은 실제로 경험하면서 배워도 충분하고, 한 번 사이클을 돌려보면 두 번째, 세 번째는 반복되는 프로세스이기 때문에 매우 특별한 경우를 제외하면 대부분 반복된다. 처음이 어렵지 누구나 금방 익숙해진다. 결국, 시간이 해결해 준다. 그러나 '해외 판로'라고 하는 '바이어 찾기'는 완전히 다른 세상이다.

무역의 목적은 '바이어 찾기'라고 하는 '해외 판로'다. 너무 간단명료하지만 어렵고 시간과 돈이 많이 투입된다. 누가 대신해 줬으면 할 정도다. 해외 판로는 어떤 아이템을 어떻게 영업해 어떤 결과를 낳았다는 경험의 정점이기 때문에 과거에 직접 해봤고 현재도 하면서 알게 되는 경험적 실전 지식이 핵심이 된다. 하지만 초보의 경우 그런 경험을 해본 적이 당연히 없다.

그렇다고 무역 경력자는 좀 알까? 전혀 아니다. 결국, 무역 창업 성공 여부는 무역 경력자라서 유리하고 무역 초보자라서 불리한 경우는 절대 아니고 비슷한 출발선에 있다고 해도 과언이 아니다.

18. 해외 판로 찾는 노하우를 습득하는 2가지 방법

해외 판로(바이어 찾기)를 여는 것은 무역 경력자에게나 초보자에게 쉽지 않다고 앞서 말했다.

'아이템을 확보하고 수출 대행이라는 수출형 창업을 해서 해외 바이어를 찾는 수출 기회는 영원히 없는 것인가?'

'해외 판로 확보가 그렇게 중요하다면 그 노하우를 알 방법은 없는가?'

여기에 대한 현실적 답변으로는 딱 2가지가 있다.

하나는 무역 회사에 들어가서 다양한 판로 경험을 직간접으로 해보는 것이다. 내가 하고자 하는 아이템과 지역 그리고 비즈니스 모델을 하고 있는 회사에서 배우는 것이 핵심이다. 밖에서는 완벽하게 보여도 막상 해보면 숨겨진 어려움이 많은 것이 무역이다. 간접 경험이라고 생각하고 장점과 단점을 객관화해서 공부하고 습득할 필요가 있다. 만약, 나에게 맞지 않는다고 판단되면 여기서 포기해도 늦지 않다.

다른 하나는 내가 수출하고자 하는 국가와 아이템을 다뤄본 멘토 및 강사를 찾아 자문을 구하는 것이다. 그렇다고 대기업 출신을 찾으라는 것이 아니다. 대학 교수를 알아보라는 것도 아니다. 나보다 먼저 경험한 선배를 찾으라는 것이다. 아주 간단하고 누구나 예상 가능한 답처럼 느껴지지만 찾으려고 하면 정말 찾기 어렵다. 그래도 찾아서 간접 경험과 노하우를 습득해야 한다. 왜냐하면, '바이어 찾기'라는 수출의 핵심은 아이템마다 해외 지역마다 유통 방식마다 접근법이 다르기 때문이다.

19. 독점권을 가진 무역 창업자가 글로벌 오픈 마켓을?

앞서 언급했듯, 오픈 마켓의 시스템을 이해한다면 독점권을 가진 무역 창업자는 제조사와 같은 입장이기 때문에 해외 판로로 오픈 마켓을 시도해선 아무런 효과를 보지 못한다. 오픈 마켓의 특성상 내 제품이 아닌 단순 소싱 또는 영업권에 의존하는 업체들과 경쟁해서는 시스템적으로 이길 승산이 없기 때문이다.

오픈 마켓의 대표적 특성 3가지를 정확히 이해할 필요가 있다.

① 빠른 가격 변동과 유행에 따른 제품 대응, 재고와 생산 그리고 MOQ 관리의 어려움

② 카피(Copy) 노출 위험

③ 가격 관리의 어려움

여기에 목돈 투입해서 푼돈 버는 자금 흐름도 빼놓을 수 없다. 이런 이유로 영업권이 아닌 한 회사의 독점권 제품이 있다면 B2C가 아닌 B2B로 접근해야 한다. B2B(바이어 찾기)의 핵심은 수출 상담회와 전시회다. 참여하는 바이어가 대부분 제조사 또는 독점권을 가진 업체를 원하기 때문에 제조사 또는 독점권을 가진 무역 창업자가 바이어를 찾는 데 안성맞춤이다. 반대로, 단순 영업권을 가진 업체들은 이런 방식으로 바이어를 찾아서는 안 되고 찾을 수도 없다. 독점권 여부에 따라 완전히 다른 두 갈래의 영업 방식이 존재한다.

다시 정리하면, 무역 창업을 위한 아이템을 찾을 때, 단순히 좋은 아이템, 가격 경쟁력이 높은 아이템, 희귀한 아이템, 다루기 좋은 아이템만 생각해서는 좋은 성과를 낼 수 없다. 내가 독점권을 가지고 있는지, 단순 영업권을 가지고 있는지 여부가 해외 판로의 척도가 되는 만큼 가장 먼저 고민해야 할 부분이다.

20. 수출을 준비한다면? 필수 검토 사항 4가지

'아이템을 찾는 것은 어렵다. 그러나 바이어를 찾는 것은 훨씬 더 어렵다.' 여기서 바이어를 못 찾는 요인을 잘못된 수출 가격 또는 스펙이라고 이구동성으로 말한다.

과연 그럴까? 실제로 오더를 따기 위한 협상 및 계약 과정을 보면 가격 말고도 고민해야 할 것들이 참 많다. 이런 수출을 위한 준비 사항에서 아무도 안 알려주고 못 알려주는 해본 사람만이 아는 핵심 사항인 '수출 전 세팅, T/T 조건, 가격과 스펙 변경, 독점권과 영업권'에 대해서 알아보자.

1) 수출 전 세팅

계속 강조하듯 수출에서는 홈페이지 업데이트, 제품 상세 페이지, 회사의 객관적 신뢰 자료 준비는 필수다. 한번 예쁘게 만들어서 계속 써먹는 것이 아닌 지속적인 업데이트와 수정을 통해서 항상 '최신 버전'으로 관리해야 한다. 그러나 대부분 해외에서 문의가 오면 기존에 만들었던 제품 상세 페이지와 가격표만 보내고 할 일을 다 했다고 생각한다. 그리고 공통으로 이렇게 푸념한다. '오더가 왜 안 되지?'

수출에서 가장 중요한 요소는 무엇보다도 돈이다. 즉, 수출 대금이다. 여기서 알아야 할 것은 '바이어는 제품만 보고 돈을 절대 보내지 않는다.'라는 것이다.

'선급금을 보내도 괜찮은가?'

'제품이 문제없이 출고될 수 있는가?'

'파트너로 믿을 수 있는 회사인가?'

이런 의심에 대한 확신과 믿음 없이는 절대로 바이어는 계약을 하려

하지 않는다. 즉, 수출자는 이것에 대한 확실한 답을 줘야 한다. 여기서 회사 소개, 동영상, 홈페이지와 각종 인증서는 이 답에 대한 기본이자 중심이 된다.

2) T/T 조건

무역 대금 T/T에서 문제가 발생할 수 있다는 것은 누구나 잘 알고 있다. 특히 '잔금'에서 분쟁이 일어날 소지가 많은데 그 이유는 '선수금'은 안 받으면 생산을 시작하지 않으면 되기 때문에 리스크(Risk, 위험 요소) 관리는 어느 정도 되기 때문이다. 그러나 선적 후에 받는 '잔금'이라면 완전 다른 이야기가 된다. '잔금' 관리는 쉽지 않기 때문에 수출자라면 누구나 100% 출고 전 선급금을 원한다. 일반적인 선급금과 잔금의 경계선은 On board(선적일)다. 그전에 100%를 받고 싶어 하지만 바이어는 당연히 싫어한다. 바이어 입장에서는 '내가 뭘 믿고 돈을 먼저 줘야 하지?'라는 생각이 들 수밖에 없다.

'L/C(신용장)로 진행하면 되지 않을까?'

T/T를 포기하는 것이 쉽지 않은 이유는 수출 대행 창업자 입장에서는 해외에서 들어오는 T/T 선급금은 상당히 매력적일 수밖에 없다. 그러므로 일반적인 계약 형태인 '30:70'에서 선수금 30%가 아닌 50%, 70%, 100%까지 비중을 더 높게 빨리 받을 수 있는 대비책을 준비할 필요가 있다.

3) 가격과 스펙 변경

온라인상에서 해외에서 이메일로 문의가 오거나, 오프라인상에서 전시회 또는 바이어 상담회에서 바이어를 만났을 때, 대부분의 수출자(수출 대행)는 바이어의 요구를 여과 없이 다 들어주는 경향이 있다. 신규 오더 욕심에 처음에는 가격과 스펙 변경을 원하는 만큼 다 맞춰주겠다고 하기도 한다.

상당히 위험한 발상이다. 이런 무리한 진행으로 인해서 오더가 깨지는 경우를 비롯해서 그 끝이 안 좋기 때문이다. 여러 무리수를 두고 겨우 계약이 체결되었다고 해도 생산 시점에서 불가능하다고 하는 경우도 있고, 납기가 지연되는 경우도 있으며, 스펙을 못 맞추는 경우도 꽤 있다. 그 한순간에 바이어에게서 모든 신뢰를 잃고 오더가 종료된다는 것을 잊어서는 안 된다.

수출자는 변명과 핑계로 이렇게도 말한다. "처음에는 배려 차원에서 해준 것인데, 실제는 이 가격이고, 이 스펙은 이 수량으로는 진행이 불가능합니다." 이럴 경우 그 순간 욕먹고 오더(계약)는 깨진다.

무역 계약의 기본이자 바탕은 실현 가능한 계약이어야 한다는 것이다. 만약, 가격과 스펙 변경이 필요할 때는 유효 기간을 명시하거나 납득할 만한 자료를 가지고 사전에 통지하고 협조를 구하는 게 바람직하다. 만약, 오퍼 가격에 확신이 없거나 추후 변동성이 있다고 판단된다면 제안서 작성 시 '유효 기간'을 설정하는 것도 하나의 방법이 된다.

4) 독점권과 영업권

수출에 있어서 항상 분쟁의 여지가 있는 것이 이 '독점권과 영업권'이다. 여기서 바이어와 수출자(수출 대행) 입장은 분명히 다르다.

먼저 바이어의 입장에서 보면, 새로운 제품을 소싱하고 그 해외 지역에서 런칭할 때는 사전 마케팅과 영업을 동반해야 한다. 자리를 잡기 위해서는 당연히 초창기에는 비용과 노력이 많이 들어가는 것에 비해 결과물은 너무 빈약하기 때문에 손익 분기점을 빠르게 돌파하기 위해 지속적인 오더를 통해 매출을 극대화하려 한다. 여기서 고민과 걱정이 생긴다.

'남 좋은 일만 시켜주는 것은 아닌가?'

'수출자가 다른 해외 파트너사를 찾으려 한다면?'

여기에 대비를 안 할 수 없는 바이어는 영업권이 아닌 독점권을 확실히 갖고 싶어 한다. 수출자가 해외 다른 업체에서 더 좋은 조건의 거래 제안을 받는 경우, 독점권이 없다면 갑자기 수출을 중단하고 바이어를 교체하는 경우도 빈번하기 때문이다(이런 상황은 중간자 위치에서 창업하는 수출 대행의 입장도 똑같다고 볼 수 있다. 즉, 독점권이 없다면 바이어는 수출 대행이 자기를, 그 수출 대행은 공장이 자기를 버릴 수 있다고 생각한다.).

반면, 수출자(수출 대행) 입장에서 보면 독점권으로 인해 그 기간에 빅 바이어를 못 만나게 될 수도 있다는 불안감에 휩싸인다. 이렇듯 독점권은 양날의 칼이기 때문에 다각적인 방향에서 '경우의 수'를 신중하게 검토할 필요가 있다.

21. '바이어 찾기'는 '돈'보다는 '시간'이다?

무역 창업은 돈을 벌기 위한 것이다. 그 돈은 바이어가 주기 때문에 무역 창업 성공 여부는 '바이어 찾기'가 된다. 경력 여부를 떠나 무역 창업 후 바이어 찾는 시작점은 인맥이다. 일단 해외 판로는 여기서부터 시작된다. 인맥을 통한 수출이 어렵다면 그다음 단계가 새로운 바이어 찾기다. 그러나 기존에 알고 있던 인맥이 아닌 새로운 바이어를 찾는 것은 의외로 정말 어렵다.

그 이유로 우리가 자주 하는 말이 있다.

"그 제품과 가격이 해외에 적합하지 않다."

과연 그럴까? 전부 틀렸다고 볼 수도 없지만 100% 맞다고 볼 수도 없다. 그 근본적이고 현실적인 이유는 '시간'이기 때문이다. 아이템 소싱하는 것보다 바이어를 찾는 데 시간이 훨씬 더 필요하다. 창업 후 매출과 이익이 발생하는 시점까지 처음에 예상하지 못한 오랜 시간이 필요할 수도 있다.

'그사이 회사가 버틸 능력이 없다면?' 무역 창업이 타 업종&업태보다 초기 창업 비용이 적게 들어가는 것은 사실이지만 '시간' 앞에 장사 없는 것도 사실이다. 그래도 소싱은 국내 제조사(공장)를 상대하기 때문에 언어적인 문제도 협상 부분도 어느 정도 빠른 시일 내에 해결할 수 있다. 그러나 해외 바이어 찾는 것은 돈보다는 시간이 필요하다.

바이어(해외 판로)를 찾는 방법은 수동적 방법과 적극적 방법으로 나누어 볼 수 있다.

1) 수동적 방법

① 국내 B2B 사이트에 제품 올려놓고 인쿼리(문의) 기다리기

② 홈페이지(쇼핑몰) 또는 해외 글로벌 오픈 마켓이라고 하는 B2C로 판매하는 과정에서 가끔 들어오는 B2B 인쿼리에 대응하기

2) 적극적 방법

① 전시회, 수출 상담회 등 각종 상담회에서 바이어 찾기

② 여러 기관을 통해 양질의 바이어 리스트 확보하여 메일링 하기

③ 자체 유튜브 계정을 통한 제품 홍보

④ 해외 온라인 판매 셀러에게 컨택

이처럼, 수동적이든 적극적이든, 바이어를 찾고 오더(계약)하는 과정

까지는 시간이 필요하다. 본 협상에 올라가기도 전에 지치는 것은 어떻게 보면 당연하다. 시간이 흐를수록 제품은 노후화되고 배는 고픈데 후발 주자들의 카피(Copy) 또한 뒤따를 수 있다. 게다가 나의 비즈니스 유지 비용도 부담스럽다. 이런 현상이 악순환되는 것도 문제지만 바이어와 본 계약을 위한 비즈니스 협상이 진행되더라도 바이어와 밀당하고 조율하는 과정 역시 절대 녹록지 않다. 조급하면 오히려 당하니 서두를 수도 없고 애만 태운다. 때로는 몇 달부터 길게는 몇 년까지 걸리기도 하고, 오랜 시간 조율했지만 깨지는 경우도 비일비재하다. 그 긴 시간을 까먹는 협상의 중심에는 무역 대금이라고 하는 T/T가 있다. 수출자는 돈부터 달라고 하고 바이어는 물건부터 받길 원하니 믿음이 쌓이는 시간도 필요하다. 결국, 모든 건 '시간'이다.

'그때까지 버틸 자신이 있는가?'

22. 오더(계약)를 부르는 비즈니스 이메일 협상 Tip

마케팅과 홍보(광고)를 통해 해외에서 문의(Inquiry)가 오면 그때부터 이메일 협상은 시작된다. 어떻게 쓰는가에 따라 결과가 달라질 정도로 무역에서 이메일은 중요한 역할은 한다. 그 중요성을 너무 느낀 나머지 해외에서 이메일이 오면 지레 겁먹는 경우도 많고, 가장 보편적인 절차라고 생각하고 이메일 대응과 협상을 너무 쉽게 생각하는 경우도 있다. 또한, 막상 이메일을 쓸 때는 이메일 문장과 단어 선택에 많은 시간을 할애한 나머지 그 핵심을 놓치는 경우도 허다하다.

누구나 할 수 있으나 결과는 다르게 나온다는 비즈니스 이메일! 비즈니스 이메일 상담의 주요 핵심 팁(Tip)을 알아보자.

1) 급하게 답변할 필요는 없다

해외에서 인쿼리(Inquiry)가 오면, 급한 마음에 서둘러서 대응하는 경우가 의외로 많다. '빠르게' 대응하는 것과 '급하게' 대응하는 것은 완전히 다르다. 그 결과 또한 달라진다. 이메일의 진위도 확인하지 않고, 그 회사와 시장에 대한 고민을 1분도 하지 않은 채 준비된 답변 메일을 복사해서 붙이고 첨부하는 경우가 대표적이다. 그러나, 모든 오더의 시작이 인쿼리인 만큼 신중할 필요가 있다. 24시간 이내에 답변해도 충분하다. 그 정도는 누구나 기다린다. 급한 답변보다는 빠른 답변이 필요하지만 가장 중요한 것은 오더를 위한 맞춤형 답변이라는 점을 잊어서는 안 된다.

2) Price, MOQ, Payment

해외에서 오는 문의 메일의 핵심이고 협상과 설득이 필요한 민감한 부분이다. 여기서 만족할 만한 성과를 내고 싶다면, 주관적인 의견이 아닌 회사 신용도, 거래처 현황, 신제품 라인업, 소비자 반응, 매출 현황, 특허, 인증서 등과 같은 객관적 자료를 가지고 설득해야 한다. Price, MOQ, Payment는 계약을 트기 위한 누구나 물어보는 핵심 사항이기 때문에 항상 준비해 두고 최신 내용으로 업데이트되어 있어야 한다.

3) 제품에 대한 정보 노출 조심

바이어라고 말하지만 실제로는 제조사(공장)인 경우가 의외로 많다. 물론, 제조사라고 수입을 하지 말라는 법은 없다. 해외 제조사 또한 제조를 통한 수출(유통)도 하지만 본인들이 못하는 영역의 제품을 수입해서 판매하는 경우도 많기 때문이다. 그렇다 치더라도 수출자 입장에서는 해외 이메일과 바이어의 진위 여부를 확인할 필요는 있다. 만약 제품 기술에 대해 필요 이상으로 물어보는 경우라면 당연히 의심해야 하고, 특히 디자인 부분은 쉽게 따라 할 수 있는 만큼 정보 노출을 각별히 조심해야 한다.

4) 간단명료하게 그리고 정확 신중하게

비즈니스 메일을 보낼 때는 조금 늦게 보내도 되지만 절대로 한 번 보낸 내용을 번복해서는 안 된다. 그만큼 보낼 때는 신중해야 한다. 메일을 보내기 전, 여러 번 오타와 내용을 검토할 필요는 있지만 형식과 양식에 얽매일 필요는 없다. 형식과 양식은 무역 실무에서는 필요할지 모르지만 실전에서는 그렇게 큰 영향을 미치지는 않기 때문이다.

5) 공통 질문에 대한 답변 업데이트

해외에서 인쿼리가 오면 준비된 답변을 한 번 보내고 끝내고 잊어버리는 경우가 많다. 여기서 알아야 할 점은 해외 바이어들은 공통된 질문만 한다는 것이다. 이 질문들을 모아서 충분히 검토 후 적절한 답변을 사전에 준비한다면 다음번 메일 대응에 한층 쉬워진다.

23. 해외에서 문의(Inquiry)가 왔을 때, 진짜인지 가짜인지 어떻게 알지?

해외 판매를 의도적으로 고려하지 않더라도 제품을 출시하고 마케팅을 하다 보면 해외에서 메일을 자주 받게 된다. 내용으로만 보면 어떤 메일은 짧게 필요한 몇 마디로 구성되어 있는 것에 반해 어떤 것은 장황하고 길게 써 있어서 보는 이를 상당히 헷갈리게 한다.

'이번 메일은 진짜 문의(Inquiry) 메일일까?' 무역 경험 여부를 떠나서 어떤 메일이 진짜이고 가짜인지 가려내는 것은 상당히 어렵다. 그러나 안타깝게도 어디에서도 그런 고민을 해결해 줄 정보는 없다. 수학 공식처럼 정답이 없기 때문이기도 하지만 나만의 노하우를 알려주고 싶은 이는 전무하기 때문이다. 그러므로 현실적으로 가장 확실한 방법은 다른 무역 고수들이 어떤 식으로 문의(Inquiry)의 진위를 검증하고 확인하는지 알고 나에게 적용해보는 것뿐이다.

1) 홈페이지 확인

해외에서 이메일 문의가 오면 가장 먼저 홈페이지에 들어가 샅샅이 검토하는 것이 중요하다. 홈페이지를 통해 최근 업데이트 사항과 회사의 역량을 확인한 후 우리 제품을 구매할 여건이 되는지를 체크해야 한다. 만약 홈페이지가 없거나 그것을 대체할 사이트가 없다면 사실상 보류하는 것이 낫다. 여기서 알아야 할 것은 꼭 수출자가 되어 바이어에 대해 확인할 때만 홈페이지를 확인하는 것이 아니다. 반대로, 수입자가 되어 수출자에 관해 확인할 때도 '홈페이지 확인'은 필수가 된다. 실전 무역에서 보면, 해외에서 그 회사를 알아낼 방법은 많지가 않다. 국내도 아니고 해외에 있기 때문에 더욱 어렵다. '신용도 조사'는 한계성이 있기 때문에 쉽고 현실적인 대표적인 방법은 온라인에서는 '홈페이지 확인', 오프라인에서는 '전시회 규모' 정도다. 이런 이유로 수출을 하든 수입을 하든 무역을 하고 싶으면 홈페이지와 전시회는 필수이고, 항상 최신 업데이트로 유지 관리가 되어 있어야 한다.

2) 질문 많이 하기

해외에서 문의 메일을 받게 되면, 진위 여부 확인도 없이 미리 준비해 둔 FOB 가격, 제품 상세 페이지 그리고 회사 소개서를 바로 보내주는 경우가 많다. 상당히 위험한 대응이다. 가짜 바이어가 카피(Copy)를 포함한 악의의 목적으로 보낸 메일일 수도 있기 때문에 최소한 다음의 몇 가지 질문 및 요청을 할 필요가 있다.

① 우리 회사와 제품에 대해 알게 된 경위

② 회사(바이어) 소개서 요청

③ 현지 판매 계획과 마케팅 계획

④ 현지 유통 인프라 등

이 밖에 제품의 기술적인 내용을 전문용어로 되물음으로써 이쪽 분야를 잘 알고 있는지 검증할 필요도 있다.

3) 회사 평판 검증

SNS, 유튜브, 블로그 등을 통해 회사에 대한 소문이나 평판을 확인해야 한다. 요새는 구글 검색만으로도 충분한 정보를 얻을 수 있는 만큼 외국 사이트 검색에 부담을 느껴서도 안 되고 게으름을 피워서도 안 된다. 정보는 시간을 투자한 만큼 비례하기 때문이다.

4) 바이어의 허세 및 무료 샘플

"매달 몇 컨테이너 오더를 할 겁니다."

"이쪽 분야에 오랜 경험과 인프라를 가지고 있습니다."

수출자가 검증하기 어려운 능력을 자랑하고 부풀린 다음 무료 샘플과 무료 배송, 독점권을 요구하는 경우가 있다. 수출을 한다고 바이어를 만나다 보면 이런 사례를 자주 접한다. 막상 사실 확인하면 대부분

거짓말로 판명된다. 진짜 바이어는 쓸데없는 허세는 자제하는 편이고, 웬만하면 샘플과 배송비를 100% 선지불하거나, 샘플이 무료면 배송을 유료, 샘플이 유료면 배송을 무료로 진행한다. 우리가 흔히 생각하는 '깔끔함'을 강조한다. 즉, '줄 것은 주고 확인할 것은 확인하고 받을 것은 받는다.' 개념이 보편적이다. 최근에는 샘플과 배송을 모두 유료로 진행해 차후 오더에서 차감하는 형태도 있는 만큼, 100% 무료 진행을 요청하는 메일(Inquiry)을 받는다면 그냥 무시해도 좋다. 독점권 또한 처음부터 요구하는 진짜 바이어도 있지만 대부분 판매 상황을 보면서 요구하는 경우가 많기 때문에 독점권을 처음부터 요구한다면 경계할 필요가 있다.

5) 회사 도메인, 회사 주소, 국가 전화번호의 일치 여부

이메일 주소와 홈페이지가 회사 도메인을 쓰지 않는다면 의심할 필요가 있다. 가짜이거나 영세한 경우가 허다하다. 과연 바이어로서 수입할 능력이 되는지 의심스럽다.

미국 회사로 미국에서 메일을 보낸다고 하지만 회사 주소는 중국이거나 전화번호가 인도인 경우도 있는 만큼 꼼꼼하게 체크할 필요가 있다.

24. 해외로 오퍼(Offer) 메일을 보낼 때, 좋은 결과를 부르는 6가지 원칙

해외 영업, 해외 마케팅, 광고와 홍보를 할 때 가장 먼저 시도하는 것이 이메일 오퍼(Offer)다.

해외로 이메일을 쓸 때 6가지 핵심 원칙은 다음과 같다.

① 스팸 메일 가능성 차단

우리가 흔히 쓰는 메일이 바이어에게는 스팸 메일로 처리될 수 있다. 이 부분을 피할 수 있도록 고려해서 보내자.

② 첨부 파일 피하기

모르는 외부메일이 왔는데 첨부 파일을 열어보라고 한다면 대부분의 바이어는 바이러스 걱정을 한다. 그만큼 열어볼 확률이 낮아진다. 링크 또는 QR코드를 활용하는 것도 좋은 방법이다.

③ 다운로드 용량 고려

만약 첨부 파일을 꼭 보낼 필요가 있다면 현지 인터넷 상황을 고려해 최대한 가볍게 보내는 것을 권장한다.

④ 불특정 다수의 수신자

메일을 열어봤는데 불특정 다수에게 보낸 느낌이다든가 내용 자체가 그 수신자(업체)를 생각해서 보내진 느낌이 아니라면 그 메일은 바로 휴지통으로 향하게 된다.

⑤ 짧고 굵은 내용 정리 한 방

많은 내용을 구구절절 적기보다는 임팩트 있는 한 방을 쓰되 더 자세한 정보는 홈페이지 방문을 통해 알 수 있음을 유도해 홈페이지의 다양한 콘텐츠를 볼 수 있도록 유도한다.

⑥ 해당 회사에 관한 언급

이메일에 그 회사의 최근 동향에 대한 적절한 이야기를 넣어 보내면 바이어는 당연히 호감을 갖게 된다. 이목을 끌 수 있는 제목과 흥미 있는 콘텐츠를 고안할 필요가 있다.

25. 가장 보편적인 수출 가격 내는 방법

가장 많이 쓰는 인코텀즈는 무엇일까?

본문에서 여러 번 언급한 것처럼 당연히 'FOB'다. FOB는 수출자 입장이나 수입자 입장이나 서로 아쉬울 것이 없는 인코텀즈다. 가격 면에서나 업무적인 면에서나 효율이 높기 때문에 전 세계적으로 가장 보편적으로 쓰인다. 그렇기 때문에 만약 급하게 수출 가격을 내야 한다면 'FOB' 원리만 제대로 알아도 충분하다. (다른 인코텀즈는 시간 내서 천천히 공부해도 늦지 않다는 뜻)

무역은 수출자와 수입자 그리고 그 사이의 물류로 구성되어 있다. 포워더는 수출자 창고부터 수입자 창고까지 모든 물류 서비스를 직간접적으로 대행을 해주기 때문에 수출 가격을 내기 위해서는 필수적으로 물어봐야 한다.

각자의 방식이 있지만 기본 순서는 다음과 같다.

① 여러 포워더에게 전화해서 견적 문의한다.

② 포워더에게 아이템 내용물, 박스 사이즈, 수량 그리고 무게를 알려준다.

③ 내륙 운송과 통관(관세사)을 포워더에게 맡길 것인지 따로 할 것인지 결정한다.

④ 가격을 받으면 원가에 반영한다.

⑤ 마진을 붙이고 오퍼한다.

무역 창업에 있어서, 수출입에서 있어서, 무역 초보자들에게 포워더의 역할은 상당히 크다. 잘만 활용하면 웬만한 무역 컨설턴트 부럽지 않을 정도인 만큼 초기 세팅에 신중할 필요가 있다.

26. 포워더 선택하기 전, 3군데 이상 견적을 받아라?

"포워더 선택 전, 3군데 이상 견적 받아 보세요."

무역을 하다 보면 이런 이야기 많이 듣는다. 샘플을 받거나 보낼 때, 수출 가격(ex. FOB, CIF)을 산정할 때, 가장 먼저 확인해야 할 것이 포워더 견적이다. 포워더가 견적을 어떻게 내는가에 따라 그 제품의 가격 경쟁력이 결정되는 만큼 상당히 신경이 쓰이는 부분이다.

'업체마다 가격은 왜 다를까?'

포워더의 내부적인 상황은 차치하더라도 영업적인 면에서만 보면 몇 가지 대표적 이유를 추측할 수 있다.

① 그 포워더의 주특기

② 그 포워더의 거래량

③ 그 포워더의 직간접 업무

④ 그 포워더의 업력

본문에서 여러 번 언급한 것처럼, 포워더는 또 하나의 무역 컨설턴트다. 무역 실무 외에도 무역을 하다 보면 궁금하고 헷갈리는 부분에 대해 조언을 해주기도 하는 훌륭한 파트너다. 그렇기 때문에 전문성을 가지고 있어야 한다. 전문성은 '주특기'다. 그만큼 그 해외 지역과 거래를 많이 하고 간접이 아닌 직접 오랫동안 거래한 업체여야 한다. 이런 조건을 충족한 업체가 대부분 가격 경쟁력이 높기 때문에 포워더 세팅 시 유심히 살펴볼 필요가 있다.

27. 수출 제안서에 이것만큼 강력한 영업 콘텐츠도 없다?

수출을 하기 위한 기본 자료가 바로 '수출 제안서', 일명 '오퍼(Offer) 메일'이다.

이것은 제품과 회사를 처음으로 해외 바이어에게 선보이는 기본 자료다. 중요한 만큼 첫인상을 좋게 하기 위해 대부분의 기업들은 회사 및 제품 관련 사진과 설명에 많은 지면을 할애한다. 여기서 우린 궁금해진다. 과연 이것이 정답일까?

해외 영업과 마케팅은 아이템에 따라 지역에 따라 회사 상황에 따라 다르게 접근해야 한다. 그 중심에는 '돈'이 있다. 돈이 많은 회사는 투자 중심으로 하는 반면 돈이 없는 회사는 열정으로 승부한다. 돈이 있으면 훨씬 영업하기 쉽다는 것이 중론이다. 그러나 여기 돈과 상관없이 효과를 극대화하는 콘텐츠가 있다.

'현재 거래처 상황', 다시 말하면, '현재 누구와 거래하고 있고 그 회사는 어떤 회사인가?'이다.

만약, 내가 가지고 있는 아이템이 의료 장비라면 대한민국의 대표 병원이라고 하는 서울대병원, 아산병원, 삼성병원 등의 납품 실적은 다른 어떤 콘텐츠보다도 제품과 회사에 대한 신뢰성을 향상시킬 수 있고 극대화할 수 있다.

해외 영업의 기본은 협상이다. 협상의 바탕은 신뢰다. 신뢰는 제품에 대한 신뢰와 회사에 대한 신뢰로 크게 나눌 수 있다.

제품에 대한 신뢰는 납기, 품질, 수량을 약속한 대로 확실하게 하겠다는 믿음이다. 회사에 대한 신뢰는 지속적인 제품 업그레이드와 계약 조건을 성실히 이행하는 모습이다.

이 모든 것을 한 방에 끝낼 수 있는 것이 '현재 거래처 상황'이다. 내가 가지고 있는 아이템의 최고 기업과 협업하고 있다는 것만으로도 또 다른 바이어를 찾는 데 큰 도움을 준다. 그만큼 검증되었기 때문이다.

28. 수출 상담회 또는 전시회에서 제품 가격과 스펙만 보여주면 안 되는 이유

'바이어 찾기, 해외 판로', 수출을 한다고 하면 특히 많이 들어 본 말들이다. 무역에서 수입보다는 수출이 훨씬 어렵다. 그 수출의 핵심은 이미 언급한 대로 해외 판로라고 하는 '바이어 찾기'다. 수출은 꼭 제조사만 하는 것이 아니다. 수출 대행 창업을 하면 똑같이 바이어를 찾아야 한다. 그 '바이어 찾기'라는 목적을 달성하고자 하는 필수 활동은 오프라인 상담 즉, 수출 상담회와 전시회다.

정부 또는 지자체에서는 바이어 발굴을 위해 각종 마케팅 지원 사업을 매년 한다. 그중에서도 '수출 상담회와 전시회'를 가장 적극적으로 지원하는 편이다. 오랫동안 이 두 사업이 지속적으로 그리고 변함없이 진행되는 이유는 수출을 위한 최종 목표인 '바이어 찾기'에는 이것들만큼 절대적이고 효과적인 것도 없기 때문이다. 그렇지만 의외로 이런 사업들을 통해 오더를 체결했다는 이야기는 쉽사리 들리진 않는다.

'말만 무성하고 하루 종일 피곤만 했다.'

'고객들이 없다.'

'시간만 낭비인 것 같다.'

우리가 흔히 보는 전시회와 수출 상담회 풍경을 살펴보자. 수출자는 끊임없이 회사 자랑과 제품 자랑에 초점을 맞추고 고객을 끌어모으려 한다.

'우리 제품은 좋은 제품! 우리 회사는 좋은 회사!' 제품도 시연하고 회사 영상도 보여주면서 최선을 다해 홍보한다.

그런데 그것 아는가? 바이어들은 굳이 그 전시회 상담 부스에서 또는 수출 상담회에서, 그 한정된 짧은 시간만이 허용되는 복잡한 분위기에서 그런 부분만을 듣고 싶어 하진 않는다. 그 자리가 아니더라도 회사로 돌아가서 그 제품과 회사를 검증할 때 여러 경로를 통해서 충분히 알 수 있는 부분이기 때문이다. 즉, 그 자리에서만 할 수 있는 홍보 방법과 활동을 찾아야 한다.

바이어들도 참가 목적이 있는 만큼 짧은 시간에 꼭 그 자리에서 할 수 있는 것을 하고 싶어 한다. 여기에 대한 정답으로 시연이나 테스트와 같이 직접 만나서 제품 이해도를 높이는 것과 회사의 객관적 검증 자료와 설명을 통한 Q&A를 들 수 있다. 그 자리 아니고는 얻기 어려운 정보들이다. 오프라인 상담에서 그런 활동이 절대적인 효과를 발휘하는 이유는 그 자리 아니고는 바이어들이 정확하게 그 제품과 회사를 이해하기 어렵기 때문이다. 전시회의 장점이 바로 이것이다. 다시 말하면, 그런 부분을 찾아 답을 줘야 한다. 바이어가 떠나기 전에 말이다.

29. 계약하고 싶다면, 바이어의 5가지 의심을 해소하라?

바이어는 제품을 찾고 수입하는 과정에서 5가지 큰 고민(의심)을 갖는다. 이 부분이 명확하게 해결되지 않으면 절대 오더하지 않는 경향이 있다. 수출자가 생각하는 오더의 조건이라고 생각하는 제품이 좋고 나쁨을 의미하는 것이 아니고 회사의 규모 여부를 따지는 것도 아니다.

바이어가 수출자에게 확답을 받고 싶어 하는 5가지 대표적 의심은 다음과 같다.

① T/T 선수금 줬는데 출고 안 한다면?
② 비즈니스 스타일에 신뢰가 없다면?
③ 현지에 이미 마케팅과 영업을 했는데, 수출자가 배신하고 다른 업체를 찔러본다면?
④ 후속 제품이 안 나오고 갑자기 단종된다면?
⑤ 불량, 수량, 납기 클레임처럼 제품 관리가 안 된다면?

물론, 따지자면 셀 수 없이 많다. 그러나 요약하면, 제품에 대한 신뢰와 회사에 대한 신뢰로 정리할 수 있다. 그렇다면, 답은 나와 있다. 수출자는 바이어를 만나기 전, 위에 언급한 회사와 제품에 대한 신뢰적인 부분을 바이어에게 어필하고 강조해야 한다.

'어떤 전시회가 효과가 좋다더라.'
'어떤 수출 상담회가 성사률이 높다더라.'
'온라인 상담이 가성비 좋다더라.'
'바이어 리스트만 구하면 된다더라.'

여기서 알아야 할 것은 전시회 성격, 수출 상담회 특성, 온라인 상담 그리고 바이어 리스트 자체가 문제가 있어서 오더(계약)를 못 따는 게 아니라는 것이다. 위에 언급한 바이어의 의심과 고민에 대한 답을 못 주었기 때문이다.

수출 계약을 하고 싶다면? 답은 나와 있다. 5가지 대표적 의심부터 하나씩 해결해 보자. 만약 충분한 답변을 준비한다면, 오더(계약)에 좀 더 가까워질 것이다.

30. 바이어 찾기! 능동적(전시회) vs 수동적(수출 상담회)

대표적인 해외 바이어 찾기 방식은 '수출 상담회'와 '전시회'다. 여기서 딱 하나만 해야 한다고 하면 주저 없이 '전시회'라고 말할 수 있다.

'능동적인 방식 vs 수동적인 방식'

수출자가 직접 바이어를 찾기 위해서는 능동적인 영업과 마케팅을 동반해야 한다. 그 중심에는 전시회가 있다. 전시회 기획부터 시작해서 현지 운영을 통한 결과를 낼 때까지 수출자의 적극적인 전략(전시 마케팅)이 필요하다.

'누가, 언제, 어디서, 무엇을, 어떻게, 왜', 다시 말하면, 육하원칙을 바탕으로 수출자의 상황에 맞는 해외 바이어를 찾는 적극적인 방식이 전시회다.

이것에 반해 수출 상담회는 수동적이라고 말할 수 있다. 수출자가 주최 측에 제품과 회사에 대한 소개 자료 그리고 각종 인증서를 첨부해서 제출하면 주최 측 담당자가 매칭을 시켜주는 시스템이다. 여기서 중요한 포인트는 주최 측 담당자의 매칭 능력 및 경험 여부다. 바이어가 소싱하려는 제품과 수출자가 제안한 제품에 대한 이해도가 전적으로 있어야 한다. 물론 실전 무역에 대한 기본 지식은 필수다.

'과연 그런 필요 충분 조건의 자질이 담당자에게 있을까?' 쉽지 않다. 수출자가 능동적으로 직접 바이어를 찾아 나서는 것이 아닌 누군가의 매칭에 의해 만남이 이루어지는 개념이라면 그만큼 계약 성사율은 떨어진다. 수출 상담회를 선호하는 이유는 국내에서 고생 안 하고 해외 바이어를 쉽게 미팅하고 협상할 수 있다는 장점 한 가지다. 그 이상도 그 이하도 아니다.

무역을 한다면, 수출을 한다면 반드시 알아야 할 것이 있다.

'그렇게 쉽게만 된다면 수출 못 하는 대한민국 기업은 없다.'

31. "바이어 찾아 드립니다." 또는 "바이어 리스트 드립니다." 이런 문구에 아직도 속나요?

무역 창업에 관심 있는 예비 창업자들을 대상으로 컨설팅, 멘토링, 그리고 강의 후 Q&A를 하다 보면 심심치 않게 나오는 질문이 있다.

"바이어 리스트 어디서 구해요?"

앞서 말했듯이, 무역 창업은 수출 대행(수출형) 과 소싱 대행(수입형, 바잉오피스) 창업으로 나누어지지만 현실적으로 가장 많이 이루어지는 것은 수출형 타입 즉 '수출 대행 창업'이다. 수출 대행 창업은 제품을 소싱해서 해외에 파는 프로세스다. 단순하다. 수출 대행은 수출자와 수입자 중간에 위치하고 수출을 원하지만 능력이 부족한 공장을 도와 바이어를 찾는 개념이기 때문에 짧은 시간에 바이어를 쉽게 찾거나 해외 판로를 열 수 있는 지름길을 알고 싶어 한다. 이 부분은 당연히 수출 대행(수출형 창업)의 핵심이기도 하다.

무역의 3요소는 '수출자 +물류+수입자(바이어)'다.

3가지를 모두 갖춰야 수출을 하든 수입을 하든 할 수 있다. 그런데, 수출 대행으로 창업하면 '포워더'는 내가 선정하면 그만이다. 어느 정도 의지와 지식을 가지고 시간을 갖고 여러 업체 견적을 받아 상담해서 결정하면 끝이다. 그렇게 어렵진 않다. 결국. 무역 창업의 성패는 수입자라고 하는 바이어 찾는 것이 관건이 된다.

그런데, 이것이 참 어렵다. 수출의 정점은 '바이어 발굴'이다. 그러나 주변에 무역 전문가, 수출 전문가, 해외 영업(마케팅) 전문가 등등 많은 전문가들이 있지만 정작 '바이어 발굴'에 대해 조언해줄 전문가는 극히 드물다. 드물다 보니 가짜 전문가도 의외로 많다.

예를 들어 보자.

의뢰자: 바이어 발굴하고 싶습니다.

전문가: 바이어 발굴 대신해드리겠습니다. 바이어 리스트 드릴 수 있습니다. 그 수수료는 ○○입니다.

수출을 한다고 하면 이런 대화를 한 번쯤은 봤을 것이다. 그만큼 흔하다. 흔한 만큼 장사가 된다는 뜻이기도 하다. 그러나, 여기서 궁금해진다.

'진짜 바이어 리스트만 있으면 계약이 되는 걸까?'

필자는 저런 상황에서 이렇게 대답한다. '계약을 위한 바이어 리스트 확보할 능력 있으면 내가 당신 제품 사서 마진을 높게 붙여서 내가 팔지 왜 리스트만 제공하나?' 리스트는 리스트일 뿐이다. 계약과는 상관없다. 누구나 리스트는 얻을 수 있다. 그러나 그 리스트가 계약으로 이어질 수 있을지는 미지수다. 아니 불가능에 가깝다. 왜냐하면, 수출 못하는 경우는 리스트가 없어서도 아니고, 해외 바이어 컨택 포인트가 없어서도 아닌 여러 요인이 복합적으로 작용하기 때문이다.

바이어 리스트만 있으면 수출할 것 같다고 생각한다면, 명심하길 바란다. '그렇게 쉬우면 누구나 수출하지 않겠어요?'

32. 국내에서 안 팔려도, 해외에서는 잘 팔린다?

아이템 소싱할 때, 다음과 같은 선입견이 있다.

'국내에서 안 팔리면 해외에서도 안 팔릴 것이다.'

절대 아니다. 완전히 다른 시장이다. 국내 시장과 해외 시장이라고 이분법적으로 생각해서도 안 된다. 국내 시장과 해외 60개국으로 봐야 한다. 그 60개국에서도 각 지역 중소 도시를 또 따져 봐야 한다. 국내 판매가 잘되고 인기가 사그라들어도 그 60개국 일부 도시에서 뒤늦은 흥행을 이어 가는 경우도 있고, 국내는 단종되어도 해외는 지속적으로 판매를 이어가는 경우도 있으며, 오히려 국내보다 해외가 더 잘 되는 경우도 꽤 있다.

대표적인 예로 러시아의 '초코파이와 도시락 라면'을 들 수 있다. 두 제품은 한국에서 인기가 있었다. 그렇다고 초대박은 아니었다. 그러나 러시아에서는 초대박을 쳤고 지속적으로 매출이 이어지고 있다.

'베스트셀러(Best seller)와 스테디셀러(Steady seller)'

'초코파이'는 작고 휴대가 용이한 것에 비해 높은 열량으로 가지고 있어서 빵을 주식으로 하는 추운 지역의 러시아인들에게 매력적으로 다가갔다. '도시락 라면'도 마찬가지다. 대한민국에서는 라면 종류가 참 많다. 여러 회사의 다양한 브랜드로 출시된 라면은 우리도 즐기지만 러시아인들은 주식처럼 먹는 경향이 있다. 그 중심에는 '도시락 라면'이 있다. 휴대성과 입맛으로 인해 우리보다 러시아에서 더 인기다.

대한민국에서 수출은 선택이 아닌 필수다. 그러나 안타깝게도 여건상 제조사가 직수출하는 것은 한계가 있다. 수출 대행 창업의 필요성이 절실하다.

'해외 60개국에서 내 제품을 알아볼 국가 또는 지역이 없겠는가?'

33. 소싱할 업체가 해외 판권을 보유하고 있는지 확인해야 한다고?

소싱의 기본은 온라인 서칭(검색)이다. 온라인에서 판매되는 제품을 우선 소싱의 대상으로 삼고 가격과 조건을 물어본다. 그러나 국내 판매가 아닌 수출인 경우에는 단순히, 제품과 가격 그리고 시장의 판매성으로만 접근해서는 낭패를 보는 경우가 의외로 많다. 왜냐하면, 권한이 없는 경우가 많기 때문이다. 국내 판매는 가능해도 해외 판매 권한이 없다는 것이다.

아이템을 소싱할 때는 제조사에서 직접 소싱하는 방법과 영업권 또는 총판권을 가진 회사와 거래하는 방법이 있다. 오픈 마켓, 온라인 쇼핑몰이나 SNS에서 마음에 드는 제품을 발견했다면 해외 판권 보유 여부를 판매처에 반드시 문의해야 한다. 조금이라도 의심된다면 표기된 제조사에 직접 확인해야 향후 혼선을 막을 수 있다. 제조사에 문의하면 제조사가 직접 응하는 경우도 있고 해외 판권을 가진 업체를 연결시켜 주기도 한다.

소싱 첫 거래는 주로 이메일을 사용한다. 유선상 연락은 가급적 지양하는 게 좋다. 메일을 쓸 때는 단순히 제품명과 FOB 가격만 물어보는 것보다는 나에 대한 소개와 함께 판매할 시장에 대해 먼저 알려주는 것이 대화를 이어가는 데 도움이 된다. 기본 예의이기도 하지만 신뢰의 첫 단추이기 때문이다.

34. 제조사(공장)에서 소싱 전 꼭 물어봐야 하는 11가지

수출 대행 창업의 핵심은 소싱이다.

단순히 제품의 가격과 스펙 그리고 해외 시장성만 검토해서는 안 된다. 다음과 같은 구체적인 질문에 대한 답이 필요하다.

① 해외 진출 상황

브랜드와 제품이 어느 나라에서 판매되고 있는지 묻고, 판매되고 있지 않다면 어떤 이유가 있는지 알아야 한다.

② 현재 수출 진행 상황과 독점 여부

이 시점에서 해외 독점권과 영업권을 누가 가지고 있는지 알아야 향후 있을지 모를 혼선을 방지할 수 있다.

③ 특허 또는 인증서 보유 여부

해외에 첫 제품을 선보일 때 참고 자료로서 큰 역할을 한다. 해외 현지에서 제품에 대한 객관적인 판단은 특허와 인증서다. 제품에 대한 신뢰는 향후 계약 협상을 유리하게 이끈다. 이는, 해외 마케팅과 홍보에도 큰 도움이 된다.

④ 샘플 오더 가능 여부

MOQ 이하로 오더가 진행될 수 있는지, 재고를 가지고 있는지, 납기까지 얼마나 걸리는지 알아야 영업과 마케팅 그리고 자금 집행 스케줄이 수립된다.

⑤ 제품 불량 대응법

제품 불량률을 알아야 RMA(Return Material Authorization) 수량을 정할 수 있고, 향후 있을지 모를 A/S에 대한 조율도 편해진다.

⑥ 컬러 또는 스펙 변경 여부

OEM 정도까지는 아니더라도 해외 시장에 맞게 사양을 일부 변경할 필요도 있다. 컬러와 스펙 조정 변경이 가능한지 알아야 하고, 오더할 때 MOQ가 얼마인지도 알아야 한다. 특히, MOQ가 컬러별인지, 모델별인지, 총 오더 수량인지를 정확하게 해야 향후 생길지 모를 혼선을 막을 수 있다.

⑦ 결제 조건, FOB 가격, 수량별 가격

무역 거래에서 가장 중요한 부분으로, 계약서를 쓰기 전에 꼭 확정해야 한다. 이메일은 또 하나의 증거 자료이기 때문에 유선으로 합의를 봤더라도 꼭 증거를 남기는 습관을 가져야 혼선을 막는다. 결제의 시기와 비율을 정하고 국내 거래일 경우에는 세금 포함인지 불포함인지 그리고 운송비 포함 여부를 확인해야 한다, 가격의 경우 유효 기간이 언제까지인지 알고 있어야 갑작스러운 가격 인상과 오더 취소를 예방할 수 있다.

⑧ 이 제품의 소비자 만족도(온·오프라인)

현재 가격과 제품에 대한 소비자의 만족도를 알아야 해외 시장에도 충분히 반영할 수 있다.

⑨ 마케팅 자료(홈페이지, 카탈로그, 제품 사진, 기타 등) 요청

오더를 진행하기 전에 해외 현지에서 다양한 마케팅과 홍보가 이루어져야 하는데, 공장(제조사)에서 제작한 자료를 중심으로 진행돼야 혼선을 방지할 수 있다. 공장(제조사)의 마케팅 파일을 수정 보완해서 배포하는 경우도 있고 새롭게 만드는 경우도 있으나 핵심 내용은 일치해야 한다.

⑩ 원산지(FTA에서 중요)

중국산, 일본산, 한국산 등에 따라 FTA 혜택을 받을 수 있는지를 검토해야 한다.

⑪ 제품의 장단점

공장(제조사)에서 보는 시각과 시장에서 보는 평가는 차이가 있을 수 있다. 기존 판매 리뷰와 피드백을 통해 미리 숙지해야 향후 현지 영업과 마케팅 시 적절하게 적용하고 대응할 수 있다.

35. 제조사(공장)의 대표적 뒤통수 4가지

수출 대행 에이전트와 무역 회사!

국내 내수에 특화된 회사, 제조 창업자, 자체적 해외 담당 부서를 둘 여력이 안 되는 회사들에게 수출을 위한 '가뭄의 단비' 같은 존재다. 서로의 필요에 의해서 '의기투합'하는 비즈니스 유형으로서, 제조는 제조만, 수출은 전문 인력이라는 업무 분장의 형태를 갖게 된다.

수출 대행(무역 회사 ○, 에이전트 ×)은 중간자 입장에서 제조사에서 100% 완제품을 받아 그대로 수출한다. 언뜻 보기에는 독점권을 비롯한 좋은 거래 조건만 성사되면 창업자는 전혀 걱정 없이 보이고 계약서도 의외로 간단해 '뒤통수 맞는다.'라는 생각을 전혀 하지 않을 수 있다. 그러나 무역은 사람이 하는 일인 만큼 다양한 트러블(어려움)은 존재한다.

1) 갑작스러운 가격 상승

첫 미팅에서 제조사들은 수출 대행 창업자가 제시하는 조건들을 대부분 수용하려 하거나 수용하려고 노력한다. 역량이 되지 않음에도 불구하고 오더(주문) 욕심에 무조건 다 된다고 하거나 아낌없는 지원을 약속하는 경우도 꽤 있다.

'일단 하고 보자.'라는 식이다. 그만큼 간절하기 때문이다.

한두 달 오더가 진행되다 갑자기 가격을 올리는 경우로서 중간에 있는 수출 대행 창업자가 대응할 시간을 전혀 주지 않는다. 의도적인 경우도 있고 아닌 경우도 있다. 결과는 '오더 종결'인 만큼 중간 수출 대행 창업자와 바이어가 그대로 피해를 받는다. 이런 사례는 의외로 많다. 일단 싼 가격으로 접근해서 나중에 가격 올리자는 의도도 많기 때문에 대표적 뒤통수에 해당한다.

2) 해외 현지 시장 통제

첫 미팅 때는 '수출에 대해서 잘 모른다.'라는 전제로 모든 것을 맡긴다던 제조사들이 몇 번 거래하다 보면 '현지 판매가가 너무 낮다.', '국내처럼 가격 관리를 하겠다.', '마케팅과 홍보가 부족하다.' 등 이리저리 훈수를 두는 경우가 있다. 훈수를 넘어 방해로 넘어가게 되면 이로 인해 오더가 조기에 중단되어 중간에 있는 수출 대행 창업자와 이미 현지 마케팅과 영업을 한 바이어가 고스란히 피해를 보게 되는 경우가 있다. 이런 사례는 수출 경험이 전무한 제조사들에서 자주 일어나는 편이다.

3) 막가파식 일방 통보(가격, 스펙, 수량, 결제 조건)

"처음에는 이벤트 성격으로 스펙을 맞춰준 것입니다."

"실제 가격은 이것으로, 이 수량으로는 불가능합니다."

"그때의 결제 조건과 달라졌습니다."

소싱을 하다 보면 이런 말을 의외로 많이 듣는다. 처음에는 아무 말이 없다가 오더가 몇 번 진행될 때 이렇게 불쑥 튀어나온다. 중요한 것은 첫 상담 때와 말이 바뀐다는 것이다. 일부러 그렇게 하는 경우도 있고 수출 쪽을 잘 몰라서 그런 경우도 있지만, 수출 대행 창업자와 바이어 입장에서는 난감해질 수밖에 없다.

4) 시장을 뺏는 경우

수출 대행만이 아닌 모든 무역 창업자에게 가장 아픈 뒤통수다. 나의 고생과 업적을 공짜로 먹으려는 제조사의 다분한 욕심의 결과다.

수출 대행 창업자의 기본 업무 프로세스는 소싱해서 현지 바이어에게 넘기고, 마케팅과 홍보, 영업 과정에서 이 제품이 판매 가능한지를 조사하고 메인 오더를 끌어내는 것이다. 다시 말하면, '샘플 → 현지 반응 → 샘플 오더 → 메인 오더' 순으로 진행되기 때문에 시간과 돈이 이때 많이 투입된다.

그런 왕성한 영업, 마케팅, 홍보 덕에 해외 바이어들에게 이 제품이 소개되면 일부 해외 바이어들이 직접 그 제조사와 컨택해서 직거래하려 하는 경우가 생긴다. 그리고 그런 컨택을 자주 받다 보면 제품에 대한 자신감으로 제조사가 직접 바이어를 찾아 나서기도 한다. 남 좋은 일 시켜주고 빈털터리로 나오게 되는 경우라 할 수 있겠다.

36. 언제, 제조사(공장)는 '직거래' 생각을 하게 될까?

바이어를 찾는 것은 시간과 돈이 많이 투입된다. 제조사와 계약 후 해외 영업과 마케팅 그리고 홍보가 시작되면 전략 기획과 미팅에 수출 대행 창업자는 정신이 없게 된다. 이런 각고의 노력으로 해외 현지 잠재 바이어들은 그 제품을 알게 되고, 이때부터 수출 대행 창업자는 '바이어 찾기'라는 결실을 맺게 된다. 동시에, 이 시점부터 일부 해외 잠재 바이어들이 제조사와 직거래를 시도하기도 한다. 즉, 제조사(공장)

는 많은 문의 메일을 받게 된다.

여기서부터 제조사는 생각이 많아진다.

'이 기회에 다른 좋은 조건의 바이어를 찾을 수 있지는 않을까?'

'내가 직접 거래할 수 있지는 않을까?'

'중간 에이전트를 빼면 가격 경쟁력이 더 높아지지 않을까?'

또한, 해외 현지 판매 가격과 영업 방식에 불만과 더불어 간섭하기도 한다.

'소비자 가격이 너무 낮다.'

'다른 온라인 사이트에서 왜 안 파는가?'

'대량 오더(주문)는 언제쯤 나오는가?'

또한, 다양한 문의 메일에 자신감을 갖고 '직거래'를 생각하기도 한다.

이런 예상되는 부분들을 무역 창업자는 초반에 제조사와 합의하고 정리해야 한다. 문서화로 남기고 제조사에서 확실한 다짐도 받아야 한다. 그렇지 않으면, 기존 오더를 끊고 갈아타려고 온갖 이유를 붙인다. 예를 들면, 원자재 가격의 급상승이라는 이유를 들어 높은 가격을 제시하면서 거래를 끊는 시도처럼 말이다.

여기서 우린 궁금해진다.

'수출이 잘되면 제조사(공장)가 딴마음을 먹지 않을 것이다?' 판매가 잘되면 잘되는 대로, 안 되면 안 되는 대로 공장에서 영업권 또는 독점권을 뺏기도 한다. 공장 입장에서는 판매가 잘되면 당연히 더 좋은 업체가 눈에 들어올 것이고, 안되면 여러 이유를 들어 바꾸려고 시도할 것이기 때문에 영업권과 독점권 기간과 파기에 대해서도 초창기에 명확히 정리해야 한다.

무역은 사람이 하는 것이기에 어렵다. 변수가 많기 때문이다. 서로 간의 입장이 언제 어떻게 변할지 모른다. 그래서 사전에 최대한 고민하고 정리함으로써 향후 있을지 모를 분쟁을 예방하는 것이 최선이고 가급적 계약서를 통한 문서화로 강한 메시지를 줄 필요가 있다.

Chapter 03

절대 무역 창업하지 마!

가볍게 그리고 부담 없이 시작하자

(에이전트 창업)

성공 확률을 높이는 무역 에이전트 창업 노하우

1. 수입(소싱) 대행 에이전트 vs 수출 대행 에이전트

무역(수출, 수입) 에이전트의 장점은 초기 비용이 타 창업에 비해 거의 없다는 것이다. 또한, 남녀노소 누구나 시도해 볼 수 있을 정도로 진입 장벽도 낮고 철저한 개인의 능력에 따라 성과가 달라지기 때문에 외부 환경이 아닌 나만 열심히 하면 되는 구조다. 아주 간단한 원리다.

무역 에이전트는 '수입형과 수출형' 두 개의 형태로 나누어진다. 수입(소싱) 대행 에이전트 창업은 바이어를 먼저 세팅해 놓고 소싱하는 개념이라면, 수출 대행 에이전트 창업은 제조사(공장)를 먼저 세팅해 놓고 바이어를 찾는 개념이다. 수출자와 수입자의 중간에 껴서 수익을 내는 만큼 통칭 '브로커' 또는 '에이전트'라고 부른다.

핵심은 '제조사 입장에서의 창업인가? 바이어 입장에서의 창업인가?'이다.

커미션은 수입 대행 에이전트 창업이라면 바이어에게, 수출 대행 에이전트 창업이면 수출자에게 받게 되는 구조가 보편적이다. 물론 커미션을 양측에 다 받는 경우도 있다.

1) 수입(소싱) 대행 창업

바이어 입장에 서 있는 창업(수입/소싱 에이전트)의 형태를 보면, 바이어를 우선 세팅하고 소싱 공장을 찾아다니는 형식이기 때문에 '어떻게 바이어를 우선 확보하느냐?'가 관건이 된다. 무역 회사에서 퇴사하면서 바이어를 데리고 나오는 경우도 있고, 친척과 주변 사람들이 부탁해서 대신 제품을 찾아주는 경우도 있다. 무역 회사를 퇴사하면서 바이어 리스트와 공장 리스트를 챙기는 경우, 그리고 대한민국에서 체류하는 외국인 학생들이 아르바이트 형식으로 하는 경우가 여기에 속한다.

만약 해외 인맥이 없다면 바이어 세팅이라는 첫 관문에서 대부분 포기하게 되는데, 처음부터 아무것도 없이 바이어를 우선 찾는다는 것은 현실적으로 어렵기 때문이다.

만약 첫 관문을 통과해 바이어가 세팅되면 '계약'이라는 두 번째 관문이 남아 있다. 계약은 바이어와 독점으로 하는 경우도 있고 아닐 수도 있다. '독점 소싱'이라고 하면 독점이라는 강력한 혜택이 있는 만큼 엄청난 부담이 따르는 반면, 독점이 아니라면 상대적으로 부담이 덜한 대신 경쟁적으로 소싱 업체를 찾아야 하는 만큼 치열하다.

계약 시 수수료, 업무 범위, 영업권, 비밀 유지, 기간과 같은 항목을 넣어서 있을지 모를 분쟁을 미리 막아야 하고, 무역 대금, 클레임, 책임 범위처럼 민감한 부분은 여러 번 시뮬레이션해 정확히 정리할 필요가 있다.

서로 배신만 하지 않는다면 아주 이상적인 창업 시스템이지만 대부분 첫 단계인 '바이어 세팅'에서 벽을 느끼기 때문에 현실성이 높은 창업이라고 보기엔 무리가 있다.

2) 수출 대행 창업

제조사(공장) 입장에 서 있는 수출 대행 창업은 말 그대로 수출 팀 업무를 대신해 주는 것이다. 제조업으로 창업했거나 기존 내수 시장만 공략했던 제조사(공장)들이 자체적인 수출팀을 꾸릴 여력이 없어 외부 용역을 쓰는 형태다. 전시회에서 제품이 괜찮아서 바이어가 문의할 때 다른 업체가 대답하는 경우나 제조사와 판매사가 다른 경우가 이런 경우에 해당한다.

수출 대행 창업에서 중요한 포인트는 독점권, 판권, 기간, 수수료 정도로 보이지만 당사자들 속마음은 의외로 복잡하다. 제조사 입장에서는 일단 수출 대행 업체에 제품에 대한 모든 정보를 '엔드 바이어(end buyer)'에게 주듯 제공해야 하기 때문에 '대외비'를 비롯한 '카피(Copy)'를 우려할 수밖에 없고, 오랜 기간 실적이 없으면 꼼짝 못 하고 망하기 때문에 독점권과 영업권 사이에서 고민을 할 수밖에 없다. 반면, 제조사가 수출 대행 업체한테 갖는 부담처럼 수출 대행 업체도 공장의 '뒤통수'를 걱정하지 않을 수 없다. 물심양면으로 투자하고 노력한 마케팅과 홍보의 결정체가 바로 바이어 발굴인데, 고생은 직접 다하고 오더(주문, 계약)는 다른 사람이 따는 일이 벌어지기도 한다.

예를 들면, 오더 베이스로 수수료를 설정하고 수출 대행 계약 후 애써 그 지역에서 마케팅과 영업 활동을 했는데 향후 제조사(공장)가 직접 하든지 다른 업체에게 판권을 넘기라는 통보를 하는 것이 그런 경우다. 실제로 보면, 계약 기간을 무한정으로 주지 않기 때문에 남 좋은 일만 해주고 떠나는 수출 대행 업체도 의외로 많다. 이런 리스크 관리 차원에서 대행 업체에서도 오더 베이스가 아닌 매달 보고서를 통한 수수료 및 활동비를 원하는 경우도 있다.

2. 무역 에이전트의 5가지 특징

무역 창업을 생각한다면 '에이전트 타입'과 '무역 회사 타입' 중 하나를 선택해야 한다. 완전히 다른 접근 방식이기 때문에 초반에 장단점을 잘 인지하고 결정할 필요가 있다. 에이전트 창업은 상대적으로 리스크가 없고 프리랜서 업무가 가능한 반면, 무역 회사 창업은 매입비 및 운영비가 들어간다는 것이 대표적인 차이다.

무역 에이전트의 5가지 특징을 보면 다음과 같다.

① 시간에 구속 없다

② 리스크(Risk, 위험 요소)가 없다

③ 사무실과 같은 공간이 필요 없다

④ 무자본 가능하다(최소한의 활동비만 필요)

⑤ 뒤통수 맞을 수 있다(제조사와 바이어의 직거래)

무역 에이전트는 앞서 말한 대로, 제조사(공장)의 제품을 대신해서 해외에 수출하는 수출 대행 창업이라고 할 수 있는 수출형 에이전트 창업이 있고, 수입자 입장에서 바이어를 끼고 창업하는 수입 대행(소싱 대행, 바잉 오피스) 창업. 즉, 수입형 무역 에이전트 창업이 있다. 간단히 정리하면, 수출형 에이전트 창업은 '수출 대행 창업'이고, 수입형 무역 에이전트 창업은 '수입 대행(소싱 대행) 창업'이 된다.

에이전트 창업 특징을 좀 더 살펴보면, 다음과 같다.

① 시간에 구속 없다

언제 어디서나 업무 수행이 가능하다. 부업으로도 가능하다. 정해진 업무는 초창기 공장 또는 바이어와의 계약에 따라 정해지기 때문에 상황에 맞게 조율이 가능하다.

② 리스크가 없다

제조사(공장)와 바이어의 거래에서 중간자 입장만을 취하기 때문에 화물도 제조사에서 바이어로, 무역 대금도 바이어에서 제조사로 진행된다. 즉, 모든 무역 서류에서 배제된다. 그러므로 리스크는 없다고 봐도 무방하다.

③ 사무실과 같은 공간이 필요 없다

전적으로 창업자의 선택이다. 사무실과 창고 여부는 옵션으로 보면 된다. 창업자 성향에 따라 사무 공간과 창고를 필요로 하는 경우도 있지만, 비용이 들어가는 만큼 신중해야 한다.

④ 무자본 가능하다

무역은 물류의 흐름과 무역 대금의 흐름이 같다. 수출하는 경우를 예를 들어 보면, 제조사(공장)가 출고하고 포워더가 운송하면 바이어가 화물을 받고 무역 대금을 지불한다. 제조사가 무역 대금을 수령하면 무역 창업자에게 커미션을 지급한다. 즉, 무역 에이전트는 무자본이 가능하다.

⑤ 뒤통수 맞을 수 있다

무역 에이전트의 단점이다. 처음부터 제조사(공장)와 바이어가 오픈되어 있기 때문에 직거래를 막을 방법이 시스템이나 절차적으로 없다.

3. 수입형(소싱 대행) 에이전트는 누가 할까?

무역 에이전트에 대해서 알아보다 보면 문득 궁금해진다.

'수출형(수출 대행) 에이전트가 좋을까? 수입형(소싱 대행) 에이전트가 좋을까?', '공장을 먼저 끼고 창업하는 것이 좋을까? 바이어를 먼저 끼

고 창업하는 것이 좋을까?'

결론부터 말하자면, 바이어를 끼고 창업하는 수입형 에이전트(소싱 대행)가 훨씬 성공 확률이 높다고 할 수 있다. 수입형 무역 에이전트는 바잉 오피스라고도 말하고 소싱 대행이라고도 불린다. 나름의 고충이 있겠지만 바이어 찾는 것과 비교하면 소싱처(공장, 제조사) 찾는 것이 훨씬 쉽다는 것이다.

주로 다음과 같은 경우에 수입형(소싱 대행) 에이전트 창업을 하는 경우가 많다.

① 대한민국에 있는 외국인들이 한다

해외(ex. 중국, 일본, 동남아) 유학생으로 한국에 체류하거나 다문화 가정으로 거주하는 외국인들이 주로 한다. 한국어도 능통하고 한국의 비즈니스 문화에 익숙해서 해외 또는 고향 지인에게 비즈니스 오퍼를 받아서 소싱하는 경우가 여기에 해당된다. 다양한 분야에서 한류가 영향을 끼치는 만큼 사업 아이템 또한 다양한 것이 특징이다.

② 기존 회사에서 바이어를 데리고 나온 퇴사자들이 한다

해외 영업 또는 해외 마케팅 부서에 있으면서 직접 또는 간접적으로 맺었던 해외 인맥들을 데리고 나오는 경우다. 그 바이어가 요구하는 조건을 충분히 숙지하여 내가 만족시킬 수 있느냐가 관건이긴 하지만 바이어가 확실히 밀어준다면 이것만 한 창업도 없다. "누워서 떡 먹기"가 가능한 비즈니스 모델이다.

③ 외국에 친척이나 지인이 있는 경우에 한다

해외에 친척이 있는 경우, 친구를 비롯한 지인이 해외에 있는 경우가 의외로 많다. 그 지인들을 통해서 오더받고 제품을 소싱하는 경우다. 무역 경험이 없어도 가능하고 창업 경험이 없어도 가능하다. 그만큼 판로라고 하는 정해진 판매처가 있다는 것은 엄청난 무기이자 장점

이 된다.

에이전트 창업에서 알아야 할 것은 무역 영어, 무역 용어, 무역 실무가 무역 창업의 필수처럼 착각하는 경우가 있다. 절대 아니다. 이런 지식이 있으면 빠르고 쉽게 비즈니스를 한다는 것뿐이지 성공의 열쇠는 아니기 때문이다.

여기서 우린 궁금해진다. '왜 바이어는 이런 비즈니스 형태를 원할까?' 직접 수입하면 중간 에이전트 비용도 없고 업무 처리 속도도 빠른데 말이다.

바이어 입장에서 보면 처음부터 모르는 시장에서 소싱하는 것은 부담이 클 수밖에 없다. 비용이 더 들 수 있고, 시간이 더 들어갈 수도 있으며 언어적인 문제와 비즈니스 환경으로 인한 의외의 리스크(Risk, 위험 요소)에 부딪칠 수도 있다. 이런 보이지 않는 손실이 얼마나 클지, 깊을지 예상하기 어렵기 때문에 확실한 중간 에이전트를 쓰는 게 초반에 더 유리하다고 판단하는 경우가 많다. 이런 이유는 공장이 직접 수출하지 않고 수출 대행 업체를 찾는 경우와 일맥상통(一脈相通)한다고 볼 수 있다.

4. 수입형(소싱 대행) 에이전트의 기본 개념

무역 에이전트 창업은 남녀노소 누구나 할 수 있는 창업 형태이다. 노트북과 스마트폰만 있어도 충분하고 혼자서도 가능하다. 어디서나 업무가 가능하기 때문에 장소에 얽매이지도 않는다. 망하더라도 타 창업에 비해 부담이 덜한 창업 형태이기 때문에 누구나 한 번쯤 생각하는 창업이다.

그 무역 에이전트 창업의 정점은 '소싱 대행 에이전트'다. 소싱 대행 에이전트의 경우 이미 언급한대로 최종 바이어의 지시에 따라 제품을 소싱하는 만큼 '팔 곳은 정해져 있다.'라는 강력한 무기가 있다. 하지만 초기 바이어 세팅이 쉽지 않기 때문에 대부분 망설이는 창업 형태라 할 수 있다. 바이어와 확실한 계약을 맺어서 제품(아이템)을 소싱해야 하기 때문에 '바이어 확답'은 필수가 된다. 무역 회사에서 퇴사할 때 바이어를 데리고 나온다면 창업 전 그들에게 확답을 받아야 하는 것처럼 말이다.

해외에 있는 업체가 직접 제조사와 컨택, 계약, 검품, 출고하기가 쉽지 않을 때 소싱 에이전트를 두는 경향이 있다. 즉, 들어가는 비용보다 유리하다고 판단될 때이다. 상황에 따라 독점으로 계약할 수도 있고 아닐 수도 있다. 업무를 할 때 바이어의 명함을 이용하기도 하고 자체 명함을 사용하기도 하며, 매달 일정 금액을 바이어에게 지원받거나 사무실을 함께 쓰기도 한다. 다양한 선택이 계약 조건에 따라 달라진다. 다시 말하면, 정해진 것은 없다. 그때그때 모든 조건이 달라질 수 있다. 그러므로, 만약 소싱 대행 에이전트를 고려한다면, 나에게 유리한 조건을 면밀히 체크할 필요가 있다.

5. 수입형(소싱 대행) 에이전트와 바이어 계약 시, 핵심 항목은?

수입형(소싱 대행) 에이전트의 기본 업무 프로세스는 바이어의 오더를 받고 제품을 소싱하고 바이어의 컨펌을 받고 출고한다. 간단하다. 그러나 내부로 가면 그렇게 간단하지만은 않다.

수수료, 업무 범위, 독점 영업권, 비밀 유지, 계약 파기처럼 본격적인 소싱 작업을 하기 전에 바이어와 먼저 확실히 정해 두어야 할 것들이 있기 때문이다.

그렇다면 어떤 부분을 확실히 조율하고 정해야 할까?

- 수수료를 오더 금액의 몇 퍼센트로 정할 것인가? (커미션 베이스)
- 소싱할 업체의 리스트만 전달하면 되는가, 또는 계약 체결까지 진행하는가, 바이어가 개입할 시점은? (업무 범위)
- 소싱할 업체의 매입 대금을 해외 업체가 지불할 것인가, 소싱 에이전트가 지불할 것인가? (결제 대금)
- 제조사에서 바로 바이어 창고로 수출할 것인가, 소싱 에이전트 창고를 거칠 것인가? (출고 프로세스)
- 바이어와 제조사를 직접 붙여주는 형태라면 일회성 첫 오더만 일정 금액의 수수료를 받을 것인가, 아니면 향후 오더에도 지속적으로 수수료를 받을 것인가? (커미션의 지속성)
- 매달 일정 금액이나 사무실 공간을 바이어에게 지원받을 것인가? (업무 지원)
- 불량 또는 클레임 같은 분쟁이 발생했을 때 소싱 에이전트는 어떤 역할을 할 것인가? (업무 분장)
- 바이어가 배신하거나 소싱 에이전트가 배신하면 어떻게 처리할 것인가? (독소 조항)
- 출고 검품까지 해야 한다면 그 역할과 범위 그리고 권한은 어디까지인가? (업무 범위)
- 독점권(영업권)의 기간은 얼마인가? (에이전트 기간)
- 계약의 파기 조건과 결정은? (독소 조항)

이외에도 여러 번의 시뮬레이션을 통해 의심되거나 불투명한 업무 범위와 역할을 찾아 명확하게 선을 그어야 한다.

에이전트와 바이어의 관계에 따라 다양한 계약 조건과 항목이 생성되지만, 특히 집중할 부분은 커미션의 집행 시기와 인정 범위 그리고 퍼센트다. 조금이라도 분쟁의 소지가 있을 경우 미리 계약으로 확정 지어서 서로 조심하는 것이 중요하고, '알아서 잘해주겠지.', '우리 사이에 이 정도는 당연한 거야.' 같은 접근은 절대로 금물이다. 나중에 말을 바꾸는 경우도 많고 중간에 위치한 소싱 에이전트를 배제하는 경우도 비일비재하기 때문이다.

6. 제조사(공장)가 수출 대행 에이전트를 바라보는 시각

수출형(수출 대행) 무역 에이전트의 기본 입장은 '제품 팔아 준다는데 또는 사준다는데 내가 갑 아닌가?'인 반면, 공장의 기본 입장은 '뭣 모르는 사람 또 왔네.'로 정의할 수 있다.

여기서 제조사(공장)가 갖는 대표적 선입견을 한번 살펴보자.

① 중간에 에이전트가 끼면 가격과 시장 혼탁 그리고 뒤통수 칠 가능성이 있다.

② 에이전트가 내 제품만 하는 것이 아니기 때문에 집중력 분산 또는 금방 포기할 것이다.

③ 에이전트는 불필요한 중간 업자일 뿐이다.

④ 쓸데없는 비용이 들어갈 수 있다.

무역 에이전트는 다음과 같이 반문할 것이다. '직접 바이어 찾으면 되지 왜 수출 대행 에이전트에 의지하는가?'

서로 간의 입장 차는 분명히 있다. 그러나 동의하는 부분도 있다. 수출을 하고 싶다면 담당 부서가 있어야 하고 시간과 자금이 필요하다는 것이다. 처음에는 제조사(공장)도 나름대로 직접 수출하기 위해서 노력했을 것이다. 그러나 제조업으로 창업한 지 얼마 안 되었거나 국내 내수 판매만 해온 상황이라면 직수출은 쉽지 않았을 것이다. 즉, 직접 수출하려고 온갖 노력을 해도 못 한 것이다.

어쩔 수 없이 수출 에이전트를 찾을 수밖에 없는 현실 속에서, 최선(직수출)이 아니면 차선을 택하는 것이다.

혹시, 바이어를 찾아주지 않을까?

7. 제조사(공장)의 입장 vs 수출 대행 에이전트 입장

'제조사는 제품! 영업과 마케팅은 수출 대행 에이전트!'

시스템만 봐서는 서로의 부족함을 채워주는 이상적이고, 업무 분장은 전문적이라고 말할 수 있다. 제조사는 제조를, 수출 에이전트는 영업과 마케팅을, 양측의 전문가가 만나서 협업하면 시너지 효과를 극대화할 것이라는 믿음도 있다. 과연 그럴까?

이론은 맞다. 그러나 현실은 그렇게 녹록지만은 않다.

- 독점인데 성과가 없다면, 계약 취소하려는 공장과 유지하려는 에이전트는 갈등이 생긴다.
- 에이전트의 무리한 요구(점입가경)로 인해 마케팅과 영업비 그리고 샘플비와 관리비 등 다양한 부분에서 공장과 마찰이 생긴다.
- 계약 사항에 없는 부분에 대한 양측의 요구조건으로 다양한 갈등이 야기된다.

위에 언급한 부분 외에도 다양한 입장 차이로 인한 갈등은 존재한다.

무역은 사람이 하기 때문이다. 그럼에도 불구하고 제조사가 에이전트에 의지하는 이유는 딱 한 가지다. 이미 언급한 대로 '직접해도 안되니까, 무엇이라도 해야 하니까.'라는 절박한 마음이다.

그렇다면 에이전트 입장은 어떨까? 절대 손해 보고 싶어 하지 않는다. 조금이라도 해 놓은 것이 있다면 절대 놓치고 싶어 하지 않기 때문에 결과가 좋지 않은데도 불구하고 무책임한 독점권(판권)을 지속적으로 요구하는 경우도 많다. 즉, 능력이 안 되어도 계속 보유하고 싶은 마음으로 기간 연장을 요구하기도 한다. 해 놓은 것이 있으니 회수하고자 하는 마음과 아무리 봐도 안 될 것 같은 제조사의 마음이 여기서 충돌하기도 한다. 양측의 갈등으로 인한 신뢰가 깨질 수 있다. 당연히 결과가 늦어지고 많은 시간이 흘러간다. 결국, 제조사는 수출 타이밍을 놓치고 에이전트는 매출이라는 결과물을 내지 못하게 되면서 시간만 잡아먹는 서로 죽는 형국이 된다.

제품 출시에 따른 빠른 성과가 없다면 제조사는 엄청난 부담감을 가질 수밖에 없다. 개발비 뽑기도 전에 신제품 효과 반감과 후발 주자의 추격에서 자유로울 수 없다는 것이 가장 큰 문제다. 또한, 시간이 지체될수록 Copy에 노출될 수밖에 없고 시간 따른 '신제품 효과'에서 벗어난 경쟁력 하락은 불 보듯 뻔하기 때문에 점점 초조해질 수밖에 없다.

여기서, 이런 질문이 있을 수 있다.

'만약, 빠른 시간에 매출을 낸다면 이런 갈등은 없을까?'

'왜 없겠는가?'

잘되면 잘되는 대로, 제조사(공장)와 에이전트는 다른 생각을 가질 수 있다. 제조사는 지금보다 성과를 더 낼 수 있는 에이전트를 갈망하거나 기존 중간자를 빼고 직접 거래하고 싶은 마음이 생긴다. 그 에이전트는 에이전트대로 더 좋은 단가와 여건으로 제품을 안정적으로 제공할 다른 제조사를 찾고 싶어 한다.

8. 수출형(수출 대행) 에이전트와 제조사(공장) 계약 시, 핵심 항목은?

앞서 말한 대로, 에이전트와 제조사는 처음부터 나름의 선입견을 가지고 있다. 그러나 비록 이런 선입견이 있더라도 서로의 필요에 의해서 시너지 효과를 얻고자 하는 만큼 각자의 이익이 위배되지 않는 선에서는 합의를 통해서 새로운 비즈니스를 구축해 나가고 싶어 한다. 이런 이해관계로 상대방이 꼭 필요한 만큼 협력은 하지만 정확히 선을 긋고 협의해야 할 항목들은 분명히 있다.

커미션 비율, 인정 범위, 집행 시기

- 계약 금액의 몇 프로로 정할 것인가?
- 언제 집행할 것인가?
- 건당 퍼센트로 그 아이템에 대한 차기 오더도 포함되는가?
- 그 바이어에 대한 오더는 지속적인 매출로 인정되는가?
- 기타

에이전트 업무 범위

- 바이어 발굴의 범위는?
- 해외 마케팅과 시장 조사의 범위는?
- 기타

독점권(영업권) 기간

- 1년?
- 2년?
- 3년?
- 기타

제조사의 지원 범위

- 매달 또는 매주, 일정 금액 제조사에서 지원?
- 제조사에서 사무실 및 공간 지원?
- 제조사에서 샘플과 마케팅 자료 지원?
- 기타

클레임 대응

- 에이전트의 역할과 범위는?
- 제조사의 역할과 범위는?
- 기타

이처럼, 수출 대행 에이전트와 제조사(공장)와의 계약 핵심은 독점권(판권), 기간, 수수료, 클레임 그리고 업무 범위 정도다. 여기서 알아야 할 것은 아무리 완벽한 계약서라도 신뢰가 바탕이 되지 않으면 결국 깨지기 때문에 계약서보다는 신뢰 구축이 우선시되어야 한다.

특히, 위 5가지의 공통점에서 '기타'라는 항목을 주목할 필요가 있다. 에이전트 계약은 상황에 따라, 아이템에 따라, 지역에 따라, 상대방의 위치에 따라 다양한 옵션과 계약 조건이 형성되기 때문에 '반드시 이렇게 하라.'라고 정해진 것은 없다. 단지, 그 항목들에서 내가 우위에 점할 것은 무엇이고, 그것을 관철시키기 위해 어떻게 협상하느냐가 관건이 된다.

9. 수출형(수출 대행) 에이전트와 제조사(공장)의 대표적 갈등 사례 5가지

제조사(공장)의 목표는 '바이어 찾기'를 통한 성공적 수출이다. 에이전트의 목표는 그 수출 오더를 통한 이익 창출 증대이다.

양측의 목표를 무난하게 이루기 위해서는 에이전트는 에이전트대로 제조사는 제조사대로 서로 간에 최소한 지켜야 할 것들이 있다. 그것들을 안 지키는 순간 신뢰는 깨지고 불만과 갈등만이 증폭되며 결국 자멸하게 된다.

1) 공장(제조사)이 독점권을 여러 에이전트에게 주는 경우

각 에이전트에게 '독점'이라고 말하지만 실상은 아닌 경우다.

독점권은 그 지역이 되었든 그 아이템이 되었든 그 권한은 한 사람에게만 부여해야 한다. 그러나 제조사의 욕심으로 여러 사람에게 주는 경우로서 실상은 독점이 아닌 영업권이 되는 셈이다. 당연히 에이전트들이 나중에 알게 되는 순간 그 신뢰는 깨진다. 에이전트들은 각자의 스타일로 엔드 바이어에게 가격도 달리 오퍼하고 영업과 마케팅 접근 방식도 달리하는 만큼 이런 혼선은 시장의 혼탁을 불러일으킨다. 이런 거짓말을 해서는 안 된다. 제조사의 욕심으로 인해 영영 그 제품이 수출이 안 되는 경우가 생길 수 있기 때문이다.

2) 기간 내 에이전트가 실적을 못 내는 경우

매우 흔한 경우로서 갈등의 씨앗이기도 하다. 물론, 그 기간 내에 실적을 내도 갈등이 없는 것은 아니다. 사람의 욕심은 끝이 없기 때문에 항상 갈등은 존재한다. 만약 에이전트가 처음에 약속한 기간 안에 합의한 실적을 내지 못했다면 당연히 기간 연장을 요청할 것이다. 수출을 한다는 것은 짧은 시간에 이루지지 않고 긴 기간의 꾸준한 투자가 있어야 하기 때문에 그 연장은 당연할 수 있다. 그러나 제조사도 입장이 있는 만큼 100% 연장이 된다는 보장도 없다.

3) 수출 대행 에이전트가 장난치는 경우

가장 흔한 경우가 '제품 Copy와 공장 바꾸기'이다.

수출 대행 에이전트가 좋은 성과를 내서 성공적으로 해외에 판매하다 보면 바이어에게 다양한 스펙과 판매 옵션 변경을 요구받는 경우가 있다. 여기에는 가격도 포함된다. 중간자 입장인 에이전트에게 상당히 큰 유혹이 아닐 수 없다. 기존 공장과 협의해서 함께 그 조건들을 다 맞추는 경우도 있지만 그렇지 않은 경우도 많다. 즉, 기존 공장을 바꾸거나 그대로 다른 곳에서 copy 제품을 만드는 경우다.

4) 수출자가 직접 해외로 나서는 경우

아마도 이미 언급한 두 번째 항목의 후속 이야기가 될 것이다. 만기 연장 안 하고 직접 공장이 나서는 경우로서 어느 정도 수출 대행 에이전트가 과거에 깔아 놓은 도로 위를 질주하고 싶은 욕망이 여기에 해당한다. 물론, 에이전트가 너무 못해서 직접 나서는 경우는 당연하겠지만 아주 잘해도 수출자의 욕심으로 갈등이 생긴다.

5) 클레임 발생 시 서로 미루는 경우

좋을 때는 그냥 넘어가는 경우도 어려울 때는 드러나는 법! 바이어에게 클레임이 들어오는 경우다. 합리적 판단에 의해서 제품의 문제면 제조사가 처리하고 그 외적인 문제면 수출 대행 에이전트가 처리하는 것이 기본 상식이다. 그러나 무역 업무는 업무 분담 경계선 자체가 애매한 경우가 의외로 많다. 특히 클레임은 그러하다. 서로 마루다 갈등만 키우는 경우다.

10. 악성 수출 대행 에이전트 vs 악성 제조사(공장)

악성 수출 대행 에이전트를 한마디로 정의할 수는 없다. 그러나 실전에서 자주 보는 악성 수출 대행 에이전트의 대표적 특징 2가지를 보면, 첫째는 능력도 없으면서 제품 욕심만 잔뜩 가지고 있는 경우와 두 번째는 계획도 없이 긴 독점을 요구하는 경우다. 이런 경우에는 실질적인 업무 진척이 전혀 없고 거짓말, 핑계와 변명만이 무성할 뿐이다.

제조사(공장)는 수출과 관련된 모든 업무 진행 상황을 그 수출 대행 에이전트에 100% 의존할 수밖에 없다. 그 덕분에 눈과 귀가 열릴 수도 있지만 그 반대로 막힐 수도 있다. 뭔가 이상하다고 느낄 수는 있어도 확신을 가질 때는 이미 늦는 경우가 태반이다. 제조사 입장에서 보면, 수출 대행 에이전트 한번 잘못 만나서 수출이 꼬이는 경우가 의외로 많다. 그래서 처음부터 의심하고 선입견을 갖는다.

그렇다면, 악성 제조사는 어떨까? 악성 제조사는 '화장실 가기 전과 후가 다른 상황'을 빗대어 말할 수 있다. 급할 때는 모든 다 지원해준다고 말하지만 어느 정도 그 위기에 벗어났거나 독자적으로 운영할 능력이 생겼을 때 또는 뭔가 자신이 있을 때 바로 말 바꾸는 경우다.

악성 에이전트는 거짓말을, 악성 제조사는 말 바꾸는 변덕으로 자기 욕심을 채운다. 수출 에이전트와 이미 약속했던 부분도 그때그때 자기 형편에 따라 유리한 쪽으로 해석하는 경우도 있다.

여기서 우린 궁금해진다. 서로 필요에 의해서 각자의 목표를 위해 만난 비즈니스 협업인데 왜 이런 악성 수출 대행 에이전트와 제조사가 존재할까? 단연코, 신뢰보다 이익이 더 앞서기 때문이다. 향후 멀리 그리고 길게 보는 상생 비즈니스가 아닌 현재 짧게 나만의 이익을 좇기 때문이라고 볼 수 있다.

Chapter

04

절대 무역 참업하지 마!

바이어·판로를 먼저 잡고 창업하자

(소싱 대행 창업)

소싱 대행 창업의 성공 공식

1. 소싱 대행 창업의 업무, 성격, 특징, 주의점

'수출 대행'은 제조사(공장)를 먼저 확보하고 바이어를 찾는 형태다. 즉, 제조사와의 계약이 창업의 시발점이 된다. 그 반면에 '소싱 대행은 먼저 바이어를 확보한 상태에서 시작하게 된다. 처음부터 시작 포인트가 다르다.

소싱 대행의 기본 개념은 바이어의 요청으로 바이어 대신 아이템을 소싱하고 구매하는 역할을 한다는 것이다. 첫 관문이 바이어 세팅이기 때문에 현실적으로 다음과 같은 대표적 2가지 경우를 제외하고는 쉽진 않다.

① 무역 회사에 있으면서 해외 바이어를 데리고 나오는 경우

② 해외 친척 또는 지인의 요청으로 소싱을 알아보는 경우

앞서 말했듯, 한국에서 공부하는 외국인 유학생이 해외 고국의 친척 또는 지인에게 요청을 받아서 소싱을 대행해 주는 업무를 파트타임으로 시작해서 본격적인 비즈니스로 전환하는 경우도 있고 무역인 양성 교육에서 무역 업무를 따로 배워서 소싱 창업에 도전하는 경우도 있다. 물론, 외국인 유학생이 아니더라도 전 직장에서 바이어를 데리고 나오거나 의기투합해서 창업하는 경우도 꽤 있다.

해외 바이어가 소싱 대행 업체를 필요로 하는 이유는 해외에 있는 업체가 직접 소싱 공장과 컨택, 계약, 검품과 출고를 하는 경우가 쉽지 않거나 리스크(Risk, 위험 요소)를 최소화하기 위해 하는 경우가 대표적이다.

소싱 대행은 바이어와 독점으로 계약하는 경우도 있고 아닐 수도 있다. 또한, 바이어와의 관계에 따라 업무를 함에 있어서 바이어 명함을 사용하기도 하고 자체적인 명함으로 활동하기도 한다.

바이어의 오더를 받고 제품을 소싱하고 바이어의 컨펌을 받고 출고하게 되는 간단한 프로세스를 갖고 있지만, 수수료, 업무 범위, 독점권, 비밀 유지와 같은 주요 협의 사항들이 존재하는 만큼 확실히 정리해서 계약서에 반영할 필요가 있다.

업무 범위에서 보면 소싱 대행 업체가 단순 소싱할 업체의 리스트만 전달하는 것으로 끝날 것인지, 계약 체결까지 진행할 것인지 확실히 정해야 한다. 특히, 출고 상황에서 소싱 대행 창업자 창고를 거쳐 가야 하는 상황이라면 무역 대금 흐름을 어떻게 잡아야 할지도 정확히 정해야 한다.

만약 무역 회사로 창업한다면 에이전트가 아닌 내가 구매해서 해외에 수출하는 방식이기 때문에 내가 먼저 소싱 공장에 무역 대금을 지급하고 추후에 바이어에게 받는 방식을 취해야 한다. 다시 말하면, 제품의 수출과 결제 대금 흐름이 일치해야 한다.

불량과 같은 클레임과 예상치 못한 변수들은 언제나 발생하기 때문에 어디까지 어떤 역할을 하는지도 정해야 향후 '책임' 부분에서 자유로울 수 있고 신뢰를 유지할 수 있다.

무역 창업에서 '독점권'은 상당히 중요하다. 그러나 현장에서 보면 의외로 간과하는 경향이 많음을 알 수 있다. 바이어에게 소싱 독점을 받는 것과 아닌 것은 큰 차이가 있다. 소싱 공장 입장에서 보면 우스운 일이 벌어질 수도 있고 소싱 대행 입장에서는 어디까지 책임 있게 임무를 수행해야 하고, 그 권한은 어디까지인지 알아야 영업 활동의 범위를 정할 수 있기 때문이다.

이런 중간자 입장의 무역 창업을 한다면 가장 큰 고민은 당연히 바이어의 배신일 것이다. 근본이 흔들리지 않기 위해 계약서를 아무리 꼼꼼히 체크하고 작성해도 이런 일은 비일비재하다. 중간에 있는 소싱 대행 업체를 배제하고 일을 직접 하고 싶은 마음, 즉 바이어의 욕심이 한몫하기 때문이다. 이런 일이 벌어지면 당연히 약속된 중간 커미션(에이전트 창업) 또는 마진(무역 회사 창업)은 다 물거품이 되기 때문에 남 좋은 일만 시키는 꼴이 될 수도 있다.

본문에 여러 번 언급한 것처럼 소싱 대행 창업의 핵심은 '신뢰'다. 바이어와의 신뢰 관계가 중요하고 서로 배신만 하지 않는다면 아주 이상적인 업무 시스템임에는 의심의 여지가 없다. 서로 약속을 잘 지키고, 계약을 잘 이행한다면 절대로 실패하지 않는 구조임에는 틀림없다. 판로가 정해진 상태로 시작하기 때문이다.

'알아서 잘해주겠지.', '이 정도는 당연한 것이다.', '우리 사이에' 처음에 만났을 때 서로 아쉽기 때문에, 좋은 게 좋은 거라고 은근슬쩍 넘어가는 부분들이 꽤 있다. 이런 생각은 절대 금물이고 의심되는 것은 재확인해야 하며, 확실한 것도 계약서에 남기는 습관을 들여야 한다. 그래야 근본이 흔들리지 않고 무역 창업 목표에 한 걸음 더 다가갈 수 있다.

2. 소싱 대행! 무역 회사 vs 에이전트, 장단점 비교

소싱 대행은 '수입 대행' 또는 '바잉 오피스'라고도 불리고, 주 업무는 바이어를 대신해 제품을 소싱하고 납품하는 역할을 한다. 일반적으로 바이어가 한국 업체이고 중국 제품을 소싱하려 한다면 중국에 상주하는 소싱 대행 업체를 선정하고, 바이어가 외국에 있고 무역 창업자가 한국에 있다면 한국 제품을 소싱하는 경우가 대부분이다. 어떤 방식이든 프로세스는 비슷하다. 즉, 소싱처(제조사, 공장)가 있는 지역(국가)에 소싱 대행 업체가 보통 상주한다.

국내 제품을 소싱하는 경우를 예를 들어 보자.

소싱 대행은 기본적으로 처음부터 바이어가 세팅되어야 시작할 수 있고, 그 바이어와 어떻게 계약하는가에 따라 업무와 활동 범위가 달라진다. 그렇기 때문에 정형화된 규칙과 절차는 없고 사례를 통해서 나만의 최적화된 비즈니스 모델을 구축해야 한다.

'아이템만 찾아 줄 것인가?'

'제조사(소싱처, 공장)와 컨택 후 샘플까지 진행할 것인가?'

'첫 오더 계약까지만 할 것인가?'

어떤 업무를 선택하는가에 따라서 비즈니스 형태도 달라지기 때문에 신중해야 한다.

'사업자 등록을 해서 매입·수출 형식으로 납품해서 마진을 가져갈 것인가?' (무역 회사)

'단순히 중간 브로커 역할로 커미션만 받을 것인가?' (에이전트)

회사(개인, 법인)를 설립해서 사업자 등록을 하고 매입을 한다면 세금계산서를 주고받기 때문에 매입비가 발생한다. 사무실 또는 창고도 고려해야 한다. 그러므로 초기 비용에 대해서 생각을 안 할 수가 없다. 단점이다. 그러나 중간자 입장에서 제조사와 바이어에 대한 정보를 시스템적으로 철저히 비밀로 할 수 있다는 장점이 있다. 그 반면, 단순 브로커 역할인 에이전트는 초기 비용이 없어서 남녀노소 누구나 아이디어만 있으면 시도할 수 있다. 최소한의 활동비만 있으면 되기 때문에 무자본 창업이라고도 말할 수도 있다. 그러나, 처음부터 공장과 바이어 정보를 오픈하고 시작하기 때문에 추후 뒤통수가 노출될 수 있다는 단점이 존재한다.

3. 소싱 대행 무역 회사의 소싱부터 오더 종결까지의 프로세스

소싱 대행으로 무역 에이전트가 아닌 무역 회사 창업을 선택했다면 제품 소싱부터 수출, 그리고 정산까지의 프로세스를 정확히 알 필요가 있다.

제품을 조사하고 소싱할 때는 국내 전시회, 온라인 쇼핑몰과 오픈마켓, 정부기관에 등록된 업체 리스트를 우선 확인한다. 국내 전시회는 짧은 시간에 많은 업체를 동시에 방문할 수 있고, 부담 없이 테스트할 수 있으며, 제품에 대한 궁금증을 즉석에서 해소할 수 있다는 장점 때문에 무역 창업자들이 아이템 발굴용으로 자주 찾는 곳이다.

전시회장에서는 제품과 회사에 대한 핵심적인 부분만 물어보고 명함을 남기는 것으로도 충분한 만큼 한곳에 너무 오래 머무는 것보다는 최대한 다양한 업체(부스)를 방문하는 게 중요하다. 전시회 방문 후, 관심 있는 업체의 홈페이지를 검토하고 온라인 리뷰 상품평을 통해 검증의 단계를 거친다.

검증이 끝나면 제조사(소싱처, 공장)에 연락해 제안서를 요청하고 가격은 자신의 창고 입고를 기준으로 운송비와 부가세 포함 여부 그리고 영세율 여부를 확인한다. 만약 창고 공간이 부담스럽다면 그 제조사에서 바로 출고하는 것도 하나의 방법인 만큼 사전에 확인하는 게 좋다.

제안서를 통해 제품과 회사를 검토한 후 샘플을 요청하기 전에 해외 바이어와 이번 아이템에 대한 정보를 미리 공유해야 한다. 샘플 요청을 진행할 것인지, 포기할 것인지, 스펙 변경을 할 것인지, 최종 결정은 바이어의 몫인 만큼 임의로 독자적으로 진행해서는 안 된다.

바이어에게 오퍼할 때는 나의 마진도 포함되어야 한다(협의하에 원가와 마진을 공개하는 경우도 있다.). 샘플 비용은 어떻게 처리할지, 바이어에게 제시하는 가격을 FOB로 할지 CIF로 할지에 관해서는 소싱하기 전에 합의가 끝나 있어야 하고, 바이어에게 무역 대금을 L/C로 받을지 T/T로 받을지도 미리 결정되어 있어야 한다.

무역 창업자의 위치는 공장과 바이어의 중간이기 때문에 공장과도 계약해야 하고 바이어와도 계약해야 한다. 양쪽을 동시에 계약해야 하기 때문에 자금 흐름에 대해서 정확하지 않으면 향후 오더 진행 시 공장과의 결제 부분과 바이어와의 수금 부분에서 자금이 막히는 경우가 생길 수 있다. 주의해야 한다.

공장에 샘플을 요청할 때는 샘플비를 100% 주는 것이 신뢰적인 측면이나 향후 비즈니스를 위해 권장하는 편이다. FEDex. DHL, EMS 등 어떤 방식으로 샘플을 보낼 것인지도 바이어와 사전에 세팅해 놓아야 한다. 속도, 안전, 통관 그리고 비용면에서 바이어들이 선호하는 특송이 따로 있을 수 있기 때문이다.

샘플을 보내고 바이어가 컨펌하면 생산 오더를 내리고, 매입 대금을 지급한다. 금액이 크지 않다면 오더를 내릴 때 제조사에 100% 주고, 검품이 필요할 경우에는 선입금으로 30%만 주기도 한다. 검품과 출고 시점에 잔금을 주기도 하고 선입금 없이 100%를 그때 지급하는 경우도 있을 정도로 협의를 어떻게 하는가에 따라 경우의 수는 다양하다. 하나로 정해진 규칙은 없다.

출고는 현지 공장에서 바로 검품한 뒤 하는 것을 권장하는 편이다. 굳이 다른 곳으로 이동하면 운송비와 창고비 그리고 번거로움이 있기 때문에 바로 포워더에 연락해서 출고하는 경우가 있다. 이렇게 출고되고 바이어에게서 약속된 무역 대금이 들어오면 B/L을 넘겨주게 되면서 수출 프로세스는 끝난다.

지금까지의 내용을 간단히 정리해 보면 다음과 같다.

소싱 대행의 거래 프로세스
제품 조사 → 온라인 & 오프라인 서칭(ex. 전시회 방문, 업체 홈페이지 검색) → 제안서 요청 → 바이어에게 오퍼 → 샘플 진행 → 생산 오더 → 출고 → 무역 대금 완납 및 종결

무역 회사 창업은 에이전트 창업과 다르게, 중간에서 제조 공장과 협상할 사항이 있고, 바이어와 협상할 사항이 있다. 민감한 부분은 미리미리 정리하고, 문서로 남겨두어야 뒤탈이 없다는 점! 명심하자.

4. 소싱 대행 무역 회사 창업의 조건과 특징

'어떤 조건이 있어야 할까?' 이런 질문을 하면 대부분 다음과 같이 답할 것이다.

'무역 이론?, 무역 영어?, 무역 자격증?' 아니다. 한국에서 해외 업체의 한국 소싱 대행 창업을 한다면 일종의 바잉 오피스 개념으로서 실전과 경험이 절대적으로 우선시된다. 무역 이론과 영어는 잘하면 좋지만 없어도 차차 배우면 된다. 절대 모르면 된다는 것은 아니다. 업무 진행하면서 천천히 배워도 늦지 않다는 것이다. 무역 회사 창업의 조건은 따로 없다. 지금 당장은 열정과 의지만 있어도 충분하다.

소싱 대행은 바이어의 입장을 대변하는 역할에서 시작하는 비즈니스다. 바이어부터 세팅하고 소싱을 해야 한다. 즉, 바이어 확보가 관건이고 수출 대행 창업자와 공장의 신뢰처럼 소싱 대행 창업자는 바이어와의 신뢰가 우선 중요하다. 해외 바이어부터 세팅하고 바이어가 원하는 제품은 다 제공한다는 개념에서 출발하기 때문에 뿌리가 튼튼할 필요가 있다.

공인 수출 실적이 필요하다면, 중간에서 연결만 시켜주는 에이전트 방식으로만 한정 지으면 수출 실적으로 인정받긴 어렵다. 그러나 일반 무역 회사로서 사업자를 내고 세금계산서를 통한 매입과 수출을 하는 형식을 취한다면 최종 수출자로서 수출 실적을 인정받을 수 있다.

소싱 대행 창업에서 에이전트 방식과 무역 회사 창업 방식의 가장 큰 차이는 '매입 비용(창업 자금)'이다(이 부분은 수출 대행 무역 창업에서 무역 회사 창업 방식과 비슷함). 에이전트는 앞에서 언급한 것처럼 최소한의 활동비만 있으면 된다. 즉, 사무실, 창고 및 매입 비용이 필요 없어서 남녀노소 누구나 한 번쯤 생각할 정도로 가볍다. 그 반면에 무역 회사 창업 방식은 매입 비용이 발생한다.

에이전트 개념으로 보면 비용에 대한 장점은 있으나 소싱 단계에서부터 소싱 공장과 바이어를 다 노출시켜야 하기 때문에 보안이 취약하다는 단점이 있다. 다시 말하면, 공장과 바이어의 이름이 처음부터 노출되기 때문에 언제든지 내 위치가 흔들릴 수 있다. 이런 단점으로 인해서 예비 창업자들은 '에이전트 창업'보다는 '무역 회사 창업'을 선택하기도 한다.

'수출 대행 무역 창업'은 공장을 처음부터 세팅하고 바이어를 찾아 나선다. 그러므로 뿌리라고 할 수 있는 제조사(공장)와의 신뢰가 중요하다. 그 반면 '소싱 대행 무역 창업'은 바이어를 처음부터 세팅하고 소싱 공장을 찾아 나선다. 그러므로 바이어와의 신뢰가 중요하다.

만약, 무역 창업을 생각한다면 가장 먼저 선택해야 하는 것은 '공장부터 잡을 것인가(수출 대행), 바이어부터 잡을 것인가(소싱 대행)'이다.

여기서 주의할 점이 있다. 소싱 대행 무역 창업을 하려고 한다면 창업하기 전에 바이어(또는 해외 지인)의 말만 믿고 하거나 충동적인 창업은 지양해야 한다. 언제나 말 바꾸기는 존재하기 때문에 창업이라는 일생일대의 큰 모험을 할 수 없기 때문이다. 이 부분은 수출 대행도 마찬가지다.

5. 바이어가 소싱 대행 무역 회사를 찾을 수밖에 없는 이유

'비즈니스는 가성비를 따진다.'

모든 비즈니스의 기본 원칙이자 운영법이다. 그렇기 때문에 단순히 수익을 내는 것도 중요하지만, 최소의 비용으로 최대의 효과를 내는 것이 더 중요하다. 이것이 바이어가 무역 회사를 인정하는 대표적인 이유다.

우리가 아는 '대행 업체'에 관란 기본 개념은 중간에 누가 끼면 여러모로 안 좋다는 것이다. 즉 바이어(수입자)는 직접 수입하는 게 여러모로 장점이 많다고 생각하기 때문에 굳이 무역 회사를 거치는 것을 꺼린다고 대부분 생각한다. 무역 창업 비관론자가 말하는 대표적 근거다. 과연 그럴까?

만약 당신이 바이어라고 가정해 보자. 해외에 있는 제조사를 찾아서 컨택하고 협상하고 조율해서 계약하고 송금하고 물건을 수입하는 전반적인 프로세스를 무난하게 할 수 있다고 생각하는가? 정말 쉽지 않다. 언어적인 문제도 있을 수 있고, 그 나라의 비즈니스 방식을 이해하기 어려울 수도 있다. 무엇보다도 송금했는데 물건을 안 보내는 불상사도 있을 수 있다. 만약, 하자 부분까지 생각한다면 끝이 없을 수도 있다. 수량 부분, 납기 부분, 품질 부분에 대해서 장님처럼 보지 못하는 것들이 의외로 많기 때문이다.

어떤 바이어라도 '첫 거래'에 대한 부담감은 모두 같을 것이다. 여기서 가성비를 따지면 오히려 중간 무역 업체의 활약이 그들에게 큰 힘이 된다.

거래에 대한 리스크(Risk, 위험 요소), 무엇보다도 첫 거래에 대한 리스크는 상당히 부담스럽고 이것을 희석하고 싶어 한다. 즉, 바이어 입장에서도 믿을 만한 중간자 역할을 할 사람이 필요하다는 것이다. 나의 입장을 알고 내가 원하는 제품을 나의 여건에 맞춰서 움직일 수 있는 소싱 대행 업체가 필요하다. 그 대가를 지불하고 인정해도 이익이기 때문이다. 소싱 대행 무역 창업에 대한 비전에 관해 물어본다면, 단연코 이 부분을 언급할 것이다. 원하는 바이어가 있는 한 소싱 대행 무역 창업의 비전은 밝다.

요약하면, 바이어가 직접 수입을 하기 어려울 때, 소싱 대행 업체를 찾는다. 그 소싱 대행 업체가 제품을 소싱해서 납품해야 한다는 것은 바이어의 모든 권한을 대신해서 행사하는 것이다. 즉, 바이어의 입장을 잘 대변하고 이행해야 하는 게 핵심이다.

바이어에게 있어 소싱 대행 업체의 존재감은 다음과 같다.

① 소싱 대행 업체는 모든 권한을 갖기 때문에 바이어 회사의 이미지를 좌지우지할 수 있다.

② 바이어는 모든 내용을 소싱 대행 업체한테 듣고 판단하기 때문에 소싱 대행 업체는 그들의 눈과 귀가 된다.

③ 결제, 클레임, 납기 등 분쟁이 일어났을 때 소싱 대행 업체의 중간에서의 대응이 절대적이다.

Chapter 05

절대 무역 참업하지 마!

아이템이 있어야 판매를 하든지 말든지 하지?

(아이템 소싱법)

누구나 알지만 제대로 모르는 아이템 소싱의 정석

1. 이런 아이템을 골라라? 최고의 아이템 조건 4가지

소호 무역 창업은 다른 창업과 다르게 '아이템'이 핵심이다. '무역'이라는 단어를 쓰지만 비즈니스 형태를 보면 해외에서 수입해 국내 오픈 마켓 또는 쇼핑몰에 파는 매출 구조(국내 도매 업체에 납품하기도 함)를 가지고 있기 때문에 실전 무역에서 보는 '무역 창업'과 다르고 무역에서 중요하게 생각하는 '무역 영어', '무역 실무', '무역 이론'보다는 아이템과 그 온라인 플랫폼에 대한 이해도(국내 판로)가 더 중요한 편이다.

처음에는 국내 판매에 한정된 매출을 근거로 창업을 하지만 그 한계성으로 인해 국내 내수만이 아닌 글로벌 오픈 마켓을 통한 판로도 많이 선택하는 만큼 아이템 소싱의 중요성은 점점 높아지고 있다.

1) 싸고 좋은 것

'싸고 좋은 아이템'이라고 쓰고 '세상에 그런 것은 없다.'라고 읽는다.

소호 무역 판로의 핵심인 B2C에서, 소비자는 이런 문구에 더는 속지 않는다. 싸면 다 그런 이유가 있고 비싸면 다 그런 이유가 있다는 것을 대부분 믿기 때문이다. 무조건 싸다고 잘 팔리는 것도 아니고 비싸다고 안 팔리는 것도 아니다. 그렇기 때문에, '싸고 좋은 아이템'을 기본으로 설정해 놓고 적절한 판매 전략과 분석 그리고 타겟팅이 필요하다.

2) 나만의 아이템

대중성 또는 유행에 민감한 아이템보다는 '나만의 아이템'에 관심을 가질 필요가 있다. 기존 제품에 대한 변별성을 부여하여 부가가치를 높이는 것이 사업의 성패를 결정짓기도 하지만 '롱텀 비즈니스(Long-term business)'에 더 적합하기 때문이다. 조금만 변화를 줘도 새로운 제품이 탄생하는 만큼 지속적인 관심을 가진 아이템은 향후 판매량에 중요한 부분을 차지할 수 있다.

3) 변동성 없고 꾸준한 공급이 가능한 아이템

'재고 관리'라는 말 들어 봤는가?

아무리 잘 팔리는 제품이라도 공급에 차질이 생기면 손실이 클 수밖에 없다. 한 번 중간에서 끊기기라도 하면 다시 회복하는 데 시간이 오래 걸리기도 한다. 중국 제품의 경우 명절과 공휴일에 잘 대처하지 않으면 수입량 조절에 실패할 수 있고, 생산 관리 실수는 바로 불량으로 이어져서 공든 탑이 순식간에 무너지는 경험을 하게 될 수 있다.

4) 재고 부담이 덜한 아이템

소호 무역에서 창고는 기본적으로 필요하다.

원가 관리 차원도 있지만 빠른 배송으로 경쟁력을 높이려면 창고는 필수적이다. 많든 적든, 크든 작든 일정량의 수입을 해야 하고 검품하면서 출고를 해서 반품을 최소화해야 한다.

창고 운영을 잘못하면 예상치 못한 비용으로 애먹는 경우가 종종 발생한다. 제품마다 유통 기한이 있는 경우도 있고 여름과 겨울 같이 날씨에 민감한 것들도 있다. 가격에 비해 너무 공간을 차지하는 경우도 있고 운송하기 까다로운 제품도 있다. 즉, 적정 재고 관리가 보이지 않는 회사의 수익으로 연결될 수 있다는 사실을 알아야 한다.

2. 아이템 선정 5계명을 기억하라!

① 창업자가 직접 경험해 본 분야의 아이템
② 창업자가 관심을 가지고 즐길 수 있는 분야의 아이템
③ 지인이 도와줄 수 있는 분야의 아이템
④ 주관적, 객관적인 전망이 좋은 아이템
⑤ 비교적 소싱이 쉬운 아이템

한마디로 소싱하기 쉽고, 내가 잘 아는 분야의 아이템이며, 꾸준히 포기하지 않고 즐기면서, 때로는 지인에게 도움도 요청할 수 있는, 나 혼자만의 아이템이 아닌 객관적인 평가도 좋은 아이템을 선정하면 된다.

3. 대표적 창업 아이템 정보처 7가지

① 직장 동료 또는 주변 창업자
② 창업 컨설턴트, 정부기관 교육 프로그램, 온라인&오프라인 강좌
③ 무역 창업과 아이템에 대한 전문서적

④ 블로그, 카페, 협회, 모임들을 통한 정보

⑤ 해외 투어 또는 전시회 방문을 통한 정보

⑥ 국내외 유튜브 및 구글링을 통한 정보

⑦ SNS, 페이스북, 인스타그램을 통한 정보

4. 이런 아이템이 좋은 아이템?

① 복잡하지 않고, 특별한 매뉴얼 없이도 이해 가능한 아이템

② 보편적으로 누구에게나 다가갈 수 있는 아이템

③ 불량이 적고 A/S 또는 반품이 적은 아이템

④ 부피와 무게가 작아 운송하기 편한 아이템

정리하면, 남녀노소 누구나 간단히 사용하기 편하며, 불량에 민감하지 않은 작고 가벼운 아이템이다.

5. 아이템 소싱 시, 가장 기본이 되는 3가지

'아이템 소싱'에 관한 많은 경험담과 이론이 존재하지만 가장 기본이 되어야 하는 항목은 아래와 같다.

1) 내가 전문가

무엇보다 본인이 가장 잘 아는 품목이어야 한다. 과거 직장 생활 및 사회 생활 경험도 당연히 도움이 된다. 만약 어떤 특정 분야의 전문가

라면 그와 관련된 제품을 소싱하는 것도 효과적이다. 예를 들면, 자동차 부품, 조립 PC, 여성 액세서리 디자인 분야에 내가 전문가적인 경험과 소견이 있다면. 창업 아이템 소싱 시, 남과는 분명히 다른 차별성을 갖는다. 그 차별성이 곧 경쟁력이 된다.

2) 안정적 공급

국내 제품으로 진행하는 것과 수입 제품으로 진행하는 것에는 분명한 차이가 있다. 국내 제품이 가격은 비싸더라도 안정적 공급을 제공하는 반면, 수입 제품은 그 반대가 된다. 특히 중국 같은 경우, 설날과 추석, 국경일에는 출고가 지연될 수 있는 만큼 충분한 재고 확보가 필요하다. 아무리 잘나가던 제품도 한 번 흐름이 끊기면 그 흐름을 복구하기가 정말 어려운 만큼 재고 관리가 창업 성패에 영향을 미칠 수 있다.

3) 배송

포장과 발송이 쉬워야 일하기가 수월한 것은 당연하다. 보관비와 운송비에서 가격을 낮출 수도 있다. 그 반대로 예상치 못한 비용이 발생할 수도 있다. 운송할 때는 어떨까? 역시 작고 가벼운 게 좋다. 이 조건은 제품을 수입할 때나 국내에서 택배를 보낼 때 모두에 해당한다. 그렇기 때문에 부피는 크지만 판매 가격이 상대적으로 낮은 아이템은 가급적 자제하는 게 좋다. 특히 파손이 쉬운 제품은 A/S 또는 반품 문제가 생길 수 있다는 점은 명심해야 한다.

정리하면, 소싱에 대한 정보는 많으면 많을수록 좋다. 그전에, 위의

① 내가 잘 아는 아이템

② 공급의 안정성

③ 배송의 용이성

이 3가지는 기본으로 고려해야 추후에 '아뿔싸!'라는 후회가 없게 된다.

Chapter 06

절대 무역 창업하지 마!

방심하면 한방에 회사 문 닫는다?

(대표적 위협들)

클레임과 사기, 가짜 바이어와 진짜 바이어, 그리고 무역 대금

1. 무역 클레임이 발생하는 이유와 효과적인 대응법은?

무역은 두 개의 이익 집단이 만나, 서로 합의하고 절충해 윈-윈(Win-Win) 효과를 극대화하는 것을 목표로 한다. 그 목표를 달성하기 위한 근본은 신뢰(믿음)다. 이것 없이는 절대로 무역 계약에 도달할 수도 비즈니스 관계를 유지할 수도 없다. 무역의 근간은 '사람 대 사람의 비즈니스'이기 때문이다.

수량 부족, 품질 문제 등 서로 좋을 때는 웃고 넘어가던 것들조차 신뢰에 금이 간 상황에서는 심각해지고 살벌해지는 것이 '무역 클레임'이다. 클레임이 터졌을 때는 대응 방법에 따라 일이 더 커질 수도 있고 작아질 수도 있는데, 대체로 수동적인 것보다는 적극적인 대응이 손실을 최소화하는 데 더 효과적이고 도움이 된다고 입을 모은다.

클레임 대응의 자세는 '아닌 것은 아니라고 분명하게 선을 긋는 것'이다.

이번만 대충 넘어가려는 자세와 손실 비용이 적다는 이유로 그냥 수긍하는 자세는 지양해야 하고, 자기 입장만 이야기하거나 우기는 경우 또한 주의해야 한다. 유선상 통화보다는 이메일로 증거를 남기면서 주관적인 아닌 객관적인 증거와 자료를 가지고 설득과 협의에 임해야 한다. 여기서 알아야 할 것은 클레임은 꼭 수입자(바이어)가 수출자를 곤

경에 빠뜨리기 위한 수단으로 본다고 생각해서는 안 된다는 것이다. 그냥 문제가 발생한 것을 공유하는 정도로 생각해도 되지만 수출자는 무조건 그 상황을 회피하고자 하는 경향이 있는 만큼 잘못하면 바이어와 불신을 더 키우기도 한다.

"비 온 뒤에 땅이 굳는다."라고 한다. 클레임은 어떻게 대처하는가에 따라 향후 더 나은 비즈니스로 향할 수 있기 때문에 클레임이 발생하면 더욱 신중을 기할 필요가 있다.

2. 품질 클레임에 대한 대응법: 승인용 샘플

무역에서 가장 흔한 클레임은 납기, 수량, 품질과 관련된 클레임이다. 3대 클레임이라고 할 정도로 가장 흔하기 때문에 무역을 생각한다면 잘 알고 있어야 한다. 납기 클레임은 절대로 빠져나갈 수 없다. 왜냐하면, 선적 후 B/L에서 나오는 선적일(On board)이 명시되기 때문이다.

수량 클레임은 출고 수량과 현지 입고 수량의 차이로 인한 것이기 때문에 어느 정도 그 수량만큼 해결할 수 있다.

품질 클레임은 한 번 터지면 그 출고 수량 전체가 문제가 될 수 있다. 다시 말하면, 품질 클레임이 가장 중요하고 대응이 어려운 클레임이라고 볼 수 있다. 그렇기 때문에 초반 '승인용 샘플' 세팅은 상당히 중요하다.

스펙, 포장, 컬러 등 수출자와 수입자는 샘플을 통해 다양한 부분을 초반에 협의한다. 조정과 합의를 통해 승인용 샘플이 세팅되면 그것이 곧 생산 기준이 된다. 클레임의 척도가 되기도 하기 때문에 수출 업체와 바이어는 증빙 및 확인용으로 각각 샘플을 한 개씩 보관하여 클레임 발생 시 대조 확인을 한다.

제조를 해본 사람들은 다 알지만, 100% 똑같은 품질을 유지하기란 쉽지는 않다. 의도치 않게 승인용 샘플과 미세하게 달라지는 경우도 종종 발생한다(ex. 색깔). 내 공장에서 만든 제품이라도 오차 및 허용 범위라는 것이 존재하고 남의 제품을 사서 파는 무역 회사라면 공장과 바이어 사이에서 포지션이 애매하거나 난감해질 수도 있는 상황이 벌어지기도 한다. 자칫 잘못하면 모든 책임을 그 무역 회사가 질 수도 있기 때문에 문제의 소지를 인지하게 되면 제조사와 바이어에게 미리 통보해 빠른 대응을 모색할 필요가 있다.

3. 자주 맞으면 아픈, 무역 클레임 5가지

1) 수량 클레임

이는 계약했던 수량과 해외 창고 입고 수량이 차이가 날 때 발생한다. 아주 흔한 클레임 중 하나면서 애매한 클레임이라 할 수 있다. 공장에서는 출고 시, 수량이 정확하다고 하는데, 수입자(바이어)는 숫자가 다르다고 하는 경우도 있기 때문이다. 단순 계산 오류라고 하더라도, 수출자, 포워더, 수입자 삼자 간의 잘잘못을 따지기가 현실적으로 쉽진 않다. 누구는 계약 수량보다 더 많이 싣는 문제에 대해 관대하기도 하지만 통관상의 문제 등 예상치 못한 변수를 야기할 수도 있기 때문에 허용 범위 안에서 최대한 맞춰야 한다.

수량 클레임 발생으로 제품을 나중에 따로 보낼 경우, 그만큼의 비용과 시간이 발생하므로 효과적인 대응으로 'RMA' 방식을 택하는 경우도 많다.

2) 품질 클레임

기본적으로 품질과 수량 클레임은 납기 클레임에 비해 대응하기가 상대적으로 어렵다. 개개인의 시각차가 존재하기 때문에 애매한 부분도 많아 이슈화시킨다면 정확히 잘잘못을 따지기도 어렵다(물론, 누구나 인정하는 클레임은 예외다.).

품질과 수량 클레임을 대할 때는 우리가 잘 아는 Ex-work, FOB, CIF 같은 인코텀즈와 연관해 따지려는 경우도 있고 포워더와 바이어에게 책임을 넘기려는 경우도 있다. 예를 들면, 'FOB 조건이니까 수출자는 선적 전까지만 책임을 진다.', 'LCL 조건이므로 분실은 포워더 책임일 수도 있다.', 'FCL 조건이므로 분실은 100% 없다.', '바이어가 괜히 트집 잡는 거다.' 등, 결국 수출자는 정확한 수량과 품질을 검품해서 출고했다고 하고, 바이어는 수량이 부족하다거나 파손이 있다고 말한다. 포워더는 컨테이너가 LCL이든 FCL이든 화물을 양도받아 그대로 운송했기 때문에 책임이 없다고 한다.

이럴 때는 어떻게 해야 할까? 당연히 협상이 중요하고 정답은 없다. 누가 갑의 위치에 있고, 누가 더 합리적인 근거를 제시하느냐가 관건이 된다. 중요한 것은 회피하지 않고 대화와 협상 그리고 문제를 처리하고자 하는 의지가 향후 비즈니스에 영향을 미친다는 것이다.

3) 포장 클레임

포장 클레임은 리테일(Retail, 소매) 박스에서 발생한다. 약속과 다른 포장지를 쓸 때도 있지만 상자 또는 포장지가 파손돼서 재작업을 해야 하는 경우도 있다. 수입자(바이어) 입장에서는 추가적인 비용이 발생할 수 있고, 그만큼 판매 시간이 지연될 수도 있기 때문에 클레임 대상이 된다. 이런 단순 교체 작업을 위해 'RMA'처럼 제품 또는 부속품을 사전에 보내 놓는 경우도 있는 만큼 불량률을 미리 체크할 필요가 있다.

4) 납기 클레임

품질과 수량 클레임은 배가 도착한 후 바이어의 검품에서 바로 발생하는 경우도 있고 시간이 흐른 뒤에 발생하는 경우도 있지만, 납기 클레임은 선적 날짜(On board)와 관련되어 있는 만큼 바로 제기되는 편이다.

여기서 우리는 '납기의 기준'이 궁금해진다. 이는 바로 B/L에서의 'On board' 날짜다. 명확하기 때문에 어길 경우에는 수출자에게는 변명의 여지가 없다. 다시 말해서, 납기를 못 지킬 경우, 수입자(바이어)를 속일 생각을 하면 안 되고 지체없이 통지하는 것이 가장 중요하다. 무역은 사람과 사람이 하는 비즈니스다. 그만큼 누구나 실수를 할 수 있기 때문에 납기가 깨질 수도 있다는 것은 누구나 잘 알고 있다. 단지, 이를 언제 어떻게 통지하고 책임지는 태도를 어떻게 보여주는가에 따라 클레임의 정도가 달라질 수 있는 만큼 적극적인 대처가 중요하다. 그 대처 방식에 따라, 의외로 쉽게 넘어갈 수도 있고 문제가 복잡해질 수도 있다.

5) 마켓(시장) 클레임

바이어(수입자)가 수출자에게 현지 마켓(시장) 상황의 갑작스러운 어려움에 대한 고통 분담을 요구하는 경우다.

P/I(Proforma invoice)를 작성하고 생산 시간과 도착 시간을 감안하면 계약 후 대략 한 달에서 한 달 반 정도의 시간이 흘러야 해외 현지에 도착한다. 그 사이에 환율이나 시장 환경이 급속도로 변했을 때, 바이어의 기존 재고가 악성 재고로 바뀌어서 일시적인 위험이 생겼을 때, 그 외에 다양한 이유로 바이어가 고통 분담을 요청하는 경우다. 여기서 핵심은 협상은 하나를 주면 하나를 받아야 하기 때문에 어느 정도

의 생색은 필요하다는 것이다.

클레임의 내막을 상세히 보면, 지속적인 거래를 한다는 전제하에 극한 대립은 서로 안 하기 때문에 대부분 상식선에서 양보와 협상을 하려 한다. 그 양보를 누가 더 하고 덜 하느냐가 바로 영업력이다. 이런 영업력의 핵심은 협상하기 전에 평소 얼마나 신용을 잘 쌓아 두었느냐 여부다. 즉, 평소에 잘해야 한다.

무역에서는 잘잘못을 따질 경계가 명확하지 않은 경우가 많은 만큼 항상 바이어와 신뢰를 구축해 놓아야 한다는 점을 명심하자!

4. 무역 클레임에 대한 보편적 대응: 크레딧 노트 & 데빗 노트, RMA

수출과 수입에서 클레임은 빈번하다. 문제 제기 수준에서 끝낼 것인가 클레임을 통한 보상을 요구할 것인가의 차이가 있을 뿐이다. 앞서 언급한대로, 무역에서는 객관적으로 제3자가 인정할 만한 클레임보다는 주관적인 부분이 항상 분쟁의 씨앗이 되는 만큼 담당자 간의 커뮤니케이션 능력이 매우 중요한 역할을 한다.

기본적인 마인드는 회피가 아닌 '적극적 해결 의지'다. 여기에 객관적 검증과 문제 제기를 더해 클레임을 인정할 것인지 안 할 것인지 그리고 어떻게 대응할 것인지 종합적으로 판단해야 한다. 여기서 알아 둬야 할 것은 '수출자는 을이기 때문에 무조건 수용해야 한다.'는 것은 절대 아니다. 또한, 무조건 변명을 통한 회피도 도움이 되진 않는다.

그렇다면, 보편적이고 일반적인 클레임 대응은 어떤 것이 있을까? 만약, 수출자가 잘못을 인정하고 배상하는 데에는 다음과 같은 금전적 방식과 대물 방식이 가장 보편적으로 쓰인다.

1) 금전적 방식

금전적 방식은 크레딧 노트(Credit note)와 데빗 노트(Debit note)로 처리하는 것이 일반적이다. 차감할 금액을 수출자가 적어 바이어에게 전달하는 것이 '크레딧 노트'이고, 바이어가 받아야 할 금액을 적어 수출자에게 전달하는 것이 '데빗 노트'다. 실전 무역에서는 신뢰가 중요한 만큼 '인정'했다면 둘 중 하나만 사용하는 경우도 많다.

클레임 금액을 T/T 방식으로 따로 해외 송금하는 경우는 매우 드물며, 대부분 다음 계약에서 차감하는 업무적 프로세스를 택한다.

2) 대물 방식

대물 방식은 RMA 방식으로 처리하는 것이 일반적이다. 수량 또는 품질 부족이 발생했을 때 바이어가 금전적 보상을 원하지 않고 상품을 원하는 경우, 매번 클레임이 발생할 때 DHL나 FEDEX 같은 특송으로 대응하는 것이 쉽지 않을 때 사용된다. 이는 미리 완제품 또는 부속품을 미리 선적해 놓거나 메인 오더에서 같이 여분으로 출고하기 때문에 수출자와 바이어(수입자) 간 클레임에 따른 대물 처리 방식이 확정되면 그 완제품 또는 그 부속품이 사용되는 방식이다.

R.M.A 방식은 비용과 시간적인 면에서 효율적이기 때문에 수출자는 미리 생산 라인의 '불량률'을 고려해 사전에 진행하는 편이다.

5. 남의 일이 아니다? 가장 흔한 무역 사기 유형 6가지

지금껏 문제없이 수익을 내고 무역을 해와도 한 번의 클레임으로 폐업에 이르는 것이 무역업이다. 무역 사기 역시 마찬가지다. 그러나 정부기관 또는 지자체에서 언급하는 무역 사기 이야기들은 마치 먼 나라 이야기 같기도 하고 뜬구름 잡는 사건 같기도 해서 마음에 와 닿질 않는 것도 사실이다.

'나만 아니면 된다.'라는 생각으로 주변의 사례조차 무시하는 경향도 있다.

'설마? 그럴 리가?'

수출입을 함에 있어서 가장 자주 접하는 무역 실무 L/C, T/T, P/I, P/O, Copy(카피) 부분과 관련된 대표적인 사기와 분쟁 유형을 몇 가지 살펴보자.

1) 처음부터 빅바이어로 접근하는 경우

'한 달에 몇 컨테이너 오더를 주문한다.', '이번에는 10만 개를 하려 한다.' 등 엄청난 수량으로 접근해서 유혹하는 경우다. 갑의 자세로 제품의 자세한 정보를 캐묻는 경우도 많은데 대부분 실제 바이어가 아닌 스파이인 경우가 많다. 이들은 무역 거래 조건보다는 제품 스펙에 관심이 많은 경우로서 직접 물어보기도 하지만 알바생을 뽑아 제품 정보를 캐서 샘플 확보 후 Copy(카피)하려는 업체들이 대부분이다.

2) 이메일을 해킹하는 경우

수출 회사라 할지라도 원자재를 수입하는 경우가 많다. 이런 점을 악용하여 무역 대금을 중간에서 가로채려 하는 이들이 있다. 즉, 원자재 업체에 송금하려고 하는 시점에서 은행 계좌가 갑자기 변경되는 경우로서 최근 가장 빈번한 사기 중 하나다. 그들의 방식은 거래 업체 간 주고받는 이메일을 오랫동안 지켜보다가 계좌번호를 변경해 대금을 가로챈다. 그러므로 무조건 송금할 때는 계좌를 재확인하는 습관이 필요하다.

3) 소량 오더(주문)로 시작해서 갑자기 수량을 키우는 경우

대기업이면 모를까 중소기업은 현금 흐름(Cash flow)에서 자유로울 수 없다. 그렇기 때문에 초반에만 경계하고 의심할 뿐, 바이어가 처음부터 착실하게 소액 오더(주문)라도 약속을 잘 지켜준다면 깊은 신뢰를 갖게 된다. 이 부분을 이용한 것으로서 처음에는 소량 샘플 오더를 지속적으로 진행하다가 갑자기 수량을 늘리면서 여러 사정을 들어 여신을 해 달라는 경우도 있고, 계약 시 20%, 도착 전 80%로 해 놓고 도착을 해도 차일피일 미루며 수출자가 물건을 Ship back하기 곤란한 것을 이용해 여신을 달라는 사례도 있다. 결과는 대부분 여신을 주고 못 돌려받는 최악의 경우가 많기 때문에 주의해야 한다.

4) 계약에 없는 중도금 요구

수입 시 종종 발생한다. 특히 소호 무역처럼 중국, 동남아에서 소량으로 수입하는 경우 자주 발생하는 편이다. 선급금을 보냈는데 계약에 없던 중도금을 요구하는 경우로서 중도금이 없으면 출고를 안 하겠다고 반협박하는 경우도 있고, 잔금을 미리 안 주면 오더를 파기한다고 하는 경우도 있다. 한마디로 요청 금액을 일부라도 받은 뒤 바로 태도가 돌변하는 경우다.

5) P/I, P/O에 사인이 없는 경우

이는 사기보다 업무상 실수에 가까운 사례지만 빈번하게 발생한다. 수출 업체가 무역 협상을 다 마치고 바이어에게 P/I를 발행한 뒤, 수출자는 바이어가 급하다는 이유로 바이어의 사인 및 선급금 없이 먼저 생산을 시작하는 경우다. 추후 선급금을 요구했더니 아직 보류 상태라는 답변을 받는 경우로서, 이런 상황에서는 이미 물건을 만들어 놨기 때문에 갑과 을이 완전히 바뀌어서 향후 비즈니스에 악영향을 미친다.

6) 컨테이너에 쓰레기(불량)를 넣는 경우

L/C는 은행 네고 서류만 잘 갖춰지면 L/C에 표기된 대로 무역 대금이 집행된다. L/C에는 제품에 대한 검품은 해당되지 않기 때문에 이 부분을 노린 경우다. 물론 T/T도 마찬가지다. 즉, L/C든 T/T든 검품은 당사자가 직간접적으로 해야 한다.

수입 컨테이너를 열어보니 오더(주문) 제품과 다른 경우로서 고의로 다른 걸 넣은 사례라 할 수 있다. 이는 중고 거래 사이트에서 택배를 받았는데 쓰레기나 벽돌이 온 경우와 같다고 볼 수 있다.

6. 가짜 바이어 vs 진짜 바이어 구별법

제조업을 기반으로 하는 수출 초보 기업과 경험이 부족한 무역 창업자들을 대상으로는 하는 가짜 바이어들은 참 많다. 이메일 문의에서도 볼 수 있고 전시회에서도 쉽게 만날 수 있다. 단지 제품 Copy만을 생각해서는 안 된다. 자금과 능력도 없는 영업과 마케팅으로 그 제품의 앞길을 영원히 막는 경우도 다반사이기 때문이다. 그러므로 만나기 전에 한 번 검증하는 노력이 필요하다.

가짜와 진짜 바이어가 말하는 태도를 보면, 가짜 바이어들은 첫 오더(주문) 수량부터 컨테이너를 포함한 대량 오더를 언급하고 막연하게 부풀려 말하는 반면, 진짜 바이어들은 수량별 가격, 샘플 가능 수량, 납기처럼 아주 상세한 부분을 물어보는 편이다.

가짜 바이어들이 처음부터 '가격이 싸다, 비싸다.'를 언급할 때, 진짜 바이어들은 처음부터 가격 네고를 절대 하지 않는 편이다. 왜냐하면, 아직 내부적인 검토가 끝나지 않았기 때문에 어떤 준비도 없이 가격을 언급할 수 없기 때문이다.

가짜 바이어들은 해외 유통망, 대기업과의 파트너 관계, 시장 점유율 등 자기의 협력업체와 능력을 상당히 부풀려 이야기하지만, 진짜 바이어들은 많은 것을 오픈하려 하지 않는다. 앞으로 비즈니스를 할지 안 할지 모르기 때문에 굳이 말할 필요성을 못 느끼기 때문이다.

한 가지 더 재미있는 것은 가짜 바이어들은 옷을 잘 차려입는 것에 반해 진짜 바이어들은 대충 입는 경우도 많기 때문에 외관만으로 판단하기도 정말 어렵다는 것이다.

가짜 바이어들의 공통점은 '공짜로 쉽게 해먹겠다는 것!' 그리고 '한 번 해보고 아니면 말지'라는 마인드가 팽배하다는 것이다.

- 끊임없이 제품에 대해 칭찬하고
- 끊임없이 자신에 대해 자랑하고
- 끊임없이 영업에 불필요한 제품의 비밀을 캔다.

그리고 자기 이익만을 생각하고 상대방의 입장을 전혀 고려하지 않는다. Win-Win 전략? 그딴 건 그들에게는 안중에도 없다.

7. 가짜 바이어들을 조심하라: 카피(Copy)

수출의 경우, 제조사가 직접 하는 '직수출'과 무역 회사에게 정식으로 위임해 간접적으로 진행하는 '간접 수출'이 있다. 수출의 주체만 다를 뿐 둘의 공통점은 바이어를 찾는 데 있어서 시작은 항상 온라인 마케팅과 오프라인 마케팅에 있다는 것이다. 마케팅은 곧 홍보다. 지금껏 감췄던 제품을 세상에 널리 알리는 것이 핵심이다. 즉, 이때부터 가짜 바이어들에게도 노출된다.

가짜 바이어들은 직접 또는 알바생을 고용해 빅바이어(소비자) 행세를 하며 제품을 사거나 주요 정보를 얻기도 하고, 직·간접적으로 샘플을 긁어서 모으기도 한다. 필요하다면 각종 비즈니스 상담회와 바이어 상담회에 참가해서 더욱 구체적이고 기술적인 질문을 직접 하기도 한다. 이들은 규모가 작거나 만만한 업체들을 대상으로 쉽게 베낄 수 있는 디자인 제품 또는 기존 제품에 아이디어적 기능을 추가한 제품군에 유독 많은 경향이 있다. 쉽게 뭔가 할 수 있기 때문이다.

"특허와 디자인 등록이 되어 있으니 안심해도 되지 않나요?" 수출 기업들이 종종 이렇게 질문하기도 한다. 맞을까?

실전 무역에서 보면 실상은 그렇게 녹록지 않다. 이런 'Copy 전쟁'은 예방이 최선이다. 법에 의존해서 대응하는 것은 현실적으로 보면, 시간과 돈 기타 여러 부분에서 무역 창업자 또는 수출 초보 기업에게는 큰 부담이기 때문이다.

8. 가짜 바이어들을 조심하라: 지역 독점권

가짜 바이어들은 전시회, 수출 상담회와 같은 오프라인 행사에도 자주 방문한다.

'시장 조사'처럼 단순한 접근으로는 얻기 어려운 정보와 샘플을 '바이어'로 둔갑해서 대접받고 쉽게 얻기 위함이다. 그러나 막상 만나보면 오프라인 만남에서 진짜와 가짜를 구별하기는 정말 어렵다. 진짜 바이어들, 즉, 내 제품에 관심 있어서 방문한 바이어들도 제품 구매를 위해 이런 류의 오프라인 행사를 적극적으로 활용하기 때문이다.

수출자 입장에서는 정말 헷갈린다. 이런 가짜 바이어들의 주된 목적은 앞서 말한 'Copy'만이 아니다. 구매할 능력도 없고 해외 현지 업체 관리가 전혀 안 되어 있지만 '한번 해볼까?'라는 자신의 욕심으로 아이템을 찾는 경우다. 수출자의 입장을 전혀 고려하지 않는 자기만의 욕심인 만큼 모든 말이 거짓말인 경우가 많다. 절대 그들은 스스로 '브로커(여기서는 나쁜 의미)'라고 말하지 않는다. 처음 만났고 알지도 못하는 해외 브로커에게는 독점권을 주지 않는 것이 일반적이기 때문에 진짜 바이어 행세를 하며 제조사에서 해당 지역 독점권 또는 영업권을 확보하는 것을 주된 목적으로 한다. 그들은 바이어를 찾는다는 이유로 다양한 요구와 지원을 요청하기도 하고, 그 기간에 제조사가 다른 바이어를 찾지 못하게 묶어 놓는 것(독점권)이 공통적인 영업 수법이다.

이런 브로커들은 대부분 전시회나 온라인을 돌아다니면서 괜찮은 제품을 독점권으로 묶어 놓고 해외 업체(진짜 바이어)에 제안을 넣는 경우가 많다. 결과가 좋으면 그들은 몇 번 하다가 카피(Copy)로 생산해 줄 공장을 찾는 경우도 있고 결과가 좋지 않으면 과감히 버리기도 한다. 분명한 것은 해외 현지 상황에 대해 그들에게 독점권이라는 이름으로 전적으로 맡기고 모든 눈과 귀가 그들에게 가려지는 순간, 국내 기업만 속 타게 된다는 것이다.

결국, 수출자 입장에서는 신제품이 구제품으로 순식간에 바뀌어서 신제품 효과도 없어지기도 하고 진짜 바이어를 찾는 타이밍조차 놓치게 된다.

9. 가짜 바이어들을 조심하라: 사기

가짜 바이어의 또 다른 형태로는 '무역 컨설턴트' 또는 '멘토'로 가장하는 경우다.

공신력 있는 기관 또는 단체에서 '멘토'와 '멘티', '도움을 주는 자' 와 '도움을 받는 자' 또는 '선생'과 '학생'으로 인연을 맺은 다음 그 인연을 바탕으로 그 관계를 이용하여 좌지우지하는 형태이다. 대부분 제조를 근간으로 하는 수출 초보 기업들이 무역에 대해서 잘 모른다는 이유로 다양하게 뒤통수를 맞는 경우라 할 수 있다. 그 공신력 있는 기관에서 인연을 맺었기 때문에 그만큼 신뢰가 쌓였기 때문에 그 믿음은 상상 그 이상인 경우가 많기 때문에 사기에 그대로 노출되는 편이다.

10. 바이어가 약속한 T/T 무역 대금을 안 준다면?

무역 대금은 크게 T/T와 L/C 방식으로 나누어진다.

딱 2가지만 제대로 알아도 해외 수금에는 전혀 문제가 없다. 단, T/T는 바이어가 직접 돈을 보내는 방식이고 L/C는 은행을 통하는 것에서 차이가 있을 뿐 그 바탕에는 바이어가 돈을 제때 약속대로 지킨다는 믿음에 있다.

L/C는 선적 후 은행에서 네고를 하면 끝이기 때문에 필요한 서류만 잘 갖추면 문제가 없다. 단지, 선수금이 없다는 아쉬움이 있을 뿐이다. 반면, T/T는 선급금이 있다는 장점과 잔금에 대한 불안감이 복합적으로 작용한다.

P/I(Proforma invoice)와 P/O(Purchase order)를 통해 무역 계약을 하면 수출자에게는 납기의 의무, 바이어에게는 무역 대금 지급의 의무가 생긴다. 당연히 바이어 입장에서는 수출자의 납기 불이행에 관한 고민을 할 수 있고 수출자 입장에서는 바이어가 약속한 무역 대금 지급이 제때 이루어지지 않는 것에 대한 대비책을 생각해 볼 수 있다.

대금 지급 불이행에 대한 대응으로 일반적으로 다음과 같이 3가지 방식으로 접근한다(T/T는 주로 잔금에서 문제가 발생한다.).

1) 계약 파기

선급금이 제때 입금되지 않는다면 당연히 '계약 파기'해도 된다. 계약 불이행이기 때문이다. 단, 원자재도 확보하지 않았고, 물건을 생산하기 전이라는 전제 조건이 필요하다. 다시 말해서 이런저런 손실이 전혀 없을 때의 선택지다. 그러나 실전에서는 말이 쉽지 어떻게 보면 거의 현실성이 없는 경우가 대부분이다. 일단 P/I와 P/O가 작성되면 그때부터 납기를 지키기 위해 원자재 확보를 시작하는 경우가 많기 때문이다. 이런 리스크(Risk, 위험 요소) 관리 차원에서 선급금을 받지 않으면 생산 자체를 시작 안 하는 제조사도 있지만 대부분 계약 시 선급금이 입금될 것이라는 믿음으로 생산을 준비한다(납기를 위해 원자재를 확보하기 위함).

이런 선급금에 대한 리스크는 수출자 입장에서는 '생산 스케줄 조정'이라는 대비책으로 방어되지만, 잔금에 관한 리스크 관리는 매우 쉽지 않다. 잔금은 선적 후 받는다. 이 시점에서 '계약 파기'를 선택한다는 것은 그만큼 피해를 감수해야 한다.

2) B/L 안 넘겨주고 Ship back하기

한마디로 돈을 안 받았으니 물건을 안 넘겨주겠다는 뜻이다. 간단하다. 그러나 B/L 이야기가 나오는 상황이면 이미 배가 공해에 둥둥 떠다닌다는 뜻으로 실상은 의외로 복잡하다. 즉, 선적 후 배가 도착지로 가는 상황이면 Ship back은 안 된다. 일단 현지 도착해서 결정할 부분이기 때문에 도착 전에 바이어에게 잔금에 대해 지속적으로 요청하는 것이 최선이다.

배가 도착해서 일정 시간이 지나면 체선료(Demurrage charge)를 비롯한 추가 비용이 발생한다. 'Ship back' 자체 비용이 발생하는 것을 넘어 회수한 물건 처분에 대해 더 큰 고민을 해야 한다. 특히 OEM 제품일 경우에는 더욱 골치 아프다. 그 바이어에 특화된 제품이기 때문에 다른 판매처 물색이 쉽지 않기 때문이다.

수출하는 사람들이 흔히 하는 말이 있다.

"무역 대금 리스크를 최소화할 수 있는 시기로는 공장 출고 전이 가장 좋고, 배 뜨기 전이 두 번째, 배가 도착하기 전이 세 번째다."

이런 이유로 T/T 조건에서 선급금과 잔금 시기를 이 기준으로 정하는 경우가 많다.

3) 국제 소송

당연히 소송도 걸 수 있다! 여기서 우린 다시 한 번 되물을 필요가 있다. '과연 현실적인 방법일까? 이것이 최선일까?'

국내에서만 봐도 포워더, 공장, 물류 업체, 원자재 업체와 크고 작은 문제는 생긴다. 심하면 클레임이 발생하기도 하지만 소송을 통한 법으로 해결하는 것은 가급적 자제하려 한다. 마지막 선택지이기 때문이다.

국내에서 일어나는 상황도 법으로만 해결하기 어려운데 해외와 관련되어 있다면 더욱 어렵다. 받지 못한 무역 대금을 받는 경우와 체선료를 비롯한 기타 예상 손실 비용 및 소송에 드는 비용을 비교하지 않을 수가 없다. 여기에 정신적, 육체적 스트레스는 덤이다. 해결되기까지 시간도 당연히 오래 걸린다. 배보다 배꼽이 더 큰 경우가 될 수 있다.

결국, 안전한 무역 대금 회수는 수출의 핵심이자 영원한 숙제가 된다.

Chapter 07

절대 무역 창업하지 마!

타 무역 창업자들은 어떤 고민과 경험을 할까?

(컨설팅 사례 공유)

- 타산지석(他山之石)으로
나의 무역 창업 꿈을 펼치자

실패를 줄이고 성공 확률을 높이는 무역 창업 사례 분석

1. 공장을 찾아 중국에 직접 가서 수입(소싱)하고 싶습니다(자동차 부품/해외 공장 소싱과 제조법 / 전시회 활용법)

"기존 국내 소싱 & 국내 B2C를 벗어나 직접 수입해서
국내 B2C 그리고 수출도 생각하고 싶습니다."

창업한 지 1년 내외입니다. 국내 1차 밴더사에서 납품받아 공업사에 납품을 하고 있는 1인 기업입니다. 중국 공장을 찾아서 기존 국내 거래선을 유지해서 원가 절감을 생각하고 있고 향후 시장의 요구에 맞게 제품도 중국에서 제작하여 수출도 생각하고 있습니다. 우선, 중국 공장을 어떻게 찾아야 할까요?

창업의 큰 그림이다! 큰 그림에서 작은 그림, 그리고 현재 당면한 문제를 해결하는 것은 1인 창업의 가장 좋은 출발임에는 틀림없다. 기존 국내 업체에서 납품받고 그 제품을 B2C, 즉, 온라인에서는 쿠팡이나 네이버에서, 오프라인에서는 직접 공업사를 방문하고 영업해서 납품하는 실적을 내고 있기 때문에 첫 단추는 견고하다고 할 수 있다. 여기서 기존 거래처를 대상으로 원가 절감을 통한 경쟁력을 키우고, 그 경쟁력을 통해 국내 거래처 확장을 하며 시장 요구에 맞춰 제품을 개발하는 중장기 플랜이라면 확실히 창업 성공 확률은 높아진다. 향후 제조는 중국에서 바로 해외로 수출하는 3국 무역까지 고려할 수도 있지만, 지금은 나에게 맞는 최적화된 중국 공장을 찾는 것이 가장 우선시되어야 한다.

폐차장을 포함한 자동차 부품(정품, 가품) 같은 경우는 폐쇄성이 상당히 높다고 알려져 있다. 그렇기 때문에 온라인으로 서칭(검색)해서 업체 발굴하는 것은 쉽지 않고 공장 업체 리스트에도 나와 있지 않아 애를 먹는다.

이런 상황을 타파하는 방법은 딱 한 가지가 '전시회'다.

'직접 가서 확인하고 계약하라.' 말이 쉽다. 이렇게 간단히 말하고 끝내서는 안 된다. 소싱을 위한 해외 업체 선정이나 수출을 위한 바이어 찾기나 전시회를 통하는 방법은 비슷하다. 반드시 남에게만 맡기지 말고 직접 해야 한다. 무역은 경험이 중요하기 때문에 남에게 맡기면 그 사람이 떠나면 그만이기 때문이다. 그 경험과 지식이 한 번에 날아가는 순간은 정말 순식간인 경우가 많다.

중국 전시회를 방문해서 소싱한다면 사전 기획 및 준비를 해야 한다. 공부 잘하는 친구가 복습보다는 예습에 무게를 더 두는 것처럼 가성비를 높이는 전시회 방문을 원한다면 사전에 충분히 알아보고 준비해야 한다. 그렇지 않으면 돈과 시간만 날리는 꼴이 된다. 1인 무역 창업에서 전시회 방문을 포함한 해외 출장은 단지 시간과 돈만의 문제가 아닌 본인이 대한민국에 없으므로 생기는 손실(기회 비용)이 더 크기 때문에 그만큼 사전 준비는 필수다.

전시회 사전 준비로 모든 모델, 스펙, 가격, 결제 조건, MOQ, RMA와 같은 P/I(Proforma invoice) 항목을 구체적으로 조율하고, 현장 미팅에서는 검증으로 접근해야 한다. 그 현장 미팅 후, 부스 방문한 김에 공장 견학도 겸한다면 출장 효과를 극대화할 수 있다.

중국 전시회(타지역 전시회 포함)에 간다면, 다음과 같은 11가지를 명심할 필요가 있다.

1) 중국 전시회 홈페이지를 방문하라

부스 참가 업체(공장) 리스트를 확인하고 출품 라인업을 확인할 필요가 있다. 부스를 갖고 나온다는 것은 업체(바이어)를 찾겠다는 강한 의지를 보여주는 것이다. 무역 계약은 수출자의 강한 의지와 수입자의 강한 의지가 만나는 교집합이다. 그 교집합이 만들어지기 위해서는 두 입장의 열정이 반드시 만나야 한다. 만약 없다면, 100% 실패한다. "손뼉도 마주쳐야 소리가 난다."라는 속담처럼 말이다. 단순히 바이어 리스트를 통한 업체 컨택이 실패할 확률이 높은 이유가 여기에 있다. 한쪽만 간절하기 때문이다.

2) 홈페이지를 통한 제품 확인 및 구글 검색하라

무역은 사람과 사람의 거래다. 회사도 마찬가지다. 어떤 생각을 가진 사람들이 모여서 운영하는지 면밀히 살펴볼 필요가 있다. 외부에서 알 수 있는 방법은 많지 않다. 기껏해야 홈페이지와 구글 검색 정도이다. 이걸로 충분하진 않다. 그래도 최대한 알아봐야 한다. 특히 객관적인 검증의 자료가 있는지 검토하고 그것을 통해 신뢰 있는 업체인지 확인할 필요가 있다. 왜? 선수금을 줘야 하기 때문이다.

3) 그 공장 수출 경험 유무를 확인하라

소싱 공장을 찾는 과정에서 제품과 스펙 그리고 가격만 체크하는 경향이 있다. 업체 미팅을 해서도 이 부분만 집중적으로 한다. 여기서 알아야 할 것은 이 부분은 출장 미팅(부스 미팅)에서 그 짧은 시간에 나누기에는 적합하지도 않고 문서로 남겨지지도 않는다는 것이다. 이메일로도 충분하기 때문에 전시회 부스 미팅에서는 기존 자료의 검증을 하는 차원으로 접근해야 한다. 만약, 그 공장이 수출 경험이 있어서 다른 바이어를 찾기 위한 전시회 참여라면 모든 대화가 좀 더 순조롭게 진행되는 경우가 많다. 업체 선택에 있어서, 가격, 스펙, 결제 조건으로만 접근해서는 안 되고 경험이 있는 업체와 첫 거래를 하는 것이 1인 무역 창업자, '스타트업'에게는 바람직하다. 그 이유는 1인 무역 창업자 또한 수입에 생소하기 때문에 그 공장이 경험이 있다면 큰 도움이 되기 때문이다.

4) 공장(업체)의 규모를 무시하지 마라

중국 공장은 우리가 상상하는 규모보다 큰 경우가 많다. 직영으로 하는 공장도 있고 외주로 하는 경우도 있기 때문에 겉으로 드러나는 것이 전부가 아닌 경우도 부지기수다. 전시회 부스 규모만 보고 판단하기 어려운 부분이 여기에 있다. 작게 나오는 업체들이 규모가 작은 것도 아닐 수 있고 보이는 것보다 무역 시스템이 잘 되어 있는 경우도 있다. 그렇기 때문에 그 업체의 진짜 모습을 보기 위해서는 단순 부스 상담뿐 아니라 공장 방문을 권하는 바이다.

5) 첫술에 배부를 수 없다, 욕심을 내거나 서두르지 마라

'일단 손부터 들어가면 몸은 따라 들어온다.' 여기 질문 내용처럼, 소싱 공장을 찾고 기존 업체에 납품하고 그 소싱 공장과 국내 업체의 다각화를 모색하고 그다음 단계로 제조를 생각하는 무역 창업자들이 많다. 처음에는 소싱으로 만났지만 그 무역 창업자의 OEM 제조 공장으로 거듭나는 과정이다. 과정과 절차는 정확하다. 그러나 서두르면 안 된다. 첫술에 배부를 수는 없다. 향후 비즈니스 플랜을 가지고 접근하는 것은 맞지만, 지금은 첫 소싱 업체 선정이 우선시되어야 한다. 뿌리가 흔들리면 향후 어떤 좋은 기획도 의미가 없어지기 때문에 지금은

첫 업체 선정에 집중해야 한다.

6) 부스(현장) 미팅은 검증의 단계이지 가격과 스펙만 너무 물어보지 마라

전시회를 간다고 스케줄을 잡으면 그것으로 더 이상 신경을 안 쓰는 경우가 태반이다. 기껏해야 통역 문제 정도만 고민할 뿐이다. 대부분 그렇게 한다. 그래서 대부분 성과 없이 돌아온다. 절대로 안된다. 무역거래에서 구체적인 사항들과 궁금한 것들 즉, 묻고 싶고 듣고 싶은 내용을 이미 사전에 조율이 다 되어 있어야 한다. 그리고 부스 미팅은 검증의 단계로 삼아야 한다. 각각의 전시회는 특징이 있지만 대부분 공기가 탁하고 좁고 불편하다. 많은 사람들이 오가기 때문에 정신을 쏙 빼놓는다. 제대로 된 상담이 있을 수 없다. 그 미팅에서는 말하는 스타일과 진정성을 통한 신뢰성 여부를 검토하고 특히, T/T를 보냈을 때, 먹튀는 하지 않을지, 해외 소싱의 대표적 3대 클레임인 납기, 품질, 수량에 대한 그 회사 차원의 의지를 살펴봐야 한다.

7) 전시회 미팅 후 공장 방문까지 다녀와라

앞서 말했듯이, 1인 무역 창업자로서 해외 전시회 방문한다는 것은 대단한 용기다. 단순히 돈과 시간을 의미하는 것이 아니다. 그 한 사람이 대한민국을 비움으로써 기존의 영업이 멈춘다는 것을 의미한다. 업무 마비다. 그 기회비용은 상상을 초월하는 경우가 의외로 많다. 그래서 마음먹고 전시회 방문을 생각한다면 공장까지 꼭 방문하도록 노력해야 한다. 다음 기회는 없다고 생각하고 적극적으로 나서야 한다. 공장은 속이지 않는다. 사무실과 그 앞에 앉아서 미팅을 주선하는 영업사원은 언제든지 속일 수 있지만 말이다.

8) 협상의 시작은 첫인상부터다, 외모에 신경 써라

무역에서, 해외 비즈니스에서 보여지는 것은 홈페이지 그리고 상담 시 첫인상이다. 해외 부스를 방문하는 경우가 생긴다면 당연히 그 영업 사원들은 명함을 보고 홈페이지를 체크하게 되고 첫인상으로 나름의 영업 방식을 고민하게 된다. 우리가 동네 마트 가는 것과 백화점 갈 때 옷차림이 다른 것을 상상해 보면 된다. 그렇기 때문에 부스에 방문할 때는 외모에 신경을 쓸 필요가 있고, 혼자보다는 비서처럼 한 명을 대동하는 것이 더 낫다. 통역 비서로서 소개하는 것도 좋은 방법이 된다.

9) 미팅 시, 바로 앞에 있는 사람이 결정권자가 아님을 잊지 마라

'전시회 부스 방문 시, 그 앞에서 상담하는 사람은 결정권자일까?' 이런 생각해 본 적은 있는가? 대부분 안 한다. 그래서, 대부분 그들을 붙잡고 비즈니스 협상을 한다. 그리고 실망한다. 해외 비즈니스에서는 '급'이라는 것이 있다. 정상 회담처럼, 장관 회담처럼, 그 '급'에서 만남이 이루어져야 한다. 무역 창업자는 한 회사의 대표다. 당연히 그 부스 현장 책임자와 만나야 한다. 여기서 알아야 할 점은 그 책임자가 결정권자(Decision maker)인지는 누구도 모른다는 점이다. 이런 이유로, 협상할 때는 그 사람을 설득하는 것이 아닌 그 사람이 있을지 모를 윗사람에게 설득하도록 '창과 방패'를 마련하는 것이 바람직한 협상 방식이다.

10) 해외 거래처 확인 및 그 거래처를 통한 그 공장을 재검증하라

이미 말했듯이 그 공장이 수출 실적이 있는지, 해외 파트너사가 있는지 알아야 한다. 수출 실적이 있다면 국제 비즈니스 상식을 가지고 있다는 뜻이고, 해외 파트너사가 있다는 것은 그 해외 파트너사와의 거래를 통해 품질, 납기, 수량과 같은 민감한 이슈(Issue)를 잘 인지하고 있

다는 뜻이다. 만약 해외 거래처가 있다면 그 거래처를 통해 그 공장을 재평가할 필요도 있다. 수입(소싱)은 검증의 연속임을 잊어서는 안 된다.

11) 무역 담당 직원 뽑지 마라

이 부분은 수출 창업자도 해당하는 부분이다. 수입을 하든 수출을 하든 무역을 한다고 치면 무역 담당 직원에 대해 생각을 안 할 수는 없다. 말이 좋아 '1인 무역 창업'이지 혼자서 모든 것을 다 하기 때문에 기존 업무만도 벅찬 경우가 많기 때문이다. 이런 이유로 수입한다고 하면 무역 담당 직원 채용을 고민하게 되는데, 절대로 그래서는 안 된다. 가장 큰 이유는 그 사람이 떠나면 다시 원점이다. 조금만 더 좋은 조건이면 떠나는 것이 직원이다. 남 좋은 일 시켜주는 꼴이 된다. 만약 필요하다면 처음에는 가볍게 파트타임을 고용해서 민감한 부분보다는 간단 서류 업무 또는 시간이 필요하지만 가벼운 업무를 맡기는 것이 좋다. 직원을 뽑는 순간 비용이 발생한다는 것도 명심해야 한다.

2. 퇴사해서 기존 바이어와 공장을 활용하면 성공할까요? (공장의 입장, 바이어의 입장, 창업자의 입장/주요 변수들)

"공장에서 나보고 무역(수출) 창업해서 자기 물건을 팔아 달라고 합니다."

현재. 해외 영업 담당자입니다. 바이어와 개인적인 친분이 있다 보니 바이어의 요청으로 타 회사의 아이템도 소개하고 국내 공장을 찾아 몇 번 연결시켜 준 적도 있습니다. 공장에서는 차라리 무역 창업을 하라고 합니다. 해도 될까요?

실제로 이런 이유로 창업 고민을 많이 한다. 본인은 가만히 있는데 주변에서 꼬시는 경우다. 어떻게 보면, 자의가 아닌 타의에 의한 경우로 시작되는 만큼 객관적인 입장에서 우선 체크할 필요가 있다.

수출은 제품이라고 할 수 있는 '공장', 판로를 열 수 있는 '영업사원', 그 제품을 구매할 '바이어'로 구성되기 때문에 공장과 영업사원이 의기투합하고 바이어가 동의하면 창업의 성공 가능성은 커질 수밖에 없다.

여기에는 각자의 셈법이 있다. 공장은 손해 볼 것이 하나도 없기 때문에 가장 적극적이다. 해외 업무 담당 직원을 뽑을 능력은 안 되고, 뽑는다고 해도 실적을 내기까지 시간과 마케팅비, 홍보비를 감당할 자신이 없기 때문에 공장 입장에서는 해외 직수출을 망설일 수밖에 없다. 수출을 시도하는 순간, 기약 없는 돈이 빠져나간다고 생각하기 때문에 미래에 대한 불투명한 투자에 선뜻 나설 공장도 많지 않은 건 당연! 지금 당장 누가 그 물건을 대신 팔아 준다면 이만큼 좋은 것도 없다.

영업사원 입장에서는 당장 회사를 그만두고 창업하는 이유는 딱 한 가지, '돈'이다. 무역 창업을 위해 따로 창업 자금과 별도의 시간이 필요하지 않고 현재 상태에서 갈아타면서 돈을 더 벌겠다는 계획으로 창업을 고려하는 것이다.

바이어 입장에서도 손해 볼 것은 없다. 기존 영업사원이 현 무역 상황에 대해 잘 알고 특히 당사자들의 이해관계를 잘 이해하고 있기 때문에 바이어 입장에서는 커다란 장점이 된다. 공장과 바이어의 직거래가 아닌 중간 무역 업체(무역 에이전트)로 인한 납품가 상승은 부정적이지만, 클레임이나 생산 관리 부분을 대신해 주기 때문에 긍정적인 부분도 공존한다. 오히려 중간 수수료를 인정해도 장점이 더 크다고 볼 수 있다.

결국, 공장은 적극적으로 창업하길 원하고, 바이어는 나쁠 것이 없어 중립적인 입장을 취하지만, 창업자 본인에게는 '모 아니면 도'인 상황이 벌어진다.

무역 창업자 당사자가 회사를 그만두고 창업한다면, 그 목적은 앞서 말한 대로 지금보다 더 많은 돈을 벌 수 있다는 희망이 있기 때문이다. 그러나 분명한 것은 직장생활을 할 때는 매달 월급을 받지만 무역 창업은, 창업하는 그 순간부터 돈이 빠지고 손익 분기점까지 시간이 필요하다. 의외로 그 시간을 버티는 것도 쉽진 않을 수 있다. 또한, 다음과 같이 추후 예상치 못한 복병을 만날 가능성도 존재하기 때문에 그 위치조차 흔들릴 수 있다.

① 공장은 납품 단가를 올리려 하고, 바이어는 다른 공장을 찾겠다고 한다면?
② 바이어 또는 공장이 갑자기 더 많은 것을 요구한다면?
③ 해외 수입 담당자가 교체되거나 그 회사가 폐업 또는 업종을 변경한다면?
④ 공장이 폐업해 같은 조건의 공장을 찾기가 어렵다면?
⑤ 바이어가 직거래를 원한다면?

이처럼 다양한 변수가 존재하고 이런 변수로 인해서 창업했다가 바로 망해서 오갈 때 없는 경우도 생긴다.

여기서 중요한 것은 처음부터 끝까지 본인 중심의 리스크(Risk, 위험요소)를 다각적으로 검토해야 한다는 것이다. 그리고 '객관화'하도록 노력할 필요도 있다. 만약 이 창업이 '충동적 창업'이라고 결론 났다면, 다시 원점으로 돌아가는 용기도 필요하다.

3. '소싱 대행'을 에이전트로 할까요? 무역 회사로 할까요?

"해외로 의료 기기를 수출하고 싶은 무역 예비 창업자입니다."

기존에 알고 지내던 바이어에게 의뢰를 받아서 수출을 하려고 합니다. 무역 대행이나 에이전트처럼 커미션 베이스가 아닌 매입, 수출을 통한 일반 무역 회사로 진행하고 싶은데, 가능할까요? 어떤 것이 더 좋은가요?

바이어가 세팅되어 있는 소싱 대행 업무에 일반 무역(매입, 수출) 회사 방식을 적용하는 것은 당연히 가능하다. 커미션 베이스가 아닌 일반 무역 회사처럼 매입하고 수출하는 방식은 '공장과 무역 회사' 그리고 '무역 회사와 바이어' 간의 거래이기 때문에 보안이 유지된다는 장점이 있다. 공장과 바이어 간의 직거래로 인한 지저분한 사건과 있을지 모를 잠재적 '뒤통수 치기'를 해소하는 깔끔한 방식으로 보기 때문에 대부분의 무역 예비 창업자들이 이 방식을 택하는 편이다. 단, 여기서 알아야 할 점은 무역 에이전트(브로커) 방식은 결제와 물류의 흐름이 공장과 바이어 간의 직거래 방식이기 때문에 매입 비용이 발생하지 않는 반면 무역 회사는 매입 비용이 발생한다는 점에 있다.

'소싱 대행 창업'의 기본 전제 조건은 기존에 알고 있던 바이어에게 오더를 받아 소싱하는 개념이기 때문에 반드시 바이어가 배신을 하면 안 된다는 것이다. 즉, 바이어만 확실하다면 매우 좋은 시스템이지만 뒤통수를 치는 바이어가 항상 존재한다는 점도 잊어서는 안 된다. 그만큼 초창기에 많은 것을 포기하고 이 바이어에 모든 것을 거는 것은 정말 신중해야 한다. 이런 류의 창업 제안이 들어온다면, 바이어 하나만 믿고 직장을 그만두고 창업하는 것보다는 직장에 다니면서 병행하는 것이 좋고, 경험과 매출이 쌓이고 창업에 대한 자신감이 붙을 시점에 바이어가 다각화된다면 전업으로 창업하는 프로세스를 권장하는 편이다. 처음부터 올인하는 것은 자제할 필요가 있다.

4. 업체 리스트를 가지고 퇴사한다면 '무역 창업' 성공할까? (그들을 믿을 수 있을까?)

> 현재, 중소기업에서 무역 업무를 하고 있습니다. 퇴사를 고민하고 있는데요. 공장 리스트와 바이어 리스트를 가지고 퇴사하면, 무역 창업에 큰 도움이 될까요?

1인 무역 창업은 바이어 입장에서 대행하는 소싱 대행 창업과 제조사(공장) 입장에서 바이어를 찾는 수출 대행 창업으로 나누어진다. 그 비즈니스 형태에 따라 중간 커미션 베이스로 업무를 진행하는 에이전트 타입과 세금계산서를 통한 매입과 수출 신고를 통한 매출로 진행하는 무역 회사 타입이 있다. 즉, 바이어 또는 공장, 둘 중 하나는 잡고 있어야 한다. 만약 없다면 창업을 재고해야 한다. 이런 이유로 공장 또는 바이어 리스트 확보는 중요한 것은 사실이다. 여기서 궁금해진다.

'만약, 퇴사하면서 바이어와 공장 리스트를 갖고 나온다면 큰 도움이 될까?'

상대적으로 성공 가능성이 없는 것보단 높다. 없는 것보다는 당연히 있는 것이 여러모로 유리하고 편하다. 그러나 이런 확신을 위해서 다음과 같은 질문에 대해 진지하게 고민할 필요도 있다.

'그들도 그렇게 생각할까? 그 바이어가 나의 바이어일까, 회사의 바이어일까? 그 공장의 입장은 어떨까?'

퇴사하기 전에 리스트에 있는 이들 업체에서 확답을 받았다면 이런 걱정은 일정 부분 해소될 수도 있다. '일정 부분'이라는 뜻이지 100% 확정을 의미하진 않는다. 입장은 언제나 변할 수 있기 때문에 누구도 확신하진 못한다.

퇴사하기 전에 바이어와 공장들이 지원을 약속할 때는 그 상황에서 그들 입장에서는 뭔가 이득이 있어서 그렇게 말하고 행동했을지도 모른다. 퇴사 후에도 과연 그럴지는 누구도 보장 못 한다. 왜냐하면, 의도적이든 아니든 변하는 게 사람 마음이고 비즈니스 생태계이기 때문이다. '공장의 의리' '바이어의 의리' 이런 것은 비즈니스 사회에서는 큰 의미가 없다. 지금 만약 그들이 거래한다면 현재 그들의 선택이 최선이고 이익이 많다고 판단했기 때문이다. 그뿐이다.

공장과 바이어 리스트(List)를 그냥 들고 나오면 하수! 한 번이라도 약속받으면 중수! 확답받고 계약서 쓰면 고수!

여기서 중요한 것은, 하수, 중수, 고수라도 그 업체들은 언제든지 돌변할 수 있다는 것이고, 그때 하소연해도 되돌릴 수 없다는 것이다. 그래서, 퇴사 전 그들의 말을 믿고 모든 것을 포기하고 사퇴해서 창업하면 안 된다.

필자는 이럴 경우 이렇게 제안하고 싶다.

퇴사 후 창업하지 말고, 퇴사하기 전에 먼저 창업을 경험하라.

5. 국내 공장은 100% 완납하라고 하는데, 바이어에게도 100% 미리 받을 수 있나요?

> 수출 대행으로 창업 후, 해외에 오퍼 메일을 보내려고 합니다. 가격은 FOB로 하고 T/T 조건으로 준비하고 있습니다.
> 주변 업체들 보면 100% 선금, 30%:70%, 40%:60% 다양한 조건으로 진행하는 것 같습니다. 저도 국내 업체 결제를 100% 해야 하는 상황인 만큼 100% 미리 받고 싶은데 가능할까요?

T/T는 선수금이 있다는 장점이 있고, 선수금을 통해서 자금 흐름에 큰 도움을 주기 때문에 중소기업들이 선호하지만 잔금이라는 불안 요소가 존재한다. 마음 같아서는 확실한 리스크 관리 차원으로 100% 계약 시 돈을 다 받고 싶지만 바이어 입장을 생각하면 정말 쉽진 않다. 협상을 통해서 유리한 쪽으로 '최대한 많이 그리고 빠른 시기'로 유도하는 게 최선일 뿐이다.

전 세계적으로 가장 보편적인 T/T 조건은 30:70이다. 30% P/I 작성 시, 그리고 70%는 B/L과 맞교환식이다. 여기에서부터 협상은 시작된다. 수출자(수출 대행) 입장에서는 매입 자금이 필요하므로 최대한 선수금을 요구하기도 하지만 첫 거래에서 이렇게 하는 게 현실성은 없다.

'너 같으면 처음부터 주겠냐?'

만약, 선수금을 수출자가 요구하는 만큼 들어줬다고 해도 마냥 좋아할 수도 없다. 선수금을 수출자가 원하는 만큼 들어주지만 잔금으로 장난치는 업체도 많은 만큼 선수금 높게 받았다고 안도해서도 안 된다.

최근에는 선수금은 T/T, 잔금은 L/C를 하는 혼합형도 자주 쓰인다. 특히 수출 대행 입장에서는 매입 자금(최대 100%)이 미리 들어갔고 선수금을 받았다고 하더라도 바이어에게 받을 잔금이 남아 있는 만큼 잔금을 L/C로 진행하는 것도 좋은 방법이 된다. 공장에 지급할 물건 대금 날짜와 바이어에게 받는 잔금 날짜를 최대한 잘 맞춰서 진행하는 것이 핵심이자 '운영의 묘'가 된다.

6. 이런 식으로 해외 업체와 협업하는 경우도 있나요? (Feat. 사기)

무역 창업자: 우리는 화장품 공장의 해외 판권을 가지고 해외 수출 대행을 하고 있습니다. 영국에 있는 마케팅 전문 회사와 협업하려 하는데요. 유럽으로 수출을 알아보다가 지인을 통해서 알게 된 회사이고 그 회사 대표가 영국 교민입니다. 그런데 계약서를 검토해 보니 뭔가 이상해서요. 제가 초보라서 이게 맞나 싶기도 하고 이렇게도 하는가 싶기도 하고 전반적으로 궁금합니다.

필자: 구체적으로 어떤 부분이죠?

무역 창업자: 그쪽에서 원하는 비즈니스 모델은 우리가 영국으로 물건을 보내주면 그 물건을 현지 마케팅 회사에서 판매하고 그 판매의 수익금을 Share하는 방식인데요. 계약서에는 CIF 조건으로 되어 있고, 그 판매의 수익금이라는 것도 매출 이익을 말하는 것인지 영업이익을 말하는 것인지도 애매하고 우리가 매달 3,000불씩 마케팅 지원해 주면 현지 마케팅 회사가 돈을 더 추가해서 마케팅 활성화한다는 게 협업 방향입니다. 이렇게도 수출하나요? 계약서에는 뭔가 많이 써 있는데. 대충 이렇습니다.

필자: 먼저 결론을 말씀드리면 이런 식으로는 수출 안 합니다. 오히려 호구 잡힌 거죠. 사기 치는 업체들이 대부분 마케팅 업체 또는 컨설팅 회사라고 하는 경우도 많습니다. 무역은 '정확'이 핵심입

니다. 여러 번 시뮬레이션해도 같은 결괏값을 가져야 하죠. 아이템이 화장품이라고 말씀하셨는데, 영국 통관에 필요한 서류는 준비되었나요? 예를 들면, 인허가 같은 거요.

질문자: 아니요. 그 마케팅 회사에서도 이런 이야기는 없었습니다.

필자: 그럼, 통관에 대한 지식은 사장님이나 수입자나 둘 다 없다는 건데. 혹시 그 업체 수입 경험이 많나요?

질문자: 제가 알기로는 아직 경험 없고, 저희를 통해서 사업을 시작하고 싶다고 하더라고요.

필자: 어떻게 알게 된 회사죠?

질문자: 아시는 분이 소개해 줬습니다.

필자: 수출을 하다 보면 교민들이 자주 엮이게 되고 의도적이든 아니든 사기에 연루되는 경우도 많습니다. '통관'이 수출할 때 가장 먼저 검토할 부분인데. 그 검토가 안 되어 있고, 한국에서 현지 통관까지 하고 현지 내륙 운송까지 해서 그 마케팅 회사 창고까지 넣어줘야 하는 상황인 것 같은데 CIF 조건으로 진행하는 것도 이상하죠. 그리고, 영업 이익 계산법도 정확하지 않고요.

질문자: 그럼 계약서 수정을 어떻게 해야 할까요?

필자: 이건 계약서 수정 문제가 아닙니다. 사장님이 그 영국의 마케팅 회사의 자료를 객관적으로 검증할 수 없다는 것이 가장 큰 문제죠. 다시 말하면 객관적 검증할 방법이 없고 단지 그 사람들 말에만 의존해야 한다는 겁니다. '영업이익이 얼마이고, 매출이익이 얼마다.'라고 하더라도 검증할 방법이 없다는 게 문제죠. 사장님이 제품을 현지 창고에 어렵게 보내도 그 재고 사항도 파악할 수도 없고, 모든 게 객관적 확인이 안 된다는 게 핵심입니다.

7. 화장품 판권을 가지고 있습니다. 수출 초보인데 수출을 어떻게 하죠?

지인이 화장품 공장을 가지고 있고 수출 대행으로 수출을 알아보고 있습니다. 코트라와 무역 협회에 우선 알아보고는 있습니다. 바이어를 찾아 수출을 하고 싶습니다.

질문자: 수출 초보라서요. 화장품으로 수출 알아보고 싶은데 어떻게 해야 하나요?

필자: 화장품 수출의 핵심은 2가지입니다. '해외 전시회 부스 참가'와 '국내에서 여는 수출 상담회' 다른 것은 해도 좋고 안 해도 뭐 딱히 그렇습니다. 바이어 리스트 확보를 통한 메일링, 코트라를 비롯한 정부 기관에서 운영하는 B2B E-market place라고 하는 사이트에 제품을 올리면 그 기관이 해외에 그 사이트를 홍보함과 동시에 제품을 노출해서 연락 오게 하는 것도 있긴 합니다. 바이어 리스트를 확보하고 싶다면 서울이면 SBA, 경기도면 경제과학 진흥원과 같이 사업자 주소지에 있는 수출 진흥원에 문의하면 도움을 받을 수도 있습니다. 다른 방법으로는 관심 있는 해외 국가의 온라인 판매 업자에게 직접 메일을 발송하는 방법이 있고, 그 국가의 상공회의소 같은 곳에 등록되어 있는 화장품 관련 수입 업체 리스트 확보 후 컨택하는 방법도 있긴 합니다. 그러나 가장 효과적인 것은 당연히 수출 상담회와 전시회죠.

질문자: 다른 방법은 없나요? 온라인 방법으로 말이죠.

필자: 수출의 핵심은 신뢰입니다. 아무리 세상이 바뀌어도 얼굴을 보지 않고 계약하는 것은 무리가 있죠. 무역 계약은 T/T가 대세입니다. T/T는 선수금이 있고. 그렇기 때문에 바이어는 먼저 돈을 보내야 하는 부담감이 있습니다. 그런 부담감을 없애려면 믿음

을 줘야 하는데 온라인상으로만 접근한다는 것은 쉽진 않겠죠?

질문자: 신뢰와 믿음이요? 가격과 제품만 좋으면 되는 것 아닌가요?

필자: 바이어는 제품을 선정할 때 제품에 대한 신뢰와 회사에 대한 신뢰를 상당히 중요하게 봅니다. 바이어가 어떤 제품을 선정하고 오더를 내릴 때, 자기 국가의 시장에 영업과 마케팅을 동시에 하게 되죠. 만약 그 제품이 단종되거나 업그레이드 제품이 안 나오면 바이어 입장에서는 향후 이익을 보기가 쉽지 않습니다. 그리고 회사에 대한 신뢰는 T/T 때문입니다. 돈 보냈는데 그냥 잠적한다거나 출고 안 하는 경우를 바이어 입장에서는 걱정 안 할 수가 없죠. 이런 부분을 전시회와 수출 상담회를 통해서 검증해야 합니다.

질문자: 그러면 전시회와 상담회만 참여하면 바이어 찾을 수 있나요?

필자: 그냥 참여만 하면 절대 안 됩니다. 효과 없죠. 전시회 운영법과 상담회 운영법은 매우 중요한 만큼 공부하시고 참여해야 합니다. 누구나 전시회와 상담회가 수출에서 중요하다고 알고는 있지만 결과를 내지 못하는 이유가 공부를 안 해서 그렇죠. 꼭 공부해야 합니다.

8. 제대로 수량 체크해서 출고했는데 해외 바이어가 수량이 부족하다고 하는데요?

질문자: 저번에 독일로 샘플 오더를 보냈습니다. 100세트 됩니다. 그런데, 분명 100개 정확히 출고했는데 바이어는 97개 받았다고 합니다. 어떻게 하죠?

필자: 어떤 아이템이죠?

질문자: 컴퓨터 주변기기입니다. 인증에 걸릴 것은 없는 단순 아이템이고, DDP 조건으로 LCL로 제가 Doot to Door로 진행하고 있는 건입니다. 그런데, 통관에는 문제없었는데 수량이 부족하다고 합니다. 바이어는 97개 받았다고 하고, 포워더는 100개 제대로 보냈다는 상황입니다.

필자: 중요한 것은 '바이어가 이런 것 가지고 장난치겠냐?'입니다. 샘플 오더로 금액을 이미 다 지불한 상태라면 장난칠 이유는 없죠. 포워더는 뭐라고 하던가요?

질문자: 계속 이메일을 현지 파트너 포워더에게 보내고 있다고 합니다. 그 수량 부족분에 대해서 체크해 달라면서 말이죠.

필자: 결과는요?

질문자: 현지 파트너 포워더는 100개 제대로 넘겼다고 합니다. 포워더가 속이는 걸까요? 바이어는 97개 받았다고 하는데 서로 '핑퐁치기' 상황입니다.

필자: 포워더가 딱히 속일 이유는 없습니다. 이런 경우가 종종 있긴 합니다. 이 포워더의 규모는 어떤가요? 큰 회사인가요?

질문자: 지금 창업한 지 얼마 안 된 회사입니다. 제가 전에 무역 회사에 있었을 때 알고 있던 포워더 분들이 나와서 창업한 거고, 자꾸 일 한번 맡겨 달라고 해서 샘플 오더 한번 맡겨 본 거죠.

필자: 제 생각에는 누가 장난을 쳤는지가 중요한 게 아닙니다. 핵심은 지금 거래하고 있는 한국 포워더가 리스크 관리가 안 된다는 거죠. 생긴 지 얼마 안 되었다면 해외 파트너 포워더와 거래한 지 얼마 안 되어서 시스템에 문제가 있을 수도 있고, 협력 부분도 문제가 있을 수 있습니다. 결국, 리스크 관리가 전혀 안 되는 거죠.

질문자: 그럼 어떻게 해야 하죠? 그냥 그 부족한 수량만큼 날리는 건가요?

필자: 어쩔 수 없습니다. 포워더는 그 아이템을 그 지역에 많이 수출해 본 경험 있는 업체와 하는 게 좋은 게 여기에 있죠. 이번 건은 어쩔 수 없고요. 다음에는 포워더 교체하는 게 좋을 듯합니다. 지금과 같은 끊임없는 '핑퐁 치기'는 시간만 낭비하는 꼴입니다. 또한, 지금은 아니더라도 추후에 통관상 문제가 있을 수도 있으니 DDP 조건은 가급적 안 하는 것을 권합니다. 만약 해외 현지에 통관에 문제가 발생하면 여기서 방법을 찾는 것보다 현지에서 찾는 게 여러모로 빠르고 정확하기 때문이죠.

질문자: 알겠습니다. 고맙습니다.

필자: 무역을 할 때 협력 업체를 고를 때는 냉정해야 합니다. 어설픈 인연으로 오더(주문) 줬다가는 낭패 보는 일이 생길 수 있거든요.

9. 수출 가격은 어떻게 냅니까? 얼마의 마진을 붙여야 하죠?

> 수출 대행을 준비하는 예비 창업자입니다. 공장과 아이템이 선정되고 바이어 리스트를 확보해서 오퍼 메일을 보내려고 합니다. 인코텀즈는 공부했습니다. 얼마의 마진을 붙여야 할까요?

상당히 어려운 문제다. 특히 수출 대행 창업을 생각하는 예비 창업자에게는 수출 경험 여부 상관없이 이 부분에 대한 고민이 가장 깊을 수밖에 없다.

'얼마의 마진을 붙여야 하는가?' 수출 가격을 준비하기 위해서는 2가지를 체크해야 한다.

① 인코텀즈 FOB에 대한 이해

② 현지 시장 조사(온라인 & 오프라인)

전 세계적으로 무역은 FOB 가격이 기본이다. CIF를 비롯한 다른 인코텀즈는 FOB로 일단 가격 오퍼 후 바이어의 요청으로 조정되는 부분이기 때문에 첫 수출 가격은 FOB로 준비하면 되고, MOQ와 수량에 따른 가격 그리고 유효 기간을 표시해야 한다. FOB 가격은 '공장 출고가 + 내륙 운송 + 통관 + 수출제비용'으로 구성되고, 포워더가 내륙 운송과 통관도 대행하기 때문에, 일임한다면 공장 출고가 + 포워더 청구서로 간단히 정리될 수 있다. 즉, 포워더에게 FOB 조건이라고 하면서 문의하면 견적서를 제공하게 되고, 여기에 공장 출고가를 더하면 이것이 FOB 가격이 된다. 여기에 마진을 어떻게 붙일지 고민할 필요가 있다. 마진을 붙이기 전에 먼저 시장 조사가 선행되어야 한다. 나만의 가격이 아닌 팔리는 가격을 위해서다.

온라인 방식으로는 현지 대표적인 오픈 마켓 또는 쇼핑몰 사이트에서 카테고리 1위~50위까지 조사하는 방법이 대표적이다. 오프라인 방식으로는 수출 상담회와 전시회에서 만난 바이어 또는 고객에게 직접 묻는 방법이 효과적이다. 여기서 바이어가 제대로 답을 못한다면 그 바이어는 가짜라는 반증이기 때문에 진지한 바이어인지, 가짜 바이어인지 간접적으로 확인할 수도 있으니 일석이조다.

해외 업체에 가격을 오퍼할 때는 단지 가격 리스트만 보내서는 안 된다. 바이어가 회사와 제품에 대해 객관적으로 접근할 수 있는 자료를 동시에 제공해야 효과적이다. 예를 들면, 현재 거래하고 있는 파트너사 리스트, 소비자 후기, 테스트 영상, 제품 또는 회사 어워드(Award) 등은 바이어가 검토할 때 더 쉽고 정확하게 하는 데 도움을 준다.

10. 수출 대행 창업자에게 적합한 해외 광고와 마케팅 방법이 있을까요?

> 바이어를 찾고 싶습니다. 바이어 리스트를 통해 메일도 보내 봤는데 아직 답변은 없습니다. 광고와 마케팅을 어떻게 해야 할까요? 가성비 높은 방법이 있나요?

바이어를 찾는다 하면, 대부분 '바이어 리스트(List)'만 생각하는 경향이 있다. 그 리스트만 있으면 수출할 수 있을 거라는 굳은 믿음이 있기 때문인지 초창기에 대부분 여기에 집중하는 편이다. 그 짧은 순간 잠깐 하다가 다 메일 보내고 나면 더 할 게 없어진다. 그리고 고민한다.

'그다음은 어떻게 해야 할까?'

수출 대행의 핵심은 바이어를 찾는 것이다. 이 부분은 제조사의 직수출도 마찬가지다. 그러나 바이어를 찾기 전에 우선 제조사(공장)와의 관계가 정확히 세팅되어 있어야 한다. 그 중심에는 '영업권과 독점권'이 있다. 그 후 온라인 방법과 오프라인 방법으로 홍보 및 마케팅을 해야 한다.

온라인은 해외 오픈 마켓 또는 쇼핑몰 판매자를, 오프라인은 전시회를 타깃으로 해야 한다. 바이어를 찾는 방법은 전시회가 가장 좋은 방법이다. 해외 마케팅을 하는 방법도 전시회가 가장 좋은 방법이다. 해외 광고도 전시회가 가장 좋은 방법이다. 그 전시회를 위해서는 반드시 '독점권'을 가져야 한다. 이 독점권을 어떻게 얻을 수 있는지부터 생각하고 전시회를 통해 바이어를 찾아 나서야 한다. 그래야 뒤탈이 없어진다.

여기서 또 궁금증이 생긴다. '전시회는 자주 있는 것도 아니고 비용도 투입되어야 하는 이벤트성이라고 보고, 평소에는 어떤 것을 해야 하나?'

온라인 광고와 마케팅은 불특정 다수에게 하는 것보다는 실제 구매할 만한 사람들(바이어)에게 해야 한다. 즉, 알려야 한다. 해외 각 국가에서 온라인(ex. 쇼핑몰, 오픈 마켓) 판매하고 있는 판매자에게 제품을 홍보하고 알려야 한다. 그들은 실제로 그런 비즈니스를 하는 사람들이기 때문이다. 그들의 이목을 끌어야 하는데 안타깝게도 무역 창업자 대부분은 회사 소개서 또는 제품 소개(라인업)를 첨부 파일로 보내는 것으로 끝낸다. 그리고 효과 없다고 또 고민한다.

여기서, 필자는 '유튜브'를 하라고 권한다.

유튜브의 장점을 들자면,

① 전 세계 잠재 고객들(바이어 포함)이 볼 수 있다.

② 제품 홍보와 회사 소개를 영상으로 노출할 수 있다.

③ 유튜브 쇼핑몰을 통한 판매도 가능하다.

해외 오퍼 메일을 보낼 때 유튜브와 홈페이지 정보만 있어도 충분하다. 그 두 사이트에 모든 정보가 들어 있기 때문이다(ex. URL, QR).

오퍼 메일의 트렌드를 보면 '글자의 시대'가 있었고, 그다음 '사진의 시대'가 있었으며, 지금은 '영상의 시대'로 바뀌었다. 그 정점에 있는 유튜브는 시간과 정성이 들지만 돈이 들지 않으며, 효과는 다른 것에 비해 훨씬 높다. 어떻게 활용하는가에 따라서 그 효과는 무궁무진해질 수도 있다.

무역 창업자에게 온라인 방법으로, 이만한 것이 또 있을까?

11. 해외에서 Inquiry 메일을 받았고 답변을 했는데 그다음 소식이 왜 없죠?

> 여러 번 해외에서 메일을 받았습니다. 제품, 가격, 수량에 관한 문의가 와서 정성껏 답변했는데 그 후 소식이 없습니다. 이메일 작성법이 따로 있나요? 어떻게 하면 오더로 연결할 수 있을까요?

과거에는 온라인 전문 바이어와 오프라인 전문 바이어가 따로 있었다. 그러나 지금은 온라인과 오프라인을 동시에 하는 경우도 있고 도매 소매 개념이 아닌 직접 소비자에게 온라인 사이트를 통해 B2C를 하는 경우도 있으며, 오프라인 매장을 따로 운영하는 경우도 있다. 이렇게 복합적이고 다양한 비즈니스 모델을 추구하지만 그들도 주력 분야는 분명히 가지고 있다. SNS, 유튜브처럼 온라인 마케팅과 영업에 주력하고 좋은 결과를 내는 기업이 있고 전통적인 오프라인 채널에 특화된 기업도 있다. 그렇기 때문에 해외에서 문의 메일을 받을 때는 그 해외 업체에 대한 소개와 홈페이지를 적극적으로 물어보고 다각적으로 검토해야 한다.

해외에서 문의 메일(Inquiry)이 오면 기존에 준비해 둔 가격표, 제품 소개서 등을 일괄적으로 보내는 경우가 대부분이다. 좀 더 성사율을 높이기 위해서는 그 회사에 대한 정보를 먼저 체크하고 그 회사에 맞는 맞춤형 정보를 메일에 담아야 한다. 메일 내용은 준비된 내용을 Ctrl+C, Ctrl+V는 것은 지양하고 받는 사람이 호기심을 가질 만한 내용을 찾도록 노력해야 한다.

이것이 오퍼 메일의 기본이 된다.

12. 첫 무역 창업으로 아마존, 이베이, 라쿠텐, 쇼피 어떤가요?

> 한류 제품을 해외에 팔고 싶습니다. 국내 제품을 소싱해서 아마존, 라쿠텐, 타오바오, 쇼피에 파는 것은 어떻게 생각하나요? 글로벌 오픈 마켓 창업(B2C)이 수출 대행(B2B)보다 쉽지 않을까요?

여기, 수출형 창업이 있다.

'B2B로 접근할 것인가, B2C로 접근할 것인가?'에 따라 비즈니스 모델이 달라진다. 수출형 B2B는 수출 대행으로서 해외 바이어 찾는 것을 목표로 수출 능력이 부족한 공장의 수출을 대신해 주는 것이고, 수출형 B2C는 수출을 원하는 공장(제조사)의 아이템들을 모아 글로벌 오픈 마켓(ex. 아마존, 이베이)에서 판매하는 것이다.

B2B는 목돈 들어가서 목돈이 들어오고, B2C는 목돈 들어가서 푼돈 나온다. 또한, B2B 수출을 하려면 무역 지식은 필수지만 B2C 수출은 무역 지식보다는 판매 플랫폼(ex. 아마존, 이베이, 라쿠텐오, 쇼피)에 관한 이해가 더 중요하다. 무역에 대해서 전혀 몰라도 시작하는 데 큰 무리가 없기 때문에 해외 고객들을 상대로 판매하고 싶다면 누구에게나 아마존, 이베이 같은 플랫폼도 좋은 기회가 된다.

독점권은 B2B 무역 창업 시에는 민감할 수 있지만, B2C 글로벌 오픈 마켓 개념에서는 꼭 그렇지만은 않다. 판매할 권한만 가져도 충분하다.

글로벌 B2C라고 해서 해외 소비자(고객)들만 고려할 필요는 없다. 글로벌 오픈 마켓을 통해서 B2B 빅바이어를 찾는 경우도 많기 때문이다. 최근에는 많은 바이어들이 글로벌 오픈 마켓을 통해 시장 조사를 하고 그 아이템에 대해서 분석하는 경향이 있다. 글로벌 오픈 마켓에서 샘플링을 하기도 하고 테스트를 한 후 그 판매 업체에 문의하는 경우도 있다는 것이다. 그만큼 바이어는 다양한 검증을 통해서 리스크(Risk, 위험요소) 관리를 하고 싶어 한다. 만약 글로벌 오픈 마켓으로 창업을 한다면, 향후 B2B 바이어도 찾을 수 있다는 생각으로 운영할 필요도 있다.

아마존과 이베이 같은 글로벌 오픈 마켓은 국내 오픈 마켓 경험이 있다면 당연히 도움이 된다. 소싱부터 판매까지 프로세스가 비슷하기 때문이지만, 이런 경험 여부가 성공에 꼭 필요하진 않다.

13. 바이어에게 안전하게 돈 받으려면?

> 아이템은 정해졌고, 수출 창업을 하고 싶습니다. 그러나 국내 업체에서는 100% 출고 전 결제를 원하지만 제가 바이어에게 받는 무역 대금은 일부만 우선 받는다는 이야기를 들었습니다. 잔금을 확실하게 받는 방법이 있을까요?

국내(글로벌) 오픈 마켓 또는 인터넷 쇼핑몰과 같은 온라인 B2C 거래는 소비자와 판매자 사이의 물건 대금이 중간에서 '결제 업체'에 의해 시스템적으로 관리되기 때문에 판매자는 결제 부분에 대해 크게 걱정하진 않는다. 돈 떼일 염려는 없기 때문이다. 반면 무역 창업에서 B2B라고 하는 수출 대행에서는 이런 안전 장치는 전혀 없기 때문에 선수금을 먼저 받더라도 잔금에 대해 걱정을 안 할 수가 없다.

'출고했는데 잔금을 제때 안 준다면?'

이런 문제를 막기 위해 L/C(신용장)를 언급하기도 하지만 여러 가지 이유로 인해서 최근에는 큰 금액이라도 T/T를 선호하는 편이다. 선호하는 것과 안전하다는 것은 별개의 문제다. T/T에서는 100% 안전이라는 말을 할 수 없다. 즉, 수출자 입장이나 수입자 입장이나 서로 믿지 않으면 무역 계약이 성립되지 않는 만큼 리스트(Risk, 위험 요소)가 존재한다. '신뢰 여부'가 중요하다.

수출자 입장에서는 100% T/T 출고 전에 다 받고 싶어 할 것이다. 그러나 입장 바꿔서 내가 수입자 입장이라면 100%는 정말 주기 어렵다는 생각은 누구나 갖는다. 가장 좋은 해결책은 수출자는 '어떻게 하면 바이어가 선수금을 빨리 그리고 많이 주게 하는가?'에 관한 고민을 하고 방법을 찾아야 한다. 핵심은 신뢰다. 신뢰를 줘야 하고 그 신뢰를 얻기 위해 해외 영업과 마케팅 진행 시 이 부분을 진지하게 다뤄야 한다. 제품의 장점만을 부각하고 가격이 저렴하고 품질이 우수하다는 측면만 강조해서는 안 된다. '믿을 수 있는 회사'임을 각인시키는 노력이 필요하다.

14. 수출을 위해 초반에 자금과 인력을 최대한 투입하는 것이 좋을까요?

> 아이템을 찾고 수출을 하려면 시간이 오래 걸리는 것 같습니다. 자금을 투입하고 직원을 뽑으면 성과가 빠를까요? 공장과의 계약 기간이 그렇게 길 것 같지 않고 혼자 한다고 늦었다가 남 좋은 일 시켜주는 건 아닐까 걱정됩니다.

무역 창업자들의 목표는 최대한 빨리 성과를 내는 것이다.

수출 대행은 수출 대행대로 제조사(공장)의 눈치를 안 볼 수가 없다. 소싱 대행 또한 바이어가 왜 일을 맡기는지 잘 알고 있기 때문에 서두른다. 그러나 막상 비교해 보면 수출 대행 쪽이 시간이 흐르면 더 초조해질 수밖에 없다. 이 초조함을 자본력과 인력 투입으로 해결하고 싶어 한다.

대부분의 예비 창업자들이 수출 대행 창업 시, 창업 초반에 많은 자금과 인력이 투입되면 금방 바이어를 찾을 수 있다고 생각한다. 여기에 나만의 아이디어가 투영되면 더 속도가 붙는다고 생각하고 '한 방'을 준비한다. 큰 착각이다. 그리고 위험한 발상이다.

소싱 대행은 아이템을 찾는 과정에서 물리적 시간이 필요하기 때문에 이런 자금과 인력 투입이 효과를 볼 수도 있다. 그러나 수출을 위한 '바이어 찾기'는 절대 아니다. 바이어 찾고, 컨택하고, 협상하고 계약하려면 시간이 필요하다. 그 중심에는 결제 조건이 있기 때문이다. 최근에는 L/C보다는 T/T를 선호하는 편이다. T/T는 선수금과 잔금으로 이루어져 있다. 선수금의 국제 룰은 30%:70%이다. 수출자가 '갑'이면 당연히 30% 이상과 빠른 결제 시기를 불러올 수 있지만 '을'이면 정반대로 흘러간다. 어찌 되었든 결과적으로 바이어는 선수금을 집행해야 한다. 아무 담보 없이 아무 보장도 없이 집행해야 한다.

'당신 같으면 하겠는가?' 무역은 인간관계와 같다. 꾸준히 신뢰를 쌓고 믿음을 줘야 '선수금'이 형성될 수 있다. 그러므로 회사에 대한 믿음과 제품에 대한 확신을 영업과 마케팅 그리고 홍보를 통해서 수출 대행은 꾸준히 전달해야 한다. 그러기 위해서는 시간이 필요하다. 수출에서 바이어 찾는 데 짧은 시간에는 어렵다는 부분이 여기에 있다.

'제품만 좋고 가격 좋으면 금방 바이어 찾을 수 있다?' 대부분 이렇게 생각하고 짧고 굵게 한 방을 노려보지만 대부분 실패한다. 수출은 꼼수가 없다. 정도(正道)만 있을 뿐이다.

수출 대행 창업을 결심한다면 꾸준히 길게 보고 투자를 해야 한다. 만약 누군가가 빠른 결과를 말한다면, 단연코 그건 가짜다, 그만큼 그런 가짜와 사기꾼이 판치는 게 무역 생태계라는 점을 잊어서는 안 된다.

15. 해외 바이어와 제조사의 '직거래' 막을 방법이 있을까요?

> 무역 창업은 중간에서 제조사와 바이어를 연결하는 것으로 알고 있습니다. 수출이 잘되어서 거래가 활성화되면 제조사가 바이어랑 직거래하고 싶어 하거나 바이어가 공장과 직거래하고 싶어 하지 않을까요? 이 부분을 막고 싶은데 방법이 있을까요?

무역 창업 컨설팅에서 가장 흔한 주제이고, 누구나 걱정하는 부분이 '직거래 방지'다. 처음부터 제조사(공장)와 바이어를 노출시키고 비즈니스를 진행하는 에이전트 타입만 이런 '뒤통수'에 노출되는 줄 대부분 알지만, 실상은 철저하게 가리고 진행하는 '무역 회사' 타입도 이와 같은 사례는 빈번하다. 단지 에이전트와 비교했을 때 확률이 낮을 뿐이다.

우리가 나름 안전하다고 생각하는 수출 대행 창업에서 무역 회사 타입(매입을 통한 수출 타입)을 예로 들어 보자.

기본 틀은 제조사와 무역 회사가 계약하고 별개로 그 무역 회사가 바이어와 계약하는 방식이다. 출고(서류) 프로세스는 '공장 → 무역 회사 → 바이어'이고, 결제 프로세스는 '바이어 → 무역 회사 → 공장'이다. 결국, 무역 회사는 공장과 바이어를 동시에 컨트롤 해야 한다.

아이템을 확보하고 계약해서 해외 지역 독점을 갖고 영업과 마케팅을 하다 보면 이런 '뒤통수' 사례가 발생하곤 한다. 아무리 노력해도 해외 잠재 바이어가 언제든지 알려면 알 수 있는 게 제조사이기 때문에 중간에 있는 무역 회사를 배제하고 바로 제조사에게 연락을 시도하는 경우가 있다. 여기서 그 제조사가 그 지역 독점권을 가진 당신에게 그 메일을 전달해 주는 것은 당연하고 바람직한 일이나, 제조사가 그렇게 하고 싶어 하지 않을 수 있다. 특히 초반에는 전달해 줘도 점차 시간이 흐르면서 팔리면 팔리는 대로 안 팔리면 안 팔리는 대로 직접 나서고 싶어 하는 게 제조사의 심리이기 때문이다. 독점권이 있는데도 말이다.

여기서 핵심은 바이어가 직접 제조사에 연락을 취해도 그 제조사가 그것을 수출 대행 창업자에게 전달해 주는가 여부다. 독점권만 믿고 영업과 마케팅에 열심히 한 결과가 남 좋은 일 시켜주고 손 떼는 경우가 여기에 해당한다.

16. '밀키트' 수출을 하려 합니다. 가장 먼저 체크해야 할 부분은?

> 떡볶이를 수출하려 합니다. 밀키트 형식으로 바이어를 찾고 싶습니다. 협력 업체(공장)는 섭외되어 있습니다. 무역 초보라서 무엇부터 알아봐야 하는지 모르겠습니다.

떡볶이를 비롯한 '길거리 음식' 가공 식품(밀키트)을 해외에 수출하려고 하는 업체들이 급격히 늘어나고 있다. 'K-푸드'라고 해서 유튜브를 비롯한 다양한 SNS 채널을 통해 해외에 인기 메뉴와 제조법까지 알려지다 보니 이런 상품을 수입해서 유통하려는 해외 업체도 덩달아 늘어나는 추세다.

이런 추세와 분위기를 타고 수출을 달성하고자 한다면 가장 중요하고, 먼저 체크해야 할 것이 있다. 바로 'HS코드와 통관 서류'이다.

일반적인 제품은 크게 신경 쓸 필요가 없지만, 식약청과 관련된 음식과 화장품 같은 경우는 통관 및 인허가 서류는 필수가 된다. 인허가 서류를 미리 준비해서 해외 현지 통관하고 싶지만 해외 타깃 국가를 정해서 인증 관련 절차 및 서류를 사전에 알아본다는 것은 중소기업 그리고 지금 갓 시작한 무역 창업자에게는 여간 어려운 게 아니다.

실전 무역에서 가성비를 고려한 현지 통관 및 인허가 정보 획득 방법은 다음과 같이 두 가지가 있다.

첫 번째는 해외 현지 통관에 밝은 관세사한테 HS 코드와 통관 서류를 물어보는 것이다. 코트라를 통해서 알 수도 있고, SBA, 경기도 경제과학 진흥원과 같은 수출 지원 기관에 조언과 자문을 구할 수도 있다. 대한민국에 나와 있는 대행 기관을 알아보는 것도 좋은 방법이 된다.

두 번째 방법은 바이어에게 직접 묻는 것이다. 해외 문의 메일(Inquiry) 받을 때 직접 물어볼 수도 있고, 수출 상담회 또는 전시회 상담회에서 상담하면서 물어볼 수도 있다. 여기서 대답을 못 하면 가짜 바이어라는 증거이기 때문에 바이어 진위를 따로 확인할 필요도 없으니 일석이조가 된다.

17. 아이템도 바이어도 없습니다. 무역 창업 하고 싶은데 어디서부터 해야 할까요?

> 무역 해 본 적은 없습니다. 그러나 해외에 제품을 판매하고 싶습니다. 기본적인 영어는 가능하고 무역 실무는 유튜브를 통해 공부하고 있습니다. 무엇부터 시작해야 할까요?

무역 창업을 생각한다면 아이템, 무역 지식 그리고 바이어를 떠올릴 것이다.

무역 지식은 처음부터 없어도, 필요한 것 중심으로 우선 순위를 정해 하나씩 공부하면 된다. 창업에 있어 전혀 문제가 되진 않는다. 그러나 '아이템'과 '바이어'는 다른 경우다. 아이템을 가지고 무역 창업해서 바이어를 찾을 수 있고(수출 대행), 바이어를 먼저 끼고 아이템을 찾는 경우도 있다(소싱 대행).

일반적으로 무역 예비 창업자들은 아이템이든 바이어든 둘 중 하나를 갖고 창업을 시작한다. 여기서 착각해서는 안 되는 것이 있다. '아이템'이 있거나 '바이어'가 있다는 것은 빠르게 결과를 낼 수 있고 좀 더 쉽게 사업을 진행할 수 있다는 것뿐이지 '성공'을 의미하진 않는다는 것이다. 일단 시작이 용이하다는 것뿐이지 그 이상도 그 이하도 아니다. 만약, 두 개 다 가지고 있다면 금상첨화가 된다.

여기서 궁금해진다. '만약, 둘 다 없다면 무역 창업은 불가능할까?' 아니다. 가능하다. 그러나 시간이 걸린다. 너무 걸린다. 그 시간에 결국 포기하는 경우가 속출할 정도다.

'둘 다 없다면 어디서부터 시작해야 할까?' 우선 아이템을 찾으면서 무역 공부를 해야 한다. 그리고 바이어를 찾는 수출형 창업 '수출 대행'으로 비즈니스 모델을 잡아야 한다(바이어가 없는 상태에서는 '소싱 대행'은 불가능).

아이템은 이미 언급했듯이 내가 좋아하는 아이템, 계속 관심을 갖는 아이템부터 시작하는 게 좋다. 그리고 나만의 판매 방향을 정립해야 한다. 만약, B2C 해외 판매라면, 글로벌 오픈 마켓(ex. 아마존, 쇼피)을 추천한다. B2B 해외 판매라면, 그 제조사(공장)에서 독점권을 얻은 후 온라인 및 오프라인으로 바이어 발굴 작업을 시작해야 한다.

이처럼 아무것도 없어도 남녀노소 누구나 무역 창업을 할 수는 있다. 하지만 성과 내는 것은 아무나 하지 못하는 가장 큰 이유는 '시간'이 의외로 필요하다는 데 있다. 조급해서는 절대 안 된다. 소싱 업체 찾는 것보다 바이어 찾는 경우가 더욱 시간이 오래 걸리기 때문에 첫 아이템 선정할 때는 지루하지 않게 꾸준히 할 수 있는 아이템이어야 한다.

B2C가 되었든, B2B가 되었든 무역 창업 시 주의할 점은 무역 창업자의 포지션은 '중간자'라는 것이다. 항상 '남 좋은 일만 시키는 것은 아닌지' 점검할 필요가 있고 공장이 직접 판매에 나서는 것을 예의주시해야 하며, 공장(제조사)과 바이어의 직거래를 체크해야 한다. 만약 의심스럽거나 불명확한 것이 예측되거나 발견되면 반드시 계약서를 통해 문서화해서 강제성을 가질 필요가 있다.

18. 제조사도 아닌데 수출용 홈페이지는 꼭 필요한가요? 그 구성은 어떻게 하는 게 좋을까요?

> 남의 제품인데 홈페이지가 꼭 필요한가요? 남 좋은 일만 시키는 것 같습니다. 꼭 필요하다면 홈페이지는 어떻게 구성하는 게 좋을까요?

글로벌 오픈 마켓이라는 B2C라면 딱히 필요하진 않다. 말 그대로 '남의 제품'이기 때문이다. 그러나 B2B 수출(바이어 발굴)을 하고 싶다면, 꼭 필요하다. 제조사가 되었든 중간 무역 회사가 되었든 해외 바이어는 최종 수출 업체를 검증하고 싶어 하기 때문이다. 또한, 해외 바이어 입장에서는 중간에 누가 껴 있는 것을 싫어하고 직거래를 원하기 때문에 외부에서 보일 때는 제조사와 중간 무역 회사가 원팀(One team)처럼 움직여야 신뢰를 얻는다. 결국, B2B 수출의 핵심은 원팀(One team)이다.

해외에서 수출 업체에 관해 확인할 수 있는 방법은 크게 2가지뿐이다. '전시회 부스 규모와 홈페이지' 그렇기 때문에 수출 기업(수출 대행)일수록 전시회와 홈페이지에 대해 신경을 쓰지 않을 수 없다. 바이어 입장에서 보면, 수출 업체 하나를 검증하기 위해 비행기 타고 물 건너오진 않는다. 직접 확인하고 싶어도 확인할 길이 마땅치 않다.

- 온라인은 홈페이지
- 오프라인은 전시회

그만큼 홈페이지는 중요하다. 그러나 대부분의 기업들은 수출하려는 마음과 열정만 있을 뿐 홈페이지에 대한 투자와 고민에 많이 인색한 편이다. 홈페이지라고 해서 정해진 틀이 있는 것은 아니다. 단지 해외 바이어 입장에서 봤을 때 '그 업체가 무슨 업체인지(회사에 대한 신뢰와 검증)', '그 제품은 어떤 제품인지(제품에 관한 검증)' 알고 싶어 하기 때문에 홈페이지는 이 부분을 해소하는 데 초점이 맞춰져야 한다. 즉, 홈페이지는 온라인상에서 회사와 제품에 대한 양질의 정보를 제공하는 역할을 한다.

여기서 궁금해진다. '왜 바이어들은 수출 업체를 검증하려 할까?' 회사에 대한 검증은 단연코 T/T 결제 때문이다. 선수금을 줬는데, 잔금을 줬는데 출고를 지연하거나 안 하는 경우가 대표적이다.

제품에 대한 검증은 애써 만들어 놓은 현지 유통망의 붕괴에 대한 걱정 때문이다. 갑자기 단종된다거나 불량률 같은 경우가 대표적이다.

만약, 홈페이지 구성에 대해 아이디어가 떠오르지 않는다면, 홈페이지 콘텐츠와 구성을 위한 첫 기획은 단연코 타 회사를 벤치마킹하는 것이다. 거기에 나만의 특성을 부여해서 살리면 된다. 이미 언급했듯이 홈페이지 방문객들은 회사와 제품에 대한 검증을 위해서 들어온 만큼 짧고 임팩트 있는 인상을 줘야 한다. 핵심 콘텐츠는 다음과 같다.

- 신뢰도를 높일 만한 객관적 검증 자료(ex. 성분 분석표, 중기청 표창장)
- 제품에 대한 입상 자료(ex. 브랜드 1위)
- 대외적으로 알 만한 협력 파트너사(ex. 삼성)
- 표면적인 콘텐츠 구성도 중요하지만, 홈페이지가 왕성한 활동을 하고 있다는 것도 중요하고, 꾸준한 업데이트도 잊어서는 안 된다.

19. 제품 소개서 작성법과 마케팅이 궁금합니다

> 조명 기구 인테리어에 관심 있고 준비 중인 예비 무역 창업자입니다. 아이템은 여러 사이트를 통해 정해 놓은 상태입니다(아직 업체와 미팅은 하지 않음). 이 아이템을 받아서 바이어를 찾아 수출하고 싶습니다. 제품 소개서와 해외 마케팅을 어떻게 해야 할까요?

바이어를 찾는 시작은 해외 오퍼(Offer) 메일! 그 해외 오퍼를 위해서는 제품 소개서는 필수!

수출의 시작은 제품 상세 페이지(제품 소개)에서 시작된다. 그러나 '조명 기구' 특성상 텍스트와 제품 사진만으로는 제품에 대해서 제대로 설명하기에는 분명한 한계점이 존재한다. 그 정도만으로는 제품 설명과 홍보가 시원치 않다는 뜻이다.

'조명 기구'와 같은 제품들의 해외 마케팅으로 권장되는 것은 유튜브로 대표되는 동영상 마케팅과 전시회 현장 이벤트(시연)가 있다. 효과적인 측면이나 가성비 면에서 적절하다. '보여주는 테스트 또는 비교 우위 마케팅과 홍보'로 접근해야 한다.

과거에는 제품 소개서 또는 카탈로그를 이메일로 발송하거나 필요시 시연 동영상을 첨부해서 제품을 소개하곤 했다. 최근에는 더욱 정확한 이해를 돕기 위해 제품 설명 동영상과 사용기 영상을 찍어서 유튜브, 블로그, 카페, 페이스북, 인스타그램 들에 올려놓고 그 사이트 주소(ex. URL, QR)로 홍보를 한다. 또 하나의 마케팅 방법이 생긴 것이다.

'조명 기구' 수출을 위해서는 특히 이런 시각적인 홍보에 주목하고 주력해야 한다. 영상을 만들어서 마케팅 채널에 올려서 홍보해야 하고 바이어를 직접 만날 수 있는 수출 상담회와 전시회에 적극적으로 참가해서 시연을 해야 한다. 직접 만나 '공감대 형성 마케팅'을 통해 제품과 회사에 대한 신뢰를 한껏 높여야 한다.

'전시회 나갔는데 효과가 없었습니다.', '수출 상담회도 가봤는데 효과는 별로인 것 같습니다.', '유튜브나 블로그를 해도 반응이 없습니다.'

이렇게 말한다면 필자는 이렇게 대답하고 싶다. '공부하고 하셔야 합니다.' 바이어 찾는 방법은 정해져 있다. 이미 이 책에서 언급했듯이 정형화된 방법이다. 누구나 아는 평범한 방법일 수도 있다. 다른 방법은 없다. 중요한 것은 방법을 아는 게 아니고 그 방법을 제대로 공부해서 운영할 줄 알아야 한다.

'좋은 무기를 줬는데 쓸 줄 모른다면 아무 의미 없다!' 조명 기구로 수출하고 싶다면, 오프라인 마케팅으로는 전시회와 수출 상담회를, 온라인 마케팅으로는 동영상을 제작하여 유튜브, 블로그, 카페, 페이스북, 인스타그램 같은 SNS를 적극적으로 활용해야 한다. 단, 공부는 해야 한다.

20. 무역 세무, 어디까지 알아야 하나요?

> 무역 창업 세무에 대해서 궁금합니다. 무역 회사 사업자등록증을 내고 매입하고 수출하면 꼭 소싱 공장에 영세율 세금계산서를 발행해야 하나요? 부가세 10% 세금계산서는 안 되나요?

'무역 세무'에 대해서 따로 공부하려고 하는 경우도 있지만 단연코 시간 낭비라 말할 수 있다. 뭐든 공부하는 것은 도움이 된다. 무역 세무가 되었든 무역 실무가 되었든 뭐든 알면 도움이 되는 것은 분명하다. 그러나 무역 창업자는 대부분 1인 기업이다. 내가 할 것과 맡길 것은 분명히 해야 효율을 높일 수 있다.

무역 세무에서 알아야 할 것은 '구매 확인서와 영세율' 정도다.

무역 창업자로서 사업자등록증을 내고, 제품을 매입해서 해외에 수출하는 경우, 제조사(공장)에 물건 대금을 지급하고 세금계산서를 받는다. 부가세 10%를 포함한 가격으로 진행할 것인가(일반 세금계산서) 또는 부가세 0%인 영세율로 진행할 것인가는 협의를 통해 선택할 수 있다. 여기서 주의할 점은 수입이 아닌 수출로 한정된다는 것이다. 영세율로 진행한다는 뜻은 이 제품(부품)은 수출용으로 판매되었다는 것이다. 그렇기 때문에 그 근거 자료로 '구매 확인서'가 필요하다. 최종 수출자가 유트레이드허브(https://www.utradehub.or.kr/) 사이트에서 신청해서 발급받고 제조사(공장)에 전달하면 끝이다. 제조사(공장)는 부가세 신고 기간 때 '영세율' 세금계산서와 그 증빙 자료로 '구매 확인서'를 제출하면 된다.

21. 1인 무역 창업의 종류, 장단점과 주의점을 알고 싶습니다

> 무역 창업에 관해 관심이 있습니다. 수출이 될지, 수입이 될지 아직 결정 못 한 상태입니다. 무역에 대해서도 모릅니다. 1인 무역 창업의 종류, 장단점, 주의점 등 전반적인 상황에 대해 알려 주셨으면 합니다.

본문에 여러 번 언급했듯이 무역은 진입 장벽이 낮다. 그만큼 누구나 도전해 볼 만하고 들어가는 비용이 타 창업에 비해 상대적으로 적은 만큼 실패에 대한 두려움도 적은 편이다. 그렇지만 무역 창업 생태계를 정확히 알아야 정확한 방향을 잡을 수 있으며, 실패 확률을 줄이고 성공 확률을 높일 수 있다.

B2B로 진행하는 방식과 B2C로 진행하는 방식을 우선 고민할 필요가 있다. B2B 방식을 보면, 바이어를 우선 세팅하고 바이어 입장에서 소싱하는 창업은 '소싱 대행(수입 대행)'이다. 운영 방식에 따라 커미션 베이스로 운영하면 에이전트 창업이라고 하고 매입 수출로 진행하면 무역 회사 창업이라고 한다.

제조사(공장)를 우선 세팅하고 바이어를 찾는 창업은 '수출 대행'이다. 운영 방식에 따라 커미션 베이스로 운영하면 에이전트라고 하고 매입 수출로 진행하면 무역 회사 창업이라고 한다.

B2B에서 무역에 대한 경험이 전무하다면 처음에는 사업자등록증을 내고 시작하는 '무역 회사'보다는 '에이전트' 창업을 권장하는 편이다. 비용적인 측면을 고려하고 가볍게 운영하는 측면을 강조한 것이다. 만약 바이어가 이미 세팅되어 있어서 소싱 에이전트로 진행하면 비즈니스가 훨씬 수월하지만 정말 드물 정도로 그런 구조를 만들어 내는 게 쉽진 않다. 반면 수출 에이전트 창업은 보편적이다. 그러나 에이전트 특성상 처음부터 공장과 바이어를 노출시킨 상태에서 중간자 입장으로 비즈니스를 진행하기 때문에 공장(제조사)과 바이어의 직거래를 주의해야 한다. 매출이 있으면 있는 대로 없으면 없는 대로 수출자나 바이어가 중간자를 배제하려 하는 경향이 있기 때문이다.

B2C를 택한다면, 국내 오픈 마켓(수입형/소호 무역) 또는 글로벌 오픈 마켓(수출형) 창업을 고려할 수 있다. 수입형은 중국 또는 일본과 같이 해외에서부터 아이템을 소싱해서 국내 오픈 마켓(쇼핑몰, SNS 등)에 파는 형식을 취한다. '소호 무역'이라고도 하며 무역 이론과 실무 보다는 팔고자 하는 마켓 플랫폼을 더 공부하고 연구해야 매출을 극대화할 수 있다. 이런 맥락으로 '소호 무역'은 무역 창업이라고 보긴 어렵다.

최근에는 글로벌 오픈 마켓이라고 해서 해외 제품 또는 국내 제품을 소싱해서 아마존(Amazon), 이베이(Ebay), 쇼피(Shopee) 같은 곳에 판매를 시도하는 창업자들도 많이 볼 수 있다. 이 또한 그 판매 플랫폼에 관한 공부가 무역 실무 또는 무역 지식보다 더 중요하고 우선시되어야 한다.

B2B와 B2C 무역 창업을 간단히 비교해 보면 다음과 같다.

① B2C는 목돈 들어가고 푼돈 벌지만 B2B는 목돈 들어가고 목돈 나온다.

② B2C는 소비자 개별 대응을 해야 하지만 B2B는 그럴 필요 없다.

③ B2C는 한 번에 크게 돈이 물릴 일이 없으나 B2B는 그럴 수 있다.

④ B2C는 직거래라고 하는 '뒤통수 치기'란 단어가 없지만 B2B는 있다.

그 외에도 다양한 차이점이 존재한다. 뚜렷하게 무엇이 좋고 나쁨을 말할 수 없는 만큼 다양성이 있기 때문에 무역 창업을 고려한다면 나에게 맞는 창업 형태를 찾는 것이 중요하다.

22. 취업보다 무역 창업, 어떻게 생각하세요?

> 취업이 어렵습니다. 창업에 도전하려 해도 창업 자금이 부담스럽습니다. '청년 무역 창업' 생태계에 대해서 어떻게 생각하시나요? 정확히 알고 창업 여부를 결정하고 싶습니다.

'청년 창업', 일종의 유행처럼, 창업하는 청년들이 뭔가 도전적이고 진취적인 모습으로 보이는 경향이 있다. 무역 창업도 이런 분위기를 타면서 창업하면 금방 성공할 것처럼 생각하고 '젊음의 패기'와 '도전'이라는 이름으로 많은 주변 사람들이 응원하기도 한다. 유튜브를 비롯한 SNS에서도 경험담과 성공담을 주제로 조회수가 높은 경우도 많고 그 댓글 반응도 뜨거운 것을 보면 사회의 전반적 분위기라고도 볼 수 있다.

그렇다면, 현실은 진짜 어떨까? 청년 무역 창업의 현실을 보면. 청년 예비 창업자들은 대부분 무역 실무를 글로 배웠다. 당연히 경험을 익힐 곳도 없고 그런 시간도 없다. 실전 경험이 없기 때문에 변수 관리도 어렵다. 지식은 있어도 경험에서 나오는 상황 판단에 따른 결정을 기대하긴 어렵다. 그런데 안타깝게도 무역 창업의 핵심은 '경험'이다. '무역 업무 경험'뿐 아니라 대인 관계로 압축되는 '사회 경험'도 포함된다.

만약 지원 사업을 생각한다면 생각 안 하는 게 낫다. 정부 지원 사업은 대부분 제조업에 치우쳐 있기 때문에 기대하면 안 된다. 바이어가 밀어준다는 말로 창업을 하든, 제조사(공장)가 아낌없이 도와준다는 말을 믿고 창업을 하든, 결국엔 바이어와 제조사는 무역 창업자를 불필요한 '중간자'로 보는 경향이 강하다. 청년 창업자가 헤쳐 나가기가 녹록지 않은 현실이다. 또한, 청년 무역 창업자를 경험이 없는 '사회초년생' 정도로 판단하고 무시하기도 한다. 즉, '선입견과 편입견'을 누구나 가지고 있다.

대표적인 몇 가지 사례를 보면,

① 실전 지식과 다양한 정보 그리고 비즈니스 경험 부족

② '청년'이라는 단어 빼고는 실무적으로 다른 에이전트와 별 차이 없음

③ 조금만 어려움이 있으면 스스로 극복할 방안 없다고 판단

④ 하다가 금방 포기한다고 생각

⑤ 사회 경험이 적어서 이리저리 들쑤시고 다닐 뿐 시장이 더 혼탁해진다고 판단

⑥ 경험이 없어서 제조사가 매번 가르쳐야 한다는 선입견

종합적으로 보면, 많이 부족한 무역 창업자로 그들은 본다.

그렇다면, 청년 무역 창업자가 공장을 바라보는 시선은 어떨까? '내가 물건을 팔아 준다는데 고마워해야 하는 것 아닌가?' 이런 입장 차이를 좁히는 게 청년 무역 창업자가 가장 먼저 알고 해결해야 할 대표적 숙제다. 청년 무역 창업자들이 강력한 성공 무기라고 생각하는 젊음의 패기, 무역 이론, 무역 영어, 영어 실력 그리고 해외 연수 경험 등은 두 번째라는 것을 명심하자. 대표적인 숙제부터 끝내야 한다. 나만 준비되었다는 것은 의미가 없다. 상대방이 그렇게 본다는 것을 알고 하나씩 대비해 나갈 필요가 있다.

23. 제조사(공장)와 판권(영업권, 독점권) 계약합니다. 주요 체크 항목은 뭘까요?

> 아이템을 찾았고 공장과 독점 계약까지 하게 되었습니다. 어떤 항목을 주로 체크하고 그 항목이 미치는 영향에 대해 궁금합니다.

계약을 할 때는 입장 바꿔 생각하는 노력이 필요하다.

'역지사지(易地思之)' 이것은 협상의 시작이자 계약의 시작이고, 무역 창업 비즈니스의 첫걸음이다. 서로 부족하고 아쉬운 사람들이 만나 시너지 효과를 내는 것을 목표로 한다. 다시 말하면, 필요에 의해 비즈니스를 위해 협업하는 것이지 손해를 보면서까지 한쪽이 포기할 이유는 없다. 신뢰를 바탕으로 하는 계약을 통해서 각자의 목표를 추구하면 된다. 그 목표에 안전하게 도달하기 위해 구두로 약속하고 이메일과 문자를 통해 조율한 후에는 '계약서'를 통해 반드시 기록을 남겨 놔야 한다. 이것은 법에 호소하는 것만을 고려하는 것이 아닌 최소한의 가이드 라인이라고 보면 된다.

계약서 내용은 내가 상대방 입장일 때 고민하는 부분도 검토 대상이다. 나의 입장만 주장해서는 절대로 계약을 성사시킬 수 없기 때문이기도 하다. 제조사(공장)와 만나서 아이템과 해외 지역 영업권 또는 독점을 계약할 때 다음과 같은 사항을 체크해야 한다.

① 독점권 계약 기간: 영업권과 독점권은 엄연히 다른 영역. 영업권만 있으면 결과적으로 보면 남 좋은 일만 하는 경우도 있고 기간이 너무 짧으면 하다가 중지하는 경우도 있음

② 커미션 비율과 시기: 첫 거래만 커미션을 적용할 것인지, 지속적인 오더에 커미션을 적용할 것인지 그리고 그 시기와 비율(금액)을

정할 필요 있음

③ 업무 영역 범위와 클레임: 중간자 포지션에서 역할과 범위를 정확히 할 필요 있음. 제조사 입장과 바이어 입장에서 있을 수 있는 불만(클레임) 처리에 대한 역할을 정해야 추후 혼선을 막음

④ 수출자와 수입자의 직거래 방지: 매입 수출 방식(무역 회사 창업)이라도 커미션 베이스로 창업하는 에이전트 형식과 마찬가지로 언제나 직거래에 노출됨. 단지 에이전트는 제조사와 바이어(수입자)가 처음부터 100% 노출된다는 것에 반해 무역 회사 같은 경우는 처음부터 노출을 방지할 수 있다는 차이점이 있지만, 무역 회사 또한 그들이 알려고 하면 충분히 알 수 있다는 차이가 있음

그 외에도 현 상황에서 여러 번 상황 설정을 통한 '시뮬레이션'과정을 검토해서 의심되는 부분이나 불명확한 것 그리고 정확히 해야 하는 부분을 추려내서 계약 항목에 넣어야 한다.

무역 창업은 기본적인 틀 위에 각각의 경험 사례가 쌓여서 '성공으로 갈 것인가, 실패로 갈 것인가?'가 결정 난다. 그 기본적인 틀은 누구나 짐작할 수 있지만, 경험 사례는 천차만별인 경우가 많은 만큼 다양한 사례를 공부해서 필요한 부분을 추려 계약서에 적용할 필요도 있다.

24. 쇼피(Shopee) 판매자입니다. 이젠 B2B 바이어도 찾고 싶습니다

동남아 지역을 대상으로 쇼피(Shopee)에서 건강 보조 식품을 팔고 있습니다. 질문은 한 가지입니다. 지금껏 B2C 판매만 해왔는데 여기에 B2B도 하고 싶습니다. 즉 바이어를 찾고 물량으로 밀어내고 싶습니다.

'물량을 더 밀어내고 싶은데…', '한 방에 크게 하고 싶은데…'

글로벌 오픈 마켓을 꾸준히 하다 보면 한계점에서 이런 고민을 하게 된다. 이 2가지 고민은 쇼피만의 문제가 아니다. 글로벌 오픈 마켓의 대표적 단점을 여실히 드러내는 문구이다.

쇼피(Shopee)는 동남아 지역 여러 국가를 아우르는 오픈 마켓 플랫폼으로 알려져 있다. 중요한 것은 질문자는 일단 해봤고 지금 하고 있다는 것이다. 일단 B2C로 자리를 잡았다면 B2B는 의외로 쉽다. 기존 타 브랜드가 아닌 내 브랜드로 진출해서 홍보 마케팅하는 방법도 있고 기존 타 브랜드를 이용하여 영업하는 방법도 있다.

글로벌 오픈 마켓 플랫폼을 통한 B2C 매출은 플랫폼에 접근한 고객들의 선택을 받기 위해 한정된 사이트 홍보와 카테고리 마케팅 홍보에 집중하는 수동적인 방법을 택할 수밖에 없다. 그러나 '한 방 물량'이라는 B2B 바이어를 찾기 위해서는 공격적인 방법을 택해야 하고 기존 오픈 마켓에서 했던 마케팅과 홍보에 그 외적인 방법도 모색해야 한다. 일단, B2B를 하기 위해서는 인터넷상의 본거지인 '홈페이지'가 필요하다. B2B의 핵심 마케팅은 온라인상에서는 무조건 '홈페이지로의 고객 유입'이다. 쇼피(Shopee)에서 관리 중인 기존 고객들에게 알려서 홈페이지 유입을 유도해야 한다. 쇼피 고객이 아닌 진정한 내 고객을 유치하는 것이다. 이벤트를 할 필요도 있고, 할인을 할 필요도 있을 것이다. 즉, 일단 끌고 오는 데 초점을 맞춰야 한다.

쇼피(Shopee)가 아닌 다른 쪽에서 홍보와 마케팅도 필요하다. 유튜브를 운영하는 것도 좋은 방법이다. 유튜브 쇼핑을 이용할 필요도 있다. 유튜브는 전 세계를 대상으로 하기 때문에 불특정 다수 고객(B2C)에게 노출되기도 하고 잠재적 바이어(B2B)를 확보할 수도 있다.

쇼피에서 가장 잘 팔리는 국가 또는 지역을 선별해서 집중적으로 영업하는 것도 하나의 좋은 방법이 된다. 대형 또는 유명 쇼핑몰에 입점을 시도할 수도 있고, 대형 온라인 셀러에 컨택해서 물량 수출을 기획할 수도 있다. 기존 판매했던 업적을 레퍼런스(Reference)로 홍보 마케팅에 활용할 수도 있고 리뷰와 고객 피드백을 정리해서 홈페이지와 유튜브 콘텐츠로 활용할 수도 있다. 그만큼 홈페이지를 중심으로 진행해야 한다.

'B2B의 시작은 홈페이지다.' 해외 바이어가 온라인상에서 흔히 접근하고 쉽게 알 수 있는 방법은 홈페이지가 유일하다. 이것을 통해 분석하고 구글이나 다른 객관적 매체를 통해 검증하는 게 그들의 순서다. 그리고 믿음과 확신이 서면 그들은 연락한다. 그 배경에는 무역 대금 T/T가 있다. 앞서 여러 번 언급했듯이 B2B는 일반 온라인 플랫폼과 다르게 '먹튀'가 가능하다. 신뢰가 있는 업체임을 홈페이지에서부터 각인시킬 필요가 있다.

'차량 바퀴가 처음 굴러가기가 힘들지 한번 굴러가면 빨리 가는 것도 방향 바꾸는 것도 어렵지 않다.' '일단 손이 들어가면 머리가 들어가고 몸통이 들어간다.'

기존에 이미 B2C 판매를 하고 있다면 다른 사람들보다 앞선 것이다. 일단 깔아 놓은 업적과 경험이 있기 때문에 더 확대하고 새로운 것을 추가해서 B2B(바이어)를 찾으면 손쉽게 좋은 결과를 얻을 수 있다. 열심히 했는데 바이어 찾는 것이 늦어진다고 힘들어할 필요도 없다. 그 제품 스펙과 가격 그리고 품질 때문에 바이어가 관심 없는 경우도 있지만 그런 제품이 있는지도 모르는 잠재적 바이어가 더 많다는 것을 잊어서는 안 된다.

널리 알리는 데 초점을 맞추자!

25. 무역 회사 창업! 아직 기회가 있을까요?

> 무역 회사 1인으로 시작하려 합니다. 어떤 식으로 시작해서 자리를 어떻게 잡아야 할지 가이드 부탁드립니다. 대기업들도 무역 시장에 있고 기존에 자리 잡은 무역 회사도 있는데 그 시장에 들어설 수 있을까요?

무역 회사 창업은 B2B 창업을 의미한다. 바이어를 찾는 것이 핵심이다. 본문에 수차례 반복했듯이 바이어 찾는 것은 '시간과 돈'이 필요하다. 특히 시간은 절대적이다. 왜냐하면, 무역 대금 T/T를 받기 위해서는 신뢰를 쌓아야 하고 그 신뢰를 쌓기 위해서는 꾸준한 노력과 시간이 있어야 하기 때문이다. 만약 이런 각오가 되어 있다면 반은 성공한 것이나 다름없다.

대한민국은 무역 국가다. 그렇기 때문에 제조업의 직수출도 있지만 그 중간에서 대행하는 오랜 역사를 가진 무역 회사도 많다. 여기서 중요한 것은 기존 무역 회사와 경쟁할 필요는 없다는 것이다. 과거와는 다르게 다양한 아이템과 비즈니스 생태계를 가지고 제조를 가진 업체들이 많아지고 그들의 니즈(Needs) 또한 다양하기 때문이다. 제조를 기반으로 하다 무역, 특히 수출에 여력이 없는 경우가 태반인 경우가 많다 보니 이런 업체와 궁합만 잘 맞는다면 시너지 효과를 낼 수 있다. 이것이 '무역 대행'이 아직도 필요한 이유다.

무역은 사람과 사람이 하는 것이다. 그렇기 때문에 그 조직을 운영하는 사람들의 신뢰와 협력은 절대적이기 때문에 대기업이라고 우위를 점하는 것도 아니고 작은 1인 무역 회사라고 주눅 들 필요도 없다. 다시 말하면, 분명히 1인 무역 회사의 길은 있다.

1인 무역 회사는 무역 창업에서 매입하고 수출하는 형태를 취한다.

제조사(공장)를 찾아서 계약하고 바이어를 찾아서 계약해야 한다. 각각의 계약이기 때문에 대부분 우려하는 공장과 바이어의 직거래는 서류상으로나 비즈니스 절차상으로 '에이전트 창업' 방식과 비교하면 어느 정도 차단이 가능하다. 그래서 대부분 선호하는 방식이긴 하지만 매입 자금이 필요하다. 국내 매입은 대부분 100% 출고 전이고 바이어에게는 선수금과 잔금 형식으로 받기 때문에 그 차이를 극복해야 하는 숙제가 있다. 이런 무역 창업 형태를 인지하고 진행하기 전에 가장 먼저 창업 여부를 결정할 핵심적인 요소가 있다.

- 바이어는 있는가?
- 제조사(공장)는 있는가?

두 가지 다 있으면 가장 좋다. 둘 중 하나만 있어도 좋다. 둘 다 없으면 창업을 포기할 정도로 고민해야 한다. 결국, 믿는 구석이 하나라도 있어야 한다. 바이어가 되었든 공장이 되었든 말이다.

둘 다 없으면 왜 포기해야 하냐고? 시간이 너무 걸리기 때문이다.

26. 무역은 왜 책도 그렇고 상세하게 설명하는 실전 정보가 많이 부족할까요?

> 무역을 공부하려 합니다. 해외에 물건을 파는 것과 물건을 수입해서 국내에 판매하는 것을 고려 중입니다. 책을 사고 싶어도 마땅치 않고 온라인을 통한 정보도 매우 한정적이라 생각합니다. 어떻게 공부해야 할까요?

무역을 공부하는 이유는 크게 3가지 정도다.

① 실전 무역을 통한 실력 키우기(ex. 창업, 무역 실력 up)

② 무역 이론을 통한 시험 준비(ex. 무역 영어)

③ 취업 준비(ex. 해외 영업)

여기서 우린 궁금하다. 어떤 항목이 가장 관심이 높을까?

정답은 2번 또는 3번이다. 해외 영업 또는 마케팅과 같은 해외 비즈니스를 하고 싶은 취준생들이 준비하는 무역 시험이다. 즉, 정형화된 무역 실무와 이론에 초점이 맞춰져 있다. 그래야 책이든 정보든 팔린다는 것을 누구나 안다. 그만큼 수요가 있기 때문이다.

'정형화되었다.'라는 뜻은 '답은 정해져 있다.'이다.

어떤 책을 사도 다 똑같다는 방증이고 어떤 정보도 차별성은 없다는 뜻이다. 그것이 정석이기 때문이다. 이런 이유로 실전 무역에 관한 책과 정보를 찾기 힘들다. 진짜 실력을 키워서 무역 창업을 하고 싶어도 공부하기가 쉽지 않다.

무역 창업은 무역의 끝판왕이다. 무역 이론과 실무 그리고 창업에 대한 지식뿐 아니라 다양한 경험이 뒷받침되어야 무역 창업을 이해할 수 있고 실현할 수 있다. 이런 정보는 경험에서 나온다. 경험은 절대 노출되지 않는다. 왜냐하면, 경험이 곧 실력이고 돈이기 때문에 누구도 알려주려 하지 않는다. 혼자만 간직하고 혼자서 그것을 향유하려는 습성이 있기 때문에 우린 그것을 '고급 정보'라 부른다. 그러나 안타깝게도 가짜 정보가 너무 판친다. 너무 편파적인 정보, 너무 우연한 정보, 너무 운에 맡기는 정보, 너무 특별한 경우의 정보가 여기에 해당한다.

성공 사례를 예를 들어 보자. 수출 대행 또는 수입 대행으로 돈을 많이 벌었다고 하는 창업자가 있다고 가정해 보자. 그것이 고급 정보라면, 그 고급 정보를 왜 나눠줄까? 또한, 자세히 살펴보면 보편적인 접근법으로 이루어진 결과가 아닌 이벤트성, 우연의 일치, 운인 경우가 상당히 많다. 이런 정보는 나의 노력이 아닌 외부의 영향력으로 된 것들이기 때문에 뜬구름 잡는 허울 좋은 말장난일 뿐이다.

무역 공부를 하고 싶다면, 성공보다는 실패 사례에 집중해야 한다. 실패 사례가 일반적인 사람들이 더 자주 겪는 것이기 때문에 이걸 통해 학습하고 인지하고 피해가도록 준비해야 한다.

무역 이론과 실무에서는 단순 암기식으로 접근하는 것이 아닌 다양한 사례를 많이 접해야 한다. 무역 용어 한 단어를 배우더라도 그 의미와 활용법(Usage)을 알려고 노력해야 한다. 무역 창업자들의 사례 분석을 많이 하는 것도 좋은 방법이다.

무역 창업은 앞서 말했듯이 무역과 창업이 합친 것이다. 모든 것을 망라한다. 그렇기 때문에 전문가의 의견도 중요하지만 선배들의 경험담(실패담도 좋고, 성공담도 좋다.)을 다양하게 듣는 것이 훨씬 더 도움이 된다.

다시 정리하자면, 무역 실무와 이론은 그 의미와 활용법을 중심으로 익히고 무역 창업 생태계는 경험담 중심으로 하나씩 내 것으로 만들도록 노력해야 한다.

27. 특송과 포워더 운송, 뭐가 다른 가요?

무역 창업을 생각하면 반드시 파트너십을 맺어야 하는 것이 '특송과 포워더'다. 특송은 DHL, FEDEX로 대표되고 door to door 서비스 개념이다. 빠르다(항공 운송)는 장점이 있으나 비싸기 때문에 특별한 경우 즉, 중요 샘플이나 서류에 한정되어 이용된다. 부피 무게와 실제 무게에서 무거운 쪽으로 비용을 청구하게 되는데, 실전에서는 비용으로 인해 한정된 아이템 발송에 제한적으로 쓰인다.

반면, 포워더는 항공도 있고 해상도 있다. 비용은 특송에 비해 저렴하지만 느리다는 단점이 있기 때문에 시간이 여유로운 대량 화물(메인 오더)에 주로 쓰인다. 아이템 제한은 없다.

실전 무역에서는 두 극단적인 운송 서비스 중간 위치에 '국제 택배(또는 지역 택배)'라는 것이 있다. 대한민국과 무역 거래가 많은 국가에 많이 분포되어 있고 대한민국 국적의 회사도 있고 아닌 경우도 있다. 중국, 일본, 베트남 같은 경우에는 많은 택배사들이 진출하여 한정된 지역만 서비스하기도 하고 그 지역 국적의 택배사들도 좋은 조건을 내세워서 대한민국 업체를 유치하려 한다. 서비스 측면에서 보면 특송과 비슷하지만 저렴해서 자주 이용되는 편이다.

정리하면 다음과 같다.

- 특송: 글로벌 서비스, 비용이 비쌈, 빠름, Door to Door 서비스, 한정된 아이템 운송, 샘플 운송, 주요 서류 운송
- 국제 택배: 지역 로컬 서비스, 비용이 특송보다는 저렴, 빠름, Door to Door 서비스, 샘플 운송
- 포워더: 글로벌 서비스, 비용이 저렴, 느림, 항공 운송도 있으나 주로 해상 운송, 메인 오더, 제한 없는 아이템 운송

28. 기존 SNS를 통한 판매에서 제대로 B2B 수출하고 싶습니다

> SNS(ex, 인스타그램, 페이스북)를 통해 아동복 소싱해서 판매하다가 디자인을 전공하다 보니 직접 디자인까지 하게 되었습니다. 생산은 외주이고 디자인은 제가 합니다. 국내에서 SNS에서 소통하며 판매를 하고 있고 이젠 해외 수출을 하고 싶습니다.

SNS는 소통의 아이콘이다. SNS를 통해서 소통과 정보를 교류하고 최적의 제품을 만들어서 판매하다 보면 제품의 완성도와 판매망 구축은 쉬울 것이라고 대부분 생각한다. 이런 이유로 소통을 중시하는 창업자들이 늘어나고 판매망을 다양하게 구축하는 데 SNS를 적극적으로 활용하려 하는 움직임도 생겼다. 실전 무역에서 보면 이 부분은 100% 맞다. 다양한 의견을 제대로만 녹아낸다면 이만한 제품도 없고 견고한 판매망 구축은 어느 정도 보장된다. 아동복도 마찬가지다. 최근 트렌드와 엄마 니즈(Needs)를 소통을 통해서 정확히 알 수 있다. 그러나 문제는 다른 곳에 있다. 제품이 아닌 유통과 영업적인 측면이다.

'Copy', 소통을 하는 동시에 노출된다. 아동복 같은 의류는 품질도 중요하지만 디자인이 더 많은 역할을 한다. 디자인 copy를 위해 옷을 사서 확인 후 반품하는 사람들도 있을 정도로 남의 아이디어를 쉽게 생각하는 사람들도 많다.

"0에서 1을 만들기는 매우 어렵다. 그러나 1에서 2 만들기는 쉽다." 실전 무역에서 자주 쓰이는 말이다.

SNS 활용하는 창업자가 수출을 생각할 때는, SNS를 통해 가장 반응이 뜨거웠던 국가들을 선별하고 집중적으로 바이어 발굴을 하게 된다. 여기서 인지해야 할 것은 이미 그 디자인이 노출되어 있는 상태라는 것이다.

제품의 완성도를 위해 당연히 원단의 기능적인 측면도 중요하다. 그러나 의류 카테고리는 디자인이 더 큰 역할을 한다. 결국 'copy 대응을 어떻게 할 것인가?'에 관한 답을 수출 전에 찾아야 한다.

29. '바이어를 대신 찾아줍니다.'라는 업체는 진짜인가요?

> 수출을 생각하고 바이어를 찾는 것에 대해 이리 저리 알아보다가 '바이어를 대신 찾아 줍니다'라는 문구를 많이 봤습니다. 이런 업체에 의뢰하면 바이어를 진짜 찾아 주나요?

수출의 핵심은 '바이어 찾기'이다.

수출에 대해 문의하는 제조 업체 또는 무역 창업자들은 급하고 절박할 때 수출을 찾는 경향이 있다. 제조 업체는 국내 내수로도 어느 정도 먹고 살기도 하고, 그 상황을 유지하는 데도 벅차기 때문에 수출에 대해서는 기껏 한 번 정도 눈길 주다가 막히면 다시 원점으로 돌아가거나 보류하는 경우가 태반이고, 무역 창업자들도 아이템 발굴에만 신경 쓴 나머지 수출을 뒤늦게 생각하는 경우가 대부분이다.

이럴 때 이 한마디는 절박한 그들에게 상당히 매혹적으로 들린다.

"바이어를 대신 찾아 드립니다." 한 번쯤 들어 봤을 것이다. '무역 전문가 특히 수출 전문가는 바이어를 찾는 전문가이다.' 이렇게 생각하고 맹신하기도 한다.

여기서 알아야 할 핵심이 있다. 수출을 한다고 마음먹고 바이어를 찾으려면 의뢰 업체가 제시하는 그 아이템에 대한 경험, 해외 그 지역에 대한 경험, 그 의뢰 업체의 현 비즈니스 상황이라는 삼박자를 고려해야 한다. 그런데, 그 전문가라는 사람이 한 번 그 의뢰자의 상황을 듣고 바이어를 찾아준다? 정말 말도 안 되는 것이다. 그 정도 능력자면 차라리 무역 회사를 차려서 수출 대행을 하면 엄청난 부자가 되는데 그것은 왜 안 하는지 오히려 묻고 싶다.

그 사람들이 말하는 바이어 찾아준다는 말은 기껏해야 '바이어 리스트'를 준다는 것일 뿐 그 이상도 그 이하도 아니다. 그만큼 아무 효과 없다. 쉽게 얻는 바이어 리스트는 쉽게 버려지는 것이 보편적이다. 결국, 애타는 업체들의 마음을 교묘히 이용하는 행태일 뿐이다.

실전 무역에서 보면, '수출을 위한 바이어 찾기'는 누구도 대신해 주질 못한다. 아무리 비싼 돈을 지불해도 말이다. 바이어 찾는 것을 쉽게 편하게 하려고 하면 그만큼 사기당할 확률은 높아진다. 여기서 말하는 무역 전문가와 무역 컨설턴트의 역할은, 더욱 효과적인 방법, 더 빠른 방법, 더 경제적인 방법을 제시하고 동반자 관계로서 함께 바이어를 찾는 '나침반' 역할 정도이지 바이어를 대신 찾아준다는 뜻이 아니다.

30. 해외에서 갑자기 FOB 가격과 MOQ를 물어봅니다

수출 대행으로 창업해서, 국내 제품을 소싱하고 홍보와 마케팅을 조금씩 하고 있습니다. 해외에서 어떻게 알았는지 가격 달라고 메일이 왔는데요. 제조사 (공장)에서 해외에서 받은 메일을 공유했습니다. 어떻게 해야 할까요?

수출 대행 계약을 맺고 아직 해외 홍보도 하지 않는 상태에서도 해외에서 문의가 오는 경우가 종종 있다. 바이어라는 이름으로 외국인한테 오는 경우도 있고, 제품을 받아서 현지에서 판매를 시도하려는 교포에게서 연락이 오기도 한다. 대부분 제조사(공장)에 직접 연락하는 경우로서 수출 대행 계약이 있는 경우에는 그들은 수출 대행과 그 정보를 공유하게 된다.

'가격과 MOQ', 여기서 무역 창업자들은 당황한다.

'해외 오퍼 가격을 어떻게 내지? 소비자 가격 기준으로 계산해야 하

나 원가로 계산해야 하나? MOQ, 그런 것도 설정해야 하나?'

무역에서 국제 룰은 FOB 가격이다. CIF 가격이 아닌 FOB 가격을 우선 제시하고 조정해서 다른 인코텀즈로 바꾸는 경우가 대부분이다. 그러므로 수출을 시도하고자 할 때는 FOB 가격만 제대로 알아도 충분하다. 이건 수입도 마찬가지라서 무역 창업자 또는 무역 초보 기업들은 그 사용법을 잘 숙지할 필요가 있다. 그렇다면, FOB 가격은 어떻게 낼까?

예를 들어 보자, FOB 부산 U$ 30은 '부산까지 물건을 내가 갖다 놓을 테니 바이어가 해상 운송으로 끌고 가시오.'라는 뜻이다.

FOB는 [출고가 + 국내 운송(트럭킹) + 수출제비용(ex. THC) + 통관]으로 구성된다.

여기서 알아야 할 것은 출고가를 제외한 비용은 포워더가 직간접적으로 대행으로 진행하는 경우가 많기 때문에 가격을 오퍼하기 전에 포워더를 먼저 선정해서 물어볼 필요가 있다는 것이다. 즉, 수출을 잘하려면 포워더 선정이 중요하다.

MOQ는 최소 오더 수량이다. B2C에는 큰 의미가 없다. 그러나 B2B, 특히 수출입에서는 당연히 의미가 있다. 수입하는 입장에서는 MOQ가 1천 개이면, 모델별로 1천 개인지, 컬러별로 1천 개인지, 총 수량이 1천 개인지 정확히 알아야 오더 여부를 결정할 수 있다.

수출하는 입장에서는 MOQ 밑으로 오더하면 가격이 변동되기 때문에 잘만 이용하면 가격 협상 시 유리한 위치를 선점할 수도 있다. 그러므로 MOQ는 나와 상관없다고 제시를 안 하는 것보다는 하는 것이 더 유리하다고 볼 수 있다.

Chapter 08

절대 무역 창업하지 마!

알고 싶고 듣고 싶은
무역 창업 이야기 TOP 60

누구나 한 번쯤 생각해 본 그 질문들

1. 무역 창업, 지금이라도 시작하면 기회는 있다!

무역 창업의 장점은 상당히 많다. 가장 큰 장점은 혼자서도 가능하다는 것이다. 초기 자본이 적고, 혼자서도 운영 가능하며, 망해도 다른 창업에 비해 물질적 피해가 적기 때문에 누구라도 도전할 수 있다. 다시 말하면, 시작과 운영, 폐업까지 고려했을 때 다른 창업에 비해 상당히 가볍게 움직일 수 있는 창업 형태다.

– 바이어를 잡고 창업하는 수입형 무역 창업(소싱 대행)

– 아이템을 잡고 창업하는 수출형 창업(수출 대행)

여기에 수출자와 바이어를 단순히 연결해 주고 커미션을 받는 '에이전트 창업', 제조사(공장)에서 매입해서 마진을 붙여 바이어에게 수출하는 것이 '무역 회사 창업'이다. 무역 창업은 우리 주변에서도 쉽게 볼 수 있는데, 해외에서 누군가가 사겠다는 것을 대신 알아봐 주는 것으로 시작하는 경우도 있고, 지인이 가진 아이템을 대신 해외에 팔아 주는 형태도 있다. 누구나 한 번쯤 접할 기회가 있음 직하다.

그렇다면 쉽게 접할 수 있음에도 무역 창업을 주저하는 이유는 무엇일까? 가장 큰 이유는 정보의 부재다. 다른 창업에 비해 무역 창업과 관련된 정보는 특히 얻기 어렵다. 얻더라도 아주 특별한 상황에서의 성공 사례이거나 객관적 시각보다는 주관적 시각으로 가득한 정보가 대부분이다.

무역을 처음 접한 이들은 무역 실무에 상당한 부담을 느끼고 무역 경험자는 아이템과 판로가 없어 주저한다. 아이템과 판로에 대해서 최소한의 계획과 준비가 없다면 무역 창업을 해서는 안 되지만, 단지 '무역 실무' 때문에 망설인다면 그런 부담은 절대 가질 필요가 없다. 초반에 핵심만 뽑아서 공부하고 나머지는 일을 진행하면서 포워더, 관세사, 운송사, 세무사 등 담당 실무진에게서 배우면서 진행하면 되기 때문이다. 오히려 비즈니스를 하면서 배우기 때문에 더 빨리 정확히 배울 수 있다.

1인 무역 창업 생태계를 보면 점점 혼자서도 일하기 가능한 시스템이 잘 구축되어 있고, 내가 어떻게 하는가에 따라 결과가 달라지기 때문에 전적으로 나의 능력에 달렸다고 볼 수 있다. 한마디로 '하는 만큼 먹을 수 있는' 구조다.

예를 들어 보자. B2B가 아닌 B2C 글로벌 오픈 마켓만 보더라도 충분히 빅바이어를 잡아 B2B 전환이 가능하다. 바이어 또한 소비자로서 충분히 가격 면이나 품질 면을 검토한 후 연락할 수 있기 때문에 오픈 마켓 경험이 있는 창업자들은 경험을 살려 글로벌 오픈 마켓을 운영하면서 해외 빅바이어를 잡으려고 시도하기도 한다.

내가 가진 경험을 최대한 살리면 '무역 창업'에서는 기회는 있다. 무역 창업은 다른 창업에 비해 단점보다는 장점이 많다. 그러므로 취업과 이직은 점점 어려워지고 퇴사 시기는 점점 빨라지는 요즘, 끝이 보이는 취업 시장에 계속 도전하는 것보다는 블루오션인 무역 창업을 한 번 고려해 볼 만하다.

2. 무역 창업, 제조사(공장)가 나(수출 대행)를 찾을 수밖에 없는 이유

대부분의 제조사는 수출의 중요성을 누구보다도 잘 알고 있다.

당연히 수출하고 싶어 한다. 알아보고 찾아보고 공부하지만, 그 결과는 만족스럽지 않다. 그래서 타협한다. 수출 대행 업체를 찾아서 수출 시장을 타진하고 싶어 한다. 시간과 돈을 아끼고 공부를 할 노력이 없기 때문에 누구나 선호한다. 알아서 물건만 주면 그 이후는 걱정 안 해도 된다는 생각도 지배적이다.

수출 대행에게 맡기는 근본적인 이유는 무엇일까? 편하게, 그리고 빠르게 수출하고 싶기 때문이다. 해외 시장에 그 아이템이 신제품에서 구제품으로 되지 않기 위한 방법이기도 하고, 빨리 수출 경험을 간접이라도 쌓고 싶은 이유가 크다.

여기에서 무역 창업자의 절대적인 역할이 있다. 수출 여력이 없는 업체에서 의뢰받아 수출 대행 업무를 하는 프로세스다. 독점으로 하는 경우도 있고 영업권만 받는 경우도 있다. 독점권은 해외 전 지역인 경우도 있고 나라별 또는 지역별로 나누어지는 경우도 있다. 경우의 수는 다양하다. 영업권만 받는 경우는 나뿐만 아니라 다른 업체들도 동일 제품을 팔 수 있기 때문에 적극적인 영업보다는 소극적으로 되기 쉽다. 그만큼 수출 동력은 약해진다. 독점권 여부에 따라 업체와의 계약도 달라지고, 바이어를 찾는 방식도 달라진다. 권한이 있는 만큼 책임이 크기 때문에 무역 창업자의 역량에 따라 선택할 필요가 있다.

소싱(공장) 업체와의 관계 설정도 필요하다. 처음에는 필요에 의해서 좋은 관계로 시작되지만, 끝이 안 좋은 경우도 많기 때문에 꼼꼼한 설정이 필요하다.

대한민국의 제조사가 직수출하는 경우는 과연 몇 퍼센트일까?

무역 창업의 기회는 분명히 있다.

3. 무역 창업, 종류와 성격, 핵심 포인트, B2C와 B2B

무역 창업은 1인 창업 또는 소수 인원 창업에 최적화된 창업 형태이며, 누구나 손쉽게 접근할 수 있는 비즈니스 모델이라고 이야기했다.

B2B 입장에서 무역 창업은 바이어 입장에서 창업하는 수입형 창업(수입 대행, 소싱 대행)과 수출자 입장에서 창업하는 수출형 창업(수출 대행)으로 크게 나누어진다. 이 업무를 하는 데 단순 브로커 역할로만 끝나면 무역 에이전트로 진행하면 되고 내가 물건을 직접 매입(세금계산서)하고 수출을 한다면 일반적인 무역 회사 형태를 갖게 된다. 바이어 입장에서 창업을 한다면 바이어와의 계약 관계가 제일 중요한 반면, 수출자 입장에서 창업한다면 당연히 수출자(제조사, 공장)와의 계약 조건이 제일 중요하다. 에이전트 형태가 되었든, 무역 회사 형태가 되었든 무역 창업의 포지션은 '중간자'이기 때문에 향후 있을지 모를 직거래와 같은 뒤통수는 항상 조심해야 한다.

수출 대행으로 창업한다면 이미 언급한 대로 제조사(공장)와의 계약 관계가 우선시되어야 하고, 여러 번의 시뮬레이션을 통해 부족한 부분을 체크해서 독소 조항은 미리 파악해서 협의해야 한다. 여기서 고민해야 할 부분은 물건이 잘 팔리면 잘 팔리는 대로, 안 팔리면 안 팔리는 대로 여러 명분으로 제조사(공장)가 중간자를 배제하려 하는 경향이 있다는 것이다.

무역 창업은 무역 경험이 있든 없든, 더 쉽게, 더 편하게, 더 빠르게, 더 안전하게 업무를 진행해야 하기 때문에, Know how가 아닌 know where에 대해 잘 알고 있어야 한다. 즉, 무엇을 누구에게 물어봐야 하는지 정확히 알고 있어야 실수도 없고 업무 효율도 극대화할 수 있다. 포워더, 관세사, 변리사, 세무사의 업무를 정확히 파악하고 그때그때 물어봐야 나의 부족한 부분을 빠르고 정확하게 채울 수 있다. 특히, 포워더는 관세 업무와 내륙 운송 그리고 해상 운송 서비스를 포함한 one-stop 서비스를 해주는 만큼 업체 선정에 신중을 기할 필요가 있다. FOB 가격이든, CIF 가격이든, 통관이든 수출 또는 수입할 때 다방면에 걸쳐서 물어봐야 하는 것들이 많기 때문에, 포워더를 선정할 때는 견적 가격이 아닌 내 아이템을 다루어 본 경험이 풍부하고 그 해외 국가와 거래가 많은 업체로 해야 여러모로 무역 창업자의 부족한 지식을 채워줄 수 있다.

Made in Korea 제품을 가지고 수출하기도 하지만, 내가 한국에 있으면서 중국 제품을 미국에 수출하는 3자 무역을 할 수도 있다. 그러므로 아이템 소싱할 때 한국 제품만 고집할 필요는 없다. 넓게 보고 업무를 진행하자.

만약 B2C 입장에서 무역하고 싶다면 수입 대행이라는 플랫폼을 이용해서 진행하거나 소호 무역이라고 하는 수입 업무를 통해 국내 오픈마켓 또는 쇼핑몰을 운영하면 된다. 국내에서 B2C를 하는 경우도 있고 글로벌 B2C(ex. 아마존, 이베이)를 하는 경우도 있다. 여기서 중요한 것은 무역 실무와 이론이 그렇게 큰 비중을 차지하지 않는다는 점이다. 그런 무역 지식보다는 온라인 플랫폼 운영법이 더 중요하다. 즉, 그 플랫폼에 대한 이해는 최적화된 아이템과 매출에 영향을 끼친다. 무역 지식과 실무는 그때그때 필요한 것만 익혀도 충분하다.

4. 무역 창업, 수출의 핵심(바이어 찾기) vs 수입의 핵심(아이템 찾기)

무역은 수출형(수출 대행)과 수입형(소싱 대행)이 있다.

실전 무역에서 보는 수출은 '바이어 찾기'다. 다른 것은 수단일 뿐 그 이상도 그 이하도 아니다. 무술도 실전용이 있고 다이어트 용이 있고 호신용이 있고 체력 증진용이 있다. 무역 창업에서 수출도 마찬가지다.

실전 무역에서 보는 수입은 '아이템 찾기'다. 수입하는 과정이라고 하는 무역 이론은 단지 수단일 뿐이다. 알면 좋지만 몰라도 창업에 큰 걸림돌이 아니다. 하면서 배워도 늦지 않기 때문이다.

실전 무역에서 보는 수출과 수입은 우리가 지금껏 알고 있던 핵심과 차이가 있다. 당신이 무역 창업을 생각하기 전에 가장 먼저 생각할 것은 무역 영어, 무역 이론, 무역 경험, 무역 실무가 아니다.

수출할 것인가? vs 수입할 것인가?

5. 무역 창업! 아이템 소싱으로 본 3가지 무역 창업 형태

무역 창업을 다음과 같이 3가지로 접근하기도 한다.

① 국내 제품을 소싱해서 해외 판매를 시도하는 무역 창업자

② 해외 제품을 소싱해서 해외 판매를 시도하는 무역 창업자

③ 해외 제품을 소싱해서 국내 판매와 해외 판매를 시도하는 무역 창업자

1번 같은 경우는 수출 대행이라고 말하고 가장 흔한 무역 창업 방식이다.

2번 같은 경우는 한때 소호 무역이라고 해서 해외 도매상에서 제품을 구매하거나 공장에서 사입해서 국내 오픈 마켓(쇼핑몰)에 파는 방식이다.

3번 같은 경우는 해외 공장과 깊은 인연이 있을 때 가능한 창업 형태다. 그 공장의 대한민국 판권과 해외 판권을 동시에 갖는 형태로서 양측의 절대적인 신뢰가 선행되어야 한다.

수출 대행은 수출형 창업으로써 수출을 하고 싶지만 여건이 안 되는 국내 제조사(공장)와 협업을 하는 창업 형태로서 에이전트 방식과 무역 회사 방식이 있다. 창업 순서는 아이템을 먼저 확보 후 바이어를 찾아 나서는 B2B 형태가 된다. 판권에 따라 글로벌 오픈 마켓 방식을 취하기도 한다.

소호 무역은 해외 아이템을 국내 플랫폼에 올려서 판매하는 형태다(물론, 국내 업체에 B2B 납품하기도 함). 여기서 중요한 점은 무역이라는 단어를 썼지만, 무역 실무에 대해서 알 필요가 없다는 것이다. 무역 실무보다는 플랫폼에 대한 정확한 이해와 판매를 위한 아이템 선정의 '눈'이 필요하다. B2C 형태가 주를 이룬다.

해외 제품을 국내에서도 해외에서도 판매하는 형태는 공장과의 인연이 상당히 깊을 때 가능하다. 독점권과 판권에서 고민해야 한다. 무역 창업자는 대한민국에 있으면서 해외 공장에서 해외 바이어를 찾아 나선다면 B2B는 3국 무역 형태를 갖게 되고, B2C는 글로벌 오픈 마켓 형태를 갖게 된다. 순서는 일단 국내로 수입해서 판매하다 자신감이 어느 정도 생기면 해외 판로를 여는 방식을 갖는다.

6. 무역 창업 최대 고민 '직거래', 막을 수 있을까?

무역 창업의 기본 틀이자 핵심은 제조사(공장, 소싱처)와 바이어 사이에서, 중간자 입장에서 매입 수출을 진행(무역 회사 타입)하거나 커미션(무역 에이전트 타입) 베이스로 진행하는 것이다. 공통점은 중간자 입장이라는 점과 내 제품이 아니라는 점이다. 그렇기 때문에 각각의 타입은 언제든지 '직거래'에 노출된다.

무역은 수출과 수입이라는 두 개의 이익 집단이 만나서 교집합을 만들고 각자의 이익을 극대화하는 것이 기본이다. 즉, 중간에 누가 끼는 것을 기본적으로 싫어한다.

제조자 입장이나 바이어 입장에서는 처음에는 필요에 의하거나 아쉬워서 중간자 입장인 무역 창업자(무역 회사, 무역 에이전트)를 인정한다. 그러나 장기적 비즈니스에서는 언제든지 배제하고 직거래를 원하는 경우가 많다.

'어떻게 하면 직거래를 막을 수 있을까?' 직거래를 하고자 마음먹으면 무역 창업자 입장에서는 딱히 할 수 있는 게 많지는 않다. 단지, 단순히 연결만 시켜주는 브로커 개념(에이전트 창업)보다는 직접 매입해 수출하는 방식(무역 회사 창업)이 더 안전하다고 생각하는 게 전부다. 무역 회사 창업은 거래 초기에는 무역 서류를 비롯한 모든 프로세스에서 제조사와 바이어를 철저히 감출 수는 있다. 각각 계약을 하기 때문이다. 그러나 제품이 선적되고 해외 현지에서 판매가 이루어지면 OEM이 아닌 이상, 온라인상에서도 그 제품이 언제 어디에서 얼마에 팔리는지 금방 알 수 있게 된다. 자연스럽게 제조사는 바이어를 알 수도 있고 바이어 또한 제조사에 직접 컨택 할 수 있게 된다.

이 부분에 대한 진지한 고민이 필요하다. 직거래를 방지하기 위해서는 신뢰를 바탕으로 하는 정식 계약서가 필요하다. 구두로만 합의보고 컨펌해서는 안 된다. 반드시 문서로 남겨둬야 한다. 물론, 이 문서가 '천하무적'은 아니다. 계약서 이전에, 문서로 남기기 이전에, '신뢰'가 필요하다. 거래 전에 제조사 그리고 바이어에 대한 다각적인 검증이 필요하다.

'이 회사를 믿을 수 있을까?'

7. 무역 초보자는 초보자대로, 무역 경력자는 경력자대로, 왜 '무역 창업'을 주저할까?

무역 창업을 주저하는 가장 큰 이유는 좋든 싫든 정보가 많지 않아서다. 지금 나와 있는 정보라고 해봐야 우리가 이미 알고 있는 이야기들이 대부분이고 새로울 것도 없다. 노하우라는 것도 딱히 없다. 어떻게 보면 '깜깜히 창업'이라고 볼 수도 있지만 성공과 실패에 대한 공통적인 핵심은 '판로' 여부다.

'어디에 어떻게 팔 것인가?' 여기에 대한 답을 누구도 주지 못하고 보장해 주진 못한다. 그렇기 때문에 무역 창업에 관심 있어도 실행으로 못 옮기고 주저한다. 두렵기 때문이다.

무역 창업은 프랜차이즈처럼 정확한 데이터가 없기 때문에 매출액, 매출 이익, 투자 금액과 같은 눈에 보이는 가시적 숫자는 당연히 없다. 정보 공유도 어렵지만 무역의 특성상 아이템마다, 나라마다, 창업자의 여건마다, 경우의 수가 너무 많기 때문에 '이렇게 창업하면 됩니다.'라고 획일적으로 단정 지을 수도 없다. 만약 이렇게 말한다면 한두 개의 사례를 일반화 화는 오류를 범하거나 사기꾼일 것이다.

무역 창업은 다른 창업과 다르게 일단 해보지 않으면 절대로 모른다. 기껏해야 가이드라인 정도일 뿐이기 때문에 예비 창업자 입장에서는 답답한 게 당연하다.

여기, 아이디어가 있는 무역 창업을 고민하는 두 부류가 있다.

'무역 초보자와 경력자'

초보자들이 가장 부담 갖는 것은 무엇일까?

'무역 이론에 대한 두려움이다.'

생소한 무역 용어와 무역 시스템에 대해서 낯설어하다가 무역 아카데미 수업을 한 번 듣고 포기하는 경우가 태반이다. 반면 무역 경험자는 크든 작든 경험이 있기 때문에 초보자가 느끼는 그런 두려움은 없지만, 창업이라는 큰 영역에서 자기가 아는 한정된 범위에서 결정해야 하니 부담감 또한 없을 수 없다. 다른 종류의 두려움이다.

'될까?' 결국, 무역 초보자는 무역 실무와 이론에서 힘들어하고, 무역 경험자는 해보지도 않았던 해외 판로와 소싱에 대해서 부담을 느끼게 되고, 결국 고민만 하다가 포기하는 공통분모를 갖게 된다. 상당히 안타까운 현상이고 현실이다.

무역 창업은 창업하기 전까지는 누구도 모른다. 회사 다닐 때 우수사원으로 선정되어도 창업에서는 망할 수도 있고, 그 반대인 경우도 너무 많기 때문이다. 무역 창업은 심리적인 요인 또한 상당히 크다. 눈에 보이지 않으니 당연히 실패에 대한 불안감이 먼저 들게 되고 무역 초보든 경력자든 주저한다.

여기서 분명한 것은 무역 창업은 진입 장벽이 낮고 초기 자본이 크게 들지 않는 가벼운 창업 형태라는 것이다. 실패에 대한 두려움에 비해서 장점이 상당히 많기 때문에 주저하는 시간보다 일단 해보는 게 더 좋다. 직접 느끼고 결정해도 후회할 일은 많지 않은 창업이다. 한번 도전해 보지 않겠는가?

8. 무역 경험 없이, 정말 창업해도 될까?

'무역 창업은 무역 경험이 없어도 충분히 가능하다.'

단순 과장된 말이 아니다. 터무니없는 말도 아니다. 무역 경험은 무역 창업에서 '좀 더 쉽게 가느냐, 좀 더 어렵게 가느냐?'만 다를 뿐 성공과는 상관없다. 성공이라는 목표가 중요한 것이지 과정이 중요한 게 아니고, 경험 있다고 성공 확률이 높은 것도 아니다.

무역 창업 성공의 시작은 '어디에 팔 것인가? 또는 누가 사줄 것인가?'에서부터 시작된다. 즉, 판로에 대한 계획이 정확히 수립되어 있느냐 여부이다. 100%는 아니더라도 어느 정도 확신이 있어야 한다. 단순히, 좋은 아이템을 확보했으니 '무역 창업하면 잘될 것이다.'라는 무서운(?) 확신에 기반하여 창업하거나 아는 사람이 도와줄 것이라는 막연한 기대감은 배제해야 한다.

수입형 무역 창업(소싱 대행, 수입 대행)처럼, 해외 바이어가 정해져 있는 것이 가장 좋지만, 특수한 경우에 한정되는 경우가 많기 때문에 대부분 수출형 창업(수출 대행)으로 시작한다.

전시회 또는 비즈니스 상담회를 통해서 B2B바이어를 찾을 것인지?

- 바이어 리스트 확보하여 메일링을 할 것인지?
- 정부 또는 지자체 B2B 사이트에 제품을 올릴 것인지?
- 글로벌 오픈 마켓을 통한 B2C로 진행할 것인지?

진지하게 고민해야 한다. 여기서 정확한 판로 계획이 수립되지 않는다면 절대로 창업을 하면 안 된다.

여기서 우린 궁금해진다. '무역 경험이라고 하는 무역 실무는 어떤 역할을 하는가? 정말 몰라도 되는 건가?'

결론적으로 말하면, 몰라도 된다. 물론, 무역은 단기간 속성으로 모든 것을 다 알 수는 없다. 단, 내가 하려고 하는 비즈니스 형태에 맞는 무역 실무만 배운다면 무역 초보로서 처음 시작해도 충분하다. 창업 후 자주 연락하게 되는 포워더, 관세사, 세무사에게 실무적인 것을 배워도 늦지 않다. 오히려 더 정확하다. 그 상황에 맞는 맞춤식 1대1 교육이 진행되기 때문에 어설픈 '무역 이론'과 '무역 세무' 수차례 듣는 것보다 훨씬 낫다고 대부분 창업자들은 입을 모은다.

이처럼 무역을 몰라도 무역 창업이 가능하기 때문에 무역 창업은 진입장벽이 낮다. 무역 창업에 관심 있다면, 무역 공부를 시작하기 전에 어떤 판로를 가질지 가장 먼저 고민하고 확정해야 성공 확률을 높일 수 있다.

9. 구매 대행은 우리가 말하는 무역 창업이 아니다?

1인 창업의 또 하나의 트렌드로, 유튜브를 비롯해서 블로그, 카페, SNS에서 우후죽순으로 '구매 대행' 관련 영상과 글이 많이 공유된다. '성공 사례'를 중심으로, '창업 현실'이라는 콘텐츠로 다양한 모습을 보여준다. 특히, 조회수가 높으면 따라 하는 경향이 있는 유튜브 영상도 많아서 무역 창업에 관심 있으면 누구나 한 번쯤은 시청했을 정도다.

여기서 우린 궁금해진다. 과연 될까? 여기서 말하는 '구매 대행'의 기본 프로세스는 1인 창업자가 해외에 있는 제품을 따와서 국내 오픈 마켓에 올려서 판매되는 대로 배송 대행 업체를 통해 수입해서 B2C로 국내 소비자에게 파는 것이다. 간단하다. 될 만한 제품을 고르는 능력과 경쟁력 있는 가격 제시 그리고 그 판매 플랫폼에 대한 이해가 핵심이 된다. 무역과는 상관이 없다. 무역 대행도 아니고, 수입 대행도 아니다. 그냥 PC에 앉아서 판매 플랫폼에 대한 이해를 높이고 프로그램을 통해 계속 해외 제품 엄청 올리고 판매되는 대로 매출이 되는 비즈니스 모델이다. 어떻게 보면 과거 '소호 무역'의 변형이라고 말할 수도 있다.

'혼자서 가능하다.', '매출이 의외로 높다.', '어렵지 않다.'

과거 '소호 무역'이 유행했을 때와 너무 비슷한 문구들로 유혹한다.

무역이라는 단어를 쓰고 있지만 핵심은 판매할 플랫폼에 대한 이해도를 높이는 것이 핵심이다. 시장 조사를 통한 경쟁력 있는 가격의 아이템을 찾아 많은 시간을 투입해서 매출로 연결시키는 것이다. 만약, 이런 류의 비즈니스를 찾는다면 플랫폼의 이해도를 높이는 게 관건이고 성공 사례를 분석하는 것으로 시작해야 하는 것이지 무역에 대해서는 전혀 몰라도 상관없다. 일종의 오픈 마켓 판매의 또 하나의 변형이라고 보면 이해하기 쉽다.

여기서 필자는 질문을 던지고 싶다. 이런 류의 '구매 대행'은 최근 트랜드처럼 많이 퍼진 만큼 시작하면 성공할 수 있을까?

필자는 부정적으로 본다. 그 이유는 다음과 같다.

① 누구나 안다는 것은 그만큼 경쟁이 치열하다는 뜻이다. 성공의 법칙 중 '희소성'이라는 것은 없다는 뜻이다.
② 어떤 경우도 성공에 대한 노하우는 절대 노출시키지 않는다. 만약 당신이 그 정보를 안다는 것은 가짜이거나 끝물일 가능성이 크다.
③ 유튜버나 블로거가 제시하는 증거 자료는 대부분 정점을 찍었을 때 캡처해 놓은 자료인 만큼 그 노하우가 지금도 통할지 의심스럽다.
④ 실패에 관한 사례는 상대적으로 너무 적다. 그래서 대부분 착각한다. 일단 하면 성공할 것이라고 생각한다.

주변을 살펴보길 바란다. 그렇게 성공한 사람이 많은지, 실패한 사람이 많은지, 선택은 본인의 몫이다.

10. 글로벌 오픈 마켓이 대세라면서, 알 만한 기업은 직접 왜 안 할까?

이런 생각 해본 적 있는가? '알 만한 기업들은 왜 안 할까?'

무역 창업에 대해 생각한다면, 글로벌 오픈 마켓 또는 해외 지역 온라인 마켓에 대해서 한 번쯤 생각하고 고민한다. 아마존, 이베이, 타오바오, 라쿠텐, 쇼피 등.

안 하는 이유에 대해 묻는다면 이렇게도 답할 것이다.

'이미 거래 업체들이 많아서 필요성을 못 느껴서'

'직접 그런 것 하면 창피하기 때문에'

아니다. 정답은 간단하다. 돈이 안 되기 때문이다. 만약 돈이 된다면 무슨 이유가 필요하겠는가? 다 따져보니 안 하는 게 낫다고 판단해서다. 이것이 글로벌 오픈 마켓이라고 부르는 글로벌 B2C의 현주소다.

창업하기 쉽다고 해서 비즈니스 모델을 선택하는 것이 아니다. 창업한다면 돈을 벌어야 한다. 창업 자체에 의미를 부여하는 게 아닌 돈을 번다는 게 목표여야 한다면, 당신의 무역 창업 방향도 B2B를 최종 목표로 설정해야 한다. 만약 B2C를 한다면 그건 그 목적을 위한 수단일 뿐이다. 즉, 과정이지 목표는 아니다.

글로벌 B2C의 대표적 단점을 보겠다.

① 목돈 투입, 푼돈 벌기

② A/S, 반품 대응의 어려움

③ 해외 Copy 대응의 어려움

④ 인력 배치(ex. 소비자 응대 및 제품 발송(관리)) 어려움

해본 사람들은 그 외에도 많다고 입을 모은다.

단편적으로 판매 가격을 우선 예를 들어 보자. 매출 이익의 핵심은 당연히 '가격 설정'이기 때문이다. 글로벌 오픈 마켓의 성공 여부는 '가격 경쟁'이다('박리다매'는 말이 쉽지 혼자서 하기에는 정말 어려운 사업 구조다.). 가격 경쟁을 위해서 반드시 대량으로 물건을 구입해야 한다. 하나씩 도매 사이트 또는 특화된 사이트에 소량 구매로는 한계가 있기 때문이다.

① 목돈 들여 창고 얻어서 재고 쌓아 놓는다.

② 악성 재고에 떨면서 고객 응대하고 한 개씩 소량으로 판다.

비록 마진을 붙인다고는 하지만 경쟁 업체들의 똑같은 제품의 가격 경쟁으로 많이 붙일 수도 없다. 무슨 이슈(Issue)라도 생기면 앞에서 남고 뒤에선 까이는 현상이 비일비재하다. 참 쉽지 않은 비즈니스 타입이다. 여기에, 해외 발송 제품에 불량이나 A/S가 벌어지면 이것도 난감하다. 대부분 교환으로 이루어질 것이다. 해외 배송비만 엄청 나온다. 물론 이런 이유로 아이템을 선정할 때 신중을 기하지만 교환과 반품이 일어나는 것은 어쩔 수 없다. 지금까지 번 돈은 그냥 녹는다.

Copy 대응 부분도 걱정 안 할 수 없다. 해외에 제품이 잘 팔려서 인기가 있으면 있는 대로, Copy 제품이 후발 제품으로 나올 가능성을 각오해야 한다. 법적 대응은 말이 좋아 법적 대응이지 업력이 풍부한 무역 창업자도 감당하기는 너무 버겁다. 물론 제조사가 아니기 때문에 걱정을 덜 할 수는 있지만 말이다.

여기, 1억짜리 수출 오더가 있다고 하자. 누구는 한 건(오더)에 1억이고, 누구는 1천만 원짜리 10건이고, 누구는 100만 원짜리 100건이고, 10만 원짜리 1,000건이다. 무역 서류(ex. 인보이스)는 건당 발생하기 때문에 엄청난 시간이 낭비되고 개인 소비자 대응까지 합하면 전담 인력을 투입해야 한다. 이것저것 각오하고 '글로벌 B2C가 그렇게 많이 남는가?' 되묻고 싶다.

이베이(Ebay) 강사는 앞으로의 무역 창업은 '이베이'가 대세라고 한다. 아마존(Amazon) 강사는 앞으로의 무역 창업은 '아마존'이 대세라고 한다. 쇼피(Shopee) 강사는 앞으로 무역 창업은 '쇼피'가 대세라고 한다.

과연 그럴까? 되묻고 싶다. 유튜브와 블로그, 인스타그램 그리고 카페에 글로벌 B2C에 관한 성공 사례를 보고 많은 예비 창업자들이 열

광한다. 그리고 부러워한다. 나도 따라 하면 될 것 같다. 성공 사례는 특성상 부풀리는 게 대부분인데 반해 실패 사례는 아예 드러나지 않는 경향이 있다. '누가 실패한 것을 자랑하고 싶겠는가?' 즉, 당신들이 모르는 실패 사례가 엄청 많다는 것이고 당신이 실패 사례를 하나 봤다면 그건 빙산의 일각이라는 뜻이다.

여러분들이 B2B와 B2C에 대해서 고민하고 선택해야 한다면 하나만 생각하자. '왜 알 만한 기업들은 글로벌 B2C를 직접 안 할까?'

11. 에이전트 타입이 좋을까? 무역 회사 타입이 좋을까?

무역 창업을 생각한다면, 대부분 초기 자본금이 없어도 맨몸으로 시작할 수 있다고 일단 생각한다. 그러나 절대로 아니다. 무역 창업을 생각한다면, 바이어를 잡고 소싱 대행으로 갈지, 제조사(공장)을 잡고 수출 대행으로 갈지를 우선 정해야 한다. 그 다음 생각해야 하는 것이 에이전트 창업으로 할 것인가, 일반 무역 회사로 창업할 것인가를 결정해야 한다.

에이전트 창업은 초기 자본금이 필요 없다. 말 그래도 중간에서 커미션 베이스로 움직이기 때문에 사무실도 필요 없고 최소한의 활동비만 있어도 충분하다. 그러나 일반 무역 회사는 자본금이 필요하다. 매입비가 발생하기 때문에 만약 일반 무역 회사 창업을 고려한다면 매입자금을 우선 확보해 놔야 한다. 또한 필요시사무실(창고)도 있어야 한다. 이렇게 말하면, 비용 부분에 주저하다 에이전트 창업 형태를 대부분 생각할 것이다. 창업 형태를 결정하기 위해서는 에이전트 창업과 무역 회사 창업의 장단점을 우선 잘 알고 있어야 한다. 이미 언급한 자본금의 차이 외에도 배신이라고 하는 뒤통수 부분도 존재하기 때문이다.

에이전트 창업은 처음부터 수출자와 바이어(수입자)를 노출시키고 양측의 입장을 조율해서 목표에 이르는 반면 무역 회사 창업은 양측에 대한 정보를 서로 공유 못하게 철저히 감출 수 있다. 매입에 관련된 정보 및 수출에 대한 정보 그리고 자금의 흐름을 무역 회사라는 중간 업체를 통해서 진행되기 때문에 수출자와 바이어가 직거래를 하고 싶어도 시스템적으로 어느 정도 차단될 수 있다(물론, 100% 차단은 불가능함).

무역 창업의 핵심은 "내가 남 좋은 일만 다 시키는 것 아닌가?" 에 대한 솔루션이다. 에이전트 창업과 무역 회사 창업 형태를 고르는 것이 무역 창업의 첫 단추인 만큼 나만의 현 상황에 맞는 신중한 결정이 필요하다.

12. 무역 창업 전 체크 포인트 8가지

남녀노소, 경력과 상관없이 누구나 인생 2막으로 준비할 수 있는 창업이 '무역 창업'이다. 사전 준비와 고민은 많이 하면 할수록 리스트(Risk, 위험 요소) 대응이 가능한 만큼 다음과 같은 8가지 사전 고민은 본 게임에 앞서 알아 둘 필요가 있다.

① 판매처 고민

'해외로 할 것인가? 국내로 할 것인가?'

한때 '소호 무역'이라고 해서 중국 또는 일본에서 도매로 값싸게 매입 후 통관을 거쳐 국내 오픈 마켓 또는 쇼핑몰에서 판매하는 것이 유행한 적이 있었다. 해외 제품을 매입해서 국내에 판매하는 형태를 갖는다면 엄밀히 말하면 '무역'이라고 보긴 어렵다. 비중이 낮은 무역 실무

(지식)에 대한 이해를 높이는 것보다는 온·오프라인 판로에 대한 이해와 고민이 선행되어야 한다. 판로를 해외로 생각한다면 글로벌 오픈 마켓(ex. 아마존)을 공부해야 하고, 국내로 생각한다면 국내 오픈 마켓(ex. 쿠팡, 스마트스토어)과 쇼핑몰 운영에 대한 지식을 쌓는 것이 무역 지식보다 더 중요하다.

② 아이템 소싱

'국내 제품 소싱 vs 해외 제품 소싱'

단편적으로 국내 제품은 단가가 비싸지만 한국어로 대응이 가능하다는 점과 해외 출장에 대한 부담감에서 자유로울 수 있다는 점이 큰 장점이 된다. 또한, 비즈니스 문화를 공유하기 때문에 불량 교환, 가격 네고, 수량과 스펙 조정 등이 소통이 어려운 해외 제품보다는 상대적으로 용이하다. 수량 대비 단가로 인해 해외 공장과 직접 거래를 고려하기도 하지만 불량과 납기로 인한 리스크(Risk, 위험 요소)에 노출되기도 하는 만큼 장점과 단점은 항상 검토 대상이 된다.

③ 제품 수정 보완에 대한 고민

내 제품이 아니고 매입하는 제품을 국내외 유통하는 방식이라면 수정 보완은 쉽진 않다. 시장에서 요구하는 스펙 변경도 제조사(공장)가 맞춰줄지도 미지수다. 판매를 하다 보면 현 소비자들이 요구하는 스펙 변경, 가격 조정, 수량 대응이 쉽지 않아 악성 재고 상황에 처할 수도 있다. 창업에 있어서 보이지 않는 악재는 '악성 재고'다. 제조사(소싱 공장)를 선택할 때는 어느 정도까지 나의 입맛대로 움직일 수 있는 곳인지도 꼭 확인해야 한다. 알고 선택하는 것과 모르고 선택하는 것은 향후 대응에서 큰 차이를 보이기 때문이다.

④ 자금 회전 부분

판매처에서 판매금이 입금되는 시기와 제조사에 물건 대금을 지불하는 시기도 함께 고민해야 한다. 아무리 좋은 조건이라도 자금 회전에 문제가 생기면 회사에 위기가 찾아오기 때문이다. 제조사와 직거래하는 경우는 100% 선 결제하는 경우도 많기 때문에 초기 자본금 확보와 계획은 특히 중요하다.

⑤ 제조사와 바이어(고객) 사이에서의 샌드위치 포지션

무역 창업자는 제조사와 바이어(고객) 사이에 있는 만큼 항상 제조사의 '뒤통수 치기'에 노출되어 있다. 좋은 게 좋은 거라고 상황이 좋을 때는 안 좋은 것도 좋게 보이지만, 안 좋을 때는 제조사가 언제라도 직접 그 판매처에 뛰어들거나 상황이 좋아도 예상치 못한 뒤통수를 칠 수 있다는 점은 명심하고 있어야 한다. 제조사(공장)의 직접 판매는 뒤통수 치기 중 일부지만 그렇게 됐을 때 가격, 수량, 이벤트 싸움에서 창업자는 질 수밖에 없다. 제조사에 대해 어느 정도 보안 유지도 필요하고 경계심도 있어야 하는 만큼 제조사와의 관계 설정도 중요하다.

⑥ 카피(Copy, 복제품)에 관한 대응

세상에서 가장 쉬운 일이 남의 것을 베끼는 일이다. 욕심나는 물건이 있다면 누구나 법이 허용하는 한도에서는 최대한 베끼려고 한다. 법망을 피해가며 카피만 전문으로 하는 업체도 있기 때문에 소규모 업체 및 창업자가 대응하기는 버거운 영역이기도 하다. 글로벌 오픈 마켓을 비롯한 해외로 판매 루트를 정했다면 해외 경쟁 업체들이 카피할 가능성이 크고 국내 시장에서 잘나가면 국내 경쟁 업체의 카피 위험에 노출되는 것은 각오해야 한다. 소싱할 때부터 이 부분에 대한 고민과 검토가 필요하다.

⑦ 브랜드에 대한 고민

최근에는 브랜드의 필요성에 대한 인식이 강해져서 브랜드에 따른 상표권 등록 및 지적 재산권을 걸어 놓는 업체들이 늘고 있다. 어떻게 보면 Copy에 대한 방어책일 수도 있다.

비록 비용과 절차가 어렵고 힘들지라도, 애써 고생해 만든 제품에 나만의 브랜드를 달아 미래 비즈니스에 투자하는 것이 핵심이다. 물론 모든 제품에 적용하기에는 비용 부담이 크기 때문에 주력 제품만 선별하고 그 외의 제품은 제조사 브랜드를 가져다 사용하는 경우도 많다. 어떤 제품이 잘 팔리고 나의 주력 제품이 될지 처음에는 막막한 경우가 대부분이라서 가성비와 시장성에 따른 선별적 진행이 필요하다.

⑧ 창업 자금에 대한 고민

무역 에이전트가 아닌 무역 회사 타입을 선택할 경우에는 매입 비용이 발생한다. 창업에서 자금 확보는 중요하다. 직장생활과는 다르게 창업을 하면 그 순간부터 바로 돈이 빠져나간다. 무역 창업자가 개발자 출신인 경우라면, 제품 개발이나 소싱 제품에 과하게 투자하는 경향이 있고 영업 사원 출신이면 제품 외적인 부분에 공을 들이는 경향이 있다. 무역 창업도 창업이다. 성과를 낼 수 있는 자금 계획은 필수다. 사무실을 비롯한 인프라에 대한 고민, 동업에 대한 고민, 자금 운영에 대한 계획과 고민은 많이 하면 많이 할수록 시행착오를 줄인다.

13. 이메일 계정, 홈페이지, 사무실은 꼭 있어야 하나?

무역 창업의 핵심은 '중간자 역할'이다.

수출 대행을 하든 수입 대행을 하든, 에이전트 방식으로 하든, 매입 수출을 하는 무역 회사 창업을 하든, 중간자 역할은 변하지 않는다. 부동산 중개인처럼 양쪽의 입장을 대변하고 조정해야 한다. 물론, 공장(제조) 입장에서 창업을 하느냐, 수입자(바이어) 입장에서 창업하느냐에 따라 무게 중심도 시작점도 달라진다. 그러나 양쪽의 신뢰를 얻지 못하면 절대 성공 못 하는 창업 형태이다.

여기서부터 생각해 보면, 회사 이메일, 회사 홈페이지, 사무실(오피스) 운영 여부에 대한 답이 나온다. 만약 없다면, 그런 신뢰가 가능할까? 단연코 어렵다고 말할 수 있다.

'믿을 게 없는데 누가 당신을 믿고 거래를 하겠는가?' 이메일은 네이버, 다음, 구글 같은 것을 사용해도 된다고 문제없다고 생각할 수도 있다. 그러나 상대방 입자에서 생각해 보면, 당신을 프로가 아닌 아마추어로 간주하거나 무역할 준비가 되어 있지 않다고 생각하거나 회사 이메일 운영할 돈도 없다고 생각하고 무시할 수도 있다. 협상하기도 전에 초반부터 한 수 접고 들어가는 꼴이다.

회사 홈페이지도 마찬가지다. 거래처가 당신에 관해서 알 방법은 많지 않다. 사무실도 이런 맥락에서 보면 필요하다. 당신과 첫 만남을 갖기도 전에 선입견과 편입견을 갖게 되고 협상하기도 전에 그들의 기세에 밀린다. 이런 상황에서는 도저히 좋은 조건으로 거래를 트긴 어렵다.

'당신 같으면 거래하고 싶은가? 뭔가 의심되지 않는가?'

'무역 창업 프로세스'라는 큰 틀에서 보면, 이메일 계정과 홈페이지를 만들고 사무실 갖추는 것은 창업 초기 가장 먼저 자금이 투입되는 부분이다. 그래서 부담스럽다. 돈 들어가니 대부분 예비 창업자들은 아끼고 싶어 한다. 나중에 있을지 모를 자금 투입 부분에 대해 처음에는 무조건 아끼고 싶어 하는 마음이 대부분이기 때문이다. 그러나 엄밀히 말하면 그것들은 사람과 사람의 대인 관계에서 거래처에 나에 대해 보여주는 첫 모습이다. 첫인상이라서 중요하다.

'없어도 괜찮지 않아요?' 이렇게 묻는다면, 당연히 '없어도 괜찮다.'라고 답한다. 누가 강요하겠는가? 그런데 공장(제조사)이든 수입자(바이어)

든 첫 오퍼 메일을 주고받을 때, 진짜인지 가짜인지 보는 가장 첫 단계가 위 3가지다.

'만약 없다면? 거래가 될까?' 스스로 판단해 보길 바란다.

14. 혼자서 다 하려고 하면 100% 망하는 이유

무역 창업을 생각한다면, '1인 무역 창업' 또는 '혼자서 하는 창업'을 의미한다.

여기서 핵심은 혼자서 창업해도 되고 성공할 수 있다는 것이지 혼자서 북 치고 장구치고 영업하고 마케팅하고 서류 작성하고 상담하고 처음부터 끝까지 혼자서 다 하라는 것이 아니다. 돈이 없다는 이유로, 아낀다는 이유로 모든 일 처리를 다 배우려고 해서는 안 된다는 것이다. 그러나 예비 창업자 대부분은 일단 혼자서 다 하려 한다.

'내가 어디서부터 어디까지 해야 하고 어떤 일을 맡겨야 할까?' 무역 창업을 하려면, 통관을 위한 관세사 업무, 세무 신고를 위한 세무사 업무, 그리고 물류를 위한 포워더 및 특송 업무를 기본적으로 해야 한다. 그러나 직접 하라는 것이 아니다. 대부분 창업하면 비용적인 측면으로 인해서 이 모든 것을 알아보고 공부해서 혼자 다 하려고 한다. 예를 들면, 통관 서류에 대해 유튜브 또는 블로그를 통해 공부를 너무 깊게 하는 것처럼 말이다. 모든 것은 알면 좋다. 배우고 공부하는 것은 당연하다. 그러나 어떻게 보면 시간 낭비일 수 있다. 어느 정도까지만 하고 넘겨줘서 효율을 극대화해야 한다. 무역 성공 창업의 핵심은 단연코 매출이기 때문이다. 다른 것은 다 맡겨서 진행해도 매출에 대한 고민은 누구도 대신해 줄 수 없다. '매출을 어떻게 올릴 것인가?'에 매달려도 시간이 부족한 현실에서 오히려 한가해서 또는 그 시간을 쪼개서 다른 업무를 한다면 그 사업은 점점 실패에 가까워질 가능성은 커진다.

혼자서 매출에 관한 고민만 해도 하루가 바빠야 한다. 그래야 성공에 가까워질 수 있다. 만약 시간이 남아돈다고 생각하거나 여유가 있다고 느낀다면 반드시 생각해야 한다.

'내가 제대로 하는 것일까?'

13. 무역 창업자가 바이어를 찾는 현실적인 방법 9가지

수출 창업(수출 대행)에서 핵심은 '바이어 찾기'다.

수입 창업(소싱 대행)에서 핵심은 '아이템 찾기'다.

아이템 찾기보다 바이어 찾기는 훨씬 어렵다고 입을 모아 말한다. 그리고 그런 바이어를 찾는 빠른 방법과 요령에 대해 필자에게 자주 묻는다. 그러나 안타깝게도 바이어 찾기는 요령이 없다. 정도(正道)만 있을 뿐이다.

① 전시회

② 수출 상담회(바이어 상담회)

③ 국내외 B2B 플랫폼

④ 업체 리스트 확보를 통한 메일링

⑤ 지인을 통한 업체 소개

⑥ 글로벌 오픈 마켓을 통한 바이어 찾기

⑦ 해외 현지 오픈 마켓 또는 쇼핑몰 판매자 컨택

⑧ 해외 SNS를 통한 비슷한 제품 판매자 컨택

⑨ 경쟁 업체 벤치 마킹(Benchmarking)

여기서 벗어날 수가 없다. 혹자는 이렇게도 묻는다. '다 아는 방법인데요, 효과가 없었습니다. 다른 방법은 없을까요?'

단연코 말할 수 있다! '없습니다.'

오히려 되묻고 싶다. '제대로 공부하고 시도해 보았습니까?'

기본적이고 현실 가능하며 효과적인 이 방법들을 제대로 알고 접근했냐가 중요한 포인트다. 안타깝게도 대부분 그냥 참가하거나 흉내만 낸다. 성과를 못 낸다면 대부분 그 문제점을 제품의 가격과 스펙 또는 그 해외 지역 시장성에서 찾는다. 그리고 변명 거리를 찾는다. 아니다. 당신의 게으름에서 비롯된 무능함을 탓해야 한다.

'바이어 찾기'는 힘들다. 무역 전문가도 이 부분을 엄청 어려워하고 다루기 꺼려 한다. 그 이유는 100% 경험에서 나오는 노하우가 필요하기 때문이다. 그만큼 경험자가 적다는 뜻이고 일반인들이 쉽게 접할 수 없는 정보라는 것이다.

14. 처음부터 글로벌 오픈 마켓(ex.아마존, 타오바오, 라쿠텐, 쇼피)이 최선입니까?

글로벌 오픈 마켓의 장점은 참 많다. 그 장점은 유튜브, 블로그, 카페 및 SNS에서 많이 그리고 자주 다루어지기 때문에 여기서는 현실적 문제점만 짚고 넘어가겠다.

① 목돈 들어가고 푼돈 나온다

② A/S와 반품이 어렵다

③ 가격 경쟁이 치열하다

④ 공장의 뒤통수 언제든지 맞을 수 있다.

⑤ 악성 재고에 시달릴 수 있다.

⑥ 종일 매달려야 한다(ex. 고객 응대)

⑦ 가격 경쟁력 우위를 갖기가 어렵다(같은 사이트에서 구매해서 판매하는 경우)

글로벌 오픈 마켓이든 국내 오픈 마켓이든 재고를 갖추고 판매를 시작해야 한다. 판매의 기본이다. 재고를 갖춘다는 의미는 대량을 싸게 구입한다는 의미이기도 하고 빠르게 발송한다는 의미이기도 하다. 커다란 장점이지만 목돈이 묶인다. 아마존과 이베이 같은 글로벌 오픈 마켓은 악성 재고 부분에서 어느 정도 솔루션은 있다. 즉, 주문이 들어오는 대로 하나씩 전문 사이트에서 구매해서 팔 수 있는 시간적 간격이 존재한다는 것이다. 해외 고객들도 쿠팡과 같은 로켓 배송 개념을 생각하지 않기 때문에 주문 후 기다리는 것을 당연하게 생각한다. '로켓 배송', '익일 배송', '당일 배송'은 해외에 없는 개념이고 이해하지 못할 정도의 빠른 시스템인 만큼, 주문 후 급하게 배송해야 한다는 스트레스에서 자유로울 수 있다. 재고 없이 시도하는 비즈니스로 많은 예비 창업자들의 관심을 받기도 했다. 그러나 여기서 알아야 할 핵심 포인트가 있다. 주문 후 발송까지 시간은 벌 수 있어도 구매 가격이 비싸기 때문에 가격 경쟁력은 얻기가 어렵다는 것이다. 즉, 재고 없는 대신 가격은 비싸다는 것이다. 그 사이트에서 구매하는 다른 경쟁 판매자들도 원가가 같다는 뜻이기 때문에 소비자 판매 가격에서 우위를 점하려면 제 살을 깎을 수밖에 없다. 단가가 비싸서 마진 붙이고 해외에 판매한다는 것은 쉽지 않다는 것을 의미한다.

A/S 및 반품 문제도 현실적인 문제다. 예비 창업자들에게 처음부터 제품 소싱할 때 이런 예상되는 문제의 소지가 있는 제품은 대비하라고 하기보다는 아예 하지 말라고 권할 정도다. '앞에서 남고 뒤에서 까인다.'라는 말이 여기서 나온다.

가격 경쟁이 치열하다는 것은 그만큼 나 말고도 다른 사람도 팔 수 있는 아이템이라는 증거다. 제조사가 아니라면 가격 경쟁에서 이기기 쉽지 않다. 나중에 또 언급하겠지만 제조사는 글로벌 오픈 마켓을 하면 안 되지만 불가능한 것은 아니기 때문에 직접 뛰어들어서 판매를 하는 경우도 많다. 처음에는 무역 창업자들(대행사)에게 의뢰해서 간 보다가 괜찮으면 직접 판매를 시도하기도 한다. 아무리 계약서를 쓰고 방비책을 마련해도 뒤통수 맞기 충분한 구조다.

이런 전반적인 시스템을 이해하고 진행하려면 국내 오픈 마켓을 우선 경험하는 것을 추천하는 편이다. 글로벌 오픈 마켓이 국내 오픈 마켓 보다 난이도가 높다. 글로벌 오픈 마켓을 정말 하고 싶다면, 먼저 국내 경험을 해보는 것도 나쁘진 않다.

15. 성공을 하고 싶다면 성공담보단 실패담을 봐라?

성공담에 귀를 기울이고 관심을 갖고 찾아서 본다는 것은 그대로 따라 하면 나도 성공할 수 있을 것이라는 믿음이 깔려 있기 때문이다. 그런 성공에 목마른 예비 창업자들의 수요로 인해 그들을 대상으로 하는 다양한 강좌와 서적이 성황리에 판매되곤 한다. 우린 그것을 일명 '강의 팔이'라고 부르곤 한다.

그렇다면 무역 창업은 어떨까? 무역 창업도 성공담을 보고 따라 하고 배우면 누구나 가능성이 있을까? 무역 창업에 성공하고 싶으면 창업 결심을 하기 전에 판로에 대한 계획과 확신이 있어야 성공에 근접할 수 있다. 그 판로에 대한 확신은 당연히 그 분야의 경험담과 시행착오에서 나오기 때문에 남의 성공담은 나의 창업 여부를 결정할 만큼 중요하게 작용한다.

여기서 궁금증이 생긴다. '성공담이 그렇게 많으면 그만큼 많은 사람들이 성공해야 하는데 현실은 그렇지 않는 이유는?'

무역 창업에 대해 확신을 갖기 전에 우리는 예비 창업자로서 몇 가지 고민을 해야 한다.

'정말 되는 사업일까?' 이것에 대한 답은 책에서 나오는 것도 아니고 주변 지인들에게서 나오는 것도 아닌 그 분야에서 성공한 성공 사례를 통해서 나오기 때문에 가급적 많은 정보를 모으려 한다. 여기서 재미있는 것은 대부분 성공과 관련된 블로그, 유튜브, 책을 보고 부러워하며 우리는 꿈을 꾼다는 것이다.

'나도 열심히 하면 그렇게 될 것이다.'라고 생각하고 성공한 자신의 장밋빛 청사진을 꿈꾸며 창업을 시도한다. 그리고 망한다.

통계적으로 보나 우리가 아는 정보로 보나 창업의 성공률보다 실패율이 당연히 높다. 통설로는 1년 안에 망하고, 여기서 살아남아도 3년 안에 망하고, 여기서 버텨도 5년차에 그 나머지가 망한다고 한다. 이렇게 보면 오히려, '창업하는 순간부터 성공보다는 실패에 더 가깝다는 게 아닐까?'라는 의구심마저 든다. 즉, 성공보다는 실패담을 먼저 그리고 다양하게 봐야 한다는 것이다. 성공담과 실패담을 자세히 살펴보면, 우리가 알고 있는 성공 사례는 대부분 극적인 요소가 참 많다. 주변 환경 영향도 있고 운도 있다. 당연히 반전도 있다. 어떻게 보면 우리가 처한 현실과 동떨어진 이야기도 많다. 그러나 실패 사례를 찾아보면 너무 현실적이고 너무 사실적이다. 성공은 누구나 할 수 없는 환상으로 다가간다면 실패는 너무 깊숙이 공감한다는 거다. 그래서 우리는 애써 외면하고 싶고, 보고 싶어 하지 않는다. 하지만 성공을 위해서는 우린 성공담보다는 실패담에 더 집중할 필요가 있다.

'이렇게 해서 돈 벌었다, 이렇게 해서 극적 반전을 이루었다.' 등의 드라마틱한 이야기 보다는 이 상황에서 이렇게 하니 망했다가 더 중요하다는 것이다. 성공을 조금만 해도 더 부풀리고 싶지만 실패는 크게 해도 축소하고 싶은 것이 사람 마음이다. 그렇기 때문에 감추고 싶고 축소하고 싶고 알려주고 싶지 않기 때문에 실패담을 찾기가 성공담보다 더욱 어렵다. 만약 지금 알고 있는 실패담이 있다면 그건 빙산의 일각일 가능성이 크다.

창업에 대해 조언을 해달라고 한다면 단연코 '창업 전에 그 분야의 실패담을 꼼꼼히 살펴보고 그다음에 성공담을 봐도 늦지 않는다.'라고 말하고 싶다. 그 실패담을 봤을 때 내가 감당할 수 있는지 꼼꼼하게 나의 내면을 살펴보고 객관적인 검증을 통해 창업 여부를 결정해야 한다. 무역에서 '배(Ship)'는 후진을 못 한다. 창업이라는 배를 탄다면, 물심양면으로 되돌리기 어렵기 때문에 창업 전에 충분히 생각해야 한다. 그리고 배워야 한다, 특히 실패담의 교훈을….

16. 전문 강사(멘토)를 잘 만나면 실질적 도움은 무엇?

강사들은 참 많다. 나름 전문가라고 자칭한다.

그 근거는 대기업이기 때문에, 기관에서 강의한 경력이 있으니까, 무역 실무를 오래 했으니까, 엄청난 매출 실적을 기록했으니까, 대학에서 강의를 오래 했으니까 등등 다양하다. 성공적 창업을 위해서는 전문가의 도움은 절대적인 것은 사실이다. 스포츠를 혼자서 독학하는 것보다 처음에 제대로 기초를 튼튼히 하는 것이 빠른 실력 향상에 도움이 되는 것처럼 말이다. 여기서 우린 궁금해진다. 과연 실질적 도움은 어떤 것이 있을까? 대표적 8가지는 다음과 같다.

① 무역 창업 준비 시간을 절약한다.

② 기존에 구상한 창업 아이디어를 검증할 수 있다.

③ 강사의 경험을 제대로만 흡수하면 간접 경험이지만 직접 경험 효과 가능하다.

④ 강사의 지식과 노하우를 공유 받을 수 있다.

⑤ 강사의 직간접 인맥을 활용할 수 있다.

⑥ 강사의 피드백으로 장점을 부각시키고 단점을 최소화할 수 있다.

그 외에도 수없이 있다. 그렇다면 단점은 없을까? 당연히 있다. 돈과 시간이 투입된다. 시간은 인정하더라도 돈은 괜히 아깝다는 생각이 든다. 그래서 혼자서 유튜브, 블로그, 카페 그리고 다양한 사이트에서 정보를 얻으려고 노력한다. 어디 가나 공짜 정보는 한계가 있다. 대부분의 공짜 정보는 유료를 위한 미끼이기 때문에 고급 정보는 없거나 거짓말이거나 둘 중에 하나다. 그러다 보니 대부분 뜬구름 잡는 이야기 또는 선무당이 되는 것이다. 공짜 좋아하다가 시간 낭비하는 것까지는 좋다. 그러나 선무당이 사람 잡는다는 문구를 잊어서는 안 된다.

위에 언급한 실질적 도움을 좀 더 설명하자면 다음과 같다.

① 강사는 자신의 경험과 지식을 바탕으로 예비 창업자들이 원하는 맞춤식 정보를 제공할 수 있다. 지금 해야 할 것과 나중에 할 것 그리고 중요한 것과 안 중요한 것을 알려 줌으로서 시간과 노력을 줄일 수 있게 가이드한다. 또한, 나무를 보는 것이 아닌 숲을 볼 수 있는 안목과 계획에 도움을 준다.

② 예비 창업자의 아이디어가 성공 가능한지 강사를 통해 검증할 기회가 생긴다. 강사는 그들의 생각을 점검하고 새로운 아이디어를 제시할 수 있다. 모르는 사람한테 나의 창업 아이디어를 설명해

봐야 그 피드백은 대부분 아마추어의 생각과 의견일 뿐이다. 믿음이 안 간다. 전문가의 의견이 필요하다.

③ 강사의 경험과 노하우를 손쉽게 공유받는다는 장점이 있다. 그 중심에는 성공의 노하우와 실패에 대한 반성이 있다. 경험에는 원인과 결과가 있다. 분석을 통해서 나만의 비즈니스 모델에 더 나은 방식으로 접목시킬 수 있다. 자신보다 먼저 무역 창업의 길을 걸어본 사람의 설명과 당시의 감정 그리고 선택을 공유 받는다면 실패에 대한 두려움은 줄어들고 성공에 한층 자신감이 붙는다.

④ 강사의 직접 또는 간접 인맥을 활용할 수 있다. 무역 창업은 혼자서 하는 것이 아니다. 아무리 좋은 기획과 아이디어가 있다 하더라도 이를 실현하기 위해서는 주변의 도움을 받아야 한다. 포워더, 법무사, 관세사, 변리사, 세무사와 같은 전문가는 업태 업종에 따라 빈도수만 다를 뿐 무역 창업에서 필요한 파트너다. 강사의 인맥 풀을 활용하면 비용적인 부분이나 속도 면에서 만족한 결과를 얻을 수 있고, 어렵고 복잡한 문제를 생각보다 쉽게 해결할 수도 있다.

무역 창업에서 절대적으로 중요한 것은 창업자의 장점을 부각시키고 단점을 최소화하는 것이다. 강사의 조언과 도움으로 이런 부분을 충분히 개선시킬 수 있다. 좋은 강사를 찾고 만나는 것이 무역 창업의 첫걸음이 된다.

17. 초기 창업 자본금은 얼마가 적당할까? 정말 없어도 될까?

무역 창업은 대부분 자본금이 거의 없거나 적다고 우린 알고 있다. 과연 그럴까? 반은 맞고 반은 틀리다. 다른 창업보다는 적게 필요하다는 것은 맞다. 그러나 하나도 없는 것은 아니다.

무역 창업의 형태는 에이전트 창업과 무역 회사 창업으로 나누어진다. 중요한 차이는 '중간 커미션만 먹을 것인가? 매입 수출을 할 것인가?'이다. 여기서 갈라진다.

에이전트 창업은 부동산 중개인처럼 수수료만 먹기 때문에 돈이 들어갈 일이 많지 않는 반면 무역 회사 창업은 매입비가 발생한다. 즉, 매입 세금계산서가 있어야 한다. 예를 들면, 매출액 3,000만 원에 매출 이익 10%라고 하면 이익금은 300만 원이다. 그 이익금을 제외한 2,700만 원이 매입비다. 즉 초기 매입비가 발생한다. 그 2,700만 원을 매입할 때 영세율 여부에 따라서 매입 시 필요한 자금도 달라진다. 해외 바이어에게 30%:70% T/T 조건으로 진행한다면 무역 창업자는 중간에서 공장에서 출고할 때는 100% 완납해야 하는 게 현실이고 외상은 없다. 그 순간 부족한 금액은 내 돈으로 우선 채워야 한다. 계약 조건에 따라 다르지만, 일반적으로, 바이어에게서는 배 도착 전에 잔금이 치러지기 때문에 매입 비용이 발생하는 시점과 바이어로부터 수금 시점의 시간차는 분명히 존재한다. 예를 들면. 이번 달에 생산 발주를 하고 이번 달에 출고하면 공장에 매입비로 2,700만 원이 들어가게 되고, 바이어에게 다음 달에 3,000만 원을 받는다. 300만 원은 남게 되지만 지속 오더라면 2,700만 원을 또 매입비로 써야 한다. 만약 타이밍이 안 맞으면, 새로이 2,700만 원이 투입되는 경우도 발생하기 때문에 운영의 묘를 살려서 공장 매입 시기와 바이어 수금 시기를 잘 맞추어야 한다. 엄청난 스트레스다. 그리고 맞추는 것도 쉽지 않다. 결국, 초기 자본금이 2,700만 원이 아닌 그 이상을 가지고 있어야 비즈니스가 돌아간다고 보면 된다.

참고로, 다음과 같은 대표적인 변수들로 인해 무역 창업을 하자마자 폐업되기도 한다.

- 해외 바이어에게서 수금이 늦어질 때
- 클레임이 발생할 때
- 출고가 지연될 때
- 공장(제조사)이 폐업될 때

만약, 매입 수출을 통한 무역 회사 창업을 생각하게 된다면 자금 회전에 대해서 진지하게 고민할 필요가 있고 시뮬레이션을 여러 번 돌려봐야 한다. 매입 수출 창업은 결제 조건, 판매 가격, 거래 조건, 보안 유지 등 깔끔한 부분은 반드시 존재하지만 커미션 베이스인 무역 에이전트 창업에 비해 자본금이 들어간다는 점은 명심해야 한다.

그렇다면 무역 에이전트 창업은 자본금이 얼마나 필요할까?

오더(무역 계약)를 만들기 위한 활동비만 있으면 된다. 사무실도 창고도 필요 없다. 장소의 제약 없이 업무가 가능하고 프리랜서로서 시간도 자유롭다. 협상만 잘하면 그 비용(사무실, 창고, 활동비 등)도 수출 대행일 때는 공장(제조사)에서, 수입 대행(소싱 대행) 일 때는 바이어에게서 지원받기도 한다. 그렇기 때문에 초기 계약이 중요한 것이 '에이전트 창업'이다.

18. 소싱 대행과 수입 대행에서 독점권은 꼭 필요할까?

무역 창업은 이미 언급한 대로 바이어 입장에서 창업하는 수입형 무역 창업(수입 대행, 소싱 대행)이 있고, 공장(제조사) 입장에서 창업하는 수출형 창업(수출 대행)이 있다.

수입형 무역 창업(수입 대행, 소싱 대행)은 처음부터 바이어를 세팅해서, 소싱 할 공장(제조사)을 찾는 형태이기 때문에 바이어와 제일 먼저 독점권에 관해 협의해야 한다. 독점으로 소싱(수입)을 할 경우에는 그만큼 책임이 있지만 나 혼자 소싱(수입)을 하기 때문에 소싱 공장(제조사)과 협의하기도 편하고 다른 업체와 경쟁할 필요도 없다는 큰 장점이 있다. 그러나 바이어 입장에서는 그 한 업체만 믿고 기다려야 하기 때문에 확실한 믿음이 있기 전까지는 절대 독점권을 주진 않는다는 사실도 잊어서는 안 된다.

수출형 창업(수출 대행)은 공장(제조사)과 먼저 계약을 맺고 바이어를 찾는 형태이기 때문에 소싱(수입) 대행보다 독점권에 더 민감하다. 비즈니스를 함에 있어 수출 대행이 소싱(수입) 대행보다 훨씬 더 어렵다고 보는 근본적인 이유는 수출 대행은 바이어 발굴 시 을의 입장이고 소싱(수입) 대행은 소싱 공장(제조사) 발굴 시 갑의 입장으로 진행되기 때문이다. 또한, 내가 한국에 있고 한국에 있는 소싱처(공장)를 발굴하는 것이라면 언어적인 면에서 그리고 비즈니스 문화 면에서 훨씬 쉽게 업무를 수행할 수 있다.

수출 대행 창업자에게 있어서 독점권이 꼭 필요하고 민감한 이유는 마케팅도 해야 하고, 바이어 미팅도 해야 하며, 영업도 수행하다 보면 그 과정에서 많은 자금과 시간이 투입되기 때문이다. 대부분 건당 또는 오더 베이스로 수수료를 책정하거나(에이전트 창업), 매입해서 수출하는 형태(일반 무역 회사 창업)로 바이어 발굴하기 때문에 오더 전까지 무역 창업자는 물심양면으로 올인할 수밖에 없다. 그러나, 비즈니스 결과가 안 좋을 때는 독점권이 없으면 남 좋은 일 시켜주고 떠나는 경우도 생기고, 비즈니스 결과가 좋아도 공장이 직접 나서는 경우도 생기는 만큼 독점권 확보는 무역 창업자에게는 중요하다. 이외에도 보이지 않는 변수가 많기 때문에 수출 대행으로 무역 창업을 고려한다면 독점권에 대해서 소싱(수입) 대행보다 더 진지한 검토가 이루어져야 한다.

19. 장단점! 무역 에이전트 창업 vs 무역 회사 창업(매입&수출)

무역 창업을 한다고 결심하면, 가장 먼저 비즈니스 타입을 정해야 한다.

① 바이어 입장에서 바이어 대신 소싱해 주는 소싱 대행 창업을 할 것인가?

② 수출자 입장에서, 수출을 대행해 주는 수출 대행 창업을 할 것인가?

③ 사업자등록증을 내서 창업을 하는 무역 회사로 할 것인가?

④ 단순 브로커 역할을 하는 에이전트로 할 것인가?

선택해야 한다.

이렇게 말하면 궁금한 것이 있을 것이다. '어떤 방식이 더 좋을까?' 바이어와 공장(소싱처)의 공개 및 노출 차단 부분에서는 무역 회사가 우위를 점하고 있지만, 초기 세팅 비용 및 창업 자금 최소화 부분에서는 에이전트가 우위에 있다. 일반 무역 회사는 매입 가격과 수출 가격 차이의 마진으로 운영되기 때문에 매입(세금계산서)에 따른 초기 자금과 매출을 위한 마케팅 비용으로 인해서 무거운 창업 형태를 가진다. 그것에 반해서, 무역 에이전트는 사무실 없이 혼자서도 가능한 창업 형태이기 때문에 상당히 가볍고 누구나 시도해 볼 수 있을 정도로 진입 장벽이 낮다.

일반 '무역 회사 창업'은 창업 초기부터 많은 비용이 투자되기 때문에 손익 분기점이 되려면 어느 정도 시간이 필요하다. 창업 전에 자본금과 확실한 판로에 대한 고민이 있어야 하고 마진율과 자금 회전도 여러 차례 시뮬레이션 통해 실수가 없도록 해야 한다. 아니, 확신을 가져야 창업할 수 있다. 무거운 창업 형태라는 단점을 가지고는 있지만 이에 반해 가장 큰 장점도 동면의 양면처럼 가지고 있다. 바이어와 공장(소싱처, 제조사)을 시스템(서류)적으로 감출 수 있다는 점과 영업과 마케팅 부분에 대해서 누구의 간섭도 받지 않는다는 점이다. 또한, 출고와 무역 대금 프로세스가 무역 에이전트(브로커)에 비해 깔끔하기 때문에 창업 비용이라는 대표적 단점이 있는데도 불구하고 대부분의 무역 예비 창업자들이 선호하는 편이다.

반면, 무역 에이전트는 브로커 형태이기 때문에 핸드폰과 노트북만 있으면 장소에 상관없이 언제 어디서나 업무가 가능하고 무역 초보라도 시도해 볼 수는 창업 형태다. 즉, 진입 장벽이 낮다는 장점을 가진다. 초기 비용 투자도 거의 없고 매입 수출 구조도 아니기 때문에 매입비가 필요 없는 상당히 가벼운 창업이다. 수출자와 수입자 당사자 간의 직접적인 물류와 무역 대금 흐름으로 인해서 바이어와 공장이 처음부터 모두 노출되기 때문에 언제나 뒤통수 맞을 수 있다는 단점은 존재한다. 만약 에이전트 창업을 마음에 두고 있다면 리스크(Risk, 위험 요소) 관리를 위해서 계약서를 통한 예방적 차원의 사전 협의가 반드시 필요하다. 그렇지 않으면 애써 판 깔아주고 남 좋은 일 시켜주는 경우가 빈번하게 생길 수 있기 때문이다.

이렇게 각각의 장단점을 가지고 있기 때문에 최근에는 일반 무역 회사지만 계약을 통해서 에이전트의 장점을 도입하려는 경우도 있고 그 반대인 경우도 있는 만큼, 무역 창업을 고려한다면 나에게 맞는 창업 형태를 여러 각도로 고민해야 한다.

20. 어떤 것이 편리? 선사(선박회사) vs 포워더

선사는 Shipping company라고 하고 자체 선박을 가지고 있다는 것이 포워더와 큰 차이점이다. 포워더는 일종의 에이전시(영업소)라고 생각하면 된다. 선사에서 컨테이너를 받아와서 영업을 하는 개념이다.

업무적으로 보면 선사는 FCL만 취급하고 LCL은 취급하진 않는다. 그것에 반해 포워더는 두 개 다 취급한다.

업무 영역을 보면 선사는 해상 물류에 한정되지만 포워더는 해상 운송, 관세 대행, 내륙 운송(트럭킹) 대행, 창고 대여 등등 수출자 창고에서 수입자 창고까지 그사이의 모든 물류를 직간접으로 서비스한다고 보면 된다.

무역 창업에 있어 수출을 하든 수입을 하든, 수출 가격을 비롯한 통관에 대해 그때그때 자문받는 경우가 많기 때문에 '무역'을 한다고 하면 반드시 최소한 포워더 한 업체는 세팅하고 있어야 비즈니스에 용이하다. 그만큼 무역에서 중요한 역할을 한다. 포워더 선정 시 꼭 가격 비교 견적만으로 평가해서는 안 된다. 수출 또는 수입하고자 하는 해외 국가와 거래 경험이 풍부한 업체들에 한해서 상담을 통해 선택하는 것이 좋다(대부분 해외 특정 지역에 거래가 많다는 것은 그 물량으로 인한 포워더의 다양한 혜택이 존재하기 때문에 저렴한 견적과 편의 서비스 제공이 가능함). 즉, 포워더 선택 시, 포워더가 제공 가능한 '경험 노하우'가 실무에서는 상당한 비중을 차지한다는 점을 잊어서는 안 된다. 참고로, 선사가 발행하든 포워더가 발행하든 B/L 효력은 동일하다. 어떤 B/L이 효력이 더 강하다 약하다는 의미가 없다.

포워더에서 제공하는 각종 서비스는 시간과 경험 그리고 관리 인원이 부족한 무역 창업자 또는 소량 화물 화주에 최적화되어 있기 때문에 상당히 편하다. 포워더의 기본 업무는 LCL cargo 운송이다. 선사에서 컨테이너 하나를 빌려서 그 컨테이너 공간을 쪼개서 소량 화주에게 영업 판매한다. 선사가 아닌 포워더만 이런 혼적을 하고 분실과 파손 위험성은 당연히 있다. 그러므로 예방 차원으로 쉬핑 마크(Shipping mark)의 역할은 FCL보다 더 중요하기 때문에 표기에 더 신경 써야 한다.

FCL 조건으로만 보면, 선사와 포워더 견적의 가격 차는 분명히 존재한다. 선사가 비쌀 수도 있고 포워더가 더 비쌀 수도 있어서 비교 견적은 필수다. 그러나 그 이전에 명심해야 할 부분은 이미 언급한 대로 가격 보다는 그 아이템과 지역 경험이 풍부하고 전문성을 갖고 오랫동안 거래한 업체를 택해야 한다는 것이다. 가격 면과 안전한 운송 외에도 무역 창업자가 마음 놓고 맡기는 부분도 있어야 하고 상황에 따라 적절한 조언을 받아야 하기 때문이다.

21. 선택하라, 소싱(수입)대행 에이전트 vs 수출 대행 에이전트

소싱(수입) 대행 에이전트 창업은 해외에 있는 업체가 한국에 있는 제품을 소싱하고자 할 때, 직접 하면 시간과 비용이 많이 투입되거나 리스크 관리가 어려울 때, 해외 업체(바이어)를 대신해서 제품을 소싱 하는 비즈니스 모델이다. 어떻게 보면, 바잉 오피스(Buying office) 개념과 비슷하다. 이런 방식의 창업은 먼저 바이어를 세팅하고 공장(제조사, 소싱처)을 고르는 작업을 하기 때문에 창업의 첫 시작점은 당연히 확실한 바이어의 존재 여부다. 수수료는 건당 계약 금액의 퍼센트로 계산하는 경우가 있고, 매달 해외 업체(바이어)에서 지원받는 경우도 있다. 업무 범위는 소개로만 끝나는 경우도 있고 출고해서 입고까지 개입하는 경우도 있으며, 자금 흐름 부분도 중간 에이전트를 거치는 경우가 있고 클레임과 같은 이슈에 대한 에이전트의 역할을 명시하는 경우도 있다. 이처럼 에이전트 계약을 바이어와 어떻게 하는가에 따라 경우의 수는 다양해진다. 소싱(수입) 에이전트 창업은 바이어에 무게를 둔 중간자 입장의 창업이라서 업무를 수행하기에는 수출 대행보다는 상대적으로 수월하지만 샌드위치 입장이기 때문에 향후 문제가 발생할 소지는 다분히 있다. 즉, 수출자와 바이어 간의 직거래는 언제나 가능하기 때문에 이 부분을 어떻게 관리할지 사전에 고민해야 한다. 또한, 아이템 소싱에 관한 바이어와의 독점권 여부에 따라 소싱 방식이 달라지는 만큼 독점 소싱에 대해 꼭 체크해야 한다.

수출 대행 에이전트 창업은 말 그대로 제품만 있는 공장 또는 해외 영업력이 부족한 제조사의 수출 업무를 대신 수행해 주는 비즈니스 모델이다. 해외 제품에 대한 시장 조사, 바이어 찾기, 마케팅 등의 업무를 대행하는 것이 핵심이다. 한마디로, 의뢰 업체가 원하는 해외 관련 업무를 다 한다고 보면 된다. 월급은 받지 않고 자유롭게 영업을 하되 실적에 따른 수익을 비즈니스 모델로 하는 일종의 '용병' 개념이다. 주로 수출팀을 따로 두기 힘든 소규모 업체가 전문 인력을 고용하는 형태로, 건당 계산하거나 금액에 따라 계산할 수도 있으며 월별로 계산할 수도 있다. 더 나아가 사무실을 같이 쓰는 경우도 있고 프리랜서처럼 완전히 독립해서 활동하는 경우도 존재한다. 소싱(수입) 대행 에이전트의 단점처럼 중간자로서 언제나 공장(제조사)과 바이어의 직거래를 조심해야 하고, 제조사의 지원 범위가 크면 클수록 바이어 찾는 게 쉬워질 수도 있고, 그 반대로 압박이 될 수도 있는 만큼 나에게 유리한 조건의 협상이 필요하다.

22. 가능할까? 사회 경험이 적은 청년들의 무역 창업

취업이 힘들고 취업 후에도 미래에 대해 불안해하는 청춘들이 많다. 그 돌파구로 '창업'에 대해 한 번쯤 생각하고 관심을 갖는다. 무역 창업도 예외는 아니다. 그러나 무역은 사람과 사람이 하는 것으로서 어느 정도 연륜이 있어야 쉽다. 다른 것보다도 커뮤니케이션을 포함한 사회 경험이 어느 정도 필요하다. 과연 젊은 청년들이 할 수 있을까? 대부분 의아할 것이다.

우선, 청년 창업의 지원 사업을 살펴보자. 정부와 지자체에서 제공하는 사업은 사무실 공간 지원을 위한 '인큐 오피스 지원', 창업 지원금으로 대표되는 '초기 창업 지원 사업'과 각종 컨설팅으로 대표되는 '운영 사업'이 있다. 그러나 대부분 제조, IT, 개발 등에 치우쳐 있어서 '청년 무역 창업'에는 혜택이 별로 없다. 상당히 안타까운 현실이다. 그렇다면 청년 무역 창업은 어떤 형태가 가장 현실적일까?

① 수출자 입장에서 수출 대행을 해주는 수출 에이전트(수출 대행) 창업
② 수입자 입장에서 수입 대행을 해주는 수입 에이전트(수입 대행, 소싱 대행) 창업
③ 물건을 사서 해외에 파는 일반 무역 회사 창업(B2B)
④ 물건을 사서 해외에 파는 글로벌 오픈 마켓 창업(B2C)
⑤ 물건을 사서 국내에 파는 오픈 마켓 창업(B2C)

에이전트 창업의 공통점은 사업 자체가 가볍기 때문에 혼자서도 운영이 가능하지만, 무역 회사를 설립해서 매입하고 수출하는 창업은 직접 구매하는 형태이기 때문에 사업 자체가 무겁고 자금과 경험이 필요해 청년 창업자가 혼자 운영하기에는 무리가 있다.

국내외 오픈 마켓과 소호 무역은 어느 일반 무역 회사처럼 자본금이 있어야 한다. 현재 무역 창업을 꿈꾸는 젊은 예비 무역 창업자들이 그만큼의 돈을 들고 있을 리 만무하다.

그러므로 여기서는 가장 현실성 있는 창업! 수입 에이전트 창업과 수출 에이전트 창업에 대해서 좀 더 알아보려 한다.

소싱 대행(수입 대행) 에이전트 창업은 바이어 입장에서 제품을 소싱하는 창업이기 때문에 가장 중요한 것은 '확실한 바이어 잡기'이다. 이런 비즈니스 형태는 한국에 체류 중인 외국인 유학생들이 많이 하는 대표적 창업 형태이기도 하다. 이처럼 바이어가 정해진 경우에 시작하면 시스템적으로는 가장 쉽고 빠르게 수익을 낼 수 있다는 큰 장점이 있다. 또한, 열정과 패기가 필요한 에이전트의 특성상 청년 창업자에게 최적화되어 있어서 확실한 바이어만 있다면 이만한 창업 형태도 없다.

수출 대행 에이전트 창업은 아이템과 아이디어는 있지만 해외 판로를 열기 어려운 회사, 즉 수출을 적극적으로 진행하기 어려운 공장(제조사)과 손을 잡는 경우다. 공장을 먼저 세팅해야 하기 때문에 초반 아이템 선별 능력과 공장과의 관계 설정이 매우 중요하다. 주의해야 할 점은 청년 무역 창업자와 공장 사이의 갈등이 의외로 잦아서 계약서를 통해 아이템, 지역, 커미션, 기간, 공장의 역할과 대행 업체의 업무 영역을 포괄적으로 초반에 명확히 해야 한다는 것이다. 그러나 잘되면 잘되는 대로 안 되면 안 되는 대로 청년 무역 창업자는 남 좋은 일 시키고 손 떼는 경우도 부지기수로 많다. 이건 수출 대행이 되었든 소싱(수입) 대행이 되었든 무역 에이전트 창업자의 큰 고민이 아닐 수 없다.

무역은 사람과 사람이 만나서 공동의 목적을 이루어 내는 형태다. 이 목적의 파트너로서 청년 창업자를 바라보는 공장은 마냥 반갑지만은 않다. 즉, 공장(소싱처, 제조사)에서는 아래와 같이 의심의 눈길을 보낸다.

'잘할 수 있을까?'

'시장(ex. 가격, 명성)을 더럽히는 것은 아닐까?'

'무역을 잘 알고 대행하려는 건가?'

'우리 제품에 집중할 수 있을까?'

그렇다면, 청년 무역 창업자들이 공장을 바라보는 시선은 어떨까?

그들이 마냥 긍정적일 것이라는 생각은 버려야 한다. 실제로 이렇게 생각하는 경향이 대부분이다.

"내가 해외에 팔아 주겠다는데 왜 협조를 안 하는 거지?"

앞서 말한 대로 무역은 신용을 바탕으로 협력해 나가는 것이다. 서로 아쉬운 부분이 만나서 이루어지는 비즈니스다. 처음부터 이런 거리감을 좁히는 게 청년 무역 창업 성공의 열쇠이자 관건이 된다. 이처럼, 청년 무역 창업은 보이지 않는 풀어야 할 숙제가 많은 창업 형태이기도 하다.

23. 어느 것이 좋을까? B2B 창업 vs B2C 창업

무역 창업을 하려면 이미 언급했던 대로 B2C와 B2B 비즈니스 타입에 대해 우선 알아야 한다. 수입 B2C는 국내 오픈 마켓(ex. 쿠팡, 11번가)을 판로로 정하고, 수출 B2C는 글로벌 오픈 마켓(ex. 아마존, 이베이)을 판로로 정한다.

B2C의 최대 장점은 누구나 쉽게 접근할 수 있다는 것이다. 진입 장벽이 낮다. 누구나 도전할 수 있다 보니 한때 많은 창업자와 교육 강좌가 넘쳐났다. 그러나 결과만을 보면 많은 창업자들에 비해 포기하는 사람이 너무 많았다. 유튜브, 블로그와 같은 온라인상에는 많은 성공 사례가 있으나 주변에는 없는 현실이다.

B2C는 한마디로 다음과 같이 정의할 수 있을 것이다. '누구나 할 수 있고 시작할 수 있다. 그러나 아무나 성공하는 것은 아니다.'

대표적 단점은 무엇일까? 큰돈을 투입해서 조금씩 수익을 내는 구조이기 때문에 성장이 더디고, 창업자가 많은 시간을 여기에 얽매이게 되며, 반품 및 환불 그리고 악성 재고로 물심양면으로 힘들어한다.

이에 반해, B2B는 큰돈을 투입해 큰 수익을 내는 구조다. 한 방에 끝난다. 대표적 단점으로는 그 한방의 비즈니스를 만드는 과정에 많은 시간과 열정이 투입된다는 것이다. 즉, 한 방에 물릴 수도 있다.

24. 무역 창업 성공의 열쇠는 이것!

무역 창업으로, B2C가 되었든 B2B가 되었든, 수입이든, 수출이든 핵심은 '판로와 시간'이다. 당연히 창업을 하려면 돈이 우선 확보되어야 한다. 그러나 자본금이 많다고 성공 확률도 올라가는 것은 아니다. 판로와 시간은 돈으로는 절대 마련할 수 없다. 그 이유에 대해 다음과 같은 사례를 들 수 있다.

수입할 때는 아이템과 물류 쪽은 충분히 외부의 도움을 받을 수 있다. 그러나 판로는 어떻게 할 것인가? 국내 오픈 마켓에 판다? 말이 쉽지 정말 어렵다. "누구나 제품을 올릴 수는 있지만, 모든 제품이 팔리지는 않는다."라는 이야기가 있을 정도다. "B2B로 국내 도매업체와 손을 잡는다?" 이 또한 쉽지는 않다. 창업에서는 꾸준함이라는 시간이 필요하다. 버티고 여러 방면을 시도하다 보면 기회가 있기 때문에 대부분 일단 버틴다. 그 시간을 줄이기 위한 노력으로 창업 전에 판로와 그 시간에 대해 고민을 많이 해야 한다.

그렇다면, 수출은 어떨까? 수출도 당연히 판로가 중요하다. 그러나 그 판로를 열기 위한 시간이 국내 판매보다 더 필요하다. 단순히 온라인 사이트를 긁적이는 것만으로는 충분하지 않다. 수출 상담회, 전시회, 이메일링, 수출 사이트 제품 업로드 등 할 것이 참 많다.

수출에 시간이 많이 드는 이유는 무역에서는 신뢰가 가장 중요한 만큼 그 신뢰 구축에 많은 시간이 필요하기 때문이다. 여기서 궁금증이 생긴다.

'무역에서 왜 신뢰가 필요할까?' 수출의 핵심은 바이어 찾기, 즉 무역 계약이다. 그 무역 계약의 핵심은 무역 대금이라고 하는 T/T다(신용장보다 T/T를 더 많이 선호). T/T는 선수금과 잔금으로 이루어져 있으며, 그 기준점은 선적일(On board)이다. 무역 계약을 하고 나면 바이어는 T/T 선수금을 준비해야 한다. '바이어가 아무도 모르는 사람 또는 한두 번 만난 사람에게 돈을 보낼 수 있을까?', '당신이 바이어라면, 수입자라면 유선상으로 통화하거나 이메일 정도 주고받은 사람에게 물건 대금을 먼저 보낼 수 있을까?' 이 문제를 해결하기 위해 꾸준한 전시회 참여와 비즈니스 미팅을 통한 제품과 회사에 대한 신뢰를 높이는 것은 필수다.

'제품에 대한 신뢰'는 이 제품은 안정된 품질로 단종되지 않고 후속작이 꾸준히 나올 것이기 때문에 한 번 세팅하면 바이어도 계속 이득을 볼 수 있다는 메시지를 주는 것이다.

'회사에 대한 신뢰'는 우리는 절대 사기 치지 않고 납기와 품질 그리고 수량을 확실히 지킨다는 믿음을 주는 것이다. 모든 영업과 마케팅은 이런 신뢰를 바탕으로 움직여야 한다.

무역 창업에 성공하고 싶은가? 그렇다면 창업 전 판로와 그 투입될 시간에 대해 먼저 진지하게 고민하길 바란다.

25. 비교해 보자! 제조업 창업 vs 무역업 창업

제조업 창업은 '아이디어 창업'이라고도 불린다. 아이디어만 있다면 누구나 시제품부터 시작해서 유통까지 단계별로 정부 및 지자체(기관)

지원 프로그램에 지원 대상자가 될 수 있다. 제조업 창업은 무역업 창업과는 다르게 제품을 기획부터 시작해서 직접 만들기 때문에 브랜드 작업과 양산에 따른 자금, 카피(Copy) 방지를 위한 특허와 실용신안을 고려해야 한다. 즉, 무역 창업에 비해서는 초기 비용이 많이 들지만, 그만큼 다양한 지원 프로그램이 있어서 하는 것만큼 얻을 수 있다. 예를 들면, 사업 계획서 쓰는 방법, 제품화 방법, 샘플과 양산, 창업 자금, 마케팅, 국내외 판로와 유통 관련 다양한 프로그램을 정부 또는 지자체에서 실행하고 있기 때문에 잘 살펴보면 창업자에게 큰 도움이 되는 지원 사업이 많다. 반면, 무역 창업은 제조업에 비해 초기 세팅 비용은 적지만 이러한 정부의 지원 프로그램과는 거리가 멀다. 무역 창업을 생각한다면 외부 지원은 일단 배제하고 준비하고 시작하는 것이 마음이 편할 정도다.

그렇다면 제조업과 무역 창업의 핵심인 판로는 어떨까? 제조업의 판로는 우선 국내 시장부터 시작된다. B2C로 대표되는 오픈 마켓이 아닌 B2B로 진행하게 되고, 제품 한 가지로 시작하기 때문에 직접 오픈 마켓에 뛰어들지는 않지만, 온라인 판권, 오프라인 판권, 해외 판권처럼 덩어리로 나누어 영업하기도 하고 직접 쇼핑몰을 운영하기도 한다. 시장 가격이 깨지지 않게 관리하면서 카피(Copy)와의 전쟁도 해야 한다. 국내 판로(유통망)를 넓히기 위해 에이전트 및 중간 업자와 상담도 많이 하지만 사기꾼도 많이 만나서 피곤한 경우도 많다. 하나하나 신경 쓸 게 참 많은 창업이다. 여러 제안서를 유통 전문 카페와 블로그에 올리기도 하지만 매출로 연결시키기도 쉽진 않다.

제조업 창업은 국내 시장만으로는 절대 살아남기 어렵기 때문에 양산할 때부터 수출도 고려해야 한다. 정부 또는 지자체에서 주관하는 다양한 해외 전시회, 바이어 상담회, 업체 매칭과 같은 이벤트에 참여해서 바이어를 찾는다. 이런 해외 마케팅 사업, 바우처 사업 같은 수출 지원 사업은 무역이 생소한 제조업 창업자들에게는 분명 큰 도움이 된다. 하지만 무역 창업자 입장에서는 내 제품이 없기 때문에 그 많은 이벤트와 지원 사업에 참여하는 데는 한계가 있다.

예비 무역 창업자가 무역 창업의 일부라고 생각하고 수입해서 국내외에 판매하는 오픈 마켓 창업을 생각한다면, 어떤 나라에서 어떤 제품을 어떻게 수입할 것인가에 대한 프로세스와 테크닉보다는 국내 오픈 마켓에 팔 것인가 글로벌 오픈 마켓에 팔 것인가, 쇼핑몰을 오픈할 것인가 오프라인 입점을 할 것인가에 대한 고민! 즉, 판로를 진지하게 먼저 정해야 한다. 거기에서 제시할 제품의 가격 경쟁력, 제품 소싱, 재고 관리, 공장 컨트롤, Copy에 대한 대응과 자금 회전을 우선 검토해야 한다.

제조업으로 하든 무역업으로 하든 내가 할 일, 포워더가 할 일, 관세사가 할 일, 세무사가 할 일은 나누어진다. 혼자 다 못한다. 맡길 건 맡겨야 효율을 극대화할 수 있다. 창업 시 반드시 명심해야 할 부분이 바로 이 부분이다. '내가 할 일만 제대로 하고 나머지는 전문가에게 맡긴다.'

처음부터 끝까지 혼자 다 하려고 한다면 그만큼 한정된 전력이 집중 못 할 수 있기 때문에 쉽게 지치거나 창업 자체를 포기하게 된다. 만약 1인 창업으로 시작한다면 더욱 한정된 시간과 자원으로 최대의 효과를 내기 위한 업무 및 시간 관리는 창업에서 매우 중요한 요소가 된다.

26. 따라 해 보자! 무역 창업 절차 A to Z

'소자본으로도 창업이 가능하다더라.'
'아이템만 잘 잡으면 된다더라.'

'부업으로 할 수 있다더라.'

이런 소문으로 막상 무역 창업을 시작하려고 하면 무엇부터 해야 할지 막막한 것이 대다수다. 이런 막막함은 창업자의 무역 경험 유무와 상관없다. 직장 생태계에서 창업 생태계로 환경이 완전히 바뀌는 새로운 도전이기 때문에 누구에게나 똑같은 스트레스를 갖고 시작하게 된다. 우선, 사업자등록증을 내기 전에 창업 형태를 정해야 한다. 무역 창업의 종류는 말했듯 2가지가 있다.

'에이전트 창업'과 '무역 회사 창업'

여기서 다시 바이어 입장에서 소싱해 주는 소싱 대행 창업(수입 대행 창업)과 공장의 입장에서 수출을 대행해 주는 수출 대행 창업으로 나누어진다.

① 사업자 등록

창업 형태를 결정한 후, 가장 먼저 해야 할 것은 회사 이름을 정하는 것과 직인 명판 제작이다. 상호명의 경우, 한 번 정하면 웹사이트(홈페이지)와 이메일에도 영향을 주는 만큼 신중해야 한다. 사업자등록증은 관할 세무서에서 신청하면 되는데, 사업자등록증에는 사업장 주소가 꼭 필요하기 때문에 사무실 계약부터 해야 한다(집 주소로 할 경우는 확인 필요). 사무실은 크게 공동 사무실(소호 사무실)과 개인 사무실로 나누어진다. 각각의 장단점이 있는 만큼 자신의 비즈니스에 적합한 사무실을 택해야 하는데 특히, 정부(지자체) 지원 사업인 '인큐 오피스'에는 혜택이 의외로 많아 관심을 가질 필요가 있다.

② 통관 고유 부호와 무역업 고유 번호

통관 고유 부호는 '수출 신고 필증'에 들어가는 번호로서 관세청에 신청 및 등록해야 하고, 수출을 처음 할 때 관세사를 통해서 대리로 신청해도 된다. 무역업 고유 번호는 한국 무역 협회에서 발행하고, 그 용도는 수출입 실적용 정도라고 보면 된다.

③ 세무사와 포워더 선정

사업자등록증처럼 바로 선정할 필요는 없지만, 부가세 신고 기간에는 금액이 크든 작든 일반적으로 세무사를 통해 신고를 하게 된다. 세무사 수수료는 거의 비슷하기 때문에 비슷한 분야의 비즈니스를 많이 다뤄본 경험이 풍부한 곳을 선택하는 것이 좋다.

포워더는 FOB 조건에는 바이어가 지정하고, CIF 조건일 때는 수출자가 지정한다. 포워더가 '트럭킹'이라는 내륙 운송과 관세사 업무(통관)도 대행하는 만큼 포워더에게 일임하면 편하다, 참고로 선사는 포워더 만큼 다양한 서비스를 제공하진 않는다. 오더(Order, 주문)가 있을 때마다 여러 포워더의 견적을 받아서 진행하는 경우도 있고 한 업체에게 꾸준히 맡기는 경우도 있지만, 처음에 세팅하면 꾸준히 그 업체와 거래하는 게 편한 만큼 첫 거래 시 신중을 기해서 업체를 찾아야 한다.

④ 특송 업체 선정

우리가 흔히 아는 DHL, FEDex. EM, UPS와 같은 글로벌 택배가 특송 업체다. 각각의 홈페이지를 통해 자체적인 할인율로 고객을 유치하는 만큼 비교 견적은 필수다. 또한, 이런 특송 업체들을 모아 대리점처럼 영업하는 업체들도 고객 유치를 위해 경쟁력 있는 가격을 제시하는 만큼 서비스 범위까지 꼼꼼히 알아볼 필요가 있다. 그 외에도 해외 각국마다 지역마다 전문 특송 업체가 있다는 점도 잊어서는 안 된다.

특송은 비싸기 때문에 주로 소량 샘플 또는 중요한 서류를 보낼 때 이용하고 그때마다 연락하면 된다. 한 가지 팁(Tip)을 주자면, 각각의 업체마다 서비스 범위와 질이 다르고, 주거래 국가도 다르고, 경험도 다른 만큼 단가만 봐서는 안 된다. 즉, 상담을 통해 가격대비 최상의 서비스를 제공해 주는지 확인할 필요가 있다.

⑤ 통장 개설, 홈페이지와 이메일 만들기

회사 이름이 정해지면 국내 통장과 외환 통장을 만들어야 하고, 홈페이지를 위한 도메인과 이메일을 만들어야 한다. 비용이 드는 만큼 블로그로 홈페이지를 대체하거나 도메인과 이메일을 구글, 네이버, 다음 메일로 사용하려 하는 경우도 있지만 무역 창업을 한다면 홈페이지와 도메인을 만들기를 권장하는 바이다. 무역 창업은 해외 업체와 비즈니스를 해야 하는데 그들은 홈페이지와 도메인을 매우 중요하게 생각하기 때문이다.

여기까지가 사업을 시작하기 위한 기본 세팅이다. 소싱 대행으로서 판로가 정해진 상태에서 국내 제품을 소싱하는 경우에는, 국내 전시회를 자주 방문하거나 온·오프라인의 인기 제품을 선별하여 판매자에 연락해서 회사 소개서 및 제품 상세와 가격을 받게 된다. 단, 그 업체가 제조사가 아닌 경우 해외 판권을 가지고 있는지는 꼭 확인해야 하고 미심쩍을 때는 직접 그 공장을 찾는 노력을 해야 혼선을 막을 수 있다. 중기청을 포함한 각종 협회 또는 각 지방의 수출 진흥원에 등록되어 있는 수출을 원하는 업체들과 컨택하는 것도 좋은 방법이다. 왜냐하면, 수출에 대한 갈망이 있기 때문에 어느 정도 수출 준비가 되어 있고 수출 마인드가 장착되어 있어서 무역 협상과 계약이 더욱 순조로울 수 있기 때문이다. 제품을 소싱할 때는 MOQ에 따른 가격, 결제 조건, 납기를 정확히 확인해야 한다. 그 공장(소싱처, 제조사)이 갑자기 가격을 올릴 수도 있기 때문에 유효 기간도 반드시 정해야 한다.

수출 대행 창업으로서 판로가 정해지지 않는 상태라면 해외 전시회를 잘 활용하면 큰 도움이 된다. 다시 한 번 강조하지만 다루려고 하는 아이템을 제공하는 업체가 직접 제조하는 것이 아니라면 해외 독점권을 꼭 체크해야 한다. 자칫하면 남 좋은 일 시켜주고 손 떼는 경우가 비일비재하기 때문이다. 만약 의심된다면 직접 그 공장(제조사)과 확인해야 하고, 가급적 공장과 직접 '수출 대행' 계약하는 것이 바람직하다.

이 밖에 정부 또는 기관에서 주최하는 바이어 상담회, 수출 상담회를 잘 활용해야 하고, 수출 지원 바우처 사업을 비롯한 각종 온·오프라인 마케팅 지원 사업에 참여해서 바이어 찾는 데 활력을 불어넣어야 한다.

27. 부업으로 한달에 100만 원, 200만 원, 300만 원 벌 수 있을까?

'무역 창업으로 N잡 가능하다.'

'부업으로 100만 원, 200만 원, 300만 원 벌 수 있다.'

'쉬워서 누구나 할 수 있다!'

이런 이야기를 한 번쯤 들어 봤을 것이다. 그러나 아이러니하게도 유튜브, 블로그를 비롯한 SNS에 떠도는 이런 소문에 비해 실제로 벌었다는 사람들을 의외로 찾기 힘들다. 오히려 망했다는 사례들이 심심치 않게 들리지만, 그 누구도 실패 사례를 공공연히 떠들고 싶어 하지 않는다. 그래서 우리들 대부분은 한두 명의 기가 막힌(?) 성공담을 일반화하고 착각에 빠지는 경향이 있다. 창업 결정은 인생에서 또 하나의 도전이자 물심양면으로 모든 것이 투입되는 중요 시기다. 만약 무역 창업을 생각한다면 뜬구름이 아닌 현실을 가감 없이 직시해야 한다.

무역 부업으로 돈 벌기 위해서는 가장 단순하고 현실성 있는 경우로, 다음과 같이 딱 두 가지가 있다.

- 수출 대행 에이전트로 할 것인가?
- 소싱 대행 에이전트로 할 것인가?

부업은 말 그대로 본업으로 일하는 시간을 제외한 낮에 틈틈이 하거나, 밤에 몰아서 하는 일이다. 본업에 지장을 줘서는 안 되고 사무실을 세팅한 후 매일 정기적인 시간에 출퇴근하며 집중하는 것도 불가능하다. 그렇기 때문에 사업체를 설립하거나 오픈 마켓처럼 직접 일하기보다는 중간에서 브로커 또는 에이전트 형태로 진행하는 것이 무역 부업 조건에 부합된다.

여기, 3가지 방식의 부업 창업 조건이 있다.

① 제조사(제품)와 바이어 모두 없는 경우

② 제조사(제품)는 있고 바이어는 없는 경우

③ 제조사(제품)는 없고 바이어는 있는 경우

이 중에서는 3번째 방법인 바이어가 있는 상태, 즉 바이어 입장에서 소싱(수입) 대행처럼 국내 제품을 소싱하는 경우가 실제로 성공 확률이 높다. 이런 시나리오가 가능한 경우는 해외에 바이어나 지인이 있는데, 한국 제품에 너무 관심이 많지만 제품을 직접 소싱 하기에는 부담이 될 때 한국에 있는 지인 또는 에이전트한테 부탁하는 경우다. 이러한 방식으로 우리나라에서 공부하고 있는 해외 유학생 또는 주재하는 외국인들이 실제로 부업을 많이 하고 있다. 해외에서 한국 제품이 인정을 많이 받는 만큼 해외 업체(바이어)에서 정식으로 오퍼(Offer) 받는 경우도 있고 개인의 요청으로 국내 제품을 소싱하는 경우도 있다.

바이어가 세팅되어 있는 상태에서 국내 제품을 소싱하는 것은 정말 쉽다. 최소한의 무역 지식을 가지고 바이어가 원하는 아이템과 프로세스에만 맞추면 되기 때문에 실패할 확률도 적고 에이전트 역할이기 때문에 초기 비용도 필요 없다. 또한, 부업 조건에도 부합된다. 이런 소싱 대행 방식으로 부업을 한다고 하면, 예로 든 100, 200, 300만 원이라는 금액의 의미는 크게 중요하지 않다. 진행 방식에 따라 오더 금액에서 수수료율이 정해지기도 하기 때문에 500만 원, 1천만 원, 그 이상의 금액도 충분히 올라갈 수 있다. 결국, 무역 관련 부업을 한다면, '한 달에 얼마를 번다.'라는 개념보다는 확실한 바이어를 잡고 시작할 수 있느냐가 성공의 관건이 된다.

28. 무역 에이전트 커미션(수수료)은 몇 프로가 적당할까?

무역에서 T/T는 30%:70%라는 국룰(?)이 있다. 여기서 수출자와 수입자 중 누가 갑이냐에 따라 비중이 달라지고 집행 시기도 달라진다. 수출자가 갑이면 70%:30%로 바뀌기도 하고 100%:0%이 되기도 한다. 그러나 무역 에이전트에는 이런 국룰 같은 것은 없다. 왜냐하면, 그때그때 조건과 환경이 다르기 때문에 '얼마를 받아야 합당하다.'라는 기준이 없기 때문이다.

수출 대행을 택하고 국내 공장과 계약을 먼저 맺고 수출을 한다면 무역 창업자는 성공 수수료로 공장에서 일정 비율의 커미션을 받는다. 계약에 따라 그 첫 오더만 받는 경우도 있고 그 제품에 한해서 또는 그 바이어의 오더에 한해서 지속적으로 커미션을 받는 경우도 있다. 또한, 공장(제조사)이 수출 대행 업체에 초기 지원으로 일정 금액을 지급하는 경우도 있고, 사무실 공간을 빌려주거나 물질이나 금전적으로 영업과 마케팅을 지원해 주는 경우도 있으며, 제품을 무상으로 제공하는 경우도 있다. 다양한 상황이 존재하는 만큼 커미션의 비율도 정해진 규칙은 없다.

소싱 대행을 택하고, 바이어랑 먼저 계약하고 소싱 업체(공장, 제조사)를 찾는다고 가정하면. 바이어에게 금전적으로, 물질적으로 사전에 얼마나 지원받느냐에 따라서 커미션 비율이 달라진다. 그리고 무역 창업자가 제공하는 비즈니스 범위와 그 역할에 따라서도 달라지기도 한다.

'중간 커미션은 10%가 적당하다.'

'평균적으로 5%가 적당하다.'

누구는 단편적으로 커미션을 딱 잘라서 이렇게 언급하기도 하지만 퍼센트를 단순 적용하는 것도 쉽진 않다. 같은 10%로라도 1억의 10%, 10억의 10%는 많은 차이를 보이기 때문에 아이템에 따라, 그 적용 오더 금액에 따라 조정도 해야 한다.

결국, 무역 에이전트 창업으로서 정해진 커미션 비율은 없고 단지 '내가 절대적인 갑이 되어야 좋은 조건이 된다.'라는 일반적인 상식만 적용될 뿐이다.

만약, 무역 에이전트 창업을 결심했다면, 다음 2가지를 기억하자.

① 나라는 상품을 어떻게 포장하고 몸값을 최대한 끌어올리는 방법!

② 나의 장점을 다각도로 검토해서 부각시키는 방법!

29. 고민! 회사 그만 두면서 창업 vs 회사 다니면서 창업

무역 창업을 고민하는 예비 무역 창업자는 다음과 같이 세 부류로 나누어진다

① 취업 준비생(취준생)

② 제2의 인생을 준비하는 재직자

③ 퇴직자

무역 창업은 남녀노소 누구나 그리고 무역 경험 유무를 떠나서 시도해 볼 수 있는 창업 형태이기 때문에 세 부류 모두 가능하다. 단, 두

번째 경우가 고민도 많고 갈등도 생긴다. 회사(조직)에 속해 있는 상태인데 무역 창업을 고민한다면 당연히 이런 고민이 따른다. '퇴사를 하고 해야 하나 재직하며 창업을 준비해야 하나?'

이론상으로는 퇴직하고 집중해서 창업 준비를 해야 하는데 망설이게 하는 것들이 많다. 그렇다고 재직하면서 준비하면 제대로 된 무역 창업이 안 될 것이라 걱정한다. 고민되고 망설여질 수밖에 없다. 여기에 대한 답을 찾기 전에 먼저 무역 창업 생태계를 잘 이해하고 있어야 한다. 그 핵심은 소싱 대행 창업이 되었든 수출 대행 창업이 되었든 목표 매출(수익)을 위해서는 둘 다 시간이 필요하다는 것이다. 아무리 완벽하게 준비해도 본인이 생각하는 결과가 나올 때까지 시간이 걸리는 경우가 많고 예상 못 한 일로 인해서 계획했던 일들조차 더디게 진행되는 경우도 부지기수다. 더 나아가 창업 준비 전에 생각했던 것과 막상 해보면 달라지는 경우도 빈번해서 당혹감을 감추지 못한다. 즉, 시간과 사업에 대한 불확실성이 발목을 잡는다. 그 중심에는 '돈'이 있다. 시간 경과에 따른 자금(운영비) 부족이다.

'창업을 준비한다면 회사를 그만두면 안 된다.' 창업하는 순간부터 모아둔 창업 자금이 빠져나가기 때문에 불안해질 수밖에 없다. 창업을 하면 그 순간부터 목표 금액이 나올 때까지 마케팅과 운영비는 지속적으로 빠져나간다. 시간이 필요하다. 시간은 곧 돈이다. 수입은 없는 상태에서 지속적으로 돈이 빠져나가면 상당히 초조해질 수밖에 없고, 종국에는 무리한 방법을 선택함으로써 잘못된 결과까지 초래한다. 회사 또는 그 조직에서 벗어나고자 창업을 했지만, 다시 그 조직으로 들어가던가 아르바이트(파트타임)를 찾게 된다.

'이런 경우가 없을 것 같다고?' 의외로 주변에 어렵지 않게 찾을 수 있다. 대표적인 실패 사례이기 때문이다.

아직 퇴사 전이고 만약 선택의 기회가 있다면 회사 다니면서 알아봐야 한다. 그 회사(조직)를 다니면서 하나씩 창업을 알아보고 준비하고 실행하며 조금씩 비중을 넓히는 것이 가장 이상적이다. 누구는 회사를 그만두고 창업에 집중하라고 강조하기도 한다. 이건 특수적인 상황에만 적용된다. 특수성을 일반화하는 실수를 해서는 절대로 안 된다. 회사는 한번 나가면 돌아올 수 없다. 나가기 전에 여러 번의 시뮬레이션을 돌려봐야 한다. 아주 반복해서 말이다.

만약 창업을 고민한다면, 회사(조직)를 그대로 다니면서 준비하라고 권장하는 바이다.

30. 내가 잘하는 아이템 vs 내가 좋아하는 아이템 vs 될 만한 아이템

소싱 대행 창업은 바이어 입장에서 수입하는 '소싱 대행'을 의미한다. 그러므로 바이어의 요구 사항에 최적화된 아이템을 선정해서 제안해야 하기 때문에 아이템에 대한 고민보다는 안전하고 신뢰가 갈 만한 공장(제조사) 선별 능력이 더 중요하다. 그러나 수출 대행 창업은 수출하고자 하는 공장의 아이템을 대신 수출해 주는 것이기 때문에 아이템 선별 능력이 무역 창업자에게 우선시된다.

'어떤 아이템을 선별해야 할까?'

누구는 내가 잘하는 아이템을 찾아야 경쟁력을 찾을 수 있다고 말한다. 누구는 내가 좋아하는 아이템을 찾아야 오랫동안 관심을 갖고 비즈니스를 영위할 수 있다고 말한다. 누구는 시장 상황과 트렌드를 분석 후 그 분위기에 탑승하라고 한다. 과연, 어떤 것이 맞을까?

정답은 없다. 모두 장단점이 뚜렷하기 때문이다. 수출 대행의 프로세스는 먼저 아이템을 찾고 그 공장과 수출 대행 계약을 맺어서 해외 바이어를 찾는 것이다. 아이템은 첫 단추이자 비즈니스의 첫 단계이고 한 번 정하면 짧은 시간에 바꾸기도 쉽지 않다. 왜냐하면, 제품을 추가하더라도 '선택과 집중'에 입각하여 비슷한 제품군으로 추가해서 수출 대행을 하기 때문이다. 예를 들면, 패션 카테고리로 수출 대행을 한다면 바지와 티셔츠는 같이 진행이 가능하지만 스마트폰 액세서리는 불가능한 것처럼 말이다.

본문에서 이미 말했지만, 위의 세 가지를 골고루 섞어야 한다. 하나만 치우쳐서는 너무 단점이 보이기 때문에 보완하기 너무 어렵다. 수출 대행을 하기로 결심했다면 구글을 통해서, 오픈 마켓이나 쇼핑몰을 통해서, 정부 기관 및 지자체가 보유한 리스트를 통해서, 전시회를 통해서 시간을 두고 많이 보고 많은 경험을 해서 신중하게 아이템을 선택해야 한다.

모든 아이템은 내가 가지고 있는 지식과 경험만큼 보인다는 점을 잊어서는 안 된다.

31. 소호 무역 창업 vs 소싱 대행 창업 vs 수출 대행 창업

무역 창업을 생각한다면, 이렇게 3가지로 검토할 수 있다. 그러나 소싱 대행과 수출 대행에 비해 소호 무역은 실무적으로 보나 이론적으로 보나 무역 창업이라고 보기에는 좀 애매 한 부분이 있다, 수입해서 국내외 오픈 마켓 또는 쇼핑몰에 파는 것을 기본 개념으로 하기 때문에 일본, 중국과 같은 주요 소싱 국가의 공장 또는 도매 시장에서의 아이템 선정과 값싼 물류비 그리고 판매 플랫폼에 초점을 맞춘다. 즉, 아이템 소싱 방법과 판매 기법(오픈 마켓, 쇼핑몰)이 핵심이지 무역 실무와 절차, 영업 그리고 마케팅과는 거리가 있다. 만약 소호 무역 창업을 생각한다면 국내 오픈 마켓, 글로벌 오픈 마켓, 쇼핑몰의 판매 시스템을 우선 공부해야 한다. 거기에 맞춰서 나에게 맞는 최적의 아이템을 선정하고 물류를 고민하는 것이 중요 할 뿐 무역 실무에 대해 잘 알 필요는 없다.

소싱 대행은 해외 바이어의 소싱을 대행해 주는 역할이고 바이어 입장에서 보면 수입 아이템을 대신해 주기 때문에 수입 대행이라고도 한다. 아이템을 찾아 소싱 공장(제조사)과 컨택하고 직접 구매(무역 회사 창업)하든지 바이어와 연결(에이전트 창업)해 주는 것이 핵심이기 때문에 수출 대행보다는 어렵지 않고 성과도 빨리 낼 수 있다. 그러나 처음부터 바이어를 세팅하고 진행하기 때문에 친인척 또는 지인이 아니라면 처음부터 '바이어 세팅'은 현실적으로 쉽진 않다. 물론 무역 회사에 다니면서 바이어를 데리고 나와서 창업하는 형태도 있고 해외 지인 사업가에게 제안을 받는 경우도 있지만 그렇게 흔한 경우는 아니다. 처음부터 바이어와 계약하고 소싱하기 때문에 바이어와의 첫 계약 내용이 중요하고 만약을 대비해 어느 정도 전문가적인 식견의 검토가 필요하다. 비즈니스 형태에 따라 중간 커미션 베이스로 에이전트 형식을 갖기도 하고 매입해서 수출을 하는 일반 무역 회사 형태를 갖기도 한다.

수출 대행 창업은 수출을 하고자 하나 능력이 부족한 공장 또는 제조사의 수출 팀 역할을 하는 것이다. 에이전트 형식을 갖는다면 계약 조건에 따라 공장(제조사)에서 사무 공간 또는 일정 금액의 활동비를 지원받기도 한다. 공장과의 첫 계약이 중요한 만큼 기간, 활동 범위, 수수료 등을 잘 확인하고 협의해야 한다. 처음부터 바이어를 세팅하는 소싱 대행 창업보다는 공장(제조사)의 입장에서 창업하는 수출 대행 창업이 무역 창업에서 더 흔하지만 '바이어를 어떻게 찾을 것인가?'가 중요한 화두가 된다.

32. 취업을 미루고 무역 창업을 한번 해봐?

이런 고민을 한 번쯤 하는 취준생들이 많아지고 있다. 취업이 잘 안 되어서, 대학에서의 경험을 살리고 싶어서, 뜻한 바가 있어서, 등등 각자의 이유로 창업에 도전한다. 취업이라는 벽에서 느끼는 고용 불안과 미래에 대한 불투명성은 그들을 창업 전선으로 밀어내는 데 한몫하는 것을 부정할 수 없다. 창업 중에서도 진입 장벽이 낮고 다른 창업에 비해 자본금이 적거나 없어도 되며 무역 창업자 개인 역량에 따라 성패가 갈라지는 '무역 창업'은 그들에게 상당히 도전적이고 매력적임에는 틀림없다.

필자에게 이런 문의가 오면, 단연코, 무역 창업 시장에 바로 뛰어드는 것보다는 무역 창업 맛보기를 먼저 해보기를 권하는 편이다. 즉, 본인이 생각하고 관심 있어 하는 아이템과 비즈니스 환경과 유사한 업체에 처음부터 취업해서 경험하는 것이다. 짧은 시간이라도 실제로 하다 보면 밖에서 보는 모습과는 사뭇 다른 모습을 보게 되고 스스로 판단할 수 있는 정보를 더 상세히 수집할 수 있기 때문이다. 무역 창업은 겉에서 보는 것과 안에서 보는 정보가 다르고, 다른 사람의 경험을 통한 의견(조언)은 상대적인 경우가 많기 때문에 크든 작든 직접 체험하는 것이 가장 좋다. 준비를 하다 보면 여기서 바이어를 물고 나와서 창업하는 소싱(수입) 대행 창업을 할 수도 있고 공장(제조)과 의기투합해서 수출 대행 창업을 할 수도 있다. 물론 포기할 수도 있고 새로운 비즈니스 모델을 기획할 아이디어를 얻을 수도 있다. 그 후, 에이전트로 할지, 무역 회사를 설립할지, 장단점을 비교 검토 후 정하면 된다.

아무리 좋은 무역 창업이라도 이런 방향을 선택하기 전에, 먼저 본인의 내면적 갈등과 주변의 간섭을 고민할 필요가 있다. 대부분의 취업 준비생이 대기업, 공기업, 중견기업에 그리고 연봉과 복지라는 워라벨에 맞춰져 있다. 이것을 포기 아닌 포기를 하고 내가 원하는 '무역 창업'에 최적화된 회사를 선택하고 취업하는 것은 그만큼 강한 의지가 필요하다.

다시 말해서, 취업을 할 때, 처음부터 창업을 전제로 취업해야 하는 만큼 목표를 분명히 해야 후회 없는 선택이 되고 주변의 시선을 이겨내야 처음 생각했던 목표에 다가갈 수 있다.

33. 여성은 무역 창업이 어려울까?

무역 창업은 앞에서 말한 대로 수출 대행(수출형)과 소싱 대행(수입형) 창업으로 나누어진다. 여기서 에이전트 타입으로 할 것인지, 무역 회사 타입으로 할 것인지 선택하면 된다. 가볍게 1인부터 시작해서 여러 명이 같이 할 수도 있고 큰 자본이 필요하지도 않다(타 창업과 비교 시 큰 자금이 필요치 않다. 무역 회사 타입은 매입비가 발생한다.).

처음부터 바이어와 계약하고 아이템을 찾는 소싱 대행이 성과를 내기가 수출 대행보다 용이하지만 그런 창업 자체가 쉽진 않다. 반면 수출 대행이 창업 가능성이 높은 만큼 대부분 '무역 창업'을 생각한다면 '수출 대행 창업'을 생각하게 되고 그 시작은 당연히 아이템이 된다.

아이템을 선정하고 공장(제조사)과 계약하고 수출을 하게 되는 '수출 대행 창업'은 아이템을 선정함에 있어서 여성한테 최적화되고 유리한 아이템들이 의외로 많다. 한류 효과로 아시아를 넘어 유럽 및 미주까지 여성용 액세서리와 화장품이 해외에서 인기를 지속적으로 끌고 있고 많은 바이어들이 이런 아이템을 구매하려 한다. 남성보다는 여성의 시각에서 선별되면 유리한 아이템들이 점점 많아지고 다양해지는 추세를 부정할 수 없다. 또한, 여성의 사회적 참여 확대로 인해 해외 바이어를 포함한 공장(제조사) 담당자들의 선입견도 없어지고 있다. 물론 무역 자체가 체력적인 면에서 또는 업무적인 면에서 남성이 유리한 것처럼 보일 수는 있다. 실제로 일부 아이템과 비즈니스 환경이 그런 경우도 있기 때문이다. 그러나 분명한 것은 무역 창업에 많은 여성들이 시도하고 있다는 점이다. 유리하면 유리했지 불이익을 보는 것은 없다. 남성이든 여성이든 나에게 맞는 아이템을 선정하고 합리적인 협상력으로 공장(제조사)과 바이어를 컨택하면 그뿐이다. 능력의 차이일 뿐 성별의 차이는 아니다.

34. 회사 경력이 화려하면 무역 창업에 성공할까?

누구나 이런 생각을 한 번쯤은 했을 것이다.

'경력이 없는 것보다 있는 게 낫고, 이왕이면 큰물에서 놀다 오면 뭔가 다를 것이다.'

'명문대 나오고 대기업에서 굵직한 경험을 쌓고 창업하면 성공을 쉽게 할 것이다.'

'원래 회사에서 능력자인데 창업하면 성공하는 것은 당연하다.'

우리는 어떤 가능성에 대해 평가를 할 때 그 사람의 과거가 화려하면 선입견과 편입견을 갖는 경향이 있다.

- 풍부한 인적 네트워크가 있을 것이다
- 자본금을 많이 모았거나 끌어올 수 있을 것이다
- 뭔가 다른 영업과 마케팅 스킬이 있을 것이다
- 능력자이므로 엄청난 노하우가 있을 것이다

과연 그럴까? 실전 사례를 보면 반은 맞고 반은 틀리다. 위 3가지는 어느 정도 맞다고 누구나 생각하겠지만 조금만 더 깊게 들어가면 아니라는 것을 알 수 있다. 그 이유는 간단하다. 회사라는 조직에 들어가면 그 회사 브랜드와 조직의 힘으로 영업과 마케팅이 움직인다. 개인의 능력과는 별개다. 아무리 잘하고 아무리 못해도 조직에 개개인의 실력은 묻힌다. 그러므로 대기업 출신이라서 화려한 경력을 가졌다고 해서 개인의 능력으로 성공을 평가하는 '무역 창업'에서 성공한다는 보장은 없다.

회사에서 요구하는 스킬과 무역 창업에서 요구하는 스킬은 다르다. 회사에서 우수 사원으로 아무리 능력을 인정받아도 퇴사하고 창업해서 성공하진 않는다. 오히려 망하는 경우가 많다. 과한 욕심과 자신감으로 망치는 경우도 많고 쉽게 사기도 당한다. 어떻게 보면 큰 조직이라는 비닐하우스에서 편하게 살다가 야생으로 사는 느낌이라고 볼 수도 있다.

망하는 사례를 하나씩 보면 공통점이 하나 있다.

'과거의 화려한 경력과 실적은 의미 없다.'

만약, 무역 창업을 고민하는 데 스스로 화려한 경력이 없어서 망설인다면 그건 쓸데없는 두려움이고 걱정이다. 성공 사례를 분석해 보면 회사 생활로만 보면 절대 안 될 것 같은 사람도 퇴사해서 성공하는 경우가 많기 때문이다.

과거에 무엇을 했고 무엇을 이루었는지는 큰 의미가 없다. 현재와 미래가 중요한 것이 무역 창업이다.

35. 아이템(제조사/공장)도 없고, 바이어(판로)도 없는데 무역 창업해도 될까?

"무역 창업은 누구나 할 수 있다. 그러나 누구나 성공하는 것은 아니다."

아이템이 없어도, 판로가 없어도 이론상으로는 창업하고 성공할 수는 있다. 그러나 현실성을 감안하면 너무 희박하다. '현실성'이라는 것은 곧 시간과 돈을 의미한다. 창업하는 그 순간부터 많은 시간과 돈은 쉬지 않고 빠져나간다.

그 많은 시간과 돈이 소비되는데 견딜 수 있겠는가? 어느 세월에 아이템 검증, 제조사(공장) 검증, 바이어 발굴, 판로 정하기가 가능하겠는가?

무역의 구조는 가능성 있는 아이템(공장)을 선별해서 무역 이론과 경험을 녹여서 바이어(판로)에게 판매하는 것이다. 아이템 소싱과 바이어 찾기는 핵심이자 최종 목표다. 즉, 바이어가 있는 상태에서 창업하는 게 가장 좋고 그다음이 아이템이 된다. 만약 둘 다 없고 단순 무역 지식만 있다거나 없으면 창업을 재고할 필요가 있다. 왜냐하면, 시간과 돈이 발목을 잡기 때문이다. 그때까지 못 버틴다.

그러나 이런 반문도 있을 것이다.

'누가 처음부터 바이어와 아이템이 있습니까?' 여기에 대한 답으로 실현 가능한 솔루션을 다음과 같이 제안할 수 있다.

① 창업 전에 처음에는 무역을 투잡(Two job)처럼 접근한다면?

② 이미 본업이 있는 상태에서 하나씩 무역을 시도해 본다면?

무역 초보자들이 할 수 있는 첫 단추 여건으로 이 정도도 충분하다. 본업이 밑바탕이 되어 준다면 앞서 말한 시간과 돈에 얽매이지 않는다. 심신이 안정되고 급해지지 않아 차분히 의사 결정할 여력이 생긴다. 폐업의 지름길인 '조급함'도 없어진다. 여기에 무역과 관련한 비슷한 경험이 있다면 성공 가능성은 몇 배로 높아진다.

정리하자면, 아무것도 없는 상태에서 '무역 창업'을 한다면, 할 게 너무 많아서 물심양면으로 지쳐서 포기하는 게 부지기수다. 그래서 위에 언급한 솔루션처럼 조금씩 투잡처럼 접근하는 것이 현명하다. 배우면서 공부하면서 말이다.

무역 창업의 핵심은 꺾이지 않는 마음에서 나오는 꾸준함이다. 목표를 꼭 정할 필요도 없다. 방향성을 가지고 지속적으로 노력한다면 '성공'이라는 결과물을 얻는다.

'아이템이 없어서 망설인다? 바이어가 없어서 주저한다?'

현실성은 없는 것은 사실이다. 그러나 투잡처럼 또는 본업이 있는 상태에서 조금씩 만들어 간다면 다양한 성공 사례도 많은 만큼 현재 나의 상황을 직시하고 일단 시작하는 것이 중요하다.

36. 무역(수출, 수입) 경험은 꼭 필요할까?

대부분 '무역 창업'이라고 하면 무역 경험 여부를 떠올린다. 그 유무에 따라 처음부터 포기할 정도로 창업의 핵심 요소로 보는 경향도 많다. 누구나 할 수 있다는 말에 접근해서 무역 책을 뒤적이거나 강의를 듣다가 포기하는 경우도 있고 아이디어 하나로 꿈을 실현하기 위해 무역 입문을 했지만 무역 경험이라는 벽에 계속해야 할지 고민하는 사례도 있다.

무역 경험이라고 하면 대부분 회사에 있으면서 얻는 무역 실무 또는 이론을 통한 무역 지식을 일컫는다. 무역 관련 일을 조금이라도 해봤는지에 관한 물음이거나 무역 회사에 경력이 있는지 정도이다. 즉, 무역 창업에서 가장 중요하게 생각하는 '바이어 또는 제조사(공장)을 물고 나오는 것'을 의미하는 것도 아니고 '무역 실무 해봤는가' 여부를 보고 경험이라고 대부분 생각한다.

여기서 궁금해진다.

'정말, 무역 창업에서 수출과 수입을 통한 무역 실무 경험이 꼭 필요하고 유리할까?' 절대 아니다.

무역 회사 경험이 유리한 측면은 딱 한 가지다. 해외 바이어 또는 국내 제조사(공장) 파트너사 인맥이다. 수출 대행을 고려한다면 국내 제조사(공장)를 물고 나오고 소싱 대행을 생각한다면 바이어를 물고 나오는 것이다. 이렇게 해서 창업하면 성공 확률이 높아지는 것은 사실이다. 다시 말하면, 무역 실무 유무(有無)가 아닌 업체 유무가 중요하다는 것이다. 그것이 아니라면 큰 의미가 없다.

그렇다면, 여기서 또 궁금해진다. '업체들만 있으면 무역 창업에 성공한다는 것일까?'

여러 번 언급했듯이 무역은 사람이 하는 것이다. 그때그때 마음이 바뀌는 경우가 상당히 많다. 사람이 바뀌는 경우도 있고 그 환경이 바뀌는 경우도 있다. 회사 퇴사 전에는 협조와 지원을 약속했던 모든 업체가 퇴사 후에 마음을 바꾸는 경우도 꽤 있어서 낙동강 오리알이 되는 경우도 심심치 않게 있다. 어쩔 수 없이 처음부터 다시 시작하는 사례도 많다.

반면 무역 회사 경험이 없는 창업자의 성공 사례는 의외로 많다. 바이어가 없어도 제조사가 없어도 무역 지식이 없어도 가능하다는 뜻이다. 무(無)에서 유(有)를 창조하는 만큼 시간과 돈 그리고 정신적 육체적 피곤함은 동반되어야 하지만 비전을 가지고 꾸준히 하면 가능한 것이 '무역 창업'이기 때문이다. 현실 문제를 해결하기 위한 방법을 찾기 위해 두렵다면 본업이 있는 상태에서 꾸준히 투자하는 것도 하나의 방법이고, 투잡(Two job)으로 무역 창업을 시도하는 것도 하나의 방법이 될 수 있다.

결국, 무역 경험 유무는 좀 더 빨리 가느냐 늦게 가느냐 또는 조금 쉽게 가느냐 차이만 있을 뿐이지 성공 가능성과는 큰 상관은 없다. 부족한 것이 있다면 그 방법은 찾으면 된다. 무역 경험이 없다고 포기하는 것은 어리석은 것이다.

37. 당신의 선택은? (제조사를 끼고 하는) 수출 대행 vs (바이어를 끼고 하는) 소싱 대행

직접 경험과 주변의 간접 경험을 토대로 본다면 단연코, 바이어를 끼고 하는 소싱 대행이 안전하고 빠르고 성공 확률도 높다. 프로세스는 간단하다. 바이어의 입맛대로 아이템을 소싱해서 전달하면 끝이다. 중간 커미션으로 수익을 낼 것인지(에이전트 방식), 중간에서 매입 수출 구조로 갈 것인지(무역 회사 방식) 결정만 하면 된다.

소싱(수입) 대행 에이전트 방식으로 하면 철저히 중간 소통 역할만 하면 되고 바이어의 결정만 따르면 된다. 물건 대금도 바이어가 직접 소싱처(제조사)에 보내주기 때문에 매입비가 필요하지도 않다. 만약 무역 회사 방식으로 한다고 치면, 소싱 시 100% 선 결제를 업체에 하더라도 바이어와 협의만 잘 되어 있으면 내 돈 투입은 절대 안 할 수 있다.

또한, 대한민국 제조사나 유통 업체들은 해외 수출을 꿈꾸기 때문에 어느 정도 대접받으면서 소싱할 수 있는 환경에서 비즈니스를 조성할 수 있다. 즉, 을의 위치가 아닌 갑의 위치에서 상대할 수 있기 때문에 수출 대행과는 정반대다.

그러나, 소싱 대행이라는 비즈니스 타입은 무역 창업자들에게 현실성이 많이 떨어진다는 것이 한계다. 왜냐하면, 바이어가 처음 만난 소싱 대행 업체에게 일을 맡기지 않을뿐더러 아무런 관계도 없고 모르는 사람에게 돈을 보낼 일은 없으며, 권한을 줄 일은 더욱 없다. 신뢰가 없기 때문이다. 이런 비즈니스를 성립하려면 무역 경력자는 경력자대로 초보자는 초보자대로 인맥이 있어야 한다. 지인이 되었든 친척이 되었든 바이어를 물고 나오든 말이다.

공식적으로 소싱 대행 세팅 차원에서 처음부터 무(無)에서 유(有)로 바이어를 찾는다는 것이 불가능한 이유는 그 중심에는 T/T라는 무역 결제 대금이 있기 때문이다. 어떤 바이어가 처음부터 모르는 사람에게 T/T 선수금을 보내겠는가?

그렇기 때문에 대부분 '무역 창업'이라고 하면 처음에 제조사를 끼고 하는 수출 대행을 떠오르는 편이다.

수출 대행을 하려면 무역 창업의 첫 단추인 제조사(공장)와의 계약(업무 범위, 기간, 자금 흐름, 지원 내역 등)이 중요하고 소싱 대행은 바이어와의 계약이 중요하다. 물론, 단순 에이전트인지, 무역 회사를 통한 거래인지에 따라 계약 내용이 달라지겠지만, 계약서를 작성할 때는 처음부터 끝까지 시뮬레이션을 해봐야 하고 의심되는 사항이 있다면 하나씩 협상해서 조정해야 한다.

모른다면? 전문가에게 의뢰해서 꼼꼼히 검토할 필요가 있다. 무역 창업의 첫 단추이기 때문이다.

38. 초반 창업 자금! 몰빵 투입 vs 분할 투입

무역 창업에서 에이전트 방식은 창업 자금이 필요하지 않다. 최소한의 활동비만 있으면 되기 때문에 창업 자금이라고 말하지도 않는다. 그러나 매입과 수출 형태의 사업자 등록을 통한 무역 회사를 설립했을 때는 창업 자금이 필요하다. 즉, 자금 운영에 있어 '몰빵 과 분할 투입'은 상당히 중요한 부분을 차지하고 한번 결정 잘못하면 폐업으로 갈 수도 있다.

이미 언급했듯이, 대부분의 무역 예비 창업자들은 수출 대행(수출형) 무역 창업을 한다. 바이어를 찾고 바이어와 계약을 하게 되면 국내 업체에서 매입해서 수출을 하게 되는 프로세스이기 때문에 매입 비용이 발생한다. 매입 비용에서 그 단가는 당연히 수량에 따라 달라진다. 수량이 적으면 비쌀 것이고 수량이 많으면 싸지는 기본 원리다. 여기서 무역 창업자는 고민한다. 단가를 낮추기 위해서 좀 더 많이 사는 경우가 있다. 이걸 우린 '몰빵' 투입이라고 부른다. 모든 예산을 부어 넣어서 단가를 낮추는 경우다. 그리고 악성 재고에 관한 대비만 하면 될 것이라고 대부분 생각한다. 그러나 중요한 것은 예상 밖의 변수로 인해서 위험에 빠질 수 있다는 것이다. 그 변수는 누구도 예측 못 한다.

무역은 사람과 사람이 하는 비즈니스이기 때문에 경우의 수는 무궁무진하다. 다시 말해서, 절대로 '몰빵' 해서도 안 되고 미리 예측해서 재고를 가지고 있어서도 안 된다. 무역 회사는 버티고 오래 하다 보면 기회가 생기는 만큼 이번만 기회라고 '몰빵'하는 어리석음은 주의해야 한다.

무역은 짧은 단타성보다는 길게, '몰빵'보다는 회전에 무게를 둬야 하는 비즈니스다.

39. 수출 대행에서 최적의 아이템을 소싱하는 방법

수출형 창업은 수출 대행을 기반으로 커미션 베이스로, 에이전트 형식으로 진행하는 경우와 회사를 설립해서 세금계산서를 통한 매입 수출 형식으로 진행하는 경우 두 가지가 있다. 수입형 무역 창업도 소싱 대행을 기반으로 에이전트 형식과 매입 수출 형식이 있다. 공통적인 것은 아이템을 찾는 것이다.

수출 대행으로 하려면 처음부터 내가 수출을 할 자신이 있는 아이템을 중심으로 공장(제조사)을 먼저 찾는 게 핵심이고, 소싱 대행은 바이어가 원하는 제품을 구체화시켜서 찾는다는 단 한 가지 차이점이 있을 뿐이다. 즉, 수출 대행은 무역 창업자의 의지가 들어가는 반면 소싱 대행은 바이어의 의지가 들어가는 '아이템 찾기'라고 보면 된다.

수출 대행에서 아이템은 어떻게 찾는 게 좋을까? 가장 중요한 것은 수출을 하고자 하는 의지를 가지고 있는 업체를 찾는 것이다. 의지가 없는 업체는 아이템이 훌륭해도 보류하는 게 좋다. 막상 해보면 꼭 사건 사고가 끊이질 않기 때문이다.

여기 대표적이고 기본적인 5가지 방식이 있다.

1) 온라인상에서 접근하는 방식(쇼핑몰, 국내외 오픈 마켓)

쇼핑몰 또는 오픈 마켓에서 제품을 찾는 것이다. 리뷰를 비롯해서 제품에 대해서 자세히 알 수 있으며 샘플이 필요할 경우에는 부담 없이 한 개 구입해서 검토할 수 있다. 검토가 끝나면 그 제조 공장 또는 그 영업 판권을 가진 업체를 찾아서 연락하면 된다. 이메일로 우선 진행하며 의사 타진 및 견적을 받고 향후 업체를 직접 방문해서 상담하고 업무 계약을 진행하는 순서다.

2) 리스트(List)를 통해서 접근하는 방식

협회와 진흥원과 같은 기관에 등록되어 있는 업체에 컨택하는 것이다. 협회와 기관의 각각의 기준에 따라 업체 등록도 차이가 있는 만큼 수출에 관심 있고 적극적인 업체(제조업)를 우선으로 확인해 볼 필요가 있다. 대부분 여기 등록된 업체들은 검증되었거나 수출에 대한 갈망이 있기 때문에 무역 창업자 입장에서 편하게 상담할 수 있다. 스펙 변경, 칼라 변경, 가격 네고, 지원 등 다방면에 걸친 협상의 여지가 존재한다.

3) 전시회를 통해서 접근하는 방식

가장 대중적이고 직관적으로 제품을 검증할 수 있다. 즉석에서 궁금한 것을 물어볼 수 있고 테스트를 통해서 현장 담당자와 다양한 의견을 나눌 수도 있기 때문에 아이템 소싱 시 자주 쓰는 방식이다. 단, 제조사가 아닌 경우도 있고, 해외 수출 판권이 없는 유통사도 많은 만큼 꼼꼼한 검토가 필요하다.

4) 정부 기관의 B2B 수출 사이트로 접근하는 방식

이런 류의 B2B 사이트 콘셉트는 '한국의 제조사들의 제품을 한곳에 모아 해외에 그 사이트를 홍보해서 수출을 진흥한다.'이다. 중간 에이전트가 아닌 제조사가 직접 올리기 때문에 직거래가 가능하고 수출에 대한 열정이 있는 업체들이 많기 때문에 수출에 대한 공동의 목표를 가지고 협의하기가 쉽다.

처음에는 이메일로 주로 하며, 상담과 계약은 현장 방문을 통해서 하는 게 좋다. 그 제조사의 해외 수출 경험이 있다면 독점권과 영업권에 관해서, 해외 수출 경험이 없다면 왜 없는지에 대한 검토가 있어야 추후 혼선을 미리 방지할 수 있다.

5) SNS로 접근하는 방식(링크드인, 페이스북, 인스타그램, 유튜브, 블로그, 카페)

대부분의 제조사는 국내 내수를 기반으로 수출을 생각한다. 물론, 처음부터 수출만을 생각하고 제품을 기획하고 생산하는 경우가 있긴 하지만 특수한 경우가 대부분이다. 제조사들은 국내 내수에서 시작해서 수출로 넘어가려 할 때 해외 바이어들이 볼 가능성 있는 SNS를 비롯한 비즈니스 포털 사이트에 제품을 올려놓고 광고 및 홍보(마케팅)를 한다. 수출을 생각하고 적극적인 의지가 있는 만큼 이런 업체와 상담하기는 상대적으로 수월하다. 그러므로 이런 사이트를 면밀히 살펴볼 필요가 있다.

40. 취업 대신 국내외 오픈 마켓 창업? 최선입니까?

최근에는 청년 창업 특히 '국내외 오픈 마켓'에 관심을 많이 갖는 듯하다. 그러나 여기서 말하는 무역 창업은 해외 제품을 수입해서 국내 오픈 마켓(쇼핑몰)에 판매하는 소호 무역 개념이거나 국내 제품 또는 해외 제품을 소싱해서 글로벌 오픈 마켓(ex. 아마존, 쇼피)에 판매하는 B2C 개념이 대부분이다. 많은 광고성 영상, 성공 후기 그리고 풍부한 운영 정보는 이런 류의 창업에 청년들을 더욱 부추긴다. 시도를 하든 포기를 하든 정확한 이해가 필요한 시점이다.

B2C의 대표적 단점은 '큰돈 넣고 푼돈 번다.'일 것이다.

이 부분을 타파하고자 주문 베이스로 그때그때 구입해서 판매하는 시스템 또는 플랫폼(사이트)도 생겨났다. 재고가 없어도 되고 그만큼 자금이 묶일 일도 없어서 대부분 환영하는 편이다. 그러나 원가 경쟁력이 없다는 것이 단점이다. 재고 없이, 소자본으로, 안전하고, 나만 열심히 하면 될 듯한 B2C 비즈니스라고 대부분 생각하지만 자세히 보면 '시간+돈+고생 = 푼돈' 개념이 더 강하다. 그래서, 필자는 청년 무역 창업을 생각한다면, B2C보다는 B2B 측면으로 진행할 것을 권장하는 편이다. 그렇다고 B2B가 100% 무결점이 있는 것은 아니다. 근본적으로, 사회 경험이 없는 청년이 다른 창업도 마찬가지겠지만 무역에서 가지는 장점은 별로 없다. 열정 그리고 체력이 전부다. 바이어도 찾아야 하고 소싱처(제조사, 공장)도 찾아야 한다. 경험은 없는데 할 일이 정말 많다. 무엇부터 해야 할지 막막하기도 할 것이다. 온라인(SNS)을 통한 다양한 정보 접근 능력이 다른 세대보다 뛰어나다고 하더라도 무역 정보는 온라인상에 많지 않은 게 함정이다. 누구나 아는 정도의 정보일 뿐이다. 결국, 무역 창업에 도움이 별로 안 된다.

무역 실무적인 측면을 보더라도, 무역 실무를 이론으로만 배웠기 때문에 실전 무역은 모른다. 그래서 끊임없이 맨땅에 헤딩식으로 계속 부딪히며 진행해야 한다. 피곤하고 지치고 힘들다. 그러나 꺾이지 않는 마음만 있다면 불가능한 것은 아니다. 그래서 필자는 무역 실무적인 측면에 대해서는 크게 청년 창업의 단점으로 보진 않는다.

사회 경험적 측면을 보면, 이 부분이 오히려 크게 단점으로 느껴진다. 무역은 소싱을 하든 바이어를 찾든 국내 또는 해외 업체 담당자와 컨택해야 한다. 사람을 상대로 비즈니스를 만들어야 한다. 많이 어렵다. 그리고 상대방이 바라보는 시선도 곱지는 않다. '젊은 사람이 뭘 알겠어?' 이런 부분이 지배적이다. 특히, 소싱할 때 공장(제조사)과 상담해보면 더욱 느끼는 부분이다.

나이 어리다고 우습게 보거나, 틈만 보이면 오히려 갑질을 한다거나, 뒤통수를 친다거나, 사기를 친다거나, 어떻게라도 사회 경험이 부족한 젊은 창업자들을 빼먹으려고 하는 경향도 있다. 그들은 사회에서 닳고 닳은 사람들이라 젊은 창업자들이 견딜 수 있느냐 도 관건이다. 이 부분은 필자의 주관적이자 주변 무역 창업자들의 시선임을 미리 밝힌다.

이런 단점을 충분히 극복하고 성공한 창업자도 당연히 있다. 이런 단점을 나만의 솔루션으로 극복하고 장점을 승화시키는 경우도 많다.

필자가 언급하고 싶은 것은 '청년 창업'이라는 이름은 정말 멋지다! 그 멋지다는 이름에 너무 속지 말라는 것이다. 나의 미래가 달린 만큼 냉정하게 현 상황을 직시하는 눈과 지혜가 필요할 때이다.

41. '무역 에이전트, 무역 회사가 없어질 수도 있다?' 무역 창업의 비전은?

단연코! 절대로 없어질 수가 없다.

대한민국은 제조 및 수출 국가다. 제조를 기반으로 고용 창출도 하고 수출로 먹고사는 나라다. 정부 및 지자체에서 제조 창업을 꾸준히 지속적으로 지원하고 있고, 다양한 수출 지원 사업을 통해 기존 및 신규 업체의 해외 진출에 힘을 보태고 있다. 수출 진흥이 핵심이다.

창업 측면만 봐도 새로운 아이디어 상품이 제조 창업을 기반으로 시장에 지속적으로 선보인다. 물론 중국이나 일본 제품에 밀리는 경우도 있긴 하지만 말이다. 여기서 질문을 던지겠다.

'그들이 모두 수출 역량을 가졌을 것 같은가?' 정답은 '아니다'이다. 제조 창업자는 제조에 특출 난 실력을 가졌을지 모르지만, 영업 부분 특히 해외 수출 부분이라고 하는 '바이어 찾기'에는 많이 부족하다. 더 정확한 표현으로는 '아예 없다.'라고 말할 수 있다. 정부 지원에 참여해서 제품 양산하고 국내에 판매한다. 그리고 수출을 한다. 기본 수순이다. 그런데 국내는 어떡하든 매출을 일으킨다 하더라도 수출은 스스로 할 수가 없다. 너무 복잡하고 할 게 많기 때문이기도 하지만 아는 게 없다. 배울 곳도 마땅치 않고 시간도 많이 걸린다. 이것이 무역 전문가 집단인 '무역 에이전트 또는 무역 회사'를 찾는 이유다.

창업 측면을 제외하더라도 기존에 있는 제조사도 자체적으로 수출할 수 있는 능력 있는 업체가 의외로 많지 않다. 그래서 무역 창업이라는 포지션은 반드시 필요하다.

결국, 앞으로의 비전도 국내 제조사가 없어지지 않는 한 무역 창업의 비전은 밝을 수밖에 없다. 그 업무와 역할은 반드시 존재한다. 다만 적절한 아이템과 적합한 바이어 찾기라는 과제를 무역 대행이 잘 수행할 수 있느냐가 있을 뿐, 없어질 수도 없고 없어지지도 않는다.

42. '온라인 플랫폼으로 바이어 찾는다고?' 가능할까?

수출은 B2B와 B2C가 있다. B2B는 목돈 들어가고 목돈 들어오는 개념이고 B2C는 목돈 들어가고 푼돈 들어오는 개념이다. 한때 유행했던 B2C로 대표되는 국내외 오픈 마켓 판매는 그 한계성이 드러나면서 B2C보다는 B2B로 점차 관심이 이동하는 추세다. 즉, '무역 창업'을 한다고 하면 B2B를 생각할 정도다. B2B의 핵심이자 목적은 '바이어 찾기'다. 그 외의 것들은 모두 수단일 뿐이다. 예를 들면, 무역 실무, 무역 지식, 해외 마케팅, 온라인 광고와 같은 활동들은 그 목적을 달성하기 위한 방법이다. 그러므로 '수단'이 아닌 '목적'을 달성하기 위해 많은 무역 창업자들은 고민한다. 여기서 놓쳐서는 안 되는 명언이 있다.

"'바이어 찾기'는 누구나 한다. 그러나 바이어를 찾아서 계약하는 것은 정말 어렵다." 왜 그럴까? 그 이유는 T/T 선수금에 있다. 모르는 업체에게 선수금을 주는 바이어는 없다. 그 회사에 대한 신뢰와 그 제품에 대한 확신이 없으면 불가능하다. 단순히 바이어 리스트를 어디서 긁어와서 '바이어를 찾았다.'라고 말하면 안 된다.

최근에는 '온라인으로 수출하기', '온라인으로 바이어 찾기'와 같이 온라인으로 바이어 찾는 노력을 다분히 한다. 그리고 성과가 있다고 홍보한다. 과연 그럴까? 결론부터 말하자면, '바이어를 찾을 수는 있으나 계약은 못 한다.'이다.

온라인으로 조사하거나 매칭 플랫폼을 통해서 바이어를 찾았다고 가정하자. 이게 찾은 것인가? 그 바이어의 신용 상태나 회사 규모 기타 여러 외형적인 조건이 중요한 것이 아니다. 온라인상에 떠돌아다니는 가짜와 이상한 바이어들은 넘쳐난다. 중요한 것은 계약이다. 계약의 핵심은 이미 언급한대로 결제 조건이다. 즉 T/T다(최근에는 L/C 비중보다는 T/T 비중이 크다.). T/T의 핵심은 선수금과 잔금으로 나누어졌기 때문에 선수금을 언제 얼마나 받느냐가 관건이고 잔금은 안전하게 받을 수 있느냐가 핵심이다. 그런데, 구글, 이메일 또는 온라인 사이트에서 만난 바이어가 먼저 선수금을 당신에게 보낼 수 있을까? 거꾸로 만약 당신이 바이어 입장이라면 해외 수출 업체한테 선수금을 먼저 보내겠는가? 참고로 국제 룰은 30%:70%이기 때문에 1억이라고 가정하면 30%면 3천만 원이다.

'불가능하다. 현실성이 없다.' 그래서 온라인으로만 계약하기는 어렵다는 것이다. 앞서 언급했듯이 무역 창업의 역할과 비전이 밝은 이유가 이처럼 중간에서 효과적으로 적절히 조율해줄 사람이 필요하기 때문이다. 제조사는 그런 능력이 없다. 제조사는 대부분 국내 영업으로 어떻게든 하려고 하다가 정말 안 될 때 수출을 진지하게 생각하는 경향이 강하다. 절실할 때 직접 하기에는 이미 늦었다. 중간에서 수출해 줄 무역 에이전트 또는 무역 회사가 절실하다.

무역은 사람이 하는 것이라고 여러 번 이미 말했다. 사람 간의 돈거래다. 믿음이 없으면 불가능하기 때문에 온라인(인터넷)만으로는 한계가 있음을 다시 한 번 말하고 싶다. 해외 전시회가 되었든 수출 상담회가 되었든 여러 번 만나서 제품에 대한 믿음과 회사에 대한 믿음을 줘도 될까 말까다. 그런데 온라인으로만 바이어를 찾는 것이 가능하겠는가? 방구석 무역을 하는 일부 하는 말을 믿어서는 안 된다.

'바이어를 찾았으면 된 거죠. 계약은 알아서 하는 것이고…' 실전 무역에서 바라본다면 온라인으로는 바이어를 찾을 수 있을지 모르지만, 계약은 오프라인으로 해야 한다. 만나야 한다. 전시회 및 수출 상담회를 적절히 연계하는 것도 좋은 방법이다. 예를 들면, 온라인으로 컨택한 업체들을 전시회 부스에 초대해서 직접 만나서 상담하고 협상하고 계약하는 것이다. 온라인상으로만 바이어를 찾는다는 광고는 쉽고 빠르게 바이어를 찾고 싶은 수출 업체의 마음을 공략하는 상술일 뿐이고 현실성은 없다고 감히 말하고 싶다.

43. 에이전트 vs 무역 회사, 어떤 것이 수익을 내기 더 쉬울까?

무역 창업을 생각하면 제일 먼저 결정해야 하는 부분이 '에이전트 타입으로 할 것인가, 무역 회사 타입으로 할 것인가?'이다. 다른 요소는 차치하더라도 창업의 궁극적 목표는 매출이다. 더 쉽게, 더 빠르게 성과를 내고 싶은 마음이 간절한 예비 창업자들의 고민이 클 수밖에 없다. 그 척도가 '첫 매출 시기'다. 그 첫 매출 시기를 알아야 구체적인 계획을 세울 수 있지만 안타깝게도 그 누구도 알 수 없다.

우선, 무역 회사 창업과 에이전트 창업을 단순 비교해 보자.

에이전트 창업이 더 빠르게 매출이 일어나는 것처럼 보인다. 에이전트 성격상 좀 더 가볍고 빠르게 업무를 진행하기 때문에 그렇게 보일 것이다. 그러나 실상은 별 차이 없다. 우리가 흔히 생각하는 '수출 대행(수출형) 창업'을 예로 들어 보자. 제조가 아니기 때문에 아이템을 우선 찾아 소싱해야 한다. 기존의 방식과 나만의 다양한 방법으로 아이템을 찾기 시작한다. 아이템을 찾고 업체와 계약을 해서 수출 대행 업무를 확정하고, 바이어를 찾아 나서는 프로세스다. 당연히 모든 스킬을 모두 동원해서 바이어를 찾는 노력을 해야 한다. 계약을 해야 한다. 여기까지는 무역 에이전트와 일반 무역 회사의 프로세스가 거의 똑같다.

첫 매출 시기는 아이템에 따라 지역에 따라 마케팅과 광고에 따라 천차만별의 결과가 나오기 때문에 에이전트와 무역 회사의 단순 비교는 어렵다. 그래서 중도에 많이 포기한다. 너무 불명확한 업무 진행과 희망 고문으로 지치기 때문이다.

그렇다면, 소싱 대행(수입형) 창업은 어떨까? 바이어를 먼저 잡고 소싱 업체를 찾아 나서다 보니 첫 단추인 바이어와 먼저 계약을 해야 한다. 이미 알고 있는 바이어라면 모를까 처음부터 찾아 나선다는 것은 현실성이 없다. 불가능에 가깝다. 바이어와 계약 후, 아이템을 찾고 마음에 드는 아이템이 있다면 그 소싱 업체와 계약을 하는 프로세스다. 대부분 제조사(공장)는 수출을 원하기 때문에 확실한 바이어만 있다면 정말 쉬운 작업임에는 틀림없다.

단지, 무역 대금 프로세스를 주의 깊게 정해야 한다. 무역 에이전트 입장이라면, 바이어가 직접 제조사에 송금을 보내는 방식을 취할 것인지, 그 송금을 100%로 할 것인지, 30%:70%로 할 것인지 중간에서 컨트롤을 잘해야 한다. 그리고 나의 수수료가 일회성인지 지속성인지도 봐야 한다. 불량률과 클레임에 대한 부분도 고려 안 할 수 없다. 내 역할이 어디까지 인지도 분명하게 바이어와 선을 그어야 한다.

만약 일반 무역 회사 입장으로서 제조사의 제품을 완사입해서 이미 계약한 바이어에게 보내는 형식을 취한다면, 제조사한테는 100% 선지급, 바이어로부터는 30%:70%로 받을 확률이 높기 때문에 자금 흐름도 체크해야 한다. 복잡한 것 같지만 수출 대행(수출형) 창업보다는 훨씬 간단하고 빠른 결과물이 나올 수 있다.

여기서 중요한 것은 에이전트 타입이든 무역 회사 타입이든 둘의 공통점은 무역 창업 후 결과물이 언제 나오는지는 알 수 없다는 게 핵심이다. 실제로 보면 무역 창업 후 서두르는 것에 비해 실적이 나오지 않아 중간에 포기하는 업체가 많은 만큼 단기간의 성공을 좇는 것 보다는 지속적인 유지 관리에 관한 운영을 창업 전에 고민할 필요가 있다. 그리고 택해야 한다, 에이전트 타입으로 할지, 무역 회사 타입으로 할지.

44. 성공적 무역 창업을 위해 꼭 있어야 하는 자격증이나 자격 조건이 있을까?

없다! 단호하게 말할 수 있다.

무역 관련된 자격증이라고 하는 국제 무역사, 무역 영어 같은 것도 없어도 된다. 누구도 검증하지도 않고 알려고 하지도 않는다. 무역 창업하는 데 아무 의미 없다. 그럼, 영어의 수준은 어떨까?

잘하면 좋지만 못해도 된다. 취업처럼 누구에게 보여줄 그런 영어 점수도 필요 없다. 그러나 영어 메일은 쓸 줄 알아야 한다. 무역하면서 전화 통화할 일은 실제로는 많지 않다. 아무리 영어 회화에 자신 있어도 무역 특성상 마지막은 메일로 재확인하기 때문에 회화보다는 메일 비중이 크다.

그럼, 비즈니스 영어반을 수강해야 할까? 아니다. 영어 메일도 기본적인 것만 해도 충분하다. 너무 부담 가질 필요도 없다. 자주 쓰는 단어 또는 표현만 익혀도 무역 창업하면서 그때그때 보충해도 문제없다. '비즈니스 메일', '영어 메일', '무역 메일' 특강은 필요한 사람만 해도 된다. 그러나 무역 창업자는 예외다. 무역에서 보는 무역 영어 메일은 필요한 말만 짧게 정확하게 하는 것이 핵심이기 때문이다.

무역 실무 지식은 어떨까? 대부분 무역 예비 창업자들의 고민일 것이다. 필자의 컨설팅 경험으로는 실전 무역 2시간이면 충분하다. 무역에 대해서 아무것도 몰라도 2시간이면 된다. 즉, 무역 창업에서 필요한 것만 배우면 되고 필요한 사례만 꼭 집어서 알면 된다. 나머지는 틈틈이 알아가면 된다. 오히려 실전에서 알아가는 게 더 빠르고 정확하다고 말하고 싶다. 왜냐하면, 일하면서 포워더, 관세사, 세무사와 자주 통화하고 업무 협조를 하기 때문이다. 그들은 실전 전문가다. 필요한 지식을 제대로 그 타이밍에 그들에게서 배울 수 있으니 이만한 실전 공부도 없다.

무역 창업은 남에게 보일 것도 없고 보여줄 필요도 없다. 나만 잘하면 된다. 준비만 잘하고 꺾이지 않는 마음으로 꾸준히만 한다면 성과를 낼 수 있다는 매력이 '무역 창업'에 있다. 그만큼 남녀노소 누구나 꿈을 향해 시도해 볼 수 있다는 의미이기도 하다.

45. 수출 대행(수출형 창업)에서 독점권이 중요한 이유

아이템이 괜찮아서 제조사(공장)와 계약할 때 가장 중요한 부분이 독점권과 영업권이다. 어떤 선택을 하는가에 따라서 수출의 최종 목표인 바이어 찾는 방식이 달라진다. 앞에서 언급했듯이 바이어는 온라인(인터넷)으로 찾기는 어렵다. 아니 불가능에 가깝다. 그 중심에는 무역 결제가 있기 때문이다. 온라인으로 바이어를 찾더라도 무역 계약을 하려면 최소한 오프라인으로 수차례 만나야 한다. 절대 '인터넷으로 서칭하는 수준으로 바이어 찾는다.'라고 생각하면 안 된다. 절대로 계약으로 이루어지기는 어렵다. 바이어라고 믿고 바이어를 찾았다고 생각하는 것은 본인만의 착각임을 알아야 한다. 나중에 알았을 때는 늦었다. 그렇다면 어떻게 해야 할까? 바이어 찾기라고 하는 수출의 기본은 영업과 마케팅 그리고 홍보를 온&오프라인으로 최대한 적극적으로 해야 한다. 모든 에너지를 투입해야 하기 때문에 단순 '판권'이라고 하는 영업권만으로는 부족하다. 독점권을 꼭 얻어야 한다.

영업권만 가지고 불안할 수 있는 이유는 딱 두 가지로 볼 수 있다.

① 나 말고도 다른 사람들이 '바이어 찾기'를 시도할 수 있기 때문에 혼선이 있을 수 있다.

② 남 좋은 일 시켜주는 일만 하다 떠날 수 있다.

대표적인 B2B 바이어 찾기는 전시회와 수출 상담회다. 돈과 열정과 모든 에너지가 투입되는 수출 방식이다. 당연히 제조사(공장)에서 전권위임을 받고 참가해야 한다. 그 전시회와 상담회에 참가하는 바이어들 역시 제조사를 만나러 오는 것이지 유통사를 만나러 오진 않는다. 그들을 만나서 계약을 해야 하는데 독점권이 없다면 큰 의미가 없다. 그 바이어들도 만나 주질 않는다.

결국, 무역 창업을 생각하고 제조사(공장)와 계약한다면 단순 영업권이 아닌 독점권에서 시작해야 한다. 독점권은 책임과 권한을 동반하고 양날의 칼날이 될 수 있는 압박감을 주기 때문에 독점권을 주저하는 무역 창업자들도 꽤 많다(물론 제조사도 주저한다). 그러나 제대로 된 영업과 마케팅을 하고 바이어를 찾으려 한다면 그런 스트레스를 이겨내야 함을 명심해야 한다.

46. 소싱 대행(수입형 무역 창업, 수입 대행)! 바이어 세팅 시 그들을 너무 믿으면 안 되는 이유

바이어 입장에서 창업하는 '소싱 대행'으로 창업할 때는 가장 먼저 바이어부터 세팅해야 한다. 당연히 인맥이 있지 않으면 성립될 수 없는 비즈니스 형태이기 때문에 초창기에는 의기투합으로 상호 존중과 신뢰로 시작된다. 무엇을 하든 화기애애한 분위기다. 시간이 흐르고 결과가 좋으면 좋은 대로 안 좋으면 안 좋은 대로 동상이몽은 존재한다. 만약, 해외 바이어가 초기 약속을 안 지키거나 계약을 깨도 딱히 방법이 없다. 만약을 대비해서 구두로만 끝나지 않고 문서로 남겨 놔도 결과는 변하지 않는다.

바이어와의 계약을 좀 더 자세히 들여다보면, 크게, '기간, 업무 범위, 결제, 수수료, 역할, 권한, 지원' 등이 있다. 무역 창업자는 현 상황에 맞춰서 원하는 부분을 최대한 넣는 것이 핵심이고 조정과 협의를 통해 관철시키도록 노력해야 하는 것은 기본이다. 그러나 아무리 안전장치를 만들고 정교하게 협의해서 문서로 남겨놓는다 하더라도 당사자가 안 지키면 딱히 방법도 없다는 것이 맹점이다.

'어느 나라에 어떤 법에 호소하겠는가? 그리고 누구에게 호소하겠는가?' 소싱 대행 형태의 비즈니스를 할 때는 바이어와 계약에서 금전적인 것 특히 무역 대금에 신경을 많이 써야 한다. 무역은 '계약을 해서 돈을 받는다.'보다는 '돈을 주면 계약이 성사되었다.'가 더 맞는 개념이기 때문이다. 그만큼 변덕도 많고 뒤통수도 많고 사기도 많다. 많은 분량의 소싱을 요청하고 일부만 중간 무역 창업자에게 선입금하고 돈은 나중에 준다고 하는 경우도 있고 몰래 직거래를 시도하는 경우도 있다. 다양한 사례가 존재한다.

무역 창업에서 대부분의 예비 창업자들이 바이어와 소싱 대행 계약서를 쓴다고 하면 들뜬 나머지 계약서 조항에만 집중하고 유리한 조건을 관철시키려고 노력한다. 틀린 것은 아니다. 당연하고 맞다!

여기서 중요한 핵심은 계약서는 계약을 지킨다는 것을 전제로 하기 때문에 만약 안 지키는 경우에 대해서도 진지하게 고민해야 한다는 것이다.

47. 무역 창업자에게 홈페이지(온라인 사이트)는 필요 없다?

제조업은 홈페이지가 있어야 한다고 생각한다. 반면 무역 창업자는 없어도 된다고 대부분 생각한다.

'내 제품도 아닌데 굳이 있어야 하나?' 업태, 업종과 상관없이 홈페이지 역할은 크다는 것은 의심의 여지가 없다. 사람과 사람이 만나 신용을 바탕으로 하는 무역 거래, 특히 무역 창업에서는 더욱 그렇다. 무역 창업은 에이전트든 일반 무역 회사 든 중간자 역할이기 때문에 제조사(소싱처, 공장)와 수입자(바이어) 양쪽의 신용을 동시에 얻어야 한다.

'믿을 수 있는 회사인가?' 그 중심에는 '무역 대금(T/T)과 뒤통수'가 있다. 이 부분을 양쪽에서 만족시키려면 홈페이지는 중요한 역할을 한다. 해외에서나 국내에서나 손쉽게 인터넷 검색이 쉬운 요즘에는 나의 업무를 도와줄 중간자 역할을 하는 무역 회사(에이전트)에 대해 알아보는 첫 단추는 단연코 인터넷 검색이다. 홈페이지가 없다면 해외에서나 국내에서나 그 무역 회사(에이전트)에 대해 정확히 알 방법이 없다. 알 방법이 없으니 의심한다. '뭐하는 회사지?'

그러나 대부분 홈페이지를 간과하거나 외면하는 경향이 있다. 돈과 관리가 필요하기 때문이다. 실제로 보면, 무역 계약을 맺기 전에 제조사 입자에서나 바이어(수입자) 입장에서나 중간자인 그 무역 회사(에이전트)에 대해서 알 방법은 많지 않다. 확인하기 위해서 비행기 타고 해외에서 오지도 않고 애써 그 제조사가 그 무역 창업자를 만나려 하지도 않는다.

그들이 무역 회사(에이전트)에 대해 알 수 있는 방법은 딱 3가지다.

① 오프라인으로는 전시회 참가 부스 규모

② 온라인으로는 홈페이지 콘텐츠

③ 구글을 통한 검색

그 외에는 방법이 없다. 그렇기 때문에 그들은 무역 회사(에이전트)를 '사기꾼'이라는 의심을 지속적으로 한다. 아무리 좋은 무역 거래 제안서를 보내도 국내 업체나 해외 업체는 홈페이지를 검토하게 된다. 아무리 큰 부스를 가지고 전시회에 참가해도 해외 업체는 홈페이지를 꼭 본다. 특히 무역 창업은 제조사처럼 제품이 있는 것도 아니고 사람과 신용이 전부인 비즈니스 모델이기 때문에 외부에 보여줄 만한 것이 마땅치 않다. 의심을 하려면 끝이 없다. 이 고리를 끊어야 하는 게 또 하나의 무역 창업 성공을 위한 과제다.

'홈페이지가 없거나 그 회사를 대표할 만한 사이트가 없다면 누가 첫 거래를 하겠는가?'

'당신 같으면 그런 무역 에이전트(무역 회사)를 선임하겠는가?'

48. 제조사(공장)와 수입자(바이어)의 직거래! 막을 방법은?

무역 창업을 생각하면 가장 먼저 '직거래에 대한 우려'를 떠올릴 것이다. 무역 창업자의 위치는 샌드위치 입장이기 때문에 뒤통수(배신)에 대해서 걱정을 안 할 수가 없다. 비즈니스가 잘되면 잘되는 대로, 안 되면 안 되는 대로 어느 한쪽에서 말썽이 난다고 대부분 생각한다. 무역 창업을 생각한다면 이 정도는 누구나 알고 있기 때문에 처음부터 방지하려고 노력한다.

'현실적으로 가능하긴 할까?'

'사전에 예방할 수 있는 묘수는 있는 걸까?'

단연코, 중간 커미션 베이스로 무역 에이전트 창업을 하게 되면 직거래를 방지하기는 어렵다. 비즈니스 자체가 처음부터 양측 업체를 노출시키고 시작하기 때문이다. 말로만 '직거래를 방지한다.'라는 것은 의미가 없다. 구두로 약속을 받아도 깨지려고 하면 충분히 깨진다. 계약서를 써도 마찬가지다.

무역의 생태계 자체가, 제조자나 바이어는 궁극적으로 중간 업체를 빼고 비즈니스를 하려 한다. 비록 처음에는 서로 아쉬워서 의기투합하지만 말이다. 그런 스트레스를 피하고자 계약상으로 첫 만남만 주선하거나 첫 오더만 만들어주고 빠지는 무역 에이전트도 있다. A라는 업체 연결시켜 주고 첫 거래 성사시키면 빠지고, B라는 업체 연결시켜 주고 빠지는 비즈니스 모델이다. 그러나 말이 쉽지 업체 찾기가 정말 어렵기 때문에 에이전트는 두 번째, 세 번째 지속적인 오더에 커미션을 얹고 싶어 한다. 이런 상황을 잘 인지하고 있다면 에이전트 계약 시 이 부분을 정확히 명시해야 하지만 명시해도 잘 지켜지지 않는 부분이기도 하다. 이런 치사한 꼴을 보지 않기 위해서 시스템적으로 방지할 수 있는 일반 무역 창업을 선호하기도 한다. 즉, 매입(세금계산서)하고 수출(수출신고 필증)을 하기 때문에 수출자와 바이어를 서류상으로 철저히 감출 수 있다. 모든 자금 흐름과 서류는 무역 회사를 통하기 때문이다. 즉, 제조사는 그 무역 회사와 계약하고 거래하고, 바이어는 오직 그 무역 회사와 거래하는 식이다. 더 완벽하게 감추려면 제조사(공장)의 브랜드를 바꿔서 애초에 해외 바이어가 그 제품 정보를 어디에서도 찾을 수 없게 하는 방법도 있다. 그러나 현실적으로 쉽지 않다. 바이어가 작정하고 알려고 하면 알 수 있다는 것이 한계다.

종합적으로 보면, 직거래 방지 부분에서는 에이전트 창업보다는 일반 무역 회사 창업이 훨씬 안전하다. 하지만 매입 비용이 발생하는 만큼 나의 현 상황을 직시하고 선택할 필요가 있다. 처음에는 에이전트 형태를 취하지만 나중에는 일반 무역 회사로 바꾸는 경우도 있는 만큼 다양한 변형도 존재한다.

49. 공장 리스트와 바이어 리스트 들고 나오면 손쉽게 성공?

당연히 없는 것보다는 낫다. 만약, 무역 관련 회사에 있었다면 당연히 들고 나와야 한다. 언제 어떻게 쓸지 그리고 정말 유용할지 여부를 떠나서 말이다.

무역 창업은 중간자 입장에서 아이템(소싱처, 제조사)도 잡아야 하고 바이어(판로)도 잡아야 한다. 그들은 처음부터 '맨땅에 헤딩'으로 시작하기에는 너무 버겁기 때문에 좀 더 쉽게 그리고 빠르게 성과를 내고 싶어 하고 그 중심에는 '업체 리스트'가 있다. 당연히 그 기본은 이메일, 전화번호, 담당자 그리고 회사 이름과 주소 같은 회사 정보다.

무역 관련 회사에 속해 있으면서 업체 리스트를 들고 나온다면 생생한 정보이기 때문에 다른 무엇보다도 효과가 있다. 거기에 그 업체들과 구두 또는 문서로 약속이 되었다면 남보다 쉽게 편하게 그리고 유리하게 무역 창업을 할 수 있는 배경이 된다. 그러나 명심할 것은 이 모든 것이 무역 성공을 의미하는 것은 아니다. 거래를 틀 수 있다는 것도 아니다. 그 거래처들은 당신을 그 업체의 담당자로 거래한 것일 뿐, 개인 입장으로 거래한 것이 아니라는 점이다. 만약, 사전에 최소한의 도움 요청 또는 협의가 없는 상태에서는 더욱 거래를 트기가 어렵다. 대부분 그 업체들은 굳이 업체를 바꿀 생각이 없기 때문에 당신의 떠난 자리를 채운 그 새로운 담당자와 지속적으로 거래하길 원하는 경우가 많다. 퇴사 후, 창업 후, 리스트를 통해 메일을 보낸다면, 그들은 대부분 답변을 안 하거나 최소한의 인사 정도일 뿐 그 이상을 그들에게 기대하긴 어려울 것이다.

'그 바이어가 나의 바이어일까 아니면 전에 속해 있던 회사의 바이어일까?', '그 공장은 나의 공장일까? 아니면 전에 속해 있던 회사의 공장일까?' 절대 착각해서는 안 된다.

우린 여기서 궁금하다. '사전에 합의하고 의기투합했다면 달라질까?' 대부분 퇴사하기 전 기존 바이어 또는 제조 공장에게 퇴사 사실을 알리고 도와줄 것을 요청한다. 그때 그들은 YES라고 말하고 NO라는 말은 거의 안 한다.

그때는 왜 바이어와 제조 공장은 YES라고 말하고, 도와주고 협조한다는 말을 했을까? 그들 입장에서는 NO 할 이유가 없기 때문이다. 일단 지켜보자는 생각이 더 지배적이다. 여기에 대부분 큰 기대를 걸고 퇴사한다. 사전에 약속했어도 말 바꾸면 그만이다. 그걸 기대한 무역 창업자만 '낙동강 오리알' 신세가 되는 경우도 부지기수다.

그냥 리스트 들고 나오면 하수!

한 번이라도 약속받으면 중수!

기존보다 더 좋은 조건을 걸고 확답을 받으면 고수!

여기서 중요한 것은 하수, 중수, 고수라도 리스트는 언제든지 엎어질 수 있다는 것! 언제든지 그들은 말 바꿀 수 있다는 것! 그때 하소연해도 창업 전으로 돌릴 수 없다는 것!

필자가 여기서 제안하고 싶은 것은 '퇴사 후 창업하지 말고 퇴사하기 전에 먼저 창업을 병행해 보자.'라는 것이다. 충분히 점검하고 실전에 적용해야 한다. 퇴사를 하는 순간 돌이킬 수 없기 때문이다.

50. 아이템 소싱! 이 세상에 없는 아이템이 좋은 아이템일까?

무역 창업 생태계를 전쟁에 비유한다면 아이템은 무기일 것이다. 무기가 있어야 뭘 할 있기 때문이다. 좋은 무기를 선정하는 데 아주 유혹적인 단어가 있다.

'최초의 아이템', '이 세상에 아직 없는 아이템', '아주 희소한 아이템', 이런 콘셉트가 실제로 성공을 부르는 좋은 아이템일까? 우린 궁금해진다.

만약, 이런 아이템으로 무역 창업하고 시장에 선보인다면, 최초 아이템이기 때문에 가격, 마케팅, 영업 모든 부분을 처음부터 해야 한다. 처음이라는 것은 아무런 정보 및 자료가 없거나 명확하지 않다는 뜻이기 때문에 시장성을 모른다는 것을 의미한다. 시장에 선보여도 고객들이 익숙하지 않아서 일일이 설명해야 하는 번거로움도 있다. 그래서 거부감이 존재한다. 마케팅 비용과 시간이 필요하다.

무역 창업을 하면 돈과 시간은 정말 중요하다. 이것과 상극의 단어가 '최초'와 '희소'다. 시장에 안착하기 위해 너무 많은 시간과 돈 그리고 에너지가 투입되어야 한다. 시장 아이템 형성 과정은 카테고리 선두 기업이 신제품 출시하면, 광고가 따라가고, 시장과 고객이 형성되면 판매가 이루어진다. 그래서 대부분 후발 주자들은 어느 정도 시장이 있는 아이템을 선정하고 나의 아이디어를 반영해서 차별화를 시도한다. 절대 카피(Copy)하라는 게 아니다. '재창출'을 의미한다. 무역 창업자는 창업을 하는 순간부터 짧은 시간에 성과를 내야 한다. 시간이 흐를수록 악재가 많아질 수밖에 없다. 여기에 '최초'와 '유일무이(唯一無二)' 단어는 발목을 잡을 수 있다는 점을 명심해야 한다.

51. 무역 생초보라면? 어떻게 공부해야 할까?

무역 창업에 꼭 필요한 무역 공부를 하고 싶다면, 실전 무역을 알아야 한다. 누구에게 보여줄 필요도 없고 시험 볼 필요도 없다면 꼭 필요한 이론만을 뽑은 실전에 필요한 무역 지식이면 충분하다. 이것이 '실전 무역'의 핵심이다.

여기서 대부분 착각하는 것이 있다. 강사는 대기업 또는 교수(연구원, 대학) 출신이어야 하고, 학원은 대형 무역 학원 또는 협회가 좋다는 편견이다. 단연코, 무역 창업을 위해서는 도움이 안 된다. 강사 또는 멘토를 찾으려면 꼭 그들을 고집해서도 안 된다. 실제로 보면 대기업 시스템에 익숙한 전문가가 무역 창업자에게 전달할 내용이 의외로 많지 않다. 경험이 전무하기 때문이기도 하고 상황을 이해하지 못하는 경우가 태반이다. 컨설팅 회사 또는 대학 출신이어도 마찬가지다.

'제조와 무역을 기반으로 하는 무역 창업을 직접 해보지 않는 사람이 누가 누굴 가르치겠다는 것인가?' 무(無)경험 전문가는 오히려 무역 초보자에게 혼란만 가중시킬 뿐이다. 수차례 언급하지만, 무역 초보자도 무역 창업 가능하다. 단, 창업에 필요한 최소한의 무역 지식은 알고 있어야 한다. 하지만 일하면서 배워도 충분하다는 것은 누구나 다 아는 사실이다. 일명 '강사 팔이'들은 그렇지 않다고 하지만 말이다.

그렇다면 누가 최고의 강사일까? 나와 비슷한 아이템, 분야, 국가와 비즈니스 환경을 경험했거나 경험하고 있는 전문가(강사)가 나에게 맞는 최고의 멘토라는 것이다. 그 분야의 선배이기도 하기 때문에 창업자의 상황을 정확히 짚어 낸다. 이론과 실전 그리고 경험을 다 배울 수 있는 좋은 기회임에는 틀림없다. 이렇게 멘토와 강사(컨설턴트)를 찾았으면 커리큘럼을 선택해야 한다. 무역 기초 과정의 커리큘럼은 단연코 전반적인 흐름을 먼저 알 수 있는 것부터 배워야 한다. 처음부터 난이도가 높고 깊이를 다루는 것은 시작부터 무역을 질리게 하기 때문이다. 그렇다고 자주 쓰는 것도 아니다. 다시 말하면 흐름만 알아도 초보자들에게 충분하다. 무역 아카데미 종합반 정도면 괜찮다. 창업하는 순간 돈이 술술 빠지기 때문에 이왕이면 정부 또는 지자체 기관의 무료 강좌면 더 좋다. 필요에 의해서 그때그때 신용장과 T/T와 같은 깊이 있는 부분은 단과반 성격의 교육을 추천한다. 무역 서류를 비롯한 실무를 하다 보면 좀 더 상세히 알아야 할 필요가 있기 때문이다.

무역 창업 후 실무를 하면서 부족한 부분을 채워도 늦지 않다. 만약 시간과 장소에 제약이 있다면 유튜브, 블로그도 좋다. 무료지만 알찬 정보가 넘쳐나고 그런 콘텐츠 찾는 것도 그렇게 어렵지 않기 때문이다. 조금만 찾아보면, 내용 면에서 봐도 비싼 유료 사이트보다 더 좋은 경우도 많다. 필자가 운영하는 유튜브, 블로그, 카페에 글과 영상을 남길 때면 기록에 남는 정보이기 때문에 좀 더 세밀하게 검토하고 준비하고 업로드한다. 검증에 검증을 거듭한다. 즉, 무역 교육에서는 유료와 무료 편입견은 없어도 된다. 강사를 신뢰할 수 있는가가 중요할 뿐이다. 가능하다면, 기관에서 하는 무료 교육을 정말 추천하는 편이다. 우수한 강사진과 알찬 커리큘럼으로 구성되어 있기도 하지만 기관의 특성상 여러 번의 피드백을 통해 강의 질을 업그레이드해 왔기 때문이다.

다시 정리하자면, 무료와 유료, 다양한 교육 사이트를 통해 내 눈높이에 맞는 기초 강좌를 찾아서 공부하고 포워더, 관세사와 업무 협의를 통해 실무를 배우면서 유(有)경험자를 멘토로 삼아 경험과 사례를 습득하면 무역 창업에 필요한 '실전 무역'을 빠르게 익힐 수 있다.

52. 소호 무역! 창업 전에 꼭 고민해야 할 7가지

혼자서 하는 창업 콘셉트로 한때 유행했던 '소호 무역'에 대해서 알아보자.

B2C 무역 창업에서 해외 제품을 국내에 수입해서 국내 오픈 마켓 창업을 하면 '소호 무역 창업', 해외 오픈 마켓 창업을 '글로벌 오픈 마켓 창업'이라고 부른다. 둘의 공통점은 '무역 창업'이라고 보기 보다는 '오픈 마켓 창업'이라는 점이다. 무역이라는 수출과 수입 개념의 이론과

영업 그리고 마케팅보다는 그 플랫폼 운영법이 매출에 더 영향을 미치기 때문이다. 해석을 어떻게 하든 여기서는 소호 무역 창업을 위해 꼭 고려해야 하는 7가지를 살펴보겠다.

1) 판로에 대한 고민

국내 오픈 마켓 판매? 쇼핑몰 판매? SNS 판매?

다양한 판로가 존재하기 때문에 나에게 적합한 판로를 먼저 고민해야 한다. 그러나 대부분 창업에 초점을 맞춘 나머지 가장 중요한 판로는 쉽게 생각하는 경향이 있다. 상당히 위험한 발상임에는 틀림없다.

처음에는 국내 오픈 마켓만 생각하다가 향후 글로벌 오픈 마켓 판매로 바뀌기도 하고 그 반대인 경우도 많은 만큼 서두르지 말아야 한다. 중간에 비즈니스 모델을 수정한다는 것은 물심양면으로 큰 손해이기 때문에 창업 전에 충분히 시간을 갖고 시뮬레이션을 여러 차례 돌려 봐야 한다.

창업 성패는 판로에 달려 있다. 아이템 소싱, 무역 지식보다 훨씬 더 중요함을 잊어서는 안 된다.

2) 소싱 국가 및 소싱 아이템에 대한 고민

국내 아이템을 하든, 해외 아이템을 하든, 그에 따른 장단점은 분명히 존재한다. 아이템 소싱의 기본은 한쪽만 생각해서는 절대 안 된다는 것이다. 즉, 가격으로만 접근해서도 안 되고 품질 부분만 고려해서도 안 된다. 가격, 언어, 불량, 납기, A/S, 스펙, 수량 등 다방면에 걸친 검토가 필요하다. 앞에서 다루었지만, 아이템 소싱 자체에 대한 '나만의 소싱 기법'도 연구하고 준비해야 한다. 처음부터 해외 현지 도매(시장)에 가서 직접 구매함으로써 경쟁력 확보를 강조하는 사람들이 있고, 국내 도매 또는 해외 도매 사이트를 통해서 안정성과 효율성을 강조하는 사람이 있는 만큼, 나의 상황을 잘 반영해야 한다.

3) 소싱(제조) 공장의 유연성

시장에 공개되어 판매가 시작되면 고객들의 리뷰와 니즈(Needs)로 인해서 제품의 스펙과 칼라 변경이 필요할 때가 종종 있다. 여기서 공장이 유연하게 대응이 되느냐가 중장기 비즈니스에 중요한 역할을 한다. 만약 그 시장 니즈와 피드백에 적절히 그리고 적극적으로 대응하면 매출 상승 또는 또 하나의 비즈니스 모델을 만들 수 있는 반면 실패하면 그 기회를 놓치거나 후발 주자에게 그 시장을 뺏길 수 있기 때문이다.

4) 매입과 수출에 따른 자금 회전

물건 대금 지출 시기와 판매처의 판매 금액 입금 시기는 차이가 있다. 자금 회전을 고려해서 최대한 간격을 줄이고 관리해야 한다. 아무리 이익과 매출액이 높아도 순간의 자금 경색은 회사를 위험에 빠뜨릴 수 있다.

5) 공장(소싱처)의 뒤통수(배신)

공장이 언제라도 내가 주력으로 판매하는 사이트, 즉 국내 또는 온라인 판매처에 직접 뛰어들 수 있다. 처음에는 아니라고 해도 공장의 습성은 중간 업체를 별로 달갑게 보지 않는 것이다. 매출이 잘되면 잘되는 대로 안 되면 안 되는 대로 직접 하고 싶어 한다. 만약 공장이 직접 그 사이트에 진출하면 중간 업체는 가격 부분이나 재고를 비롯한 다방면에서 경쟁에서 밀리는 만큼 창업 초기부터 염두에 둘 필요가 있다.

6) Copy, 실용신안, 특허

국내 오픈 마켓 또는 SNS에 제품이 올라가는 그 순간, 국내 온라인 사이트에 홍보와 마케팅이 진행되는 그 순간, Copy와의 전쟁을 각오 해야 한다. 절대로 공장(제조사, 소싱처)만 해당하는 문제가 아니다. 중간 업체(무역 업체)도 Copy 이슈에 대해서 진지한 고민을 해야 영업과 판매 시 혼선이 생기지 않는다. 그만큼 공장과의 협업이 중요하다.

특허 부분은 사전 예방이 중요하다. 그러나 대부분 특허와 같은 지적 재산권을 등록에 초점을 맞춘 나머지 예방을 간과하는 경향이 있다. 상당히 위험한 발상이다. 왜냐하면, 소송이 벌어지면 아무리 승리를 확신하더라도 그 과정이 너무 험난하기 때문이다.

7) 초기 창업 자금

창업을 하는 그 순간부터 크고 작은 지출이 생긴다. 누구는 초반에 몰아서 제품을 사입하라고 하는 경우도 있고, 누구는 망할 것을 대비해서 조금씩 하라고 한다. 정답은 없다. 그래서 고민을 많이 해야 한다. 한 번 자금을 집행하면 되돌릴 수 없기 때문이다.

소호 무역 창업을 생각한다면 이렇게 최소 7가지에 대한 확신이 있어야 한다. 만약 없다면? 창업에 대해 재고할 필요가 있다. 무역 창업은 급하게 유행에 따라 빠르게 진행하는 사업이 아닌 늦더라도 검토하는 게 훨씬 낫기 때문이다. 후회하는 그 순간 폐업의 수순으로 가는 것이 창업이기 때문이다.

53. 투잡(Two job) 부업의 조건 5가지

부업으로 무역 창업한다면 대부분 B2C로 대표되는 국내 오픈 마켓이나 글로벌 오픈 마켓을 떠오를 것이다. 그만큼 여러 다양한 매체를 통해서 많이 알려져 있고 소개되어 있으며 다양한 사례가 있기 때문에 제일 먼저 생각하는 부분일 것이다. 그러나 이미 언급했듯이, B2C는 B2B를 위한 과정이지 목적이 되어서는 안 된다. 성공과 실패를 떠나서 그만큼 단점이 많기 때문이다. 처음에는 부업이지만 나중에 본업이 될 수도 있다는 점을 염두에 두면 B2B는 선택이 아닌 필수가 되어야 한다.

B2B 무역 창업 시, 아래와 같은 부업의 조건이 충족되어야 한다.

① 시간에 대한 구속은 없어야 한다

② 리스크(위험 요소)는 최소화되어야 한다

③ 사무실(창고)과 같은 공간이 필요해서는 안 된다

④ 무자본이어야 한다

⑤ 매입과 매출에서 스트레스를 너무 받아서는 안 된다

이런 조건을 충족하려면 B2B에서는 바이어의 니즈(Needs)에 의한 소싱 대행 에이전트 창업만이 유일한 답이다.

에이전트 창업은 '무역 대행 창업'이라고 불리기도 하고 제조사인 공장을 끼고 창업하는 수출 대행 에이전트와 수입자인 바이어를 끼고 창업하는 소싱(수입) 대행 에이전트로 나누어진다. 소싱 대행 에이전트는 바이어 대신 그 국가 또는 그 지역 아이템 소싱 역할을 주로 하게 되며, 국내 거주 외국인 학생들이 하는 경우도 많고, 전에 알고 있던 지인 또는 바이어의 요청으로 진행하는 경우도 있다. 처음에 바이어와 어떤 비즈니스 모델을 택하는가에 따라서 다양한 수익 모델이 만들어지는 만큼 나의 현 상황과 실현 가능한 비즈니스 모델을 기획하는 눈이 필요하다.

54. 수출 대행으로 창업한 당신! 버틸 창업 자금 있습니까?

무역 창업에서 '수출 대행'이라는 형태는 가장 흔한 무역 창업 방식이다. 그만큼 창업 문턱이 낮아서 남녀노소 누구나 많이 한다. 수출하고 싶어 하는 제조사(공장, 소싱처)를 찾아서 아이템 영업권(독점권)을 받고 해외 바이어를 찾아 나서는 프로세스이기 때문에 세팅 과정은 그렇게 어렵진 않다. 왜냐하면, 수출하고 싶으나 여력이 안 되는 대한민국 제조사는 많고 나만 열심히 하고 부지런하게 움직이면 어느 정도 매출 성과를 낼 수 있기 때문이다. 그러나 딱 거기 까지다. 무역 창업은 창업이 쉽다고 하는 게 아니다. 수출을 해야 한다. 바이어를 찾아서 계약해야 하는 '바이어 찾기'라는 현실적인 벽에 부딪힌다. 제품이 문제인가? 가격이 문제인가? 내가 무역을 몰라서? 내가 인맥이 없어서? 다양한 의구심이 생긴다.

바이어 찾고 계약하기 위한 기본 프로세스를 우선 살펴보자.

1단계: 제품 상세(회사 소개) 및 가격 오퍼

2단계: 가격과 무역 대금 조율

3단계: 샘플 테스트와 오더 진행

여기서 가장 중요한 것은 무엇일까?

'무역 대금의 T/T 선수금과 잔금' 언제 얼마나 받을 것인가, 물건 먼저인가 돈이 먼저인가?

무역 대금에서 무역 계약이 성립되기도 하고 깨지기도 하는데 그 근본적 이유는 '신뢰'다. 신뢰 없이는 수출자 입장에서는 돈 안 받고 물건 먼저 출고하기 어려운 반면, 바이어 입장에서도 돈 먼저 주긴 꺼린다. 여기서 협상과 조율이 필요하다. 그러나 쉽지 않다. 신뢰가 쌓이려면 시간이 오래 걸린다. 다시 말하면, 바이어를 찾으려면 시간이 필요하다. 그런데 대부분 무역 창업자들은 급하다. 빨리 바이어 찾고 싶어 한다. 빠른 길을 찾다 보니 계획이 꼬이는 경우가 빈번하고 사기꾼에 노출돼서 당하는 사례도 부지기수다. 이런 사이클을 여러 번 겪다 보면 지치고 포기한다. 그때 포기하면 죽도 밥도 안 되지만 말이다. 그래서 무역 창업 전에 핵심 검토 사항 중 하나가 매출 전까지 버틸 자금인 것이다.

'그 시간을 기다릴 수 있겠는가?'

55. 영어를 못하니까 두렵습니까?

무역 창업을 포기한다고 하면 그 대표적 이유 중 하나로 영어를 꼽을 수 있다. 무역에 대해서 생각하면 가장 먼저 떠오르는 부분이 영어이기 때문에 처음부터 겁먹고 주저하는 경우가 무역 예비 창업자들에게 의외로 많다.

'내가 영어로 비즈니스 할 수 있을까?'

여기서 더 나아가 이런 의구심도 든다.

'무역 영어, 비즈니스 영어 못하면 정말 무역 창업 못 할까?'

'영어를 어디까지 해야 하나?'

영어 점수와 영어 스킬의 대표적 쓰임새는 '취업'이다. 취업에서 영어는 상당히 중요한 역할을 함과 동시에 영어 실력으로 취업 당락조차 결정되기까지도 한다. 때로는 영어 실력이 곧 그 취준생의 능력으로 보는 경향도 있다. 그런데 창업은 영어가 절대적이지 않다. 취업 외 부분도 마찬가지다.

무역 영어보다는 무역 용어를, 무역 영어 회화보다는 무역 영어 이메일을, 영어 점수 높은 것보다는 필요한 영어만!

실전 무역 창업 업무에서 영어의 비중을 한번 살펴보자. 제조사(공장)와 대화할 때는 한국어를 쓴다. 외국 바이어와 대화할 때는 영어 이메일을 쓴다. 회화 쓸 일도 없다. 영어를 잘하고 못하고 문제가 아니다. 아주 급하고 꼭 필요한 말이 필요할 때를 제외하고는 메일을 쓴다. 그 꼭 필요한 말도 아주 간결하고 명확하게 몇 단어 쓰는 말만 쓴다. 배우면 금방 익힌다.

그렇다면 메일을 주로 쓰는 이유는 무엇일까? 증거 자료 때문이다. 전화 통화해도 확인 차원에서 메일로 정리해서 재확인한다. 무역은 서류로 모든 게 움직이기 때문에 증빙 자료는 필수다. 그래서 무역에서는 영어 회화보다는 영어 메일을 더 중요시한다. 이렇게 말하면 영어 이메일을 정말 잘 써야 하는 줄 착각한다. 난이도는 그렇게 어렵지 않다. 왜냐하면, 쓰는 말만 쓰고 정확한 정보 전달에 초점을 맞추는 간단명료한 문체로 쓰기 때문이다. 소설을 쓸 일도 없다. 이게 현실이다.

무역 영어 때문에 고민합니까? 무역 창업의 핵심은 영어가 아니다. 영어는 수단일 뿐, 그 이상도 그 이하도 아니기 때문에 영어 때문에 포기해서도 안 되고 영어만 믿고 창업해서는 더욱 안 된다.

56. 무역 운송의 기본이자 핵심! 포워더 & 특송

포워더의 업무 범위는 방대하다. 수출자와 수입자 중간에서, 수출자의 창고에서부터 수입자의 창고까지 모든 운송을 직간접적으로 서비스한다. 포워더는 해상 운송과 항공 운송을 기본으로 내륙 운송과 통관 대행 서비스도 제공하기 때문에, 수출자(제조사 또는 수출 대행)는 제품이 준비되면 포워더를 통해 원스톱(One stop)으로 물류 운송을 진행할 수 있다(선사는 불가). 대표적 주요 업무 협조는 다음과 같다.

① FOB 가격을 포함한 수출 가격을 계산할 때

② 통관이 필요할 때

③ 기타 물류에 대한 조언이 필요할 때

간단하지만 무역의 핵심 실무다. 그렇기 때문에 포워더 한 업체만 잘 선정하면 무역 창업하고 운영하는 데 큰 도움이 된다. '조언 역할' 부분도 크기 때문에 가격을 근간으로 하는 견적으로 포워더 선정을 하기보다는 그 아이템으로 그 해당 국가와 무역 경험이 풍부한 업체를 선정하는 것이 좋다.

특송은 DHL, FEDex. EMS같이 해외에 샘플 또는 서류를 보낼 때 주로 사용된다. 빠르고 정확한 항공 운송으로, 메인 오더로 사용되는 경우도 있으나 가격이 너무 비싼 게 흠이다.

특송은 Door to Door 서비스를 기본으로, DHL로 대표되는 글로벌 특송 업체와 우리나라와 수출입이 많은 일본, 중국, 베트남 같은 그 지역 전문 특송 업체로 나누어진다. 다양한 업체가 다양한 핵심 서비스로 영업하기 때문에 가격 비교와 서비스 범위를 체크하여 업체를 선정할 필요가 있다.

무역 창업을 한다면 특송 업체 한 개는 포워더처럼 필수로 세팅해야 한다. 그들만의 조언을 구하는 경우도 많고 자주 이용하면 가격 네고도 가능하기 때문이다. 물론 편리함은 덤이다. 견적을 문의할 때는, 배송 국가, 사이즈(부피, 무게), 실제 무게, 수량, 아이템명 등을 알려주면 되고, 그들의 경험과 서비스 범위는 필수로 체크해야 한다.

57. 무역 창업 성공기! 아직도 믿습니까?

무역 창업의 대표적 B2B 형태인 '수출 대행, 수입 대행'에 대해서 한 번쯤 생각해 봤을 것이다. 이 책을 구매했다면 앞에 놓인 다양한 창업 형태에 대한 진지한 고민의 결과임엔 틀림없다. 무역 창업에 대해 생각하고 알아보고 찾아보는 과정에서 온라인 매체 정보는 예비 창업자들이 뭔가 결정하는 데 절대적이 된다. 특히 유튜브, 블로그, 카페를 통해서 다양한 정보를 접하다 보면, 일부 타 유튜브의 수입 대행 및 수출 대행 성공기를 보고 문의하는 경우도 있고, 혼자서 컴퓨터 하나만 있으면 창업해서 성공할 수 있다는 말을 믿고 문의하는 경우도 있으며, 부업으로 성공할 수 있다는 콘텐츠에 대한 확신으로 문의하는 경우도 있다. 결국, 대부분 '최소의 시간과 비용으로 공간 제약 없이 자유롭게 돈 많이 벌고 싶다.'라는 것이 핵심이 된다.

당연하다. 누구나 즐기면서 쉽게 돈 벌고 싶은 마음은 같기 때문이다. 거기에 혹할 정도로 글도 잘 쓰고 영상도 잘 만들면 그 성공기는 정말 그럴듯하게 포장되고 누구나 가능할 것이라는 착각에 빠트린다. '누구도 노하우는 알려주지 않는다.'라는 것을 알면서도 불나방처럼 그 불에 뛰어들고 싶은 욕구가 생길 정도로 그들은 콘텐츠를 참 잘 만든다. 들어 보면 누구나 혹한다.

'믿어야 할까?' 단언컨대, 참조만 해야 한다. 그들이 말하는 성공담을 다 믿어서는 안 된다. 일반적인 상식선에서 보면 답은 다 나와 있다. 누구도 노하우는 알려주지도 않고 자세히 설명해 주지도 않는 원칙이다. 세상엔 공짜는 없다. 객관성을 잃고 맹신적인 주관적 믿음은 사기를 불러온다. 누구나 당할 수 있다. '알려줘도 모른다.'라고 말하면서 아낌없이 퍼주는 천사처럼 핵심 정보와 노하우를 공유하는 것처럼 보이게 해서 착각하게 하는 콘텐츠도 있다. 하지만 누구도 아무 대가 없이 말해줄 이유가 없다는 게 포인트다.

① 탐방기처럼 인터뷰하는 경우

② 자기가 해본 적 없고 남에게 들은 이야기

③ 자기가 딱 한 번 정점 찍고 책 또는 다른 부수입을 노리는 경우

이런 류의 영상과 글은 참 많다. 누구 하나 조회수가 높으면 그 콘셉트를 따라 해서 재탕한다. 타 창업과 비즈니스 영역은 어떨지 모르지만, 무역은 수출이 되었든 수입이 되었든 실전 전에 그리고 하면서도 공부를 많이 해야 시행착오를 줄일 수 있다. 현실적으로 보면, 영상과 글처럼 그렇게 돈 버는 것은 쉽지가 않다. '따라 하면 될 것 같은가?' 그러면 그 조회수만큼 부자도 많아야 한다. 그만큼 그 영상은 쉽다고 말하기 때문이다. 따라만 하면 된다고 하니까 말이다. 물론 준비를 많이 한다면 불가능한 것은 아니지만, 생각보다 훨씬 어렵다. 무엇을 상상하든 말이다. 창업은 창업이다. 세상 쉬운 것은 단 하나 없다. 이것은 진리다. 단적인 예로 수출 대행도 B2B와 B2C로 나누어지고 각각의 비즈니스 모델과 접근법 그리고 창업 인프라와 자본이 다르다. 수입 대행도 마찬가지다. 각각의 변수도 많다. 단편적 창업 성공기에 혹해서 창업을 생각한다면, 딱 하나만 생각하면 된다.

'세상엔 공짜 점심은 없다.' 누구도 노하우는 공짜로 알려주지 않는다. 특히 무역은 왜? 무역은 경험이 실력이고 그 실력은 노하우에서 나오니까.

58. 제조사(공장)는 무역 회사 또는 무역 에이전트를 좋아할까?

'아이템을 찾거나 공장을 컨택할 때, 두렵거나 힘들 것이라는 생각은 안 합니까?'

필자가 무역 창업 관련 컨설팅을 진행할 때, 꼭 물어보는 질문이다.

'제품 소싱(공장 찾기)은 그렇게 어렵지는 않을 겁이다.' 어떤 근거로 나온 대답인지 모르지만 대부분 이렇게 답한다.

'제품에 대한 나의 안목과 확정된 판로에 근거해 제품을 팔아 준다고 접근하면 제조사(소싱처, 공장)는 당연히 좋아할 것이고 환영할 것이다.' 라는 생각이 지배적이다. 그러나 막상 제품을 팔아주겠다고 연락하다 보면 의외로 제조사가 시큰둥하게 나오고 냉소하거나 거절하는 경우가 있어 당황해하는 경우가 많다.

왜 그럴까? 먼저, 제조사 입장을 정확히 알 필요가 있다. 그들은 무역 에이전트(무역 회사)에서 연락을 받으면 다음과 같은 2가지를 진지하게 고민한다.

① 중간에 에이전트가 끼면 가격과 시장이 망가질 것이다.

② 에이전트가 내 제품만 다루지 않기 때문에 조금 하다 말거나 제대로 약속을 이행하지 않아 제품과 회사에 대한 비밀만 노출될 것이다.

제조사는 무역 에이전트를 불필요한 중간자 또는 사기꾼으로 인식하고 성공보다는 실패에 대한 인식이 깔려 있다. 그만큼 과거에 그런 업체들을 봐왔기 때문이다. 무역 창업자가 생각하는 것처럼 마냥 환영하지는 않는다는 뜻이다.

사실 무역 창업은 시스템만 보면 상당히 이상적인 업무 분장처럼 보인다. 제조사(공장)는 제조만 하고, 무역 창업자는 영업과 마케팅을 하는 이상적인 Win-Win 시스템처럼 보인다. 하지만 사람과 사람이 하는 비즈니스이기 때문에 현실은 갈등과 상처가 많은 시스템이라는 것을 알아야 하고, 어떻게 극복하는가에 따라 성공 여부가 갈라진다는 것을 명심해야 한다.

59. 소호 무역에서 중요한 것은 무엇일까?

과거에는 '소호(Soho) 무역'이라는 말을 유행처럼 자주 사용하곤 했다.

혼자서 하는 무역, 돈이 안 드는 무역, 누구나 할 수 있는 무역

젊은 가슴에 불을 지피는 많은 미사어구로 유행이 되었던 적이 한때 있었다. 정말 한때다. 그러나 프로세스를 자세히 살펴보면 '무역'이 아니다. 그 소호 무역 창업의 성공 여부에는 무역에서 중요하게 보는 실전 무역 실무와 프로세스는 큰 의미가 없다. 다시 말하면, '소호 무역'에서 중요한 것은 따로 있다는 것이다.

'해외에서 싸게 사서 국내 오픈 마켓에 파는 형식', 여기서 그 이상도 그 이하도 아니다.

소호 무역에서 창업자에게 요구하는 능력은 싸고 좋은 품질을 찾는 아이템 소싱 능력과 11번가 또는 쿠팡과 같은 국내 오픈 마켓 판매에 대한 플랫폼의 이해 능력이 절대적이고 우선시된다. 무역 이론이나 실무는 몰라도 된다. 소호 무역에서 중요하게 생각하는 배송 대행 업체들도 많고, 다양하며 각 분야의 전문성으로 무장한 양질의 서비스 폭도 넓다. 창업자는 소싱과 판매 외에는 직접 할 필요도 없고 해서도 안 된다. 맡기면 된다. 그만큼 '소호 무역 창업 생태계'가 성숙되어 있기 때문이다. 만약 '소호 무역 창업'을 생각한다면 무역 실무를 비롯한 무역

에 대한 이해에 비중을 두기보다는 '어떤 아이템을 가지고 얼마의 가격으로 어떻게 마케팅하여 그 플랫폼에서 살아남고 성공할 것인가?'에 관한 연구가 필요하다. 성공의 핵심 키(Key)이기 때문이다.

'소호 무역으로 성공하고 싶은가?' 그 대답은 '국내 오픈 마켓에 대한 정확한 이해와 분석 그리고 내가 할 수 있는지를 냉정하게 검토하는 것'이다. 딱 거기까지다.

60. 무역 영어는 못해도 무역 용어는 제대로 알아야 한다?

무역 창업을 한다고 하면 대부분 무역 영어 실력에 대해 걱정한다. 반면에 무역 용어에 대해서는 쉽게 또는 가볍게 생각하는 경향이 있다.

무역 영어를 못하면 무역 창업을 못 할까? 무역 용어는 몰라도 될까? 물론, 두 가지 다 잘하면 금상첨화다. 그러나 쉽지 않다. 하나도 제대로 알기 어렵기 때문이다. 그렇다면, 여기서 우린 궁금해진다.

무역 영어와 무역 용어 중 어떤 것이 더 중요할까? 무역 예비 창업자가 무역 초보라면 무엇부터 준비하고 우선시해야 할까?

무역의 '무'라는 글자만 꺼내도 우리는 해외 비즈니스의 기본은 영어이고 필수라 생각한다. 지금껏 우린 그렇게 알고 있었다. 해외 업체를 상대하기 때문이다. 당연히 무역 창업에서도 영어는 필수이고 나머지 것은 천천히 알아도 된다고 생각한다. 이런 이유로 수출과 수입에 관심을 갖고 다양한 비즈니스 모델을 보유함에도 불구하고 영어라는 '벽' 때문에 포기하는 경우가 의외로 많다. 다시 말해서 영어를 못한다면 무역 창업은 불가할 것이라는 생각이 지배적이다.

'정말 그럴까?' 반은 맞고 반은 틀리다. 진짜 무역이 아닌 무역 맛만

본 사람들은 영어가 절대적이라고 생각한다. 그러나 실질적으로 다양한 무역 경험과 창업을 해본 경험이 있는 사람은 단연코 다른 생각을 가지고 있다.

'무역 영어보다는 무역 용어가 더 중요하다.' 더 나아가 '단순 암기식 무역 용어가 아닌 실무에서 다양하게 쓰이는 사용법(Usage)을 정확히 아는 게 중요하다.'라고 입을 모은다. 거기에 사례를 많이 알고 있으면 금상첨화다. 해외 비즈니스 과정에서 순간의 결정과 판단이 향후 무역에서 어떤 나비 효과를 일으킬지 알아야 한다는 것이 핵심이다.

취업을 위해서 영어가 필요하고, 합격에 필요한 정해진 무역 영어 시험 점수가 필요하다면 가장 우선시해야 하는 것은 단연코 '무역 영어'다. 또한, 외국 업체들과 협력 관계를 조성하는 데 유창한 영어 실력이 요구된다면 당연히 '무역 영어'는 필수 조건이 되어야 한다. 그러나 '무역'이라는 큰 틀에서 '무역 창업'을 생각한다면 무역 영어보다는 무역 용어가 더 우선시된다. 두 개를 단순 비교해서 택해야 한다면 '무역 용어'가 압도적일 정도다. '무역 용어 몇 단어로 수출 계약을 따는 업체는 있어도 영어 잘한다고 바이어 찾는 것은 아니다.'라는 것도 명심해야 한다.

언급한 대로, 실전에서 여러 사례와 경험을 통한 무역 용어 활용법이 중요하지만 안타깝게도 제대로 알고 싶어도 알기가 쉽진 않다. 일선 강사들도 관세사, 대학 강사, 대기업 출신들이 대부분이니 실전 무역보다는 무역의 일부분만 경험하거나 전무하거나 간접 경험으로 강의하는 경우가 많기 때문이다. 무역을 글로 배우고 강사로 나서는 경우도 있고 대기업 시스템을 중소기업 또는 창업자에 무리하게 적용하려 하려 하는 경우도 있다. 아무 도움이 안 된다. 좋은 볼트가 있어도 너트에 안 맞으면 무용지물인 것처럼 강사들과 수강생들 사이에 거리감이 있다면 아무 의미 없는 강의가 된다. 블로그, 유튜브, 책을 비롯한 다양한 곳에서 실전 무역 용어와 관련된 정보를 얻을 수 있는 만큼 무역 영어보다는 '실전 무역 용어의 활용법'을 우선 익혀서 적용하는 습관을 들일 필요가 있다.

61. 처음부터 내 로고와 브랜드로 하고 싶죠?

무역 창업을 한다고 결심하면 아이템을 생각하게 되고 그 아이템이 결정 나면 애착이 생긴다. 다시 말하면, 남의 브랜드(로고)로 판매하고 싶은 마음보다는 내 것이라는 징표로 처음부터 브랜드를 박아서 수출하고 싶어 한다. 이런 이유로 창업 초기에 브랜드를 비롯한 상표권에 대해 문의를 하는 경우가 꽤 있다.

'내 브랜드 vs 타사 브랜드' 초창기에는 어떤 것이 정답일까? 중장기적으로 볼 때는 당연히 내 브랜드로 가야 한다. 수출이라는 것은 마케팅과 홍보를 동반하기 때문에 남의 브랜드로 홍보하는 것은 궁극적으로 남 좋은 일 시켜주는 것일 뿐 어떤 의미도 없기 때문이다. 어떻게 보면 나중에 '뒤통수' 맞는 경우도 생기기도 하고 돈과 시간만 날리는 결과를 초래하기도 한다.

그렇다면 처음부터 내 브랜드로 가야 할까? 절대 아니다. 리스크(위험 요소, Risk)가 아주 크다. 무역 창업은 1인이 혼자 운영할 정도로 몸이 가벼워야 한다. 커다란 장점이자 핵심이다. 그렇기 때문에 최소한의 비용으로 최대 효과를 내기 위한 그 중심에는 초기 운영비가 있다. 내 브랜드로 가면 일단 공장에서 MOQ를 근거로 한 발주를 해야 한다. 기본 수량이 1k 정도이기 때문에 단가에 따라 다르지만 부담이 된다. 또한, 그 수량이 모델별 수량인지, 색깔별 수량인지에 따라 총 수량이 늘어나고 그만큼 매입비가 발생한다.

그러나 내 브랜드로 가지 않는다면 상대적으로 몸이 가벼워진다. 그 제조사(공장)의 제품 그대로 매입해서 수출하기 때문에 MOQ에서 자유롭다. 소량 오더(주문)도 가능하다. 때론 제조사에서 무상으로 지원받는 경우도 생긴다. 즉, 초기 매입비 부담이 덜해지고 해외 마케팅과 홍보 그리고 영업 부분에서 제조사(공장)에서 직간접적으로 지원을 받을 수도 있다. 왜냐하면, 제조사 입장에서 보면 해외 판매 과정에서 무역 창업자(무역 회사) 덕분에 '손 안 대고 코 풀기'가 가능하기 때문이다.

종합해 보면, 초기에는 무역 창업자는 내 브랜드에 욕심은 일단 접어 놓는 게 좋다. 일단, 제조사(공장)의 브랜드로 시작할 필요가 있다. 겉으로 보이는 이득 외에도 경험을 쌓을 수 있기 때문이다. 그다음에 중장기적인 계획인 '내 브랜드'로 해야 한다. 그 배경에는 1인 무역 창업의 최대 장점인 '가벼움'이 있다.

62. 수출할 때 핵심 vs 수입할 때 핵심

무역 창업을 한다고 결심하면 제일 먼저 수출형과 수입형 사이에서 고민하고 결정해야 한다.

'어떤 것이 좋을까?' 수입형 창업은 국내 오픈 마켓(B2C) 또는 B2B 판로가 어느 정도 정해진 상태에서 시작된다. 그렇기 때문에 소싱 업체 관리 즉, T/T 리스크 관리와 납기 그리고 불량률이 특히 중요한 반면 수출형 창업은 판로가 없는 상태에서 아이템만 가지고 진행하는 경우가 대부분이기 때문에 '바이어 찾기'라는 '판로'가 핵심이 된다.

수입형 창업은 소호 무역이라고 하는 개인이 해외에서 구매해서 국내 오픈 마켓 또는 쇼핑몰에 판매하는 온라인 B2C 판매와 국내 업체의 의뢰를 받아서 B2B로 해외 제품을 소싱하는 개념으로 나눌 수 있다. 수입형은 확실하고 안정적인 아이템 공급처 관리가 핵심이기 때문에 납기가 깨지거나 제품의 수량과 품질에 문제가 없도록 관리하는 게 중요하다.

수출형 창업을 한다고 마음먹고 공장을 비롯한 제조사(공장)를 세팅하고 나면 가장 먼저 해외 판로라고 하는 해외 지역 바이어 발굴과 해외 현지 통관을 고민해야 한다.

만약, 무역 영어를 비롯한 무역 실무가 부족하다고 걱정된다면 앞에서 여러 번 말했듯이 지금 당장 걱정할 일은 아니다. 그런 지식은 수단일 뿐이지 목적이 될 수 없기 때문에 창업 후 업무를 진행하면서 천천히 준비해도 늦지 않기 때문이다.

63. 에이전트와 무역 회사의 포지션과 자금 흐름

수출을 하든, 수입을 하든 모든 무역 자금 흐름은 그 무역 프로세스와 동일해야 한다. 제조사(공장)가 직접 수출하기 위해 바이어를 찾고 무역 계약을 한다면 그 제조사는 최종 수출자가 되고, 화물은 운송사를 통해 바이어(수입자)에게 전달되게 되며, 무역 대금은 역으로 바이어(수입자)로부터 은행을 통해 최종 수출자(제조사, 공장)에게 바로 전달되는 간단하면서도 명확한 프로세스가 된다. 여기서 무역 중간자, 즉 무역 회사 또는 에이전트가 개입되면 화물이 그 중간자를 거쳐 가는지, 거쳐 가지 않는지에 따라 무역 프로세스와 자금 흐름도 달라지게 된다.

그 중간자가 '무역 회사'라면 그 무역 회사는 제조사(공장)와 계약해서 매입하고 바이어와도 계약해서 수출하게 되는 '최종 수출자' 형태가 된다. 그러나 '에이전트'라면 최종 수출자는 그대로 제조사(공장)가 된다.

앞서 말했듯이, 수출형 창업에는 에이전트 타입과 무역 회사(매입 수출) 타입이 있다. 에이전트는 말 그대로 중간자 역할이다. 부동산 중개인 역할처럼 양쪽의 입장을 대변하지만 바이어에게 고용되면 바이어의 소싱 대행 역할을, 제조사(공장)로부터 고용되면 수출 대행 역할을 하는 용병으로 보면 된다. 대부분 커미션 베이스로 진행되고 영업과 마케팅비는 자비로 충당되는 편이다(제조사와의 계약에 따라 일정 금액 또는 사무 공간을 지원받기도 한다. 즉, 조건에 따라 다양한 사례가 존재한다.). 노력의 결과로 무역 계약이 성립되면 바이어는 최종 수출자(제조사, 공장)에게 직접 송금하게 된다. 무역 계약을 성사시키기 위해 중간에서 에이전트의 노력과 자금이 투입되지만 바이어에게 무역 대금은 일단 최종 수출자인 제조사 계좌로 받는다는 것이다. 계약에 따라 선급금에서 커미션을 받을 것인지 100% 완납되었을 때 커미션을 받을 것인지는 무역 에이전트 계약 조건에 따라 달라진다. 또한, 이번 한 번 오더 건으로 끝날 것인지, 반복 오더 건도 포함할 것인지, 아이템은 달라도 동일 바이어의 오더 건도 포함할 것인지 상황에 따라 달라지기도 하고, 계약 조건에 따라 바뀌기도 한다. 여기서 분명히 해야 할 것은 '바이어의 클레임과 마케팅 지원금'과 같은 부수적인 지출 부분이다. 누가 책임을 질 것인지 여부는 향후 비즈니스에 큰 영향을 미친다. 에이전트가 담당할 것인지, 제조사가 처리할 것인지 그때그때 협의(계약) 대상이 되겠지만, 큰 틀의 합의는 이미 사전에 되어 있어야 한다. 누구도 그런 상황(자금 지출 상황)을 반가워하진 않기 때문이다.

그렇다면 무역 회사의 자금 흐름은 어떻게 될까? 내가 먼저 매입하고 수출을 하게 되는 흐름이기 때문에 매입을 위한 초기 매입비가 필요하다. 여기서 명심해야 할 부분은 대부분 국내에서는 출고 전 100%를 요구하는 반면 바이어에게는 L/C 또는 T/T로 진행되기 때문에 그만큼의 시간차가 존재한다는 것이다.

에이전트 창업이 되었든 무역 회사 창업이 되었든 화물, 운송, 무역대금 외에 클레임, 마케팅 지원과 같은 예기치 않는 금액이 발생하면 그만큼 중간자와 제조사 간의 갈등도 증폭되는 만큼 무역 창업자는 여러 번 시뮬레이션을 해보고 대비책을 사전에 마련할 필요가 있다.

실전에 필요한 무역 영어 표현 모음

부록

1. 무역 회사에서 자주 쓰는 전화 영어 표현

인사 및 기본 표현

- (전화 받을 때) Hello, Lisa speaking. 안녕하세요. 리사입니다.
- (전화 걸 때) Hello. This is Lisa. 안녕하세요. 리사입니다.
- Who is calling? / Who is speaking, please? 누구세요?
- May I have your name, please? 이름 좀 알려 주시겠어요?
- Can you talk now? 지금 통화(대화) 가능해요?
- Is this a bad time for you? 통화(대화)하기 어렵나요?
- I cannot hear you well. Could you say that again? 잘 안 들려서 그러는데, 다시 한 번 말씀해 주시겠어요?
- Could you make it short? 간단히 말해주시겠어요?

약속

- When would be a good time? 언제 시간 되세요?
- How is 2PM for you? 2시 어때요?
- That would be fine. 좋아요.

통화 요청

- I would like to speak to Smith, please. 스미스와 통화하고 싶어요.
- May I speak to Smith? 스미스와 통화할 수 있을까요?
- Hold on, please. / One moment, please. 잠시만 기다려 주세요.
- Thank you for holding. 기다려 주셔서 감사합니다.

부재 시

- I am off today 오늘 쉬는 날이에요.
- He is not in now. 그는 지금 자리에 없어요.
- He will be back around 5. 5시쯤 오실 겁니다.
- He is in a meeting now. 그는 지금 미팅 중입니다.
- He is on business trip at this moment. 그는 지금 출장 중입니다.
- When will he be back? 그는 언제 돌아올까요?
- Do you know when he will be in? 언제 돌아오는지 아시나요?
- Can I call you back? 다시 전화해도 될까요?
- Could you call again later, please? 나중에 다시 전화해 주시겠어요?

- Can I take your message? / Is there any message? 메모 남기시겠어요?
- Can I leave a message? 메시지 남겨도 될까요?
- Please, send him a message. 메시지 좀 전해주세요.
- Please, call me when he comes back. 그가 돌아오는 대로 전화 좀 주세요.

업무 요청

- If possible, send an email, please. 가능하면 메일로 보내주세요.
- Would you send me the information by email? 그 정보를 이메일로 보내줄래요?
- Can you deal with that for me? 그것 좀 처리해 줄래요?
- Check the email, please. 이메일 좀 확인해 주세요.
- I am calling to check if you got my email. 당신이 제 메일을 받았는지 확인하려고 전화했어요.
- It is about the business trip next week. 다음 주 출장 건에 대한 겁니다.

통화 마무리

- Please call if you need anything else. 뭐든 필요하면 전화 주세요.
- It was nice talking to you. 통화 즐거웠어요.
- Thank you for calling. Have a nice day! 전화 줘서 고마워요. 좋은 하루 보내요.

2. 무역 회사에서 자주 쓰는 이메일 표현

홍보

- This item is economical and practical. 이 아이템은 경제적이고 실용적입니다.
- We guarantee prompt delivery. 신속 배송을 보장합니다.
- We are writing to introduce our new model. 우리의 새로운 모델을 소개하려 합니다.

소통

- Well noted. Thanks. 잘 알겠습니다.
- I think it is out of stock. 품절인 것 같습니다
- I will send the sample to you soon. 샘플 곧 보내 드릴게요.
- Well received samples with thanks. 샘플 잘 받았어요.
- I will keep you posted. 진행 상황을 계속 알려 줄게요.
- Your order is delayed due to customs clearance. 당신의 오더가 통관 문제로 인해 지연되고 있습니다.
- The shipment will arrive soon. 선적된 것은 곧 도착할 겁니다.
- Please, see the updated schedule we are going to follow. 업데이트된 스케줄 참고하세요.
- Please note that the schedule has been cancelled. 스케줄이 취소되었으니 참고하세요.
- We will keep you updated anything we get. 업데이트되는 대

로 알려 드릴게요.

- Please, refer to the attached file. 첨부 파일 참조하세요.
- There was a delay due to the long holiday. 긴 연휴로 인해 지연되었습니다.
- Please, contact me if you have any questions. 문의 사항 있으면 연락 주세요.

업무 요청

- Would you please send me the contract? 계약서 좀 보내주시겠어요?
- Can you move up the shipping schedule? 선적 스케줄을 당길 수 있나요?
- I would like to receive the details. 세부 사항을 받고 싶습니다.
- I want to check the repeat order. 재주문한 것을 체크하고 싶습니다.
- Is it ok to change the color? 컬러를 바꿔도 되나요?
- When can I expect the new order? 신규 오더는 언제 가능할까요?
- Could you send me a report ASAP, if possible? 가능한 한 빨리 보고서를 보내주실래요?
- Please send us the bank slip. T/T 송금 영수증 보내주세요.
- Could you go through my offer? 내 제안을 검토해 주시겠어요?
- I will schedule the meeting soon. 곧 회의를 잡겠습니다.
- let's have a conference call tomorrow. 내일 화상회의 합시다.
- Keep me posted, please. 어떻게 진행되는지 알려주세요.
- Can you let me know the schedule? 스케줄 좀 보내주세요.
- Could you revise the details? 세부 사항을 수정해 주시겠어요?

- Please email me back ASAP. 가능한 한 빨리 이메일 답변 주세요.
- Do you have any more in stock? 재고가 더 있나요?
- Do you have time to check in about this today? 오늘 이거 확인할 시간 돼요?
- When do I expect to receive the shipment? 선적된 것을 언제 받을 수 있을까요?
- I am writing to request some changes to our contract. 우리 계약서에서 몇 가지 바꾸기를 요청하기 위해 이 글을 씁니다.

협상

- That's exactly what I am thinking. 정확히 내 생각과 같아.
- How about 3 percent? 3% 어때?
- 5 percent would be much better. 5%가 훨씬 낫겠네요.
- What kind of discount could you offer? 몇 퍼센트 할인할 수 있어요?
- I am with you. 동의합니다.
- I will accept that offer. 그 제안 수락할게요.
- I would like to accept the offer. 그 오퍼를 받아들이겠습니다.
- We will release the B/L to you once we receive the payment. 대금이 완료되면 B/L을 발급하겠습니다.
- Could you send me your best price? 당신이 생각하는 좋은 가격을 보내주시겠어요?
- I will get back to you after reviewing. 검토 후 연락 드릴게요.
- All the cost required for this will be paid by us. 이번 건에 대한 모든 비용은 우리가 부담할 것입니다.

- Please don't hesitate to contact me if you have any questions. 궁금한 부분이 있다면 언제든 연락 주세요.

사과

- Sorry to trouble you. 귀찮게 해서 미안해요.
- Sorry for the delay reply. 답변이 늦어 죄송합니다.
- I apologize you for the mistake. 실수에 대해 사과드립니다.
- I am writing to inform you about our mistake. 우리의 실수에 대해 알려드리려고 합니다.
- Sorry that this has happened. 이런 일이 발생해 죄송합니다.
- Please, understand our situation and kindly accept our offer. 상황을 이해해 주시고 우리 제안을 수락해 주십시오.

감사

- Thanks in advance. 미리 감사드려요.
- Thanks for your message. 메일 감사해요.
- Thanks for your cooperation. 협조에 감사드립니다.
- Thank you for your feedback. 피드백 주셔서 감사합니다.
- Thank you for your prompt reply. 빠른 회신 감사드립니다.
- Thank you for contacting us. 연락해 주셔서 감사합니다.
- Thanks for your understanding. 이해해 주셔서 감사합니다.
- Thank you for your interest in our product. 우리 제품에 관심을 가져 주셔서 감사합니다.